MOUNTAIN

登自己的山

All This Wild Hope

城堡、战役与炸弹

关于战争的
七堂经济学课

CASTLES
BATTLES &
BOMBS

How Economics
Explains Military History

Jurgen Brauer　　Hubert van Tuyll

[美] 尤尔根·布劳尔　[美] 休伯特·范图伊尔　著　承初 译

GUANGXI NORMAL UNIVERSITY PRESS
广西师范大学出版社
·桂林·

图书在版编目(CIP)数据

城堡、战役与炸弹：关于战争的七堂经济学课 /(美)
尤尔根·布劳尔, (美) 休伯特·范图伊尔著；承初译. ——
桂林：广西师范大学出版社, 2024.6
书名原文: Castles, Battles, & Bombs: How Economics
Explains Military History
ISBN 978-7-5598-6854-1

Ⅰ.①城… Ⅱ.①尤… ②休… ③承… Ⅲ.①军事经
济学 Ⅳ.①E0-054

中国国家版本馆CIP数据核字(2024)第072375号

著作权合同登记号桂图登字：20-2024-006号

CHENGBAO ZHANYI YU ZHADAN：GUANYU ZHANZHENG DE QITANG JINGJIXUEKE
城堡、战役与炸弹：关于战争的七堂经济学课

作　　者：(美) 尤尔根·布劳尔 (美) 休伯特·范图伊尔
译　　者：承　初
责任编辑：谭宇墨凡　李　珂
封面设计：任晓宇
内文制作：燕　红

广西师范大学出版社出版发行

广西桂林市五里店路 9 号　邮政编码：541004
网址：www.bbtpress.com

出 版 人：黄轩庄
全国新华书店经销
发行热线：010-64284815
河北鑫玉鸿程印刷有限公司印刷
开本：635mm×965mm　1/16
印张：29　　　字数：370千
2024年6月第1版　2024年6月第1次印刷
定价：138.00元

如发现印装质量问题，影响阅读，请与出版社发行部门联系调换。

献给利昂

　　——尤尔根·布劳尔

也献给劳拉

　　——休伯特·范图伊尔

图片与表格

图片

表格

目录

序 言

　　许多读者在拿起这本书时，为的是其中的军事史，而非经济学。他们很可能会直接跳到自己感兴趣的那段历史：中世纪盛期建造城堡的成本；文艺复兴时期意大利城邦佣兵队长的基本特征与作用；启蒙运动年代将领的战役决策；美国南北战争中的"信息战"；第二次世界大战期间的对德战略轰炸；或是"冷战"早期法国发展原子武器的决定。考虑到这类读者的需求，我们在撰写这些章节时采用了相对独立和自明的方式，但最后可不要错过本书的经济学章节（第一章）。如果你必须先一饱自己对历史的胃口，那么请在这之后尽快阅读经济学的部分——这道甜点没准出乎意料地可口。

　　《城堡、战役与炸弹》一书尝试从经济学理论视角书写军事史。以图解的形式，我们研究了六个案例。为提供可观视野，这些案例横跨了过去的千年，也就是公元二千纪。五个案例涉及欧洲，一个涉及北美洲。我们本想扩充覆盖范围，抵达更遥远的地方和更久远的过去，但出于各种原因，这一野心似乎过于膨胀。哪怕是我们现在所选的案例，在一些读者看来也像是舍本逐末。例如，当人们思考"冷战"时期（1945—1991），首先想到的会是苏联与美国之间的冲突，而不会是法国如何建立其核武库。但是，法国进入核时代改变了超级大国交锋的动态，如此一来，这一案例不单对法国，甚至对整个历史而言，都变得十分引人入胜。在法国之前，英国已经具备了发展核武器的实力，但它——一如既往——与美国的联盟太过紧密，因而无法被视为世界舞台上完全独立的参与者。相反，法国重铸荣光的野心——一如既往——使本就危机重重的核竞赛陷入混乱。这不再是鲍比·菲舍尔与鲍里斯·斯帕斯基*之间一对一的棋赛，有第三名选手移动了棋盘上的棋子，这惹恼了美国人，但也没给俄罗斯人带去丝毫安慰。今天，许多国家都叫嚷着要建立、扩充并使用本国的核武库，重新审视是何种精神在 20 世纪五六十年代鼓动了法国人，看来毫不离题。此间引起经济学家兴趣的，是一个简单的观察：常规的非核部队给法国也给所有其他国家造成了巨大的经济负担。为了维持日常事务的运转，有没有可能，法国发展自己的核武打击力，仅仅是为了用更经济的核武力代替常规部队，并在谈判中重新夺回其在欧洲乃至世界的地位？第七章将处理这个问题。

回顾过去，关于世界大战时代（1919—1945）的史著颇丰，甚至也有关于这些灾难的经济史著作。[1] 这些文献中的大部分探讨了"战争的经济学"，论题包括：为战争融资；战争所需的物质资源，它们的获取以及消耗；战争在国内外造成的经济影响及后果；经济活动从民用导向朝军用导向的转变——简而言之，包含了人们期望经济学家能够应付的问题。但经济学可以延伸得更远，深入实际作战的行动领域。作为例证，我们在第六章选取了一个引人注目的案例，它就此改变了现代战争的概念：第二次世界大战中对德国的战略轰炸。这一计

---

* 1972 年，在冰岛雷克雅未克举行的国际象棋世界冠军挑战赛上，鲍比·菲舍尔代表美国击败苏联的鲍里斯·斯帕斯基，赢得世界冠军。这是美国首次在国际象棋领域战胜苏联，对冷战时期的美国意义深远。（除特别说明，本书页下注均为译者注）

划收获的评价，尤其是武装部队内部的评价，导致此后几乎每一场由美国主导的战争都采取了类似举措。毋庸置疑，上千架轰炸机掠过德国城市上空发动突袭，是对强悍武力的惊人应用，但它行之有效吗？该战争计划的筹划者本应该更好地遵循收益递减这一经济学理念，这一点应当留意。任何熬夜学习的学生都知道，这些努力也许会对通过接下来的考试有所帮助，但仅仅投入更多时间，并不保证分数会相应增加。俗话说得好，重要的不是投入了多少时间，而是在这段时间里投入了多少。对轰炸而言，道理是一样的：只靠向柏林派出更多架轰炸机也许可以赢得战争，但盟军需要付出的代价只会节节攀升并且难以承受。如果收益递减的经济学概念得到了充分理解，盟军可能会在欧洲空战中更迫切地追求技术创新。或许他们还能挽救无数生命，因为就人员比例而言，没有任何一个军事部门的损失超过空军，也没有任何一场大火比轰炸机播下的火风暴更加猛烈。人们会想知道，如果非战斗不可，还有其他什么朴素的经济学概念可以减少生命损失。

在第五章选择美国南北战争作为阐明革命时代（1789—1914）的案例，是因为那场最重大的革命——工业革命。法国大革命虽然使战事发生了天翻地覆的变化，但彼时工业化的程度还不足以对战争的进行和结果产生多大的影响。相比之下，美国南北战争是第一场在工业化背景下开展的重大战争。这将新技术以及更重要的大规模生产等因素，带到了战场上。在信息流方面，这一时代有三个发展尤其显著，那就是电报、铁路和报纸。今天，无须说服人们相信引入电子通信的意义，电报所代表的意义同样如此。而因为人们能够以更快的速度移动到更远的地方，铁路也传递了信息。作为印刷技术进步和识字率提高的产物，报纸也被战争双方用作工具，作为信息来源以及传播虚假情报的途径。将信息经济学的诸方面与信息在战争中发挥的作用相结合，这是相对新颖的做法，在美国南北战争中更是如此。

在军事史上，1618—1815年这个时期有时被称为战役时代。因此我们选择了一个与战争某一方面紧密联系的案例。第四章选择检视的专题关注指挥官的决策，也即参战与否的决定，尤其是因为决策是行为经济学的突出部分。在这一整个时期内，决策一直都是突出的事务，影响了每一场重要战事。意识到战争并非随机事件，而是产生自相当审慎的选择，那个时代几乎每一位"伟大指挥"都认为，发起战争的决定，需要予以重点乃至最为重点的关注。一旦参战，剩下的可行选择便急剧缩减，将领们可能会迅速失去对局面的把控。这在长期战争中尤甚，交战双方可能在其中退化成斗殴闹事、杀人成性的暴徒。战争提供了最大的可能奖赏——胜利——但也会强加终极的代价：士兵战死沙场，军队在敌将手下折损。发起战斗以前，最好深思熟虑。

阿富汗战争和伊拉克战争雇用了成千上万的私人军事承包商，这将一部分公众关注引向如下议题：如何补充一个国家的"官方"武装部队。对于领域内的专家而言，这并非什么新鲜议题。20世纪90年代的南斯拉夫内战就已大量运用私人军事和安保公司，同一个十年里，非洲不同国家和派系发起的许多次战争也是如此。今天仍有许多浪漫的概念环绕着声名在外的法国外籍兵团的"雇佣兵"，美国读者也至少听说过"黑森佣兵"在美国脱离英国的独立战争中起到的作用。实际上，只要细想一下就能发现，完全公共的武装部队、所有士兵皆从一国的年轻男性国民中征募而来，这在历史上并不寻常。尽管被打上了"佣兵""兵痞"这样的揶揄标签，军事劳动力市场中自愿的供需一直都很活跃，而从经济学角度描述这一市场的著作却相对稀少，让人意外。例如，拿一个著名的例子来说，历史学家通常将意大利文艺复兴时期（1300—1600）被广泛雇用的军事承包商——那些被马基雅维利恶意中伤的佣兵队长——的普遍失业归咎于其雇主动荡的政治命运和军事技术的某些发展。重要的动荡确有发生，但为何不像我们在第三章中所做的那样，将其雇用合同（condotte）的本质也纳入考量呢？这些合同，正得名自那些承包商，也即佣兵队长

（ *condottieri* ）。私人军事承包商在时下的再次兴起表明，合同是这一行当中有待研究的非常重要的面向。也许，相较于根深蒂固的思维与实践习惯所推荐的方式，武力市场能够以截然不同的方式组织起来。[2]

在有关中世纪盛期（1000—1300）军事行为的研究中，较为明显的可能案例包括城堡的建造和使用、征服战争、武器的演变、战争筹划、个体骑士的训练、中世纪军队的发展，以及战术。其中，城堡又是重中之重，它的建造、防御和围攻主导了这个时代的战争，而今天的历史学家对中世纪军队的看法变得越发积极，这也增加了城堡的重要性。如果我们认为那时的军队不过是乌合之众，依赖防御工事便显得理所当然。然而事实并非如此，那时军队的组织和领导比人们此前所认为的要优秀得多，这使得当时对城堡的依赖更加耐人寻味。武器方面最重要的变革，是让进攻城堡变得可能的那些。战斗固然很重要，但军队指挥官往往会避免战斗，而将注意力更多地集中在迫近或保卫城堡的策略上。即便是欧洲最好的骑士，乘骑着最优良的战马，手握最锐利的骑枪，披戴能获得的最坚硬的铠甲，也无法亲身进攻修得最糟糕的欧洲城堡。历史学对中世纪军队的关注再次兴起，而以城堡为主题的第二章对此做了补充。我们将看到，虽然城堡耗费巨资——有时，国王会将一整年的财政收入全部花在一座城堡上——但这钱花得值。出乎意料的是，一点经济学知识也许能告诉我们事情为何如此。

我们并不假设读者熟悉经济学，因此在开头的第一章阐述了它的一些原理。说来稀奇，关于什么是经济学原理，人们尚无定论，但任何经济学家都不会对我们所讨论的六项原理表示异议：第一，要做一件事，通常必须牺牲同时做另一件事的机会；第二，激励机制会对行为产生影响；第三，决策是通过对比额外收益和额外成本而做出的；第四，信息的不对等催生了有利于其中一方的力量；第五，在某个节点后，继续投入会导致额外产出的收益越来越少；第六，如果某些物品的功能类似，人们将用相对便宜的替代相对昂贵的。（比如，如果想要的只是一样水果，那么苹果和橙子就是类似的。）这些原理（几乎）不言自明，但其复杂性和含义却并非如此，而我们的目的之一，就是要说明，在本书选择回顾的军事史片段里，这些原理如何发挥作用。

尽管自 20 世纪 60 年代以来历史编纂学取得了长足的发展，史学研究仍然缺乏公认的理论基础。人们以什么标准来选择、组织和呈现历史事实？历史理论究竟可以预测哪些事件，且预测的方式在实证上可供检验，并无惧反驳？美国的历史学家尤其对理论抱持怀疑态度。谈到伽达默尔和狄尔泰时，布鲁斯·马兹利什这样写道："一般来说……历史学家对上层的理论怀有疑虑，他们埋头做自己的研究，无视这些晦涩的思想家。"[3] 在这个方面，军事史学家并没有什么不同。即便如此，阐明历史的方法之一就是从其他研究领域——诸如社会学、心理学、政治学，或者经济学，甚至地理学、气候学和其他自然科学——补充理论，例如，贾雷德·戴蒙德出版的两部极其畅销的著作就是如此。[4] 在这些和另外的学术领域，理论比在历史学领域发展得更加完备。在这些研究领域的协助下，可以将历史学视为应用理论中的一系列案例研究。尽管记录不算差，经济学本身当然不是无懈可击的成功理论体系。我们邀请读者放松心情，收获乐趣。就算对经济学存有疑虑，人们仍可享受它的用处。[5]

我们应当声明，虽然这本书的写作首先考虑的是大众读者，但每一个独立章节都对学术知识做出了实质性的贡献。例如，有关佣兵队长的一章，历史学研究关注的是当时复杂的政治和不断发展的军事技术，却忽略了劳务合同这一面向——合同正得名自佣兵队长。将注意力引向这些合同——尽管是从经济学的视角——标志着对这方面文献的新贡献。同样，关于第二次世界大战中德国的一章，也为有关战略轰炸有效性的争论（这一争论至今仍令历史学家挂心）做出了独到的学术贡献。尽管有关美国南北战争的著作数以千计，但令人惊讶的是，既有著述很少像我们一样，研究信息在这场战争中的作用。因此，我们请大众读者忽略那些主要为学者准备的大量章节注释，而为大众读者着想，我们也恳请学者谅解，本书会更加宽泛地阐述某个主题或时期，这可能超出学者通常认为适当的范围。

对于将军事史和经济学相结合这个更大的事业而言，这六个案例究竟有多少代表性？我们尚未可知。我们知道的是，通过选择六个而非仅仅一到两个经济学原理，并将它们应用于六个不同的历史时代——它们跨越了千年的历史，而涵盖一个如此漫长的时期实属野心勃勃——我们已经广布拖网。在我们看来，这样的结果即使不具代表性，至少也鼓舞人心：经济学看来将为（重新）审视军事史本身提供一种富有成效的方式。

针对本书各部分收到的评论，我们要感谢杰里米·布莱克教授、马克·菲塞尔教授、杰伊·皮尔泽教授、温迪·特纳教授——他们都是历史学家——还有 2001 年 5 月在新泽西州纽瓦克的罗格斯大学举办的国防与和平经济学会议，以及 2001 年 6 月在伦敦密德萨斯大学经济学院召开的第五届国防与和平经济学年会上的经济学家们。我们更要感谢芝加哥大学出版社内部和外部的匿名审稿人、时任编辑 J. 亚历克斯·施瓦茨、现任编辑大卫·珀文，以及出版社的所有同仁。我们还想感谢马蒂亚斯·斯波尔先生、塞尔塔克·卡尔吉先生、尼古拉斯·安格勒维奇先生、米洛什·尼科利茨先生和奥古斯塔州立大学图书馆间借阅服务人员，他们提供了出色的研究协助。约瑟夫·吉多上尉对全书的初稿提出了非常有助益的意见。我们感谢纳迪娅·A. 韦伯-吉多女士、克里斯廷·卡萨莱托教授、邓肯·罗伯逊教授（翻译）以及斯蒂芬·塞泽尔教授和威廉·卡费罗教授（通信）。我们也要感谢德布拉·范图伊尔（绘图）。通常的免责声明也适用于此：余下的一切错误都是作者的责任。我们要特别感谢位于澳大利亚堪培拉的澳大利亚国防学院新南威尔士大学校区的彼得·霍尔教授和斯蒂芬·马尔科夫斯基教授，以及他们的全体同事。2005年，我们二人中有一人在那里担任客座教授，在此期间，他们提供了最热情好客、最充满新思、最富有成效的环境，这极大地推动了本书的完成。

最后，许多在正式出版前读到此书的读者都问，为什么我们不另写一章，谈谈美国目前在阿富汗，特别是在伊拉克的战争。最简练的回答也许是，与我们使用的那些案例相比，最终的数据集还未诞生。然而，如果经济学的意义不仅在于解释，还在于预测，那么我们项目的前提——将理论注入历史学——不正要求我们能够预测未来的编年史吗？尽管阿西莫夫的科幻小说中的心理历史学家已经取得了这一成就，但从马克思到托尔斯泰等人在我们之前就已经发现，对这个学科而言，这是种苛求。[6] 在我们再次尝试解释未来之前，让我们先看看理论——无论是经济学的还是其他学科的——是否对解释过去做出了有益的贡献。与此同时，可以肯定的是，虽然关于美国目前的战争，经济学方面有很多值得注意的面向——从恐怖主义的经济学到战败国家的角色、非常规部队的崛起、联盟的形成，以及对私人军事公司的大量运用——但我们对本书的计划早在2001年世贸中心双子塔倒塌前就已经完成。尽管如此，在第八章中，我们还是以对恐怖主义经济学、军事人力经济学以及政府越来越多地使用私人军事和安保公司的讨论为本书作结。我们相信，从中可以看出，经济学不仅适用于军事史，也适用于当今战事。

第一章

经济学

　　德国本无意开启 20 世纪以及其后的历史。然而，就在 1914 年，世界上最著名的战争计划之一——施里芬计划——迫使德国将正在东欧上演的口角转变为文明史上最大型、最广泛，也最昂贵的战争。这场战争直到后来才被称作世界大战，因为它最终演变至此。战争经年不息，屠杀的规模随之变得如此之大，生命如此骇人地惨死于诸如毒气、潜艇和机枪等新式战争武器之下，以至于这场战争在当时被直白而明确地称为"大战"。对于亲历者而言，再没有什么恐怖比之更甚。这必是战争中的战争，最后的战争，结束所有战争的战争。在欧洲的许多战场，那场战争给环境遗留下的伤痕至今依然可见。因其影响无远弗届——至今仍未解决的巴以冲突，当前的阿富汗战争与伊拉克战争，都在其影响之下——大多数历史学家都将第一次世界大战的肇始视作 20 世纪的开端。

　　对于这场战争，德国自有计划。决定实施这一计划，意味着入侵法国和比利时，转而又可能将英国卷入战争。计划要求德国在西线部署其兵力的八分之七，大部队将横扫比利时，由此包围法国军队，从

而在六周内击败法国。在这之后，胜利之师将被运往东线，对阵正在
缓慢动员的俄国人。计划的大胆程度令人咋舌，简单中透出天才，同
时也很冒险。其尝试以及随后的失败剧烈地重塑了世界，因此，一些
人将其施行看作现代军事史上最重要的一次行动。

　　将近一个世纪以后，施里芬计划仍促使许多学者及大众挥洒笔墨。
尽管仍存在大量的分析空间，但如同军事史和一般历史论争中时常出
现的争议一样，许多论述几乎都在原地踏步。例如，这次进攻的领导
者赫尔穆特·冯·毛奇上将，早在战争期间，就因未能准确执行计划
而受到批评。关于毛奇的争论仍在继续，正反双方的意见并没有太多
变动。

　　在本书中，我们利用经济学中的原理来阐明战争中的决策问题。
毛奇和他的将领同仁可能会欣赏这个做法。德国总参谋部以对战争的
系统研究而闻名，这也是德国在开展（乃至赢得）战争的过程中取得
惊人成功的原因。如果让总参谋部这些“勤于思考、勤于工作”[1]的
军官将一套社会科学原理应用于战争指挥，他们的研究成果毫无疑问
会写成一部卓越的多卷本纲要。[2]他们定会发觉，将经济学原理应用
于1914年的进攻毫无困难。例如，德国对单一战争计划的投入必然
会使本国的资源往单一方向投放，需要思考一下德国因投入这一计划
而放弃了什么。德国无法拯救其主要盟友奥地利。施里芬计划建立在
这样一个假设上，那就是迅速战胜法国定能挫败敌对联盟。但这并没
有发生，奥地利在战争的头几个月遭遇了惨痛的失败。它未被征服，
但也从未完全从初期的灾难中恢复过来。拜这场战争所赐，奥匈帝国
于1918年灭亡。同样，尽管对许多德国人来说，英国正成为真正的
全球性敌人，但德国却在陆军上耗费了大量资源，没能建立像英国那
样强大的海军。德国的资源也不足以入侵俄国，施里芬慎重地否绝了
这一选项。这些并不意味着德国决策者错了。这只意味着，选择了某
一个选项，他们就必须放弃其他选项。这就是经济学家所称的机会成

本：采取一项行动就会失去采取另一项行动的机会。（在第二章中，我们将这一原理用于中世纪盛期城堡建造的案例。）

施里芬计划的执行涉及极大的潜在成本，德国将与两个甚至三个强大的邻国开战。这里没有必要深究谁应对这场战争负责，或者德国是否有意发动这场战争的问题：可以明确的是，柏林政府没有做出任何阻止这场战争的尝试。然而，德国决策者并不是在鲁莽行事。他们没有忽视潜在成本，至少没有忽略已知的那些。在权衡其行动的潜在成本和收益时，有两个考虑因素影响了他们的计算。第一，"战"似乎比"不战"成本更低。许多德国领导人认为战争不可避免，因此从这个角度来看，参战本身是"免费的"——至于代价（如失败的风险、生命的损失和资金的开销），本就在所难免。再者，既然战争不可避免，早开战要比晚开战好。俄国国力不济，但其境况在迅速好转。对德国领导人而言，如果早日开战，收益将大于风险和成本，再等下去，情况将会逆转。第二，将法国人拖入战局并不会增加德国的成本。大部分德国领导人都认为，法国必将为帮助其盟国俄国而参战。这个假设意味着，在是否将法国列为敌人这个问题上，德国并无选择，可以选择的只有是否对法国发起先攻。因此，涉及的成本只有发动进攻所需的短期军费。即便人们会质疑德国人计算的准确性，但在这两点上，他们实际上都考虑到了自身行动的预期边际成本和收益原理。（在第四章，我们将使用这一原理来考察战役时代的军事领袖如何决定参战与否。）

最先对阵法国的决定本身就足够合理，因为法国是在军事上比俄国更为强大的敌人。在施里芬之前，德国正朝着截然相反的方向计划下一场战争。德国的战力将进攻俄国，同时对法国展开防御。然而，将主要目标从俄国转为法国涉及两个重大抉择。首先，德国将不得不继续依赖陆上力量，而非海上力量。这意味着德国无法在海上与英国展开实际竞争，只能通过击败其欧陆盟友的方式来对抗英军。若想施里芬计划行之有效，动作必须要快。每拖延一天，都将给敌军时间调整，还会妨碍到庞大而复杂的人员和军备调遣。而这产生了灾难性的后果，因为对速度的需要迫使毛奇要求迅速决策，这使得德国政府无法考量更周详的替代方案。充足的时间意味着可能的外交手段和不同的军事举措，但迅捷的速度则更有机会带来成功的进攻。简而言之，人们可以说，德国领导层选择了一系列替代：击败法国和俄国，是对攻击英国的替代；实现这一目标的陆上力量，是对海军力量的替代；速度，是对时间的替代。（我们在第七章重新审视法国发展核武库的决定时，运用了替代的原理。）

　　1914 年德国进攻的空前规模造成了许多问题。拥有更大型军队的优势并不是绝对的，例如，更多士兵意味着需要扩大补给线，交通拥堵也随之而来。同样，地形也可能抵消进攻方在人数上的优势。施里芬计划要求一支强大的右翼荡平比利时，同时一支薄弱的左翼在阿尔萨斯和洛林保持防守。毛奇在某种程度上改变了这一计划，他被处于左翼的德国将领说服，派兵增援他们，并允许他们继续进攻。进攻继续——但被法国人挫败了。德军不断增加左翼的兵力，相应的军事收益却越来越少。经济学家对这种现象再熟悉不过，它被囊括在一个叫人生厌的标签之下：边际收益递减。（我们在第六章有关第二次世界大战期间对德战略轰炸的案例中，应用了边际收益递减的原理。）

　　如今卷入中东战争的美国，以及历史上的所有战士，都像德国一样，基于假设发动战争，而原因之一就是某些事实性信息要么缺乏，要么不准确。一方面，德国认为，一旦德俄之间爆发战争，法国会发动进攻，但如今有证据表明，这种情况可能并不会发生。在与其法国盟友的磋商中，俄国政府完全没有表示俄国期望法国会不假思索地参战。另一方面，德国当局中有许多人认为英国不会参战，因此当德国军队在比利时遭遇英国远征军时，他们都大为震惊。事实上，英国人已经相当明确地表示他们将会介入，但德国政府选择不相信这一点：

从某种意义上说，德国"掌握了"信息，但由于信息处理方面的问题，又"没能掌握"这一信息。此外，他们完全没有料到比利时人会参战，但后者确实加入了，这使得德国在政治上陷入窘境，在军事上面临问题。相反，德国的所有西线对手都正确地预判比利时人会参战。这些都是信息不对称的例证，更准确地说，是有关对手隐藏特征的例证，这些特征直到双方交战时才会显露出来。

不对称性可能不仅仅关乎某些事实是否为人所知，或者甚至是它们如何被解读。双方都不清楚自己面临的是什么样的战争——要是人们都知道，战争也许就不会发生！比起事实，这种不对称性也许更关乎预期。例如，德国国内的普遍预期是战争不会耗时太长，尤其是因为他们假设进攻优于防守。然而，事实恰恰相反，每一个主要参战方都承受了后果。施里芬计划的成功实施取决于迅速、果决的进攻，以在短时间内取胜，但德国发现自己陷入了一场无休无止的苦战，这对任何一方都没有好处，也让德国走向毁灭。用威廉二世的话说："现在我们流血至死。"（在第五章中，我们把信息不对称原理的隐藏特征运用于美国内战的案例。）

信息不对称还有另外一个面向。我的许多研究第一次世界大战的学生都对欧洲各国政府参战时的仓促和明显的粗心感到震惊。这种漫不经心的态度也存在于民众中间，这也许可以解释为什么1914年的军队能相对轻易地动员普通士兵。没有哪支军队因不服从或逃兵而产生严重问题。这并不能靠假定他们拥有优良纪律或专业精神来解释，因为大多数士兵都是应征入伍或预备役人员，后者中有许多也受预备役军官指挥。爱国主义，也许还有一种盛行的、某种程度上"光明"的战争前景，解释了为什么至少当时，领袖们不用担心、猜忌，甚至提防下属的行动。但总有例外发生：一个例外发生在施里芬计划对法国进攻行将结束之际，险些让德国输掉整场战争。亚历山大·冯·克鲁克的德国第一集团军接到指令，跟在邻近的第二集团军之后成梯队前进，但克鲁克在没有告知总部的情况下，选择以极快的速度进军，最终导致德国在马恩河战役中败北，连连失利。这是委托-代理问题的一例。克鲁克是"代理人"，奉其上级"委托者"的指令采取特定行动。上级不知道——信息不对称——他无视了指令。他在暗中行动，直到事情败露，因此终结了施里芬计划。（第三章将借意大利文艺复兴时期雇用私人军事承包商的案例，来探讨信息不对称原理中隐藏行动的方面。）

本书将运用施里芬计划囊括的六个经济学原理，来检视军事史上的不同事件，它们横跨千年历史，实际上也就是公元第二个千纪。某种程度上，本书是所谓的"经济学帝国主义"的产物，将经济学理论延伸至非经济领域。[3] 就像经济学被其他研究领域的洞见所"入侵"一样，经济学的见解反过来也应用于各个领域，如法学、社会学、医疗保健、生物学、政治科学、人力资源管理和军事战略。[4] 清晰的经济学推论已经在历史学中得到应用，经济学史自不必言，但鲜少被用于军事史这一研究领域。[5] 如上所述，我们分步骤选择了数个经济学原理，并将其用于军事史的典型案例。然而，通过这些案例，我们更大的目标在于证明经济学可以有效地阐明军事史，并借此展示，将成熟的理论应用于大致缺乏理论严谨性的领域，可以获得全新的洞见。

本书的基本论点简单明了。筹划和发动战争需要抉择。而经济学，至少是经济学的新古典主义分支，恰恰源于对决策的分析。因此，历史（在此则是军事史）可以用经济学分析来检验。因此，我们改进了军事史研究的分析方法，以经济学原理或其他学科的原理为指导，丰富了历史学分析。这并不是说历史学家没有充分利用从其他研究领域获得的知识和洞见，并将之应用于自己的研究，但站在历史学之外的角度来解读和书写历史是另一项任务。[6] 依靠另一学科不等于被其浸透。历史事实不会改变，但对它们的选择、排序和解释则会。

本章是经济学和经济理论的入门。我们鼓励熟悉经济学的读者直接跳到后面的章节。我们欢迎其他读者继续阅读，或者，如果他们迫切地想要先读历史部分，可以另找时间再来读这一章。本章并非理解和欣赏后面内容的前提条件，但如果阅读了本章的内容，则可以更深入地理解和欣赏后面的内容。

我们首先将概述经济科学的发展，随后讨论我们选择应用于本书的原理，并以描述这些原理如何与军事史相结合作结。

经济学

经济学有多重定义。无论如何定义，和其他学科一样，经济学最终试图揭示的是一系列公认的、根本性的共性或规律，它们奠定了诸多被观测的行为和事件的基础。就像生物学家致力于理解基因以及它们相互结合以表达生命的方式一样，经济学家致力于学习经济生活中使用的语汇，理解其中的语法。为达成这一目标，他们提出原理、施行实验、颁布定律，并构建理论。

原理、定律和理论

在词典中，原理意为一种"基本的真理、定律、学说或驱动力，其余事物在其上成立"。它要么是一种基本的观念，要么是一种假说，即一种关于有待检验的基本观念的观念。某些假说（"上帝存在"）完全无法被实证检验，或者说无法以大致公认的方式实证检验。在如天文学、气象学、社会学和经济学这些本质上倾向于非实验性的领域，检验观念是很困难的。[7]将理论思考转化为可以被实证检验的陈述，不是一件直截了当的事，甚至数学统计学衍生出一个专门的分支——计量经济学，专用于解决检验由经济理论阐发的假设时所遇到的困难。

更有甚者，就连发展出一套用于统计学检验的数据也不是容易之事。

尽管存在这些困难，人们还是收获了研究成果，但争论也随之而来。学生们接受训练，独立的检验被重复实施并上报，同侪们被说服（或怀疑者消失），手头的原理则被逐渐细化，以具体应对它所适用的确切情况。如果一切顺利，这项原理便会成为一条定律："自然界或人类活动中的一系列事件，根据观察，它们在相同条件下以恒定的一致性发生。"一系列这样的定律可以组成一套理论，即"对其所涉原理的系统化陈述"，"对某些受观察现象的显性关系或基本原理的阐述，并在一定程度上已被证实"。[8] 在理想的情况下，我们的理论将解释过去，并预测未来的行为和事件。在充满不确定的世界里，我们希望它们成为过去、现在和将来的可靠指南。理论是思想的结构，活跃于其使用者的脑海中。如今已有证据表明，理论会被编码成行为惯例，固定在大脑和中枢神经系统当中（"狮子吃斑马，斑马嗅到狮子的气味，斑马逃跑"）。情绪可能无非就是已编码的理性行为。[9] 已编码的理性行为并不一定符合时下的理性：曾经合理的做法到今天也许不再合理，但我们继续如此行事。在不与理论相矛盾的情况下，受观察的行为可能会偏离理论曾经的假设。[10] 即便如此，理论并非一直自洽，也很少能够完全解释所有的受观察行为和事件。（例如，物理学中的标准模型努力协调广义相对论与量子物理学。）因此，理论常常受到挑战并引发争论，且不时需要修正，或者被整个推翻。[11]

经济学原理被认为具有定律般的规律性，它们集结成一套（新古典主义的）经济学理论，这些原理最好被当作指明方向和预测事件的指南。"新古典主义"这一修饰语暗示了经济学领域中的一种特定理论，在此之外还有其他经济学理论。[12] 在很大程度上，它们属于宏观经济学领域，该领域研究关于通货膨胀、失业、可持续经济增长以及如何平稳商业周期波动等主题的计量、理论和政策。相反，微观经济学专注于理解引导个人行为的动机，然后将许多个人身上的动机集合成可观察的大规模结果。[13] 例如，金融市场中的个人行为结合起来，能够决定债券价格和利率，这反过来又会影响整体经济。同样，微观经济学研究个人如何影响集体决策，例如家庭中的个体成员、公司里的员工乃至国会或政治集会中的政客。

新古典主义经济学

新古典主义微观经济学，从亚当·斯密奠定的古典主义基础，到阿尔弗雷德·马歇尔提出的边际主义革命，再到保罗·萨缪尔森发起的现代构想，有时被称为"纯经济学"，以区别于更庞杂、更难以驾驭的"政治经济学"。[14] 纯经济学假设了一套行为原理，理性的人，或臭名昭著的"经济人"（*homo economicus*），依据这些原理进行决策——至少在纯经济学高度程式化乃至简化版的现代经济学教科书中，情况是这样。个人的决定带来集体的后果，对这些决策及其后果的研究是新古典主义经济分析的核心。

早期的新古典主义经济学——同样，在其程式化的版本中——通过做出一些假设来减少经济学家的分析工作量。例如，用来解释受观察行为的模型通常与历史无关。分析是静态而非动态的。经济主体如何从一个时间点过渡到另一个时间点不在探讨之列。时间并不存在，空间也不存在，因为早期的模型没有明确考虑距离、地形或气候之于决策的重要性。同样，在支持对"生产与互利但竞争的市场交换"的分析时，纯经济学假定不存在冲突和盗用，这无疑极大地窄化了分析范围。此外，这些模型假设经济主体掌握有关自己、彼此、商品价格和质量的完备情报，并对每一条相关信息了如指掌，而这些信息在权衡成本与获益的理性决策中起重要作用。实际上，理性决策本身也是假设的，而不去考虑决策者需要具备的推理技巧可能远超其本身的才智能力。这些模型还假设存在运作良好的机制，例如定义明确的产权，并且这些权利能够畅通无阻地实行。它们假设买卖双方发生交易时，不会影响交易以外的任何人。这就是说，它们假设对他人福祉的影响或副作用并不存在。假设还不止这些……

　　不客气地说，在这种简化版的纯经济学建构和研究状况中，完全理性的经济主体在一个摩擦、空间和时间皆不存在的世界里进行交易。于是，这样一个世界是全然无用的——古典政治经济学的拥趸也许会这么说。因为如果相关的一切都被假设排除，还有什么可分析的呢？然而，即使是政治经济学家也承认，只有在现存的不完善可以被消除（并非通过假设排除，而是通过政府在市场中进行适当的管理和干预）的情况下，纯经济学的原理才能驱动经济体系。相比之下，新古典经济学家认为，恰当的做法不是管理和干预，而是构建更高级的模型，以放松简化模型持有的限制性假设——毕竟，无法兑现承诺的不只是私人市场，就连政府也有可能。因此，新古典主义经济学希望能够循序渐进地吸纳其批评者。事实上，现今存在着一个名为"新制度经济学"的思想流派，其目的是将分析的严密性引入陈腐的政治经济学。[15]

改进

　　新制度经济学并非唯一在纯经济学的简化版模型基础上进行改进的学派。研究诺贝尔经济学奖对此大有裨益。该奖项于 1969 年首次颁发，经常颁给那些突破了假设束缚的人士（见本章附录）。五十八名获奖者（截至 2006 年 12 月）中，十六人因实证或方法论的研究成果，九人因宏观经济学，五人因国际经济与金融研究，五人因财政经济学，二十三人因微观经济学的研究成果而获奖。[16] 例如，1996 年颁发给莫理斯和维克里，以及 2001 年颁发给阿克洛夫、斯彭斯和斯蒂格利茨的奖项，均是因他们在市场信息不对称性方面的研究成果而授予的。赫伯特·西蒙在 1978 年因其"有限理性"研究而获奖，该研究探索了我们有限理性能力的后果。以下内容节选自宣布西蒙获奖的新闻稿：

> 20 世纪 30 年代，经济学家开始以一种全新的方式研究公司的结构和决策过程。西蒙的工作对这条新的发展路线至关重要。在他划时代的著作《行政行为》以及随后的许多著述中，他将公司描述为由物质、个人和社会组成的适应性系统，这个系统通过相互联系的网络，以及成员合作并朝着共同目标努力的意愿而连接在一起。西蒙思想最重要的创新之处在于，他拒绝了古典企业理论中关于无所不知、理性、寻求利润最大化的企业家的假设。他替换了这一企业家形象，代之以合作的决策者，后者理性行动的能力是有限的，一方面是因为不清楚其决策的全部后果，另一方面受制于个人和社会纽带。[17]

与之类似，普林斯顿大学心理学教授丹尼尔·卡尼曼因其对理解消费者购买行为的研究而于 2002 年获奖。他的研究表明，和企业决策一样，消费者的购买行为并不像简化版模型假设的那样理性。罗纳德·科斯因双重成就而获奖。他在 1991 年获诺贝尔奖时曾说：

> 将定价体系视为一种协调机制的观点显然是正确的，但论证中的某些方面让我感到困惑……竞争……通过价格体系行动，将完成所有必要的协调工作。然而，我们还有一个生产要素——管理，其功能就是协调。如果定价体系完成了所有必要的协调，为什么还需要它？[18]

如果理性的、完全知情的经济行为者能够立即（不受时间影响）、不耗费成本地（无摩擦地）下令将一定数量的剑麻运输给织布工，织布工将生产出来的产品转送给装配工，装配者收到加工木材，生产出吊床，然后由单独签约的托运人运送给终端用户，那么谁还需要企业呢？（而这一切还都发生在一个无涉空间的一维世界里。）在现实世界中，安排这些交易的成本（因而被称为"交易成本"）如此之高，以至于没有任何人能享受安居于吊床上的闲暇。因此人们需要管理者和公司，他们节省交易成本，并从节省下来的成本中抽取一部分作为奖励。

令科斯获奖的另一部分研究成果，是将溢出效应（或称"外部性"）纳入了纯经济学的供需关系中。一家铁路运营商和一家火车头生产商签订私人买卖合同。但当火车头投入使用时，它朝空气中喷出氮氧化物，后者随着盛行风传播，在其他地方化成酸雨落下；这导致树木死亡，使山地湖泊酸化，并破坏数百英里*外，很可能位于另一个国家的旅游景区。一场两方间的私人交易因此影响了第三方，而第三方并不会因为交易造成的破坏获得赔偿，不得不承受某种影响其自身运行的损失。这显然是经济学，但简化版模型并没有意识到这样的副作用。科斯弥补了这一缺陷，不像他的交易成本观念，溢出效应哪怕在初级经济学教科书中，都已成为标准。

这里的讨论有两个重点。第一，简化版模型之所以有限，是因为个中假设限制了其在我们想要理解的、现实生活中的不同行为和事件上的适用性。这些限制因理论家们放松假设而被逐渐克服，经济学之花于是更加繁盛。然而，第二，我们要认识到，在这些简略的经济学模型中，存在某些基本原理，它们在更完善的经济学模型中仍然有效，甚至效用更为明显。先别说什么时间、空间和理性：这套原理比这些因素还要基本。在接下来的几个小节中，我们将讨论六项基本原理：机会成本、预期边际成本与收益、替代原理、边际收益递减，以及信息不充分或不对称的情况（分两种情况）。在本书的后几个章节，每

---

*　1 英里约为 1.61 公里。

项原理都会搭配一个军事史案例。对于新古典主义经济学的原理有哪些，尚未达成普遍的共识，不过很少有经济学家会反驳我们从中挑选出来的这几项。

原理一：机会成本

我们生活在一个资源有限而需求无限的世界里，这话已是老生常谈。许多人指出，人类只需减少自己对物质主义生活方式的肆意渴望，就能更长久地使用地球上有限的资源。就经济科学而言，这个论述在很多方面都不充分，其中最重要的是，经济学既涉及物质需求，也涉及非物质需求，例如：与家人共度闲暇的需求、与朋友交往的需求、独处或团体精神生活的需求，以及自然和人工制品的审美需求。这些需求面临资源方面的限制，尤其是时间的限制。在一天24小时之中，一个人对陪伴的需求可能与对独处的需求相冲突。在既定时间内，人们必须选择自己要沉浸于哪一种情形。有的人想有两个配偶，在某个社会中，这也许会与获得社会尊重的渴望相冲突，在另一个社会中，则会与无法实现这一愿望的现状相冲突。有的人希望研究神学，但这也许会与为确保物质生存而获得世俗回报的需求相冲突。就算是超级富豪也不能做想做的一切。就算是无比富有的微软公司联合创始人比尔·盖茨和保罗·艾伦，也必须在他们所拥有的众多愿望中做出选择。

选择并追求某一种欲求，也意味着不选择、不追求另外的欲求。选择得到每一样事物，意味着总有另一些事物被放弃，后者当然有价值，放弃享受这些事物可能带来的愉悦，就是人们付出的代价。选择某物，将以失去追求其他事物的机会为代价。每一个做出的选择都伴随着机会成本，即放弃追求做其他事情的机会的成本。照理来说，我们所放弃的东西不如我们所选择的东西有价值。但话说回来，我们所放弃的对我们来说仍是有价值的，只是不比我们所选择的更有价值。

学生们很容易就能理解这项经济学基本原理：听课意味着不偷懒（偷懒也有其价值）；准备考试，或者最后润色一遍期末论文，意味着放弃另一场疯狂的派对（派对也有其价值，至少对学生来说是这样）；在图书馆或实验室花时间做研究意味着不把时间花在做兼职上（兼职也有其价值）。简言之，机会成本原理无非是平凡地意识到权衡总是存在，必须做出选择。那又怎样？为什么这一点如此重要？它之所以重要，是因为经济学能借之做出预测：在众多必须做出选择的有价值事物中，考虑到选择当下的条件，人们倾向于选择对其最有价值的一件。他们选择的，是如果不去追求，就会带来最大牺牲、最高机会成本的那件事。

那么，经济学预测的岂不都是享乐行为吗——比如，学生总会选择混日子？完全不是这回事。阿尔弗雷德·马歇尔曾举过一个有用的例子，亲自给出了解释：万有引力定律解释了，在一组给定条件下（称为"其他条件不变"条款），为何物体会相互吸引。这位科学家详细说明了这些条件，但并不易懂。一截粉笔被扔到空中，并不会"吸引"地球，而是落回地面，这不是因为相互吸引定律（万有引力定律）错了，而是因为引力定律的其中一个补充说明涉及两个相互吸引的物体的相对质量问题。与之类似，用马歇尔本人所举的例子来说，一个氢气球完全不会摔到地上，在没有违反引力定律的情况下，它反而撞上了天花板！同样，在一个无约束（无条件）的世界里，学生们也许会终日虚度，但在一个不那么完美的世界里，就算是学生自己也会意识到，学一点总有用处，值得为之放弃短期的娱乐。一艘帆船在平静的海面上总是保持直立，在被风浪摇撼时则不然。使帆船保持直立的物理定律没有因为风浪而改变，风浪不过是其他对帆船施加影响的物理定律生效的条件——比如有关惯性稳定度的定律。只是因为我们没有观察到预测的行为，并不意味着理论一定出了错。相反，我们需要谨慎地单独看待并列举出被观测行为或事件的发生条件。这种情况在某些领域比其他领域更为多见。因此，马歇尔认为物理学是一门"单纯的"科学，而经济学是一门"复杂的"科学，但归根到底仍是科学。

在无限需求前利用有限资源，这必然意味着约束优化（constrained optimization），即将做出选择时受条件限制的价值最大化。在任何时间点，将稀缺资源用于任何目的都代价高昂，因为相同的资源无法同时用于其他目的。艾森豪威尔的著名论述就是意识到机会成本的例证：

> 每一杆制造出来的枪，每一艘启动的战舰，每一枚发射的火箭，说到底，都意味着从那些饥饿而无物果腹、受冻而无衣蔽体的人身上偷窃。这个武装的世界花费的不单是金钱，还有其劳工的精力、其科学家的才能、其儿童的希望。

把钱花在武器上并不一定就错。但说到底，艾森豪威尔的说法仍然准确：花在弹道导弹防御系统上的一万亿美元，是没有花在其替代用途上的一万亿美元。[19] 这个例子很有帮助，因为它尖锐地提出了一个问题，那就是：我们应该考虑谁的机会成本？谁来做决策？谁来选择？在做出公共而非私人决策时受到的限制之一是，通常不可能就武器的机会成本面对社会所有成员开展民意调查。此外，我们预计能掌握的，将是各种各样的个人的价值评估。我们应该如何比较它们，我们又能够如何比较它们？我们应该仅仅把它们简单相加，并将其价值与各种替代方案的价值做比较吗？但由谁来列举替代选项？这些问题不仅难以回答，还是真正的问题——它们描述了：机会成本与特定决策者有关；成为决策者符合某些人的利益；其他人有可能质疑某人是否有权决策，是否盗用了决策的权力。而当决策面对的条件发生改变，事情会如何呢？决策的条件之一就是决策者本人。如果决策者换人，价值评估也会相应改变。妈妈们与爸爸们的选择不一样，共和党与民主党的选择也不一样。仅仅是意识到存在其他替代选择，也有可能改变人的价值评估。"当我化敌为友，我不正是在摧毁敌人吗？"亚伯拉罕·林肯曾如此问道。

我们知道，机会成本原理还涉及一些更为基本的哲学思想。大众通常误将经济学领域与只关心金钱的无趣问题联系起来，但那些问题不过是经济学中很小的一部分。我们知道，经济学与自由的问题紧密相关，比如谁有权利从哪些选项中做出选择。我们也知道，就像经济学家保罗·海恩指出的，机会成本的概念关乎行动、决策、选择，而非关于事物。[20] 打个比方，一颗棒球"值"十美元。但不对！棒球"值"的不是十美元，而是这十美元现在能或将来能购买的东西（当前替代消费或延迟消费）。金钱不过是两种可能行动之间的传递工具。更重要的是，总存在一种可能，即不购买任何东西，而是将钱捐给慈善事业，让受助者能够自己决策。

我们知道，经济学绝非一门物质性的科学，它不是物理学，也不是工程学。相反，它是有关物质性和非物质性事物的决策的科学，在一定条件下进行决策的科学，这些条件常常缺乏详细说明、模糊、不确定：我应该和你结婚，还是和别人？关注决策和机会成本，可能会为单纯的问题带去惊人的答案。海恩曾举过一个例子：就跨城市的旅途而言，我们从经验上得知，穷人倾向于坐大巴，富人倾向于坐飞机。为什么呢？"显而易见"的答案是可以观察到经验规律性，穷人没有钱买机票，而大巴出行更便宜。顺着这个观察，会得的另一个答案：一个每小时收费四百美元、乘大巴从纽约到洛杉矶的律师，竟然成了更昂贵的律师！这位律师花在旅途中的时间机会成本十分高昂。客户找一个坐飞机来的律师要好得多（划算得多）。穷人的时间可不会被看得这么有价值，就连他们自己也不这么觉得。

对机会成本的谨慎关注刺激我们不断思考。再举一个例子：为什么在现代文化中，离婚率如此之高？高离婚率是否如一些人所说，象征着堕落和道德沦丧？我们的社会果真在分崩离析吗？还是说它是出于对维系婚姻的机会成本（尤其对女性而言）的考量？数百年前（乃至在当今的某些社会），在嫁给男性之外，女性的选择少之又少，且令人难以接受，它们包括：进入修道院、在家不婚与父母同住，如若遵循本能导致未婚先孕，还会招致社会的羞辱。女性有可能再觅伴侣，但只能在第一任配偶死亡，她们可以"体面地"再嫁的情况下。女性鲜有获得教育的机会，难以脱离原生家庭或后来组建的家庭自食其力。替代选项叫人无望，价值稀微，而缔结（并维系）婚姻也无须放弃太多东西。但是，过去那种必须选择结婚的生活条件已然改变。在今天，女性为结婚而放弃的机会，价值十分高昂，因此，缔结（并维系）婚姻的机会成本也就更为昂贵。对女性而言，嫁给男性的价值并不比其他选择更能增值（甚至不能增值）。男性正在变得越来越廉价，而缔结（并维系）婚姻所需要牺牲的价值则有加无已。结果就是，男性更容易被抛弃，也更容易再获得。[21]

　　即便得不出其他教益，我们也能知道经济学，或是这里的机会成本原理，重置了我们看待和解读行为及事件的方式。而这也是我们希望在第二章中完成的，重新审视中世纪盛期（1000—1300）的防御工事、城堡和围城战。究竟为什么君主们要建造天价的城堡？它们是如此昂贵，以至于仅仅建造其中一座就要耗费王室全年的收入，更别提维护它们的开销了。一个可能的答案是，尽管耗费巨资，但城堡是当时所能选择、所能想到的可行选项中最有价值的一个。至少经济学家可能会如此预测。

原理二：预期边际成本与收益

　　假设某人已经拥有十五匹赛马，如果此人放弃购入第十六匹，他要放弃的是什么？鉴于此人已经拥有其他马匹，每一匹额外赛马的有用性都会降低。一个人拥有的东西越多，其放弃所需事物的代价就越小。我们可以说拥有第十六匹马令人感到厌倦，也可以说拥有前十五匹马已经让人得到满足。刚结婚时，放弃与新伴侣共度哪怕一分钟，成本都相当高昂。但二十年后，放弃一分钟（一小时、一周——甚或伴侣本人！）[22] 看起来可能就没多少损失。

经济学中的边际主义革命，其精髓在于"无论你要去哪，你都已经在这儿了"。[23] 过去行动的收益与成本所累积起来的满足感是不变的，重要的是下一步行动的预期收益与成本。重要的是评估下一步行动，而非评估为到达目前位置曾经采取过的行动的总和。假设某人爱相伴二十年的配偶甚于爱踢足球，边际主义者会认为，重要的是接下来三小时此人是与配偶度过，还是在足球场上度过。此人爱配偶甚于爱足球，但如果身处边际（即接下来的三小时），此人爱足球甚于爱配偶。爱会变老，而非变冷。边际主义者会说，比尔·盖茨过去赚的数十亿美元并不重要，重要的是出售下一套微软操作系统软件能否带来比其生产和销售成本更高的收入。若能如此，他的所得将增加，而这套系统也应该被生产并销售。假设某人已经吃了六块比萨，无法再通过吃第七块比萨获得太多额外收益，这就没给此人带来什么好处。此外，他还需为这块比萨再花五美元，而这五美元象征着此人需要放弃的其他商品和服务（包括将钱留下以备他用）。[24]

这种边际主义的人生观似乎相当粗糙且原始，但它仍提供了洞见。这一观点由阿尔弗雷德·马歇尔发扬光大，此前我们已经提到过他。他的教科书《经济学原理》的扉页上，写着一句格言："自然不会骤变（*natura non facit saltum*）。"此言早于玻尔和海森堡。他还解释道，在研究了总体而言平缓渐进的自然界演化后，诸如地震和洪水等灾难性事件需要更先进的研究。[25] 与之类似，我们在经济学中首先学习"日常生活事务"，将那些"间歇性的、低频的、难以观察的"现象留待日后研究。[26]自然不会骤变，它循序渐进，一步一脚印。生活发生于边缘、边际。思考未来行动带给自己的收益，并计算需要放弃的东西，这牵涉关于未来的决策。由于未来是不确定的，决策包括对比预期边际收益与预期边际成本，决策的规律也简明了当：如果某个行动的预期增量收益超过其预期额外成本，便应该行动，反之则不然。如果观看三小时足球赛的预期额外收益，超过与相伴二十年的配偶分离三小时的预期成本，那么规律就会建议去看球赛。

　　决策受制于一定程度的不确定性。万一比赛很无趣，而此人高估了预期收益呢？万一他错误判断了配偶的态度，低估了预期成本呢？经济学家会说，生活是一种"体验商品"。我们一面经历一面学习。人生中的仓促决定往往涉及误判，我们所失去的总是多于收获的。随着时间的推移，我们学会了尽量减少错误，优化决策，赢的比输的多。我们变得更谨慎，更聪明，能更好地收集预期成本及收益的信息。经济学家不否认人会犯错，但他们通常不认为有人会一次又一次重复犯同样的错。某人可能会吃下一颗烂苹果，但他不太可能再吃一颗。如果一位作家的首部小说叫某人看不下去，那么此人就不会买这位作家的下一本小说。如果某人的配偶反对观看足球赛，那么此人也会做出更明智的决定。

　　人们起初是如何形成对收益和成本的预期的？显然，信息至关重要，我们将在另一节讨论这个问题。现在，考虑一下初级经济学教科书列出的三大因素：偏好、资源和价格。乍一看，各种商品和服务的价格很容易便能确定。一块口香糖卖五十美分；私立大学的学费、食宿费为每年四万美元；而前往宇宙空间站只需要花二千万美元。而在实践中，我们至少会面临两个困难：第一，许多价格可以协商；第二，许多价格是非货币性的。当然，在当地沃尔玛的收银台，人们不太可能就一包口香糖成功讲价。相反，你要么按标价支付，要么干脆不买。但在购买一辆新车时，人们则会讲价。至于上这所或那所大学的价格，通过申请各种各样的奖学金，人们也可以达成有效协商。

　　一个人为任何想要的商品或服务所愿意且能够支付的最终价格，与其对预期收益的估值有很大关系。只要此人的收益超过其最终支付的价格，其净收益即为正。用成本收益比来说的话——这里的成本指的不是供应成本（cost of provision），而是取得成本（cost of acquisition），也即所付的价格——那么此人的成本收益比小于一。价格可能是非货币性的，当然也可能包括次要成本。例如，无论一套微软的文字处理及其他办公软件的市场价格如何，购买成本中可能包含"转换成本"，即从现在熟悉的软件转换到陌生软件所产生的成本。仅仅靠低廉的市场价格也许并不足以让人购买某物。这是普遍的规律，不仅适用于输出市场（最终产品市场），还适用于投入市场（企业用以生产商品及服务的投入的市场）。例如，对劳动力市场而言至关重要的，是雇用和劳务培训的成本，以及其他非薪酬成本，如雇主缴纳的社会保障税。成本计算须仔细考虑一切取得成本。让事情变得更为复杂的是，进一步的成本还包括签订合同、履行合同和监督及检验合同的成本，也就是说，在转换／生产成本（transformation/production cost）以外，还有交易成本（transaction cost）。[27] 合同有一定的失败风险，有人可能会违背合同条款，合同明确规定的许多未来义务也可能不被履行。但由于未来具有不确定性，在如何解释合同方面可能会出现合理的分歧。也许需要解决争端，其成本也相当高昂。要做出好的决策，只需要搞清楚预期收益与预期成本之间的差异——这话说起来容易。军事指挥官如何计算逃兵的风险？又如何计算袭击某个敌军据点的收益？

　　计算成本收益比时涉及的第二个因素是可用资源。这包括当前的所得收入、过去所得收入的储蓄、信用额度，还有津贴补助。就像价格可以是货币价格也可以是非货币价格一样，经济学家不按字面意思理解这些资源类别，而是采取一般性理解。例如，在有关兵力的语境中，我们可以将"储蓄"想作部队存量，将"当前所得收入"想作常规的入伍新兵，将"信用额度"想作额外的部队（比如可动用的预备役），并把"津贴补助"想作盟国提供的军队。过去未花费的所得收入（储蓄）可以通过军事训练来增加，而更高水平的战备和战场表现则相当于"利息"；当前收入会因人员流失和逃兵而下降；诸如此类。因此某人的资源究竟有哪些，可能不太清楚。它们可以因缔结联盟而增加（但联盟本身又带来新的风险和成本），也可因盟国撤军而减少。它们可因提升生产效率的补充性投入（如不断升高的资本/劳动力比）而增加，或可因不当调整战勤比（前线作战士兵与后勤支援人员的比例）而减少。

　　成本收益比的计算变得看起来极其复杂，甚至让人生畏。然而，竭尽全力地计算总比不假思索地行动可取吧？不一定。就像派送"时效性"垃圾邮件的邮差一样，许多决策不得不在有限时间内做出。有时候，不管发生什么，我们都需要凭直觉做出决策。准备和训练可以提升人的直觉，而当进行成本收益比计算的信息处理成本过高时，准备和训练就成了制度化的惯例。[28]在必须于现实世界的事件中有所行动之前，人们先进行模拟，在受控条件下进行角色扮演。但是，训练所消耗的，恰恰是它要去增加的资源。人们很快就会陷入循环论证：现实世界的决策最好通过模拟练习来准备，而模拟练习的成本很高，也会消耗资源，因此又需要投入更多资源来为现实的未来不确定事件做准备。

　　第三个因素——"偏好"或"品味"——是另一种笼统的术语。这一因素涉及人对于时尚与流行、需求与需要的好恶。偏好是经济学家的黑匣子。芝加哥学派经济学家乔治·斯蒂格勒和加里·贝克尔在他们1977年的著名论文题目中表明：买方的品味不存在争论（*de gustibus non est disputandum*）。他们指出，这不意味着（或并不一定意味着）品味变幻莫测、反复无常、剧烈波动且难以驾驭。相反，他们认为品味相当稳定。变化的不是人的品味，而是其面临的价格，以及在满足自身品味时可用的资源。因此，即使行为背后的偏好或品味并没有变，观察到的行为也可能会改变。这是一个结构巧妙的论证，但其背后的洞见却很朴素。例如，假设一个人喜欢"好听的"音乐，通过在量上花更多时间聆听音乐，并在质上研究音乐，其对好听音乐的鉴赏能力可以提高。如是，此人便在累积知识——音乐方面的知识。而知识就是资本。随着资本逐渐累积，花在聆听好音乐上的时间就得到了更有效（更愉快）的利用。当分子（即成本）减小时，听音乐的成本收益比就会下降。如果收入和其他商品及服务的价格不变，某人欣赏音乐的成本（随其音乐赏析资本不断累积）越低，就越能促使此人自然地聆听更多音乐。一个自我强化的良性循环由此产生。斯蒂格勒教授和贝克尔教授强调，他们观察到的行为是，人们花更多时间听好音乐（或阅读好的经济学著作），但这不是因为人们对特定类别音乐的品味发生了变化，而是获取音乐的潜在相对价格发生了变化。（当然，若有相反的迹象，人们越来越多地听"难听的"音乐，就会产生一种自我强化的恶性循环，一种有害的上瘾情况。）

然而，已故的哈佛教授约翰·肯尼思·加尔布雷思在其著名的《富裕社会》中主张，消费者并不是完全独立自主的。其所谓完全独立自主的偏好其实受到私人及公共的强大利益集团的操纵和塑造。[29] 偏好的形成和我们对何事进行估值、如何估值、估值多寡的决策，已经成了公共政策、市场营销、心理学、经济学、社会学及其他学科的活跃研究领域。在基础教科书之外，这可能是个极其困难的主题：例如，如何对鲸鲨、红杉、先锋艺术，或幸存的巴布亚新几内亚高地文化进行估值？分配什么样的收益？如何将这些事物转化成货币等价物，以便将鲸鲨的价值与无限需求清单上的其他物品做比较？如果我们对公众进行市场调查，询问他们愿意并且能够支付多少钱来确保鲸鲨的可持续生存，我们如何确定他们的回答经过了审慎思考并且真实可信？

在此，没有必要进入有关偏好诱导、显示原理和经济估值的费解的文献迷宫。只需要想想，为采取某种行动而做出坚决而理性的决策，军事指挥官要如何对不同行动的预期边际收益及成本进行估值即可。值得注意的是，无论在军事还是非军事语境中，人们极少孤立地做出决策。因此，统治者可能决定参战，但他的指挥官可能决定不这么做。统治者可以撤换指挥官，但士兵也许会决定叛逃。在第四章中，我们将通过考察启蒙运动时期（17世纪和18世纪）的战役、演习和指挥官的事例，并以拿破仑战争作结，来说明预期边际收益与成本的原理。我们将会看到，就算十分复杂，但指挥官无疑都进行了这样或那样的预期边际成本收益比计算。

原理三：替代

现在我们可以走两条路线中的任意一条：我们可以开始聚焦信息和订立合同的经济学，或者进一步探索（机会）成本与收益的经济学。我们将在接下来的两节（替代原理和收益递减原理）中讨论后者，然后在余下两节（信息和合同的问题）中探讨前者，如此一来，就触及了我们所要探讨的经济学分析的六个原理。

替代原理说的是，如果两个商品的好处类似，使用者最终将选择使用两者中价格相对低廉的那一个。（当然，这一价格应当反映完整的机会成本。）这一原理还可以换一种表述：如果商品或服务的价格类似，预计使用者将选择收益更高的一方。更简单地说，如果收益固定，人们会选择成本更低的产品；如果成本固定，人们则会选择收益更高的产品。

为了说明，我们会再次从细小简单的情境开始，转而进入现实而复杂的情境。经济学家区分了生产中的替代与消费中的替代。拿某位面包房经理举例说明前者，究竟在烘焙中使用白壳鸡蛋还是褐壳鸡蛋，他在这个问题上犹豫不决。由于二者在用途上并无差别（对烘焙师和最终的消费者来说都是如此），面包房毫无疑问将选择更便宜的鸡蛋，而不去管蛋壳是什么颜色。再举一例更现实的情境，某公司需要决定如何运送产品。洲际运输可以选择空运和集装箱海运；横穿大陆的运输，则可以通过航空、铁路、公路、内河航道，或组合多种方式。收益可被简单定义为产品交付，更现实一点，则是有限时间内的产品交付。进一步，公司还可以选择开发并使用内部运输能力（拥有自己的运输队），也可以选择外包，或结合两者。产品运输成了复杂程度不等的物流的优化问题，其目标是按时交货，而其制约因素则包括生产、仓储、客户位置、不同的容量限制、运输选择，当然还有价格。需要考虑的变量可以非常多。从数学上来讲，只要其中一个变量发生变化，最佳的运输方式就可能随之变化。难怪在现实中，公司在决定运输方式时需要员工具备高水平技能，尤其是数学和计算机方面的技能。虽然没有人会否认军事后勤问题的复杂程度，[30] 但同样的复杂性在商业事务中却没有得到同等重视，也许这是因为它鲜少出现在公共视野当中。无论如何，复杂性都源于替代的种种可能。

替代的可能性有程度之分。在白壳鸡蛋和褐壳鸡蛋的情境中，我们说的是完全替代，代换系数等于 1。课堂中可能发生替代，但不是完全替代。经济学家布劳尔教授也许会替代历史学家范图伊尔教授，但前者在教授历史方面远远逊色于他受人尊敬的同事。虽然这在大学课堂上通常不成问题，但在这个国家的小学、初中和高中，问题要严重得多：每天早上，有成千上万的紧急电话被拨出，寻找生物、数学或英语"代课"老师。教育的生产深受其害。在极端情况下，代换系数是 0。无论是白壳鸡蛋还是褐壳鸡蛋，都无法替代面粉，价值百万美元的地毯编织机无法代替运送地毯的卡车，就算泰格·伍兹和安妮卡·瑟伦斯坦都可以受雇推销高尔夫球和球杆，但他们谁也无法为对方性别的时尚球服担任模特。*替代是程度问题。[31]

　　替代的可能性可能会引发激烈争斗，其中充满了诡计、激情和阴谋。女孩可以在一群男孩中选择并寻觅替代者，男孩也可以在一群女孩中如此。婚姻是一种为了实现更高社会目的（不受阻碍地养育后代）而对替代可能性进行限制的社会手段。在医疗领域，医院管理者用薪酬相对低廉的注册护士来替代更昂贵的医生。随着护士薪资升高，医院又用临床技术来替代护士。与此同时，保健组织作为提供补充性医疗意见的机构，可以强制用一种治疗方案替代另一种。制药公司权衡并提供替代性药物治疗，以降低疾病的严重程度，并加快休养时间。这很大程度上发生在激励机制倾斜和信息不对称的环境当中（将在下节详细讨论）。

　　替代的可能性就是竞争的本质所在。供应商不遗余力地扼杀、限制和妨碍竞争，这并不稀奇。排除竞争就等于将代换系数降至0，其方式也多种多样。这些方式中有许多都是非法的（例如，竞争对手加入沆瀣一气的同业联盟），但也有许多完全合法，例如由美国司法部（或其他国家具有相同职能的部门）反垄断部门批准的合并或收购。其他方式包括干预立法程序，例如通过各种形式游说，限制从国外进口竞品。这里有一种最常见的说法，就是宣称进口商品为美国消费者的健康和安全带来了特殊风险，好比未经巴氏消毒的法国奶酪。还有个更贴近本书主题的例子，许多企业都以国家安全为由，在进口竞争中获取保护。其中最臭名昭著的案例是美国的羊毛和马海毛产业，从1954年到1994年，这一产业每年都能获得补助，耗费纳税人缴纳的数十亿美元。就算没有完全排除竞争，它也着实留住了许多牧羊人。[32]

　　生产中存在大量且广泛的替代，与其相对的消费中也是如此。马海毛消费者愿意在美国产和澳大利亚产马海毛之间做出选择。如果实

---

*　泰格·伍兹和安妮卡·瑟伦斯坦均为顶尖的职业高尔夫球手。

际上并不存在明显的质量差异（在诸如金属和农产品商品市场，情况通常如此），那么对用户而言收益等同，用户于是预计会选择更便宜的选项。为操纵成本收益比而影响用户偏好的企图比比皆是，还因此出现了"购买美国货"运动——这至少比"禁止一切外国产汽车在本工会停车场停车"运动来得友好，但除此之外乏善可陈。人们猜想，那些骄傲的工会成员只买美国制造的钓鱼竿，只穿美国制造的法兰绒格子衬衫，只用美国制造的平底舢板，而在现实中，他们的行为和所有消费者一样：寻求替代，以节省经费——毕竟，他们也用雅马哈舷外发动机。[33]

替代还有其他多种形式。其中一种重要形式被称为"跨期替代"（intertemporal substitution）。经典的经济学教科书案例，是当下消费和未来消费间的跨期替代。劳动所得扣除税款后，人们只能将净收入用在以下两件事中：要么消费，要么储蓄。无需赘言，储蓄不过是延期消费的另一种说法。[34] 守财奴和储蓄狂会为应对灾病祸难、提前退休或至少是将来的消费未雨绸缪。相比之下，那些只活在当下的人，哪怕负债累累，也要把将来的消费提前。跨越时间的替代做法很常见，它也适用于非世俗话题和非现代社会。某些古代社会会举行血祭，用一人的性命换取其他生者所期望得到的好处。殉道者为志业而死，是在用现世浮生换取天堂的来世。

激励机制对诱发替代行为起到了重要作用，在跨期替代方面也是如此。将生育年龄从二十多岁推迟至三四十岁，也体现了替代选择（不论人们是否清晰意识到这种选择），接受教育取代了在早期职业生涯的同时生儿育女以及后来的职业生涯。受过较高教育的人倾向于推迟生育，这并非偶然。早育的机会成本（在某种程度上）是牺牲高等教育以及在职业生涯中获得好的开端。在关于"消费还是储蓄"的货币性决策中，利率起着至关重要的作用。和以往一样，马歇尔提出的"其他条件不变"也同样适用。更高的利率本身也许并不会让人们放弃眼下的消费，毕竟，超前消费只能吸引那些有充分理由相信前景可期的人。生活在非洲南部的艾滋病患者对时间的预期很短，也不会看重遥远的未来。同样，如果一个人生活在长期内乱频仍的地区，不去为未来储蓄完全合理，因为他并不指望拥有什么明天。良好的经济决策能力与文化水平或算术能力无关。"小农经济学"之所以行之有效，是因为经济学围绕着一系列可供选择的激励机制和选项展开。无望的贫农也好，生活在美国郊区骄纵的富二代也罢，所有人都明白激励和选择的意义。

我们将在第七章中以法国用战略核武器替代越发昂贵的传统武器为例，详述替代原理在军事史中的作用。

原理四：边际收益递减

结合"其他条件不变"条款，"边际"的概念直接导向了"收益递减"的概念。如果某人现在正在自助餐厅吃第二盘食物，除此之外什么都没有改变，此人会感到，与吃第一盘食物时的愉悦心情相比，满足感越来越少（因为此人在大快朵颐第一盘食物后已经有些饱了）。当然，有些人可能太饿，以至于第二盘食物和第一盘一样令其满足。边际收益递减原理仅仅是说，饱腹感终究会产生，就算不在吃第二盘时，也可能在吃第三或第四盘时出现，这时人们通常会说："哦，天哪，我撑死了！"和此前一样，这一原理适用于生产领域和消费领域，也适用于非经济领域。如果学生花费更多时间准备期末考试，其余条件不变，其知识储备起初会大大增加，但遗憾的是，最终，每再学习一个小时，他们的知识生产都会越来越少。如果某人在健身房多花几个小时锻炼，其余条件不变，此人的肌肉量最初将大增，但遗憾的是，最终，每多花一个小时锻炼，增加的肌肉量都将越来越少，此人到达了

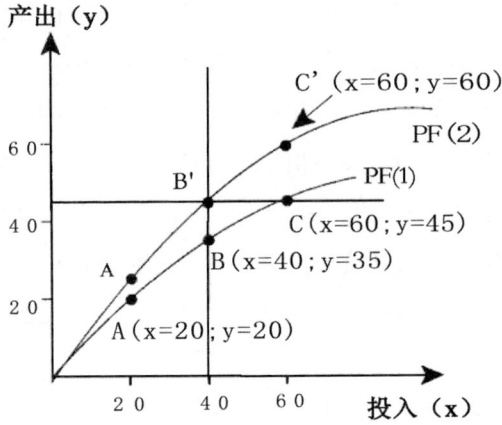

图 1.1　生产函数

"平台期"。而如果开放边境收纳移民，其余条件不变，经济将会增长（因为有更多人工作并参与贡献国民生产），但遗憾的是，经济增速最终将放缓，因为有更多人需要分享相同的资本存量。

　　这些例子有个共性，那就是事物并不一定越多越可取。身为教授，我们时常听说学生勤奋而非聪明。然而，如前所述，重要的不是投入了多少时间，而是在这段时间里投入了什么。聪明的学习是指通过内在"技术"完成学习。图 1.1 说明了这一点。这是一幅二维图，因此我们只能描述两个变量的变化，一个是"原因"，一个是"效果"。我们暂时使其余一切保持不变（马歇尔的"其他条件不变"）。在横轴（x轴）上，我们以学习（投入）的分钟数来衡量学生所付出的努力。在纵轴（y轴）上，我们用获得的分数（产出）来衡量结果，也就是学生的成功或失败。当然，一些学生不怎么学习，但依然能获得好的成绩，而另一些学生拼命学习，成绩还是很差，因此，学习时长和获得分数之间并不存在一一对应。相反，我们所展示的，是从数千个（假定的）数据点中采集得出的平均趋势，曲线标记为 PF(1)，其中 PF 代

表"生产函数"（production function）。这条曲线表明，学习 20 分钟
的学生平均获 20 分（图中 A 点），学习 40 分钟的学生平均获 35 分
（B 点），学习 60 分钟的学生平均获 45 分（C 点）。当然，在原点，
不学习只能拿零蛋！[35] 因此，前 20 分钟的学习成果是获得 20 分，下
一个 20 分钟的学习成果是增加 15 分（总分 35 分），再下一个 20 分
钟的学习成果是增加 10 分（总分 45 分）。每增加 20 分钟的学习时长，
总分都会提高，但增长率越来越低。这就是对边际收益递减概念的
可视化。[36]

　　为了取得更好的成绩，学生可以更聪明地学习。例如，他们可以
在整个学期中记下并认真重写课堂笔记、组建学习小组、完成布置的
作业及尚未布置的问题、缠着教授提问，并清除学习环境中的干扰项。
简言之，他们可以改变学习的"技术"。严格来说，这意味着违反马
歇尔的"其他条件不变"原则，因为此前保持不变的变量之一现在改
变了。我们将这一影响在二维图中表现为从 PF(1) 转向 PF(2)。技术
更好的学生（A'对应 A，B'对应 B，C'对应 C）平均比技术差、
学习习惯不好的学生获得了更高的分数。事实上，如图 1.1 所示，平
均来看，处在 B'点的学生（花了 40 分钟学习）和处在 C 点的学生（花
了 60 分钟学习）成绩相同。换句话说，处在 B 点的学生可以选择加
强技术以达到 B'点，或另增加 20 分钟学习时间以达到 C 点，这两
种情况都能取得更高分数。或者，该学生可以双管齐下，然后达到 C'
点。需要谨记的一则教训是，仅仅观察考试成绩并不能告诉我们学生
是如何达到这一成绩的，还需要观察其投入。和此前所讨论的一样，
为了研究该学生如何选择学习时长和学习技术，我们需要知道学生面
临的"价格"以及他们可获取的"资源"。例如，如果一个学生很害羞，
那么参加学习小组的"价格"就会很高。

　　与之类似，某公司如果在资本存量、车间布局和工作流程都保持
不变的情况下增加劳动力，产量起初将提高，但增速最终会下降。首先，

专业分工提高了每个员工的产量（生产力提高），并降低了每个生产单位的成本；随后出现了人员冗余的情况，致使生产力降低，成本增加。如果这家公司不小心让过多的工人操作同一台机器，他们会妨碍彼此，导致产出降低。让一到三人上捕虾船，捕获量会提高。让一百到三百号人上船，则会导致沉船（一只虾都捞不着）。问题的核心在于通过聪明地工作，而非努力地工作，将生产函数向上提高。诀窍在于明智地将技术添加进自己的追求中。但是，如果该学生不止添加了一项而是两项学习创新，又或排除了不是一个而是两个干扰项呢？比方说，除了消除一个干扰项，该学生还参加了学习小组。又如果，前述那家公司增加了一项、两项，甚至三项创新呢？（在视觉上，我们会将其显示为生产函数的进一步变化。）在这里，人们无疑也会遭遇自然的限制。一次掌握一种新技术完全有可能，而应对三种、五种或十种新技术所涉及的学习、协调和管理成本则很可能让该学生（或是那艘捕虾船）得不偿失。"规模经济"有其极限。好比通用汽车公司变成了"巨物汽车公司"——过于庞大和复杂，无益于自身发展。

对美式足球爱好者来说，可以看这样一个通俗的例子，线卫的平均体重从 20 世纪 20 年代的 180 磅左右增至 21 世纪初的近 300 磅。与此同时，他们的力量和速度也有所提高。2008 年的线卫如果参与1928 年的线卫排行，一定会让人大吃一惊。但速度、力量和体型都是随着身体训练和心理训练（生理学和赛事影片）以及营养的提高而逐渐获得的属性。但无论是在今天还是在 1928 年，一个体重 400 磅的线卫都同样派不上用场。他太过笨重，反应也太过迟缓，会真正体现出规模的不经济。然而，如果再经历 80 年（写下这一时长，我们也有所迟疑）的"技术发展"，到了 2088 年，也许他将很适合这一位置。

因此，提高生产力的关键在于技术，技术进步可以被宽泛地解释为恒常不变的变量发生了变化。由于边际收益递减原理的作用，经济学理论预测，我们将能够观察到竞争对手间存在某种内在的冲动，使他们从程度差异（增加同类型的投入，但回报递减）转向水平差异（转向另一类型的投入，而回报递增），亦即技术和策略上的革新。这也适用于战争。增加更多兵力当然能增加屠杀规模，但不一定能确保胜利："先生们，那很了不起，但那不是战争。"面对克里米亚战争中轻骑兵冲锋引发的屠杀，皮埃尔·博斯凯将军如是评论道。[37]在第六章，我们将重新审视第二次世界大战中对德国的战略轰炸，以此说明边际收益递减原理如何发挥作用。我们发现，战略轰炸的收益确实呈递减趋势，而就连最近的战略轰炸行动也说明，军事决策者并没有吸取这一经济学教训。[38]

原理五：信息不对称和隐藏特征

信息是如此关键，以至于一些物理学家和计算机科学家仅以其信息内容来描述整个宇宙。[39]信息在生活中的作用至关重要，我们每一次呼吸都取决于生理机能的信息：人体内二氧化碳含量上升并超过临界值，会产生信号，刺激呼吸系统排出废气，吸入新鲜空气。信息在经济生活中也起着关键作用。信息问题可以分为两类：涉及隐藏特征的问题（在本节讨论），以及涉及隐藏行动的问题（在下节讨论）。要理解第一个问题，可以思考经济学教科书作者迈克尔·卡茨和哈维·罗森讲述的这个迷人故事。[40]许多年前，他们中的一人（他们没有透露是谁）在曾经的南斯拉夫乘火车旅行。途中，有一名商贩上了车，以五十美元价格兜售一条纯金手链。这位潜在顾客对手链的含金量表示怀疑，于是

商贩咬了手链一口，并点燃火柴靠近它，以此证明它是纯金的。由于不明白这两个举动的意义所在，作者再次提出质疑。卖

家的回应是两条手链共卖五十美元，却被告知："太贵了。"于是他提出再加一枚金戒指，打包价四十美元。"但它们真的是纯金的吗？"他被问道。"是的，是纯金。"为了证明自己的诚意，商贩提出两条手链和两个戒指共卖五美元。"不用了，谢谢，"经验老道的作者说，"这个价格，它们不可能是纯金的。"

买卖双方的信息并不对称。具体而言，关于商品，卖方知道某些买方并不知情的情况。手链和戒指具有一个隐藏的特征，即它们是否真的由纯金制成。有人也许会认为，买方不容易确定卖方的主张是否属实，但在这一情形中，这位潜在的买家找到了一种"狡猾"的方法，以零成本获取了这一信息。在其他情形中，掌握隐藏信息的是买方，而卖方则需要获取这些信息。典型的例子是购买健康保险。一个人很可能比保险公司更清楚自己健康与否，而其希望购置保险的事实本身就可能让人怀疑，因此保险公司需要获取有关此人健康状况的信息（隐藏特征）。更重要的是，还需筛出真实信息来。

需要强调的是，隐藏特征的问题是在采取行动前（购买手链前，或者在保险条款上签字前），即在做出不可撤销的承诺之前发生的信息问题。[41]掌握更多信息的一方拥有潜在的市场支配力，这反过来导致了两个问题。首先，掌握更多信息的一方可以利用市场支配力，达成较其他可能情况下（一条手链卖五十美元）更好的交易。其次，对受制于市场支配力（剥削）的恐惧会使市场陷入停滞，导致交易量减少（就算手链真是纯金的，也卖不出去）。我们认为，真相揭示机制的发展成了市场运行的一个重要方面。遗憾的是，尽管揭示真相有时不需要付出代价，比如针对"黄金"手镯机智地发问，但在其他情形中，获取有关隐藏特征的真实信息则成本高昂。

在此可以举一个同时涵盖高成本和低成本的例子，一种比通用办法成本"更低"的真相揭露机制的发明，它关乎在拍卖中从竞标者处获取真实信息。在标准的、竞价上升的拍卖活动中，人们的动机是绝不透露自己对一件竞拍品的全部估价。相反，他们的动机只是想超过下一位竞标者。假设某人参加了他最喜欢的年度慈善竞拍，在那里看上了一件竞拍品，并为之估价二百五十美元。竞拍起价为五十美元，几轮拉锯之后，如果竞拍价格超过二百五十美元，此人的沉默便会暴露他的真实估价，他会退出竞拍。但如果以一百七十五美元结束竞拍，那么此人就会因没有说出全部真相而省下七十五美元，而他同时也让慈善机构比本可得到的金额少获得七十五美元。竞标者应该感到羞愧吗？还是设计了糟糕竞拍机制的拍卖商应该感到羞愧？一种替代的办法是使用密封递价拍卖，每位竞标者提交一个信封，其中只有一个竞标价，出价最高者赢得竞拍。但就算如此，竞拍者的动机仍是不说出真相。如果此人认定下一个最高的密封出价是一百七十四美元，那么他可以出价一百七十五美元取胜——相对于他二百五十美元的真实估价，节省了七十五美元。再一次，以仅比下一个竞标者出价略高一点的价格竞拍符合此人的利益。

　　问题的关键在于，将自己与他人的竞价相关联的拍卖是在鼓励策略性竞拍，而非实话实说。为使某人说出真相，必须切断此人与其他竞标者之间的联系，转而建立此竞标者与竞拍品之间的联系。1961 年，哥伦比亚大学的威廉·维克里（1966 年诺贝尔经济学奖的共同得主）想出了一个巧妙的解决方案——次价拍卖，即其中出价最高者赢得竞拍，但支付出价次高者的竞拍价格。假设拍卖台上的物品对某竞拍者来说价值二百五十美元，对另一位竞拍者来说价值二百三十美元。第一人秘密出价二百五十美元，而另一人秘密出价二百三十美元。当所有竞价公开，第一人竞拍成功，但只需支付二百三十美元。这是可行的，因为如果一个人继续隐瞒真相，仅提交一百七十五美元作为竞价，那么他就会输给竞价为二百三十美元的人。我们从中得出三个教训：第一，不诚实不会有回报（此人无法中标）；第二，诚实确有回报（此人中标）；第三，真相揭露机制并不完善——毕竟，尽管中标者为这件物品估值二百五十美元，慈善机构只能得到二百三十美元。[42]

发出信号和甄别信号是处理隐藏特征的其他方式。信号作为指标，是可供观察的因素，揭示了有关隐藏特征的信息。[43]不知情的一方使用信号（指标）来甄别知情方。例如，假如某人今天想要获得明天从芝加哥飞往火奴鲁鲁的机票报价，他是在发出信号，表明自己旅行计划的紧迫性。迫切程度是隐藏信息，但今天提出有关明天航班的要求意味着一个好的指标。航空公司的票价时刻表反映了这一点：它们通常对临时购买机票的买家收取更高票价，而对提前数周预订机票，或者透露出行程具有灵活性的买家收取较低票价。例如，周末的出行者更有可能是游客，他们也可能乘坐其他航空公司的航班前往其他目的地。（不过，必须指出的是，航空公司已经变得非常善于解读信号，以从度假客户身上榨取价值。）

发出信号和甄别解释了为何一个人在买车时务必穿便装，而在求职时务必穿正装！然而，穿着朴素去车行与穿着体面去面试，这一信号策略很容易就被任何人模仿。信号存在，但被"白噪音"覆盖，变得无法用于有效甄别。汽车销售员受过训练，不仅要打量一个人，还要引出进一步的信息：此人以何为生？在哪里工作？在哪里居住？是否需要贷款？是否有另一台车可以买卖？嘿，何不立刻签下这份合同，就趁现在？通过这种方式获得的言语和非言语信息增强了信噪比，并决定了初始的"折扣"。同样，在求职面试中，（几乎）人人都穿着体面的正装，这使得公司无法对求职者进行分类。因此就有了对额外信号或信息的需求和供应：高中或大学成绩单上的稳定成绩、一份出色的简历、良好而可信的推荐信、个人关系网、审查和担保，这些都有助于将未来的明星员工与平庸员工区分开来。

发出信号和甄别有助于克服信息问题，但也有其成本。成本可能很高（例如从各种各样的经销商那里获得报价;准备求职简历和面试）。

事实上，这些成本可能非常高昂，以至于理想的交易根本无法实现。更糟糕的是，我们在一些市场中观察到非常不好的影响。经济学中最著名的案例是乔治·阿克洛夫在 1970 年提出的"劣质品"模型（他因此获得了 2001 年的诺贝尔奖），也被称为"逆向选择"。简单来说，只有二手车商知道一台车究竟性能稳健还是属于"劣质品"（其性能是隐藏特征）。谨慎的买家知道自己处于信息劣势，因此会压低报价。但低报价阻碍了优质二手车的卖家参与市场。这就是一例逆向选择：市场中只剩下劣质二手车卖家。阿克洛夫将逆向选择概念延伸开来，用以解释其他一些市场的特征。在良性的保险市场中，申请保险理赔的病人远比健康人多，但保险公司并不情愿赔付这些申请者。在发展中国家（阿克洛夫以印度为例）的信贷市场中，信贷风险信息的缺失导致非常多的申请者构成高信贷风险，因此以社区为基础的小额贷款很是发达，这种类型的贷款可以利用社区获取有关申请人信誉的信息。（这也使得 2006 年诺贝尔和平奖由孟加拉国的格莱珉银行与其经济学家创始人穆罕默德·尤努斯共同获得。）阿克洛夫的模型也解释了就业市场中明显可见的歧视。当求职者的能力难以立即观察到，雇主可能会使用一些指标，单看它们也许并不公允，但又可以将其作为"反映申请人社会背景、受教育水平和综合工作能力的良好数据"。[44]

　　读者也许很难相信，歧视会发生在"统计意义上"，它是搜索成本的意外结果，而非有意的偏见使然。（学者们并不否认存在个人的歧视，只是认为统计性歧视是一种可信的替代解释或至少是补充性解释。）然而，统计性歧视，即利用某群体的平均特征信息来预判个体的能力或行为，已得到实验证实。唐娜·安德森和迈克尔·豪珀特报告了一项巧妙的课堂实验，这一实验既证明了基于诸如性别和种族等个人特征（这些特征显然并不是隐性的）的歧视并不经济，也显示了搜索成本（揭示隐藏特征的成本）会导致统计性歧视的发生。[45] 实验证明的逻辑是，雇主面临如下风险，他可能错过来自平均生产力较低的群体中的高生产力员工，反而从平均生产力较高的群体中雇到了低生产力的员工；但与其花费更大力气搜索隐藏特征，进而承担更高昂的成本，不如冒这个风险来得划算。即使没有歧视的意图，寻找低成本手段发送和甄别信号所造成的问题也可能导致逆向（歧视性）选择。

要解决这个问题，关键显然在于降低搜索成本（更好的信号，更好的甄别）。信贷公司依靠当地、个人或社区对申请人的了解获悉其信誉状况。他们还采用计算机化、程式化的方法，如信用风险评分，来评估申请人的信用风险是高是低。越来越多的雇主使用计算机化的申请程序，至少作为初筛。处理这个问题的另一个选择是分摊风险。在某种程度上，保险公司通过要求等待期、共同支付以及提供健康者和病人都受保的团体方案来做到这一点。尽管如此，所有试图获取隐藏特征信息的尝试都会产生成本，无论是否分摊。显然，一些明明有望获得服务的人将由于尚存的不确定性以及无法提供所需的资料，而遭到拒绝，这在一定程度上解释了为什么没有记录可能比记录平平更糟糕。这是无法切实克服的隐藏特征和信息问题的不幸后果。

另一种选择是强制揭露真实情况。例如，政府在金融、信贷、健康、住房、就业、农业和其他市场规定的披露和报告要求，为买卖双方提供了更高质量的信息。如今，比较银行各种贷款和储蓄工具的利率，或者对一种产品声称的药用价值进行初步评估都很容易（因为美国食品和药物管理局的审查十分成熟）。可以肯定的是，这类命令成本高昂，但通常能吸引那些原本可能会退出市场的谨慎之人，从而扩大市场参与。扩大市场的吸引力如此强大，以至于各方都同意自愿披露原本可能不会披露的信息。在军事和政治方面，建立互信措施就是一个例子——如果你们公开，我们也公开——这与本书的主题明显相关。

最后，预期是一种影响行为的信息形式。例如，2002年12月10日，《华尔街日报》刊登了一篇关于非洲西海岸科特迪瓦爆发的内乱如何影响了可可期货市场的简短报道。（在期货市场中，当下协商价格，未来交付产品。这与现货市场不同，在现货市场，当下协商价格后，立即交付产品。）据《华尔街日报》报道，该国西部的叛军占领了布洛勒坎镇，并表示他们的目标是占领主要的可可出口地圣佩德罗港。[46] 由于担心供应中断会抬高第二天的现货价格，买家要求以当天的期货价格签订期货合约。但这一要求又使得期货价格不断攀升。于是，在一个因战争而四分五裂的社会里，一个基于准确或不那么准确的信息的预期，驱动着当前的行为。另一个信息来源是秘密或非法获取的信息。然而，无论如何获得，这些都是信息——而人们据此行动：内幕交易和企业间谍在金融和商业史上的确不容小觑。同样，对囚犯的隔离、羞辱、殴打和酷刑在军事史上也占有（不文明、不道德，且通常非法的）一席之地。

　　这类案例表明，信息经济学可以用于理解军事史。可以从这样一个角度解读军事史，那就是寻找、推断、哄骗、引出、交易，甚至窃取有关假定敌手隐藏特征的信息。同样，也可以从保护信息的角度进行解读。在第五章中，我们通过考察美国南北战争（1861—1865）的相关事件来说明这一点。顺带一提，这也是本书中唯一的非欧洲案例研究。

原理六：隐藏行动和激励协调

　　除了隐藏特征之外，另一类信息问题是隐藏行动。隐藏特征在采取行动或做出承诺之前就会产生问题，而隐藏行动则在采取行动或做出承诺之后才会产生问题。思考以下示例。假设某人正陷入劳务合同法律纠纷，雇用了一名律师，并签署了法律服务合同（采取了行动）。律师碰巧叫范图伊尔博士，他认为，为充分论述案件，需要聘请一位专业经济学家（客户不知道，这个专家恰好是他的朋友，某布劳尔博士）。这个案子真的需要经济学家吗？再举一例，假设某人的膝盖因不明原因疼痛，医生在诊疗时要求该病人拍一张 60 美元的 X 光片，而病人不知道，医生在其中可以获得经济收益。此人真的需要拍 X 光吗？假设某人的汽车刹车出现异响，修理工称修理费约为 400 美元。用 40 美元是否能修好这个异响问题？假设某教授为下一堂课布置了一份长达 65 页且非常无聊的阅读材料。这位教授真的还会记得布置过这项阅读任务吗？更别提在课上讲解了。再假设股东选举董事会来监督管理层，董事会成员是会按股东的最佳利益行事，还是会为了自身利益而被管理层拉拢？

这些案例的共同点在于，它们都属于一类被称为"委托-代理"的问题。委托人是发出命令或索要服务的一方（病人、客户、顾客、学生、股东），代理人则是接受命令或履行服务的一方（医生、律师、修理工、教授、董事）。代理人采取行动，委托人能够观察这些行动及其结果，如此方能产生显性和隐性的契约。问题在于，委托人可能无法观察到代理人做了或者没做的事。有多少客户会积极观察代理律师的工作情况？有多少顾客会检查汽车修理工的信用凭证？如果只有代理人自己清楚，那么他便可以利用这种情况。例如，公司总部无法观察数百家地方门店中的某一家为提高销量究竟付出了多少努力。委托人（公司总部）需要找到方法，以限制员工的道德风险，在这种情形中，只有销售人员真正知道自己付出了多少努力。同样，只有屋主知道自己花了多少心血，防止火灾或入室盗窃。在没有保险的情况下，我们认为屋主会投入更多努力。但一旦有了保险，此人也许会说，"哦，好吧，就算有事发生，我也受保"，然后放松警惕。

解决这一难题的关键在于订立能够达成以下目的的契约：将道德风险（机会主义）降到最低，使损失可以追回，或使不守约行为受罚；降低履约成本，限制可能受欺骗或遭损害一方做出承诺，或使这一承诺可以撤销；分摊风险，或分享任何有助于协调立约双方利益的要素。保险共同支付是一种将部分风险转移至投保人的手段，使投保人只在有重大健康需求的情况下才接受医疗服务。较低的基本工资加上基于业绩的提成，会鼓励销售人员努力工作。有时，在公司搜寻低成本信息时，客户会成为辅助。例如，连锁比萨店提供三十分钟送餐服务，超时则比萨免费。此时，顾客会告诉加盟店老板比萨是否准时送达，从而以低成本观察员工的努力程度。学生的评估反馈能增加教授的绩效工资，也使他们专注于教学工作。教科书作者卡茨和罗森再次提供了一个与本书更大主题不无关系的有趣例子。在 19 世纪，制造炸药是一项极其危险的工作。他们写道，有一个办法可以让工人安心地认为企业已经采取了安全生产预防措施——是否采取预防措施是隐藏行动，因为工人该如何得知适当的预防措施已经落实了呢？——那就是让企业主把家，连同老婆孩子，都安在工厂旁边！[47]

这就凸显了隐藏特征和隐藏行动之间的区别：前者关乎做出承诺前的信息及其传递，后者则涉及做出承诺后的激励机制及其协调。前者关乎诚实，后者关乎诚信行事。规避前者，目的是透露关于自己的真实信息；规避后者，目的是使人保持诚信，以免逃避责任。如果受契约约束的行为本身（比如工作成果）无法被轻易观察到，就必须找到某个与预期行为高度相关的恰当指标。例如，某人想平安度过一场外科手术，那么医生在此类手术方面的表现记录就可以充当合理可靠的指标。[48] 而当指标与预期行为之间并不密切相关时，就会产生问题。例如，通过衡量教授发表的研究论文数量，无法得出有关其课堂表现的信息。因此，如果观察并奖励论文产出，教授们也许会专注于发表而非教学。[49]

我们在一开始就提到，委托-代理问题只是隐藏行动（或隐藏意图）问题中的一类。还存在其他难题，例如与代理人团队打交道、违反或拖延合同。为了增加业务价值，职业运动队的老板显然希望团队取得优异成绩。团队成员逐一签订合同，但只有整个团队一起才能决定输赢。为了便于观察并防止不劳而获的搭便车行为，会极尽可能地记录团队中每个位置上的每个成员的数据并予以公开。这样做成本高昂，尽管它可以让无数细节问题无处遁形。在其他情形中，例如在前线打仗时，几乎不可能逐一观察队内成员，于是问题出现了：要如何立约，才能适当激励团队成员，使他们就算有机会推卸责任，也仍然全力以赴？文化起到了重要作用，不单单是因为在法庭上争论履约状况的成本可能相当高昂，以至于必须用相关因素作为合同的补充。文化的作用在于团结代理人，使其视自身为集体，而非个人。文化产生了强大的社会约束力，从认可和提拔，到不认同和鼓励，要么给团队成员带来好处，要么使他们付出代价。共同的文化简化了交流（例如，共同的语言，共同的军用缩略语），降低了发送和甄别信号的成本。文化使团队成员互相观察，并指导他们每个人遵守隐含的文化契约。联合训练、共同的同辈经历、创建共同的参照组、公开背诵公司宗旨或唱诵国歌，都能产生强大的心理联结。这些都是文化契约补充法律契约的方式。而当如此产生的文化发生扭曲时，也可能出现问题：德国纳粹和世纪之交美国的商业会计丑闻并非孤例。

　　根据不同情况，毁约的后果可能只是让人恼火，但也可能叫人崩溃。如果爱丽丝和鲍勃约好一起喝咖啡，爱丽丝却没有出现，这对鲍勃来说就只是有点气人，但并没有造成特别大的伤害（代价）。而如果爱丽丝和鲍勃约好一起去阿根廷，爱丽丝却没有出现，对鲍勃来说，去阿根廷的成本就变得相当高昂了。契约，无论是正式的还是非正式的，都需要注明存在的风险，例如纳入惩罚条款或支付风险溢价。举例来说，通常很难观察和评估建筑工人有多努力工作，委托人承担了项目延期完工的风险。而某项惩罚条款规定，每超工期一天，合同的价值就下降百分之一，这成了总承包商按时完工的有力诱因。这有助于协调委托人（建造商）和代理人（承包商）之间的激励机制。但有时代理人并不对风险负责，如遭遇恶劣天气而导致工期延误。基于代价的合同鼓励代理人怠工，而委托人承担全部风险。相反，基于表现的合同将风险完全转移至代理人身上（一百八十天内必须完工，否则将会施以处罚，不论是否有超出代理人控制的、确实可从轻处罚的情况发生）。我们需要找到方法规避这些极端情况。一种分摊风险的常见形式，是使用基本工资加奖金补偿。因此，无论接待了多少顾客，服务员都能拿到基本工资，而奖金则来自顾客的小费。如果基本工资与奖金的比例设计得好，就会出现自我选择：粗心大意、没有礼貌的服务员收不到多少小费，无法仅靠基本薪酬维持生计，过不了多久就会离开这一劳动力市场，去寻找别的工作；相比之下，其他服务员工作完成得足够出色，就会继续干下去。

这种情形的一个问题在于没有职业晋升。在餐馆做侍应是一份没有前途的工作，因为它只有一个层级：服务或不服务。在其他公司，人们通常可能拥有五个、八个甚至更多晋升层级。级别越高，工人越少。较低层级的员工（可能除了外部人员）要通过竞争才能晋升到更高层级，而在更高层级上，可供选择的职位越来越少。这相当于一场季后赛，那些更有能力和（或）愿意在更高水平上表现的人也会得到更好的回报。虽然这种自我选择鼓励员工以低成本向雇主展示关于自己的可观察信号，但它至少面临两个问题。首先，"扁平化"的组织虽然因决策层的数量减少，变得更灵活而具有吸引力，但也减少了潜在的晋升机会，可能促使有价值的团队成员跳槽到另一组织。在这种情况下，组织损失了对团队成员进行的培训和职业发展的投资（例如，军事飞行员成为商业飞行员）。第二，影响成本（influence cost）可能会泛滥。思考这一成本的简便方法，是设想办公室政治和背后诽谤，也就是寻求影响力以强化自己，或削弱假定对手在未来的竞争地位。

延搁又是另外一种情况。假设爱丽丝是一名合约制造商，她建了一个工厂，专门为鲍勃生产零部件。工厂一经建成，鲍勃就要求爱丽丝降低零件价格，否则他将另寻制造商。在这个情形中，爱丽丝被套牢了，因为她的工厂已经产生了不可挽回的"沉没"成本，也无法对付鲍勃。这份契约的投入失衡，一方的风险大于另一方。她只能屈服，否则就会赔更多的钱（若非如此，她的工厂将没有用武之地）。在此，爱丽丝的问题是工厂的资产专用性：它是为客户定制的，专为鲍勃生产零件，除此之外别无他用，这使得爱丽丝处于难以为继的位置。按奥利弗·威廉姆森所言，一旦投资专用于某种关系，这种关系就会发生"根本转变"。[50]这适用于商业关系，也适用于其他关系。因此，婚姻是一种关系专用性投资，阻碍可以很快使婚姻变质。[51]由关系驱动的资产专用性也解释了为什么企业会投资公司专用的培训计划，而很少投资通用教育。一旦做出公司专用投资，员工就只能在提供培训的这家公司使用其获得的知识。相反，通用教育（高中或大学文凭）用途广泛。任何赞助通用教育的雇主都会发现，其他雇主也相当重视这点，这样，最开始提供教育的雇主将会独自承担责任。这些例子说明，资产专用性的形态可以是实体（为客户定制的工厂），也可以是人力资源（员工培训和教育）。它也可能与特定地点绑定，例如，一家零售小店搬进了商场，搬到核心租户（一家大百货）的隔壁，如果百货公司搬迁，散客流量就会减少，小零售商就会招架不住。为了让这些零售商安心，商场老板需要和百货公司签订长期合约，或者以其他方式补偿小零售商投入基于某特定地点的资本。

最小化或预防所有这些问题的解决方案关乎协调激励机制，也就是契约的设计，紧接着涉及履行合约，而这又导致了许多问题。契约当然包括法律性质的合同：劳务合同、房地产合同等。人们不太了解的是，习惯、风俗和文化也都是契约的不同形式，尽管它们是非正式的，但对正式契约构成补充。事实上，无论是在家庭、企业还是国家层面，诸如互信这样无害的情感都是降低成本的绝佳手段。比如，这本书就是合著的，两位作者都要信任对方的思考、研究和写作。根据一份巨细靡遗的合同来写这本书是匪夷所思的，谈判和草拟这样一份合同的时间可能和开展调研并写书的时间一样长。

完善的契约使机会主义行为无从发生。而在现实生活中，几乎不存在完善的契约。社会寻求文化或法庭等途径来履行契约。有些契约不可能完整，原因很简单：在展开谈判、起草并签署契约时，有限的理性限制了我们对于很有可能发生但当时并未考虑到的意外事件的理解。良好的意愿因此变得重要。缔约双方交换人质，有助于增进良好的意愿。例如，如果合著者违背了他在合著这本书时的责任，消息可能会传开，损害他的学术信誉和名声——这两者在学术界都是非常宝贵的资产。在做生意的情形中，"退款"保证允许人们在没有货币风险的情况下尝试产品。对学术界来说是如此，对公司来说亦然：如果一家公司打着高质量产品的旗号销售劣质产品，这将通过口口相传，损害公司的声誉和未来前景。用自己的承诺约束自己，对企业可能有好处，带去成功的产品宣传：产品质量的形象决定了现在必须兑现承诺，否则将面临潜在的、毁灭性的用户反馈。

战争是对一项危险活动的集体追求，而这一集体追求又基于逐个个体。为什么个人要参与战争，无论是自愿入伍还是被征募？在战场上，是什么使作战小队作为集体团结在一起，即便个人的生命危在旦夕？有什么隐藏行动是士兵和指挥官个人可能希望利用的？其间，有什么可被观察且成本低廉的指标，可以用作发出和甄别信号的工具？奖惩制度是如何构建的？什么样的正式和非正式契约在支配着军队中不同角色之间的关系？向忠诚的诸侯许诺土地和专属于他们的佃农就是一种激励机制，可以诱使其为国王或领主卖命。相反，如果部队装备不足，这则构成了不利的反激励机制，使他们更有可能投降甚至倒戈。美国军队需要用丰厚的签约奖金和大学奖学金来吸引本不情愿的年轻人参军，因为他们本可能为了更丰厚的合同和就业前景而进入私营部门。简而言之，激励机制和契约都非常重要。在第三章中，我们通过考察意大利文艺复兴时期（1300—1500）雇佣兵的兴衰，来阐述隐藏行动原理是如何运作的。

结论：经济学与军事史

我们将在本书的余下部分证明，通过本章所述的经济学原理，可以卓有成效地探索军事史。我们对军事史的分析可以看作具有两个维度的矩阵（表1.1）。我们把前述的六项经济学原理放在各行，而在各列，我们将军事活动划分为必要的投入——人力、后勤和技术，并将筹划阶段和作战阶段分开。在任何时期，前三项都是给定的，而筹划和作战必须根据当前的状况进行，这决定了短期的战况。而

表1.1　关于军事史的经济学表格

	人力	后勤	技术	筹划	作战
机会成本		1000—1300年中世纪盛期：城堡与攻城战			
预期边际成本/收益				1618—1815年战役时代：开战与否？	
替代	1945—1991年核武时代：核武打击力		1945—1991年核武时代：核武打击力		
边际收益递减		1914—1945年世界大战时代：第二次世界大战对德战略轰炸			
信息不对称（隐藏）特征				1789—1914年革命时代：南北战争与信息不对称	
信息不对称（隐藏）行动	1300—1600年文艺复兴时期：意大利城邦的佣兵队长				

从长远来看，人力、后勤和技术都是可变的，它们影响着未来的战争筹划和作战。

我们划分了以下几个时期：中世纪盛期（1000—1300）、文艺复兴时期（1300—1600）、战役时代（1618—1815）、革命时代（1789—1914）、世界大战时代（1914—1945）、核武时代（1945—1991）。针对每一个时期，我们都从军事史中选取一个事件作为案例。例如，对世界大战时代，我们选择研究第二次世界大战中盟军对德战略轰炸的案例。我们的主要目标是阐明边际收益递减原理的应用，而为了控制叙事，我们将专注于后勤和技术，而非人力或计划和作战（虽然所有这些当然有彼此交叠的部分）。我们安排了六个案例，以涵盖每项经济学原理和每个军事要素。

针对世界大战时代，人们还可以研究其他案例，诸如第二次世界大战中的太平洋战区（例如，滇缅公路的经济情况）、第一次世界大战的战场（从加里波利到佛兰德），或是战间期的军火产业。其他时期也是一样，除了我们所选择的案例，每一时期还可以选择其他案例。例如，针对中世纪盛期，比起中世纪城堡的案例，人们还可以研究征服战争、武器的演进、骑士的训练、中世纪军队或者战术的发展。如序言所述，我们有两个观念。一是我们想研究一些"不甚寻常"的案例。比起超级大国之间的争斗，我们转而研究法国的核武打击力；比起讨论文艺复兴后期常备军的发展，我们转而研究过渡性的雇佣兵时期；比起在战役时代挑选一场战争，我们转而研究为何实际开打的只有少数战争。二是我们不希望陷入某一个时期。为了说明经济学分析的潜在影响范围，我们希望能覆盖整个千年。

这里需要提到一个重要的改进项。在每一种情况下，我们实际上将我们的六个原理应用到五个军事类别中的每一个，在矩阵中总共有三十个条目。其结果是，即使我们主要从边际收益递减的角度来讨论对德轰炸，我们也会讨论其他原理，例如，资本-劳动力替代，技术的机会成本，以及信息在空战计划中的作用。我们的六个案例各阐明一个主要论点和二十九个较小论点（参见第99页经过完善的表格），尽管在阅读相应章节之前，读者未必能读懂细节。

在第八章中，我们将经济学在军事史中的运用移至当代军事事件，探索恐怖主义、军事人力和当今私人军事及安保公司的经济学。针对前两个主题，长期以来已经有了大量经济学文献，而自从2001年9月11日美国发生恐怖袭击，阿富汗和伊拉克相继爆发战争后，这两个主题又重新受到了学者的关注。在这一章中，我们回顾了这些文献的某些特定方面，只希望表明，经济学能够同时用于探讨当代事件和历史事件。有关第三个主题——当代私人军事及安保公司——的经济学文献相当稀少，然而，这些文献仍阐明了运用这些公司的机遇和局限所在。

读者至少可以从两个方面反对我们的计划。首先，我们未能很好地理解我们所选案例的历史材料，将经济学应用于错误的事实，或者我们的历史学理解是正确的，但经济学分析出错了。在任何一种情况下，都可以直接纠正事实性或分析性记录。但第二点，也更为严重的一点，人们可能会否认我们这一计划的前提，并称我们是为了迎合自己持有的观点而选择了相应的案例，我们的案例不足以代表我们所涵盖的所有年份，我们选择的案例漏洞百出，因而我们过度强调了经济学在军事史上的作用。另外的案例选择也许会显示，经济学原理与当前材料丝毫没有关联。至少在原则上，这样的指控是成立的。先讲清楚：我们并不知道我们的案例有多具有（或没有）代表性。问题之一是，我们不清楚如何从千年历史长河中挑选统计意义上站得住脚的代表性案例。我们所知道的是，通过选择六种经济学原理，而不是只选择任意二种，并将它们应用于历史学家认为重要的六个不同军事事件，这些事件还分别来自跨越千年历史的六个不同时代，我们就能广泛地捕捉到具有代表性的案例。然而，我们承认，只有对更多案例进行更多研究，才能表明经济学是否为（重新）审视军事史本身提供了富有成效的方法。与此同时，让我们先看看这本书中收集的案例。

附录
瑞典中央银行纪念阿尔弗雷德·诺贝尔经济学奖

2007 年　列昂尼德·赫维茨、埃里克·马斯金和罗杰·迈尔森，"因奠定机制设计理论的基础而获奖"。

2006 年　埃德蒙·费尔普斯，"因在宏观经济政策中跨期决策权衡领域的分析而获奖"。

2005 年　罗伯特·奥曼和托马斯·谢林，"因通过对博弈论的分析促进我们对冲突与合作的理解而获奖"。

2004 年　芬恩·E. 基德兰德和爱德华·C. 普雷斯科特，"因在动态宏观经济学领域的贡献——经济政策的时间一致性和商业周期背后的驱动力——而获奖"。

2003 年　罗伯特·恩格尔和克莱夫·格兰杰：恩格尔，"因提出用时变波动率分析经济时间序列而获奖"；格兰杰，"因提出用共同趋势（协整）分析经济时间序列而获奖"。

2002 年　丹尼尔·卡尼曼和弗农·L. 史密斯：卡尼曼，"因将心理学研究洞见，尤其是关于人在不确定性下如何判断或决策，与经济学相结合而获奖"；史密斯，"因将一系列实验室实验作为实证经济学分析的工具，尤其是在替代市场机制领域而获奖"。

2001 年　乔治·阿克洛夫、迈克尔·斯彭斯和约瑟夫·斯蒂格利茨，"因对信息不对称之市场的分析而获奖"。

2000 年   詹姆斯·J. 赫克曼和丹尼尔·L. 麦克法登：赫克曼，"因拓
          宽分析选择性样本的理论及方法而获奖"；麦克法登，"因拓
          宽分析离散选择的理论及方法而获奖"。

1999 年   罗伯特·A. 芒德尔，"因其对不同汇率制度下货币和财政政
          策的分析以及对最优货币区的分析而获奖"。

1998 年   阿马蒂亚·森，"因其对福利经济学的贡献而获奖"。

1997 年   罗伯特·C. 默顿和迈伦·S. 斯科尔斯，"因研究出确定衍生
          品价值的新方法而获奖"。

1996 年   詹姆斯·A. 莫理斯和威廉·维克里，"因对在信息不对称下
          的激励机制经济理论的重大贡献而获奖"。

1995 年   小罗伯特·E. 卢卡斯，"因发展并应用理性预期假说，从而
          改变宏观经济分析，加深我们对经济政策的理解而获奖"。

1994 年   约翰·C. 海萨尼、小约翰·F. 纳什和莱茵哈德·泽尔腾，"因
          在非合作博弈论中对均衡的独创性分析而获奖"。

1993 年   罗伯特·W. 福格尔和道格拉斯·C. 诺思，"因通过将经济学
          理论和量化方法应用于解释经济及制度变迁，革新了经济史
          研究而获奖"。

1992 年   加里·S. 贝克尔，"因将微观经济学分析领域扩展至广泛的人
          类行为及人际交往范畴，包括市场以外的经济行为而获奖"。

1991 年   罗纳德·H. 科斯，"因发现并阐明交易成本和产权对制度结
          构和经济运行的重要性而获奖"。

1990 年   哈利·M. 马科维茨、默顿·H. 米勒和威廉·F. 夏普，"因
          金融经济学方面的开创性研究而获奖"。

1989 年   特吕格弗·哈韦尔莫，"因阐明计量经济学概率论基础，分
          析同时经济结构而获奖"。

1988 年   莫里斯·阿莱，"因其对市场理论和资源有效利用的开创性
          贡献而获奖"。

1987 年　罗伯特·M.索洛，"因其对经济增长理论的贡献而获奖"。

1986 年　小詹姆斯·M.布坎南，"因阐发经济和政治决策理论的契约和宪法基础而获奖"。

1985 年　弗兰科·莫迪利亚尼，"因其对储蓄和金融市场的开创性研究而获奖"。

1984 年　理查德·斯通，"因其对国民核算体系的发展做出重大贡献，从而极大改善实证经济分析的基础而获奖"。

1983 年　热拉尔·德布勒，"因将新的分析方法纳入经济理论，并对一般均衡理论重新进行严谨表述而获奖"。

1982 年　乔治·J.斯蒂格勒，"因其对工业结构、市场运作以及公共监管的因果关系等方面的开创性研究而获奖"。

1981 年　詹姆斯·托宾，"因对金融市场及其与支出决策、就业、生产和价格之间关系的分析而获奖"。

1980 年　劳伦斯·R.克莱因，"因创建计量经济学模型，并将之运用于对经济波动和经济政策的分析而获奖"。

1979 年　西奥多·W.舒尔茨和亚瑟·刘易斯，"因在经济发展研究方面的开创性研究，尤其关注发展中国家问题而获奖"。

1978 年　赫伯特·西蒙，"因其对经济组织中的决策过程的开创性研究而获奖"。

1977 年　贝蒂尔·奥林和詹姆斯·E.米德，"因对国际贸易和国际资本流动理论的开创性贡献而获奖"。

1976 年　米尔顿·弗里德曼，"因其在消费分析和货币历史及理论领域取得成果，并展现稳定政策的复杂性而获奖"。

1975 年　列昂尼德·维塔利耶维奇·坎托罗维奇和特亚林·C.科普曼斯，"因对资源最优配给理论做出贡献而获奖"。

1974 年　贡纳尔·米达尔和弗雷德里希·奥古斯特·冯·哈耶克，"因在货币和经济波动领域的开创性研究，并对经济、社会和制度性现象的相互依赖的深入分析而获奖"。

1973 年　瓦西里·列昂惕夫，"因发展投入产出的方法及这一方法在重要经济问题中的应用而获奖"。

1972 年　约翰·R. 希克斯和肯尼思·J. 阿罗，"因对一般经济均衡理论和福利理论的开创性贡献而获奖"。

1971 年　西蒙·库兹涅茨，"因其以实证为基础解读经济增长，为研究经济和社会结构以及发展进程带来全新和深刻的洞见而获奖"。

1970 年　保罗·A. 萨缪尔森，"因其通过科学研究发展了静态和动态经济理论，并积极促进经济学分析水平的提高而获奖"。

1969 年　朗纳·弗里施和扬·廷贝亨，"因开发用于分析经济进程的动态模型而获奖"。

资料来源：www.nobelprize.org（访问时间：2007 年 10 月 15 日）

第二章

中世纪盛期（1000—1300）

中世纪城堡与战争的机会成本

在大众眼中，中世纪盛期就是"城堡与骑士"，这样的形象也许会让历史学家难堪，但其中却的确蕴藏着重要的真实成分。可以肯定的是，那时战争频发。一千年前的战争，尽管其规模在 21 世纪居民看来就是小打小闹，但它们却消耗了巨量的资源份额。这种消耗不仅包含发动战争的开支，还几乎无一例外地囊括了伴随入侵而来的对经济资产的蓄意破坏，有时还涵盖撤退的费用。权力掌握在大领主手中。[1] 由于缺少强有力的中央集权政府，地方统治者能以几乎一切能想到的理由发动战争，他们也确实这样做了。可以肯定的是，传统、骑士精神和法律（偶尔）确实为战争施加了些许限制，但对任何中世纪有产统治者来说，几乎不可能在一生中完全避开战争。

也少有统治者愿意尝试避免开战。他们自幼接受兵家的训养方式，即使是不那么好斗的人，也很少会为了避免战争而放弃领土或特权。这并不意味着他们会草率冲动地决定开战。任何经济学家都会提醒，资源总是有限的，中世纪统治者面临的限制远比今天更加严苛。现代国家可用于发动战争的工具令人印象深刻——国家税收系统、兵役制度以及信贷，而在一千年以前，所有这些都不存在。统治者可以征税，但无论就经济现实、行政能力还是传统而言，都不允许其像今天这样有章可循地广泛征税。兵役制度更是闻所未闻。的确，人们会接受号令发起战争，但这仅限于历史上的特定时期。直到 13 世纪末才出现整个国家层面的信贷，而这对小贵族来说无论如何都不是现实的选择。1008 年的国王远比 2008 年的总统更清楚做出选择的必要性。

在限制之下做出决定，这就是经济学的起源，而中世纪统治者的战争决策，成了决策研究的沃土。我们在此掌握的，很可能是检验经济学分析是否适用于军事史的绝佳案例。有关这一时期，简明的流行形象——城堡与骑士——实际上大有裨益，不过二者的结合和部分细节存在误差。因为，考虑到支出，统治者无法做到二者兼得：要么构筑防御，要么雇用士兵，换句话说，要么建造城堡，要么招募军队。

尽管中世纪军队时常被视作无关紧要的乌合之众，其中真正重要的只有骑士，但近来的学术研究极大地改变了我们的看法。乘马骑士的统治地位尤其受到质疑。我们将会看到，在进攻城堡时，身穿甲胄骑在马背上的士兵毫无用处。[2] 即便在战场上，情景也发生了变化："中世纪骑士右臂夹骑枪、左手执盾牌和缰绳，统治着这一时期的军事计划和战略，这一观念只是史诗的材料。"[3] 中世纪的军队远不止装甲骑士，也远为复杂。骑兵的主导地位言过其实。[4] 加深这些误解的是这样一个事实：与其统治者不同，这一时代的指挥官鲜少发动战役。比起在户外交战厮打，中世纪的武装部队更常上演机动部署、劫掠和围攻。这源于一种相当有条不紊的谨慎军事策略，不过其效果却出乎意料，令当时的军队和指挥者给人留下了不善战的印象。一直以来，中世纪军队都遭到了误解和低估。

而那些（今天仍旧）星罗棋布于欧洲大地，造价昂贵又无处不在的城堡则得到了中肯的评价。在军事史乃至欧洲史上，城堡的重要性如何强调都不为过。城堡是贵族或王室的寓所、政府所在地、防御工事、进攻行动的基地、避难所，也是实施压迫的手段。对整体欧洲社会而言，城堡的总造价究竟几何，我们不得而知，甚至不知道这种计算是否可能。我们所能做的，是思考统治者在其工事上投入的经费，这些资金将无法再用于召集军队。最强大的统治者当然有能力同时建造城堡和召集军队，但为一方拨款必然会减少另一方的资金。结果不容小觑。在某些情形中，建造城堡耗费的巨资剥夺了发动侵略战争的机会，拨款者依靠防御工事的防守力量来消耗敌人。在极端情况下，这些支出会使统治者破产。但城堡并非一项糟糕的投资。靠武力征服一座城堡，困难重重，既危险又耗时，就连火药的引入也并没有立即淘汰它们。

当然，火药最终带来了巨大的影响。竖直耸立的高墙成了靶子而非障碍物。1450 年之后，在将英国人驱逐出法国时，重型火炮在"几小时内"便可推倒城墙。而用于抵御大炮攻击的防御工事，如棱堡，"造价高昂，只有最富有的国家和城市才能负担得起数十门大炮和大量建筑劳力"。然而，这一切的出现都要晚于本章研究的时代。事实上，要晚得多：虽然欧洲在 1326 年便引入了第一门火炮，但直到一个世纪以后，火药的效力才超过了投石机。[5]

然而，火药只是加速了业已出现的趋势，政府的集权化，开支的日益增加，战争规模的不断扩大，都与这种趋势相关。在城市扩张的同时，君主也以牺牲贵族为代价稳步获取权力。例如，在意大利，有些城市甚至在文艺复兴之后还保持着独立。一些德意志城市直到拿破仑时期才并入更大的单位。中世纪的城市扩张招致了颇为复杂的军事后果。虽然个体贵族无法攻破筑有防御工事的城镇，但贵族对乡村的控制也并未受到严重威胁。随着大国的资本不断积累，战争规模和成本不断增加，强权依靠"压榨其经济"来资助战争，小国最终臣服于大国。[6]

本章所研究的时期——公元 1000 年至 1300 年——在军事史上的分期相当明确。这一时期的战争不同于此前和此后时期的战争。这一时期可以被称为"城堡时代"。石制防御工事变得普遍。到 13 世纪末，城堡的发展基本上陷入了停滞。14 或 15 世纪，设计没有出现重大改进。[7] 但这究竟是由于战争性质的变化，还是因为设计的可能性已经穷尽，超出了我们的讨论范围。有足够的理由重申，典型的中世纪统治者常常选择建造城堡，而放弃仅剩的另一个相关军事选择——雇用军队。选择建造城堡，便会失去创建军队的机会。

　　研究城堡与战争的经济学还可以告诉我们许多关于那个时代的信息。以"复杂"或"众说纷纭"描述某一时期虽是常有之事，但很难想出还有哪个时期比中世纪更适合这种形容。信息零碎散乱，数据往往有误。界限清楚的中央政府也不存在。即使是最常用来描述当时生活的术语——封建主义——也会引发争论。一些历史学家完全拒绝使用这个词。另有一些人对那个时代"制度"的真正含义存在异议。例如，这是"契约政府"（与公法相对），抑或仅仅是暴力团伙对其权力的合法化？后者统治着土地，并将纯粹的力量转变为人人都必须遵守的传统和原则。后一种主张认为，那些有能力组织暴力活动的人，也最理应拥有自身利益去组织政府。小群体间更有可能缔结和约，因为大家都能看到共同安全的益处，而在比较大的实体中，个人无法非常清楚地看到好处，只能看到成本，因而不太可能自愿为城堡、武器和其他杂七杂八的事项支付费用。[8] 如果这一主张是对的，那么它将能够解释这一时期为何内战频仍。

　　中世纪统治者在战争上耗费巨资（事实上，他们似乎很少在其他事务上花钱），这意味着战争的每一个面向都对经济趋势有着重大影响，反之亦然。税收制度的改善（当然，"改善"是对统治者而言的）使军事支出得以可能，而战争十分需要此类改善。在 10 或 11 世纪，一个地主也许能获得足够的收入，以修建一座简朴的城寨城堡——由一个土丘、一堵或数堵圆墙，以及中央作为最后撤退点的防御塔楼构成——但较逐渐攀升的战争成本而言，地产收入不过杯水车薪。随着拥有土地对君主而言变得没那么重要，统治者们变得越发富有创意。英国国王征收古老的土地税，经营空置的主教区，从铸币中获利，收取一切能想到的封建应缴款，为发动十字军向信众征税，并奠定了转向普遍征税的基础。这一模式——因战争而产生的税收现代化——也可见于法国和西班牙。在法国，1180 年至 1290 年间，普通财政收入从 86,000 图尔里弗尔*增至 400,000 图尔里弗尔，此外还有各种各样用于资助战争和十字军的特别税。西班牙王室也达成了类似的结果，通过货币贬值进一步扩充国库。君主的权力和财富俱增。只有神圣罗马帝国没有遵循这种模式，因为帝国"政府"缺乏强制支付的手段。[9]

君主因而能够获得建造城堡和军队的资金，使战争成为强者的专属，普通贵族无法与之匹敌。但这也需要时间。中世纪的欧洲君主几乎没有合法的征税权力，其组织和制度也太过薄弱、杂乱无章，无法维持稳定的资金流。用付款替代服务的做法很普遍，但由于掌控起来格外困难，这种做法在 14 世纪消失了。然而，王室财务官的创造力是无限的，他们向城镇收取特许费，接管教会财产，行使征用权，用现金以外的手段购买物资，贬值货币，借贷，摊派公债。[10]然而这些仍然不够，战争蚕食着国家的财富。

本章将以如下形式展开。我们首先围绕以城堡为基础的战事，研究机会成本的概念。其次，我们将介绍城堡的数量，尤其是与英王有关的那些。然后，我们将评估建造城堡的成本，并说明为何尽管开支巨大，收益仍高于成本。军队并非无关紧要，但其成本高昂，却收效甚微。最后我们将讨论，除了机会成本原理，城堡建造史还体现了哪些经济学原理。

---

* 图尔里弗尔（livre tournois），中世纪法国流通的货币之一，也是早期现代法国使用的一种计价单位。

机会成本和战争

机会成本是一项基本的经济学原理。这一成本并不是购买某件商品的花费，而是指本可购买的其他选择中价值最高的一项。例如，在此时阅读本章节，意味着放弃利用时间从事其他事情的机会——比如阅读其他书籍、下厨、打扫、赚钱、和家人共度时光，或者单纯享受静谧的闲暇。做任何事，都意味着放弃做其他事情的机会，这就是机会成本。

机会成本原理虽不难理解，却又难以应用，部分原因在于，每个人为替代的行动方案赋予的价值都不同。就战争而言，机会成本可以应用于数个层面。这里考虑的层面涉及支出决策，不过资源的相对稀缺性并非事情的全部。20世纪，政府支持战争的能力大大提升，但不断变化的技术使选择过程变得更加艰难。首先，必须决定购买哪种武器系统，这在军队内外引发了争议。军中的不同部门纷纷争抢资金，竞争有时甚至蔓延至部队之外。重大计划引来外界关注，而支持的声音可能时涨时落。例如，美国的B-1轰炸机由尼克松–福特政府批准，后被卡特政府取消，又经里根政府重新批准。第二，技术变革带来的潜在成本不断增加。更大型的计划自然需要更多资金，但当今武器的性能和强大战力已经发生了变化。军用飞机的性能和成本都迅速攀升，以至于某次计算曾预言会出现"独一架飞机的空军"——仅此一架天价飞机，就足以掏空全部采买预算。选择这种路径，就失去了一切发动现实战争的机会。

机会成本原理的另一应用层面是作战领域。一支被派往北方的部队无法同时向南行进。部署在某区域以抵御进攻的后备部队无法在其他区域抵御另一场进攻。军方领导人试图避免或至少缓解这一难题，例如，将决定性的部署延宕至最后关头。当然，最终还是要做选择，不过，通常是在关键时刻保留了强大后备力量的一方在战斗中取胜。

另一个方法是让敌人难以防守，例如，通过机动部署使敌人不知所措，直到为时已晚。改进机动性也是缓解机会成本问题的方式之一，因为良好的机动性能够进一步延迟最终的决策。但是，选择必须做出，次优的选项必须放弃，因此，机会成本总会产生。唯一的问题是，被放弃的这一选项究竟有多大价值。当然，机会成本可以很低：移动缓慢、能力低下的部队可以被"完全消耗"，而无需放弃什么高价值的机会，至少从指挥官的角度来看是这样，在那些受决策影响的士兵眼里情况则并非如此。

所有这些分析都还只停留在表面。机会成本原理在战争中还有其他应用。发动战争的决定也许是最重要的。应考虑多种机会，如打不同类型的战争，[11] 考虑选择发动或解决冲突的非战争选项。在军事体系中，不同"选择者"面临的机会成本不同。对于统治者、最高统帅、下级军事指挥官和普通士兵来说，侵略性或任何其他性质的军事战略所涉的机会成本也都不同。这一原理看似简单，应用起来却有着几近无限的潜在复杂性。

即使将机会成本原理的应用限定在一个方面，例如中世纪盛期的城堡建造，也涉及许多困难。中世纪的税收、预算和支出情况只能用"毫无章法"来形容，由于缺乏记录，至少看起来如此。

> 若能了解中世纪君主们在本国防御工事上的花费，那将非常有趣。众所周知，城市为建造城墙、构筑壁垒、挖凿壕沟投入了大量资金。不幸的是，完全没有这一时期与费用相关的资料。[12]

上述引文出自一部这一时期军事史的权威著作，揭示了该研究所遭遇的一些挫折。幸运的是，学界已经取得了一些进展，尽管关于确切数值的争论还将继续，但中世纪防御工事所需的劳动力和资本成本可在

一定程度上得到推算。关于总体费用并无太多争议。中世纪统治者在
支付战争费用方面遇到的困难最大，而强大的君主——尽管最初有更
多的启动资金——也面临同样的麻烦。"所有人都被迫采取极端的权
宜之计来实现收支相抵。"雪上加霜的是，拥有更多的权力和领土，
也就有更多东西需要保卫。城堡和军队都很必要，因此人们想出了各
种各样的办法来筹集资金。"从西塞罗和塔西佗的时代到15世纪乃至
以降，作家们总说，若无军队，国家便无宁日。若无军饷，便无军队。
而若无贡金，军饷也无从谈起。"[13]

　　寻找资金导致了一种"更接近掠夺而非税收的制度"，这绝非比
喻。例如，在英格兰，商人有时会被没收货物，直到他们缴纳"税
款"后才予以归还。然而，这永远都不够。尽管拥有英格兰史上最
强力的税收制度，爱德华一世（1272年—1307年在位）仍不断超支。
1294年至1297年间，英格兰与苏格兰、法国和威尔士开战，需要
征收繁重的战争税，信众和神职人员因而一齐反抗，引发了一次严
重的宪制危机。这不仅仅是王室的贪婪使然，糟糕的政策是另一重
诱因。在爱德华统治的最后几年，王室司库（负责军队开支的部门）
的账上甚至难有千镑，而在其统治初期，该机构可以一次性向出纳
员拨付5,000英镑。[14]

　　信贷也并非长久之计。自12世纪以来，信贷制度在整个欧洲稳
步普及。爱德华一世动了心，采取了两步措施：他先从银行借钱，然
后不还，至少不完全还。他通常从意大利银行家那里贷款，其主要债
主里卡尔迪银行，未能收回18,924英镑借债；弗雷斯科巴尔迪银行
差了25,000英镑。然而这也只是杯水车薪：爱德华一世在死后留下
了约20万英镑债务，几乎是王室岁入的4倍。公正地说，这在一定
程度上可以归因于国王的政策，这位国王不仅频频发起战争，他所奉
行的政策也几乎必定导向更多的战争。不难意料，和平时期使得财政
状况有了显著改善。[15]但事情的真面目不仅仅关乎国王过度且公开的

好斗行为。[16] 更有意思的是，尽管在法国、威尔士和苏格兰反复征战，他仍选择倾尽钱财，建造城堡。

无所不在的城堡

税收有限，招募军队、发动战争花费颇多，而建造城堡的成本更是巨大，考虑到这些因素，欧洲城堡的数目实在叫人惊叹。一些权威人士认为，建造城堡的巅峰大约出现在千纪之初，另有人指出，大量城堡建造于12世纪和13世纪。这种差异部分源于考古学阐释的分歧，因为许多城堡除了残存的土堆，并没有在表面留下其他痕迹。然而，但凡对城堡有所研究，无人不对其数量印象深刻。最近在诺曼底一个94平方英里（约243平方公里）的区域，就发现了4座石砌城堡和28座土堆，均为防御工事遗迹。[17]

对于害怕遭受攻击的领主而言，城堡是御敌手段，但除此之外，征服者也会利用城堡，意识到这一点十分重要。安茹伯爵"黑"富尔克（972—1040）是法国最著名的征服者和王朝建立者之一，他在朗热建造的，可能是法国史上第一座石砌城堡，他还在领地各处修建防御工事。1066年，征服者威廉带着一座预先建好的木制城堡来到英格兰；击败撒克逊人之后，他又在新土地上遍修堡垒，到1087年他逝世时，可能已经多达500座。城堡之于战争的中心地位，也可以通过"反制城堡"（countercastle）的建造来证明。该类工事由围攻者建造，在英国和意大利等地被广泛使用，为征服者威廉等许多人运用。[18]

在欧洲的黑暗时代，城堡由简单的木材和泥土建成。10世纪，出现了城寨城堡：一座塔楼竖立在圆形土丘上，一堵或数堵城墙环绕在其周围。这些城堡在军事上很有用，建造起来也简易，但它们在11

世纪的石砌城堡面前黯然失色，不过，一个世纪以前法国很可能就建
造过石砌城堡。[19]此时，由建筑师和石匠监督的建筑项目可能耗时数
年，有时甚至数十年。

结果，这种造价高昂的堡垒，以当时的军事机械基本上无法攻破。
统治者和贵族自此有了可以保护自己的住所，还可以将其用作行动的
基地。这显然在政治上带来了或好或坏的后果。虽然国王们总是建造
城堡，用以加强对乡村的控制——"好的城堡是中世纪统治者最好的
朋友"——但这些建筑可不是胡乱建造的。"他们所设计的，或在几
个世纪里发展而成的防御系统，是对其军事理念的绝佳阐释。"而弊
端在于，这些星罗棋布的城堡成了抵抗中央统治的巨大实体。受命为
统治者管理城堡的独立贵族和城主，在各自的石墙后面日益壮大。对
乡村的影响也可想而知。为建造城堡，乡村承受了繁重的税赋，有时
则为工程提供劳力。城堡驻军可以保护当地村庄，但也可能威胁它们。
马姆斯伯里的威廉在 1140 年写道："英格兰各地有许多城堡，每一座
都守卫着其周边地区，但更确切地说，它将周围夷为平地。"难怪"对
中世纪的人来说，除了上帝之怒，城堡是世上最可怕的力量，他们有
充分理由如此认为"。[20]

建造城堡的成本

建造城堡可以震慑敌人和朋友、商人和农户、贵族和平民，尤其
是纳税人，并由此使统治者受益。为了确定统治者的花费，我们需要
比较建造城堡的成本与招募军队的成本。成本主要是直接人工成本，
因为大部分劳力都需要支付薪酬。（与之相对，原材料成本似乎并不
是什么大问题。）除了这种显性支出以外，还有劳动力的机会成本，
例如，正在建造城堡的石匠无法用在别处。城堡的驻军成本并不是主

要的考虑因素，因为保卫一座坚固城堡所需的士兵数量少得惊人。驻军最重要的成本问题是他们的可靠性。任命靠不住的贵族做城主，就等于赋予他强大的反抗工具。由于城主经常制造麻烦，这个问题绝不容小觑，统治者定然不会掉以轻心。

建造大量城堡的实际支出最终超出了许多贵族持有的资源，甚至让最强大的国王也吃不消。英格兰国王"狮心王"理查一世（1189 年—1199 年在位）需要建造一处防御工事，以保护诺曼底免受侵袭，并作为进一步让法国人付出代价的行动基地。仅仅花了两年时间，他的工匠就建成了加亚尔城堡，该城堡是 12 世纪最为壮观的城堡之一。他在这座堡垒上花费了 11,500 英镑，远远超过花在其他所有城堡上的 7,000 英镑，也超过在多佛尔这种城镇规模的整体防御工事上的开销。这两年他的财政收入为 39,500 英镑，加亚尔城堡花掉了收入的近 30%。在他掌权的十年里，有两年的收入还不足这座城堡的建造成本。[21]

加亚尔城堡只是个例。更广泛的例子可见于爱德华一世在征服威尔士期间下令打造的建筑群。以当时的标准，这位成功打败威尔士人、苏格兰人和法国人的强大君主享有巨额财政收入。这仍不够，尽管使他国库亏空的并非只有建造城堡一件事。他在威尔士各地大兴土木：阿伯里斯特威斯、卡那封、康威、弗林特、里兹兰、比尔斯、哈勒赫和博马里斯。除了最后三个地方，其他地方的城堡都与设防城镇相融合。关于这些城堡的总成本，有相当多的数据保留了下来，尽管这些数字都相对保守。负责每座城堡预算的文员并不负责支付所有相关费用。例如，从家乡赶往工地的工人，他们的巨额工钱由其家乡各郡支付。[22]虽然这些费用并非出自国王之手，但确实来自该国的财政，因此也算作建造城堡的成本。

表 2.1 建造城堡的成本

城堡	修建时长（年）	成本（英镑）
阿伯里斯特威斯	12	3,900
博马里斯	3	9,000
比尔斯	5	1,700
卡那封	12	16,000—27,000
康威	13	15,000—19,000
弗林特	9	7,000
哈勒赫	7	9,000—10,000
里兹兰	8	9,500
总计		71,100—87,100

资料来源：Edwards, 1946, p.63; Baumgartner, 1991, p. 119; Morris, 2003, p. 118。

爱德华一世的威尔士城堡群的估算成本见表 2.1。总造价存在变动，因为某些年份的数值只能估算。在被威尔士人攻击后城堡需要修缮，此外，城堡还经常在动工数年后另行改建。如前所述，计算有所保守。但所有权威人士都认为，威尔士城堡群的造价不会低于 80,000 英镑，一些人认为接近 100,000 英镑，"这样一笔开支，现代政府可能会用它来打造一支核潜艇舰队"。[23]

二十五年间，爱德华一世的岁入在不足 25,000 英镑到超过 100,000 英镑间波动，加上各种特殊税收和议会补贴，平均约为 67,500 英镑。不幸的是，对爱德华而言，防御工事超出了财政的承受能力（对纳税者而言更是如此）。最壮观的卡那封城堡从未完成内部装潢。"在威尔士的博马里斯，爱德华的大城堡一直没有竣工，这是他财政困难的显著证据。"城堡城墙只建到了原计划高度的一半。国库无法再支付博马里斯工人的工资。即使在爱尔兰征收重税也无法弥补这一差额。将无尽的资金用于战争不再能引起议会巨头们的兴趣，一场宪制危机就此引发。英国再无国王尝试如此大规模地建造城堡。

后世的统治者与其顾问，可能都对 1296 年至 1297 年间的这场危机了然于心。虽然不是唯一的原因，但威尔士的宏伟城墙也许是危机的最大诱因：

> 这场财政危机并不完全是突然爆发的，虽然自 1294 年以来，几乎同时与法国、威尔士和苏格兰开战加速了这场危机，但总的来说，它主要是在爱德华统治时期代价高昂的事业中缓慢催生的。在这些事业中，没有一项比他在威尔士建造的城堡更为稳定持续地吞噬了他的财富。[24]

贵族对王室砖石工程的钟爱之所以淡化，无疑是因为他们意识到这种规模的工程已不在他们的掌控范围内。在英格兰和欧洲大陆，一些非王室成员也能负担得起建造这样的高墙。吉尔伯特·德·克莱尔在卡菲利建造了巨大的城堡。在法国，历任香槟伯爵从财政拮据的贵族手中购入城堡。在 12 世纪 200 位英格兰贵族中，只有 35% 的人拥有城堡，其他人则在加固的屋舍中凑合。1154 年至 1214 年间，贵族城堡的数量实际上从 225 座减少到了 179 座，而王室堡垒的数量则翻了不止一番，从 45 座增至 93 座。在这个王室岁入从未低于 10,000 英镑的时代，只有 7 位贵族的年收入超过 400 英镑，贵族的年平均收入为 200 英镑，至少有 20 位贵族的年收入低于 20 英镑。12 世纪最新型的城堡造价约为 1,000 英镑，不过基础的石砌城堡只需 350 英镑便能建成。[25]

在城堡军备竞赛中，无论在金钱还是法律权力方面，贵族都处于劣势。国王更有能力付款，更能让人满足他的愿望，他能强迫某郡支付大笔军事开支。贵族则处于相对弱势。在英国和其他地方，尽管国王最初只是贵族中的领头羊，但如今其地位却已贵不可言。即便如此，他显然仍未摆脱财政的限制，因此仍多少倚赖贵族的意愿，就如

1296 年至 1297 年危机中的爱德华一世那样。

　　新式武器通常会增加单兵的战力，但不断增长的开发和建造（或制造）成本能够将其抵消。在这一方面，石砌城堡可谓相当典型。只需少量兵力便可守卫城堡，但建造它则需要相当多的人力。在护城河和城寨城堡的时代，建造非常基础的堡垒无需太多劳力。100 人作业一个月，就能建成一座小型堡垒，而假如作业三个月左右，就能垒起一座大型土丘。石砌城堡又是另外一回事。建造朗热的塔楼需要耗费 83,000 个 "平均工作日"，是建造一座大型城寨城堡所需工时的十倍。朗热城堡分两期完工。如果工人能够每年工作六个月，那就必须有 300 人在现场不间断作业。此外还需要 1,000 至 1,200 名雇农来为建筑工人提供补给。[26]

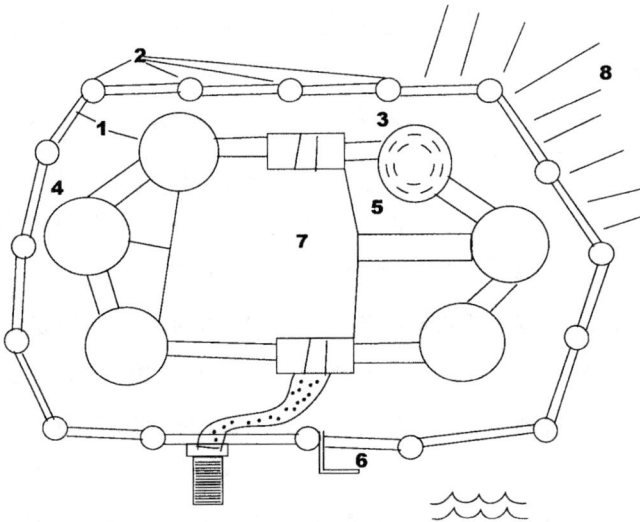

图 2.1　爱德华时代的城堡设计

图中是一座 "典型的" 爱德华时代的城堡，其部分特点使其造价极其昂贵。这些特点包括 (1) 拥有多重城墙；(2) 塔楼众多；(3) 石砌同心圆构造以支撑城墙和塔楼；(4) 多用圆柱形而非方形塔楼；(5) 因被用作王室行宫，内饰富丽堂皇；(6) 拥有取水通道；(7) 多重门楼；(8) 所处地势险峻，如山顶。造成高成本的其他建筑因素包括规模、城墙高度、地基深度和建筑整体的复杂性。德布拉·范图伊尔绘制。

　　爱德华一世的城堡则需要更多劳力（图 2.1）。他的防御工事无一能在五个工期内完成（每期在六到七个月左右），另有三处耗时更久。爱德华一世的许多工程同时进行。1277 年之后，比尔斯、阿伯里斯特威斯、弗林特和里兹兰的工程同步进行；1283 年之后，康威、卡那封和哈勒赫城堡一起建成。建造每座城堡的劳力人数相差甚远。在比尔斯，同时在现场作业的可能只有 100 人，而在博马里斯，总人数超过 3,000。1283 年至 1284 年间，康威、卡那封和哈勒赫雇用了 4,000 人，而 1285 年，3,500 名工人受雇建造博马里斯城堡以及修缮卡那封城堡（在一次叛乱中受损）。爱德华一世在位时，人口在 300 万到 400 万之间，因此动用 4,000 名劳力不容小觑（相当于在今天的美国动用 30 万人）。工人得从遥远的郡输入。"换言之，我们似乎可以得出结论，为建造威尔士城堡群，爱德华一世雇用的工匠人数足以对当时英格兰的流动劳动力造成显著冲击。"[27] 这正是问题所在。由于大部分人口从事自给自足的农业，可受雇的劳动力并不多。设计师和石匠可以从欧洲大陆聘请，这减轻了英格兰的劳动力流失（不过产生了金钱成本），然而，建造城堡的计划可能吸纳了全国十分之一的劳动力。这造成的影响甚于招募军队。"征兵有时也会产生类似的影响，但招募熟练工人建造庞大的威尔士城堡群，其影响可能更甚，对建筑业本身肯定也造成了冲击。"尽管这一结论并不能被全盘接受——教堂的建造很可能导致了可雇用石匠的过剩——但负担仍然繁重。这个行当里真正的专家是建筑师和设计师，他们知晓城堡的军事内情，极受重视，薪酬丰厚，法国伊夫里城堡那位不幸的建筑师除外——为防泄密，他惨遭灭口。[28]

　　建造城堡只是第一步。城堡需要改造、修缮、加固，老化时还需要替换。攻城技术的进步要求城堡在设计上做出调整。方石城堡的造价极为昂贵，为了控制成本，诺曼式城堡的拥有者仅对其城寨予以加固。在整个 11 世纪，不断增加的防御工事成本使得军事开支节节攀升。

十字军从中东带回了技术革新，又进一步刺激了这一进程。坚固的同心城墙取代了廉价的栅栏，城寨城堡从被围绕的小丘变为了造价高昂的石砌防御工事。外围的"幕墙"在12世纪和13世纪因此变得更为复杂，新建了塔楼以提供侧翼火力。13世纪末，城堡建造达到顶峰，中间带有"歼敌区"的双墙系统成了标准设计。而这丝毫没有抑制不断膨胀的成本。在能花费多少，能进行多少加固和改良等方面，越发没有节制。[29]

城堡还存在另一项难以计算的成本，也即其内在的缺陷。没有一座城堡能够永远矗立。加亚尔城堡可能是12世纪造价最高的城堡，就连它最终也被法国人攻陷。坚不可摧的防御工事并不存在。"一座城堡被围攻，它所能期望的最好结果，就是将围攻者取胜的代价提高到其不愿付出的程度。"[30]推高代价的方式多种多样。向城堡发起突袭是所有中世纪战士所能采取的最危险的举动之一，因为石墙的设计目的正是抵御这样的攻击。缺乏遮挡、疾病肆虐、周期性的粮食短缺，敌军增援从后方抵达的威胁，都令围攻方比被围者更受折磨。封建兵役一到期，就须向围城部队支付军饷，这使得长期围攻不太可能发生。

在工资和兵役期限方面，城堡主有两个优势。驻军往往规模较小。诚然，由于中世纪编年史作者在数字方面出了名的马虎，驻军人数和军队规模一样难以计算。不过，鲜少能找到大规模驻军的证据，就算有，他们有时也会被抽调以充实野战军。第二个优势是，被困在要塞里的士兵几乎没有离开的方法，停止战斗也不会有什么好结果，除非全体守军一致认为不再有义务服役，这种情况确实偶有发生。话说回来，维系驻军也存在诸多问题。外行可不能胜任保卫城堡的工作，必须聘请专业人士。其中许多人本质上就是雇佣兵，其忠诚度时常存疑，叛变是严重的风险（见第三章）。于是城堡门楼应运而生，一方面为城堡主提供安全的寓所，另一方面使他能够控制人员进出。但城堡主的忠诚对统治者来说也成问题。此外，领饷的部队也必须确信他们的最高领主同样忠于他们。如果领主不努力营救被围困的部队，那他们就陷入了"没有天然领主"[*]的境地，因而可能会选择投降。[31]

即使克服了驻军城堡的成本问题，其固有的弱点仍然存在。对于围攻者选择何时攻城，城堡几乎无计可施。"不管多么坚固，孤立的城堡是脆弱的……而有野战部队支援的城堡网络则完全不同，但只有少数国王能负担得起这样的组合。"改进的建筑技术可以使围城耗时更长更困难，但成功攻下也并非不可能。早期的城寨城堡非常薄弱，因为防御工事的各个部分无法相互支撑。在建造了更多现代石砌城堡后，这个问题得到了解决，但真正坚不可摧的堡垒从未出现过。加亚尔城堡曾被寄予厚望，但它在建成五年后便陷落了。其陷落说明建造者面临的一个重大难题：一座精心设计的城堡可以打消敌人进攻的念头，但如果它位于必争之地，就难免会遭到攻击。攻城者总能找到办法，任何城堡最终都会屈服于饥饿。[32]

攻下一座城堡，也许并不比打败一支野战军更有意义。在评估选择城堡而非军队的机会成本时，更重要的是城堡不能机动。在与爱德华一世的战斗中，威尔士人经常避开国王的城堡，只在愿意的时候才会攻击它们。反过来，爱德华围攻威尔士城堡群的时间不超过十天。英格兰人在征服爱尔兰的过程中确实建造了城堡，但最后，这些城堡只不过是爱尔兰人成功摧毁的目标。在征服战争中，在乡间建满城堡，有时会引起难以控制的抵抗。[33]最昂贵的防御工事根本无法履行它们被赋予的战略职能。历史学家迈克尔·普雷斯特维奇评价爱德华一世的城堡，称其为"整个中世纪欧洲建造的最宏伟的系列防御工事"，不过，考虑到维护这些城堡所需的资源，他也质疑了爱德华的策略是否明智。[34]假如城堡极其昂贵，最终却不堪一击，同时还妨碍了野战

---

[*]　天然领主，常出现在短语"天然领主与国王"（natural lord and king）中，在"君权神授"的观念中，国王天生是其臣民的主人。

部队的建立（主要的机会成本），那为什么要建造它们？想必其优点
定能抵消这些缺点。

城堡的优势

对中世纪战争的史学研究让人们不再将指挥官和统治者视为头脑
简单的笨蛋。中世纪统治者敏锐地意识到他们的选择和参与成本。他
们明知建造城堡的成本，却依然继续建造。即使资金短缺，他们也冒
着与封臣和纳税人因账单发生冲突的风险，继续建造。对这个时代的
领袖来说，修建永久城墙的益处超过了成本。

这基于一个非常重要的考虑：建造城堡能够满足多个目的。城堡
绝不是用来躲避冲突的石砌环形建筑。无论在象征意义上还是在实际
中，城堡都主宰着风景。

> 城堡可以是军火库、高级指挥部、动乱地区的观察哨、领主
> 的寓所，也是他在遭受敌人袭击时的庇护地。在紧急时刻，王家
> 城堡可以充当国王野战部队的避难所，或在野战部队败北时，为
> 组建新军提供人力。遭到入侵时，城堡吸引了入侵部队的大部
> 分火力，敌军必须占领或至少控制后方或侧翼的城堡，以维持
> 补给和通信线路……（它）不是一处收容所，而是军事力量的
> 中心。[35]

角色的多重性有助于解释为何城堡是"争论和斗争的焦点"。作为政
府所在地和战争年代的战火中心，城堡是一种象征。宏伟的威尔士王
家城堡群不仅仅是爱德华一世控制威尔士的途径，它们的存在更提醒
了威尔士人，国王曾到过此地。证据表明，爱德华精于此道。外部建

筑是威慑民众的方式，卡那封城堡就是如此。它独特的结构使得造价激增：爱德华意图让这座城堡的城墙看起来像君士坦丁堡的狄奥多西城墙。[36] 城堡的选址极尽优越地段而不惜费用，比如在康威，那里的城堡鸟瞰城镇的大部分区域。在一些要塞，比如位于偏远的安格尔西岛的博马里斯城堡，爱德华的工程师综合了一切可能的方面以增强其力量——双重城墙、护城河、抵达大海的通路、大量塔楼。爱德华的城堡通常拥有巨大的圆形塔楼，这具有双重优势，它们更难被攻克，还使城堡看上去格外壮观。由于结构的原因，这种建造方法价格高昂，侵蚀作用和老化揭示出，城墙由数层材料构成。城堡外观不仅是为了展示美学或彰显雄心。从精致繁复的内部装饰可以看出，这些建筑还是高级官员的住所——有时甚至是君主本人的行宫。如果只是出于虚荣，那么修建城堡便是浪费，但如果从占领政治的角度考虑，则是合理的支出。[37]

　　对于一心想要扩张的豪强来说，要想永久占据存在争议、受威胁或动乱的领土，城堡是最好的手段，或许也是唯一的手段。"城堡的最大价值在于保住了领地，没有城堡，就不可能完全掌控其统治的领地。"控制领土需要移除对手的城堡，同时也需要拥有自己的城堡，这一策略在德意志、法国和英国均有实践。在德意志，施瓦本公爵沿着莱茵河挺进，建造了一座又一座城堡，用城堡压制整个地区后，再向下一个地方出征。"黑"富尔克在其领土上建造了大量城堡，它们遍布各地，骑兵可以轻松地从一个城堡转移到另一个城堡，这奠定了法国安茹王朝的基础。爱德华一世的需求与"黑"富尔克有些许不同，因为前者要应对的是一整个充满敌意的国家，不过二人运用的技巧是相似的。每一座威尔士城堡与距其最近的城堡路程不会超过一天，它们也都部署在可以轻松获得补给的地点。虽然有关开支的批评看起来言之凿凿，但威尔士的革命精神使得一位作家得出结论："大力建造城堡的政策十分必要。"爱德华守住了威尔士却痛失苏格兰也许并非偶然,因为他并未在苏格兰大兴土木。他在那里采取的策略被视作"不太出色,也不连贯,因为他还派遣大军北上,试图引苏格兰人开战"。[38]

在中世纪欧洲,并非只有威尔士人以狐疑的眼光看待他们中间那些令人生畏的堡垒。利用城堡的优势欺凌附近居民的做法实在太过诱人。根据《盎格鲁–撒克逊编年史》,中世纪早期的城堡被用来囚禁并拷问那些可能拥有财物的人。长期以来,人们都认为诺曼人之所以能称霸地中海的部分地区,是因为他们拥有战无不胜的骑兵,但现在看来,他们最成功的策略似乎是攻占一座城堡,再将其用作根据地,并以此为原点使临近的城池陷入恐惧,直至臣服。1085 年征服托莱多后,阿方索六世在阿莱多设置了要塞,此地远在他实际统治范围以南。直到 1092 年,该要塞都是"穆斯林的肉中刺"。[39]

诺曼人、盎格鲁–撒克逊人、盎格鲁–诺曼人和西班牙人能够在敌对民族间维系城堡达数年之久。而野战部队很难做到这一点。对短期征服来说,野战部队或许更为适合,但持续性占领是另一码事。一支军队能够营救一座被围困的城堡,而一座城堡也能为一支小型军队提供庇护。在这个野战能力有限的时代,城堡因此取得了重要的优势。历史文献中充满了这样的例子:中世纪指挥官极力避免开战,有些人终其一生连一场仗都未打过。有城堡作为方便的后撤据点,完全没有必要开战,除非真的胜券在握,而这种情形下敌方也不会选择开战。克劳塞维茨那句"若无双方同意则不开战"的格言,用在这个时代有种非比寻常的贴切之感。大多数入侵者采取单线前进的策略,很容易避开。爱德华三世(1327 年—1377 年在位)入侵苏格兰时,苏格兰人要么避免应战,要么占据强有力的防御阵地,令英王望而却步。就算多线入侵使得避战不再可能,劣势一方仍可以后撤到自己阵营的城堡,等待战事结束。只要有可能,安茹伯爵"黑"富尔克都会避免战争。就算并不清楚敌军是否更为强势,在城墙后应战也仍然更具吸引力。[40]

在城墙后应战以击退正面进攻，这也许容易让人以为这种战争"成本低廉"。事实并非如此。普通人所承受的痛苦会在两个方面加剧。显然，成功破城后，诸多恶行将尾随而至。而更常见的情况是，这种情形令战争变得漫长。据 J. F. 韦布吕让所述，律师、政治小册子作者皮埃尔·迪布瓦

感叹"公正王"腓力四世的敌人因为王家军队太过强大而不愿继续应战，而城堡和要塞城镇又使得快速打赢并结束战争变得不可能。面对这些防御工事，"你这支由华丽骑士组成的大军通常不得不打一场长期围攻"。[41]

就算城池未被攻破，就算随破城而来的屠杀没有发生，拉长战线仍然意味着更高的税赋、更频繁的征兵、更多的劫掠、扣押财产、烧毁农舍和所有物，以及围城期间的物资匮乏。实际上，由此诞生的冲突，虽然直接军事成本相对低廉，却对平民更具破坏性。这种被称为"仇杀"（feuding）的战争包含掠夺和破坏，换言之，它是针对平民的战争。城堡大门不易攻破，使之得以免遭这些侵害。不过，它却可以用来储存战利品。[42]

后撤至城墙背后依赖城堡，可能意味着以牺牲进攻策略为代价。但这同样不完全正确。诚然，投资建造城堡，不可避免地意味着削减野战经费，但保卫城堡并不完全等同于打防御战。城堡既可用作进攻，也可用作防御，鲜有建造者只考虑其防御作用。从其建造之日起，城堡便"威慑邻里，并……充当进攻的基地"，它们"可以恐吓敌人，也能保护盟友"。保卫城堡鲜少是被动的行动，"城堡战略中最为重要的理念，不是消极防御，而是行动和破坏"。跨过吊桥实际上使"后撤"的一方更具优势。"将自己关在城堡里，并非在试图避免冲突，而是使得敌人在作战时陷入不利的计谋……防守方拥有巨大的优势。对进

攻者而言，时间至关重要。"根据距离的不同，城堡驻军威慑敌军的情况基本上分为三种。第一，可以向就在近前的围城者发起猛攻。第二，来自城堡的袭击可以威慑周围一日便可往返的地区，1111 年路易六世攻占勒皮塞的城堡就是一个例子，无人敢靠近城墙外八到十英里的区域。第三，城堡的军队可对邻近封邑发起大规模军事行动。这一时代最好战的领袖常常后撤至城墙背后，这绝非偶然：城堡并不仅仅是防御性建筑。[43]

劫掠和大型军事行动可能通过围城来遏制。短暂的围城毫无意义，因为围城一旦结束，守城军队便可立即发动进攻。为了遏制好战的君王，必须令城内驻军为了避免更糟糕的境况而甘愿投降。攻城战成了中世纪战争的作战核心，不仅要战胜守城方，还要预防敌人从工事背后发动进攻。城堡成了地理上的战争中心。在内战中，城堡受到的关注较平常更甚，因为此时更需强调建立并维持对领土的控制。哪怕是英军在苏格兰的征战，也围绕着城堡展开。比起著名的福尔柯克战役（1298），英军征服斯特灵（1304）更高效地结束了抵抗，英国人之所以在班诺克本遭遇浩劫（1314），正是为了解救斯特灵的驻军。罗伯特·布鲁斯*破坏攻占的城堡，以使成功的攻城战更具决定性。但就算是这样极端的"去城堡化"（在别处也有发生），其先决条件仍是一次成功的围城。[44]

既然攻城战在中世纪战争中如此重要，尤其考虑到关于攻城战的研究方法和惯例并未经历过什么剧变，那么为什么在 20 世纪 90 年代以前，相关的研究却如此之少呢？一个直接的答案是，一代军事史学家更喜欢强调发生在开阔战场上的中世纪战役。几乎和普通人一样，历史学家也受到"马背上的英勇骑士"形象的感染。中世纪盛期的铠

---

* 罗伯特·布鲁斯（1274—1329），苏格兰国王，领导了苏格兰独立运动，击败英格兰军队，赢得独立。

甲骑士难以忽略，但它在攻城战中发挥不了什么作用。骑士可以为城堡而战，也可以向城堡发起进攻，但在马背上很难做到这一点。[45]他可能需要攀爬云梯，用武器射击，泼洒热油，或者下令如此行动，这种作战方式通常比携长骑枪和盾牌冲锋更能制造危险，却缺乏后者的史诗感。这些军事行动中的马匹鲜少是英勇优雅的战马，而是健壮但其貌不扬的驮马，它们负责拖拽破城槌和其他沉重设备。这些工作有时还会指派给去势的公牛，其迷人程度更是大打折扣。

暂不论是否迷人，中世纪战争需要攻城战。唯一的替代方案是发动迅猛的突袭，以雷霆之势令城堡守军无暇反击。但这不太可能发生，因为通常最有可能建有城堡把守的，正是地图上那些最重要的地点。尽管困难重重又成本高昂，攻城战仍在所难免。

> 围攻城堡这桩买卖相当复杂且代价高昂，人们不会轻易涉足。围城战通常需要大量人力和物资，乃至参与其中的军队再无余力采取任何其他行动，而一旦开始围城，还会产生如下问题：抵御增援部队的攻击、维持充足的粮草补给，以及应对因大批人马长期集中驻扎在狭小区域而滋生的疫病。[46]

整个中世纪，情况看来都是如此。城堡或许十分原始，但要攻占它们，往往超出了"毫无章法、临时组建的西欧军队"的能力范围。就算是简易的城寨城堡也很少被攻占过。比利时一项针对约一百五十座此类城堡的记录和考古研究，也没发现多少成功破城的记录或证据。确凿可知的只有五座，其中一座城寨城堡没过多久便被焚毁，还有一座在城门洞开时被两名骑士和二十个农民占领。[47]

单独的石砌城堡主楼（*donjon*）也产生了非常棘手的问题。库西要塞（建于1223年—1230年）固若金汤，使得拥有它的男爵能在二百年间无视王家诏令！尽管这些城堡体积比城寨城堡小，但对征服者而言也没好到哪去。"漫长而被动的攻城战常常无功而返，因为受命守卫城堡的一小群驻军能够以非常慢的速度消耗军粮和水源。"只要设计得当，就算是大型城堡也只需少量人马就能守卫。卡那封撑过了两场攻城战（1403—1404），尽管城内驻军只剩下二十七人，还是给敌军造成了三百人的伤亡。1206 年，一支大型法国部队需要十五天时间才能攻下一座由十三人守卫的城堡；哈勒赫城堡仅用二十名驻军便抵御了 1294 年至 1925 年发生的叛乱。著名的十字军城堡骑士堡由髑髅军团把守，挺过十二次袭击，直到 1271 年才被敌人用计攻破。加亚尔城堡拥有更多的军队——在它投降时有一百四十人，经历了六个月的围困、五周的攻击，因疏忽大意让进攻者趁机溜进一扇未加防守的窗户，而后又没能认真组织救援，这才使得城堡失守。对进攻者而言，随着时间的推移，情况并未有所改善。"到 1300 年，一支强大的军队要成功攻破一座建造精良、防守严密的堡垒，概率比三百年前还要小。"火药固然带动了变革，但就算是七门 17 世纪的大炮，也无法损坏罗切斯特一座 12 世纪城堡主楼分毫。[48]

　　进攻方面临着沉重的代价。有时其资金比防守方更易耗尽。英格兰国王斯蒂芬（1135 年—1154 年在位）花了 10,000 英镑围攻埃克塞特城堡，是其预期岁入的五倍。事实上，一次成功的围攻可能会带来财政灾难。亨利三世（1216 年—1272 年在位）在 1266 年通过谈判占领了凯尼尔沃思，"但围城之战花费惊人，耗费了英格兰十个郡的收入"。人员成本是罪魁祸首。战争双方都需要专业人员参战。漫长的围城会使费用飙升，因为封建征召兵只能在传统和法定时间段召集，逾期则必须支付军饷。人员成本高昂——对统治者和士兵而言都是如此。胜利攻城所需人数比估计在 4∶1 到 10∶1 之间，考虑到一些城堡在兵力 50∶1 的悬殊差距下成功守住，这样的估计似乎有些保守。对于士兵来说，进攻极其危险，即使在城墙攻破之后，要让军队发动进攻也并非易事，领军贵族和统治者有时需要带头冲锋。而这可能适得其反。1088 年，正当一位国王率军攻向城门之际，一位被人形容"身为女儿却骁勇如男儿"的女性朝他头上掷出一块磨盘，使他的统治草草终结。[49]

因此，进攻方往往选择缓慢推进，但时间本身也是成本。决定性的胜利难以实现，围城军队别无他法。斯蒂芬国王逐一进攻反叛贵族的城堡，通过饥饿俘获了一些人，但到他死时，王国的大部分仍在叛军手中。拉长战线可能导致失败和士气的崩溃。[50] 守军在面对这种心理问题时也同样脆弱，但他们强大的砖石结构则不然。总之，问题的核心在于进攻方需要投入的资源远远超过防御方。

> 当然，城堡一旦建成，攻占城堡所需的资源要远超保卫城堡所需的资源，这也是为什么贵族会不断造反，后者成了中世纪政治的标志性事件。贵族们经常能够违抗领主而无须受罚，至少在短期内，在他们的城墙后。[51]

结果便是一场耐力的比赛，往往还未决战就分出胜负。成功围城与失败围城的确切数量并无记载。但毋庸置疑，失败率非常高，事实上，大多数成功都靠谈判取得，而非突袭。据说，征服者威廉围城从未失手，但绝大多数都通过谈判达成。在进攻诺曼底一座城堡时，尽管围城持续了三年之久，这位著名的公爵还是提出和谈，因为他"被迫认识到，占领这座城堡在时间和资源上都太费事"。而与同时代人相比，这位中世纪统治者更有能力召集和维持一支训练有素的可靠野战军，相较于建造城堡，这是显而易见的替代选择。[52]

一旦火药普及，城堡还能否存在更长时间，这实际上是个有待商榷的问题。城堡的强大是大型国家政府壮大的障碍。君主们认为私人城堡是一种固有的威胁，并采取法律和其他措施来消除它们。在英国，都铎王朝尤为有效地消灭了大型贵族城堡，这是精心设计的计划的一部分，以建立国家对暴力的垄断。在法国，路易十三摧毁的城堡可能比他下令建造的还要多。这种趋势实际上是对城堡军事价值的赞歌。

军队的成本

在 20 世纪的大部分时间里，人们对城堡凌驾于军队之上的解释都很简略：在中世纪盛期，根本不存在真正的军队。中世纪军队被描绘成一群缺乏纪律的乌合之众，包括以个人身份作战的乘马骑士、少数弓箭手，还有一群运送物资和从事杂活的底层农民。14 世纪以前的军事史被认为相对不重要。[53]

这种对中世纪军队的负面看法一直延续到今天：

> 中世纪军队的鱼龙混杂声名在外，里面都是些骑士封臣、雇佣兵、民兵辅助部队和各种各样的非正规部队，通常为了一季战事而匆忙组建。这种统一性的缺乏，以及大多数中世纪军队中很是分散的指挥链，反映了地方领主和城市社群在相当程度上掌控了军事事务。[54]

当然，这种观点是有根据的。例如，英国和法国的国王有保镖和参谋便能应付日常，军队都是临时组建的，并以最快的速度付清军饷。不过，还是存在军事人员，存在计划，存在组织。中世纪并非战争知识销声匿迹的原始时期。半个世纪前的研究开始表明，"许多军事活动都是有计划的，指挥官确实对他们打算做什么有一些想法"。事实证明，军队不仅仅是封建列阵，通常具有良好的组织性，步兵也很重要，尽管后者常被忽视，因为编年史学家没有花太多笔墨描写农民兵。"和后来一样，那时的指挥官便已很有能力仔细权衡形势，做出明智而实际的决定。"[55] 今天，中世纪军事史研究倾向于这样一种观点：

> 骑士、重骑兵、孤立的城寨城堡塔楼统治着漫无法纪的乡村，有效兵力少，训练、纪律和部队凝聚力严重缺乏——这些占主导地位的主题都必须被扫除。从罗马帝国后期到中世纪的连续性才是恰当的重点。中世纪世界被帝国军事测绘学、古典军事科学和绝大多数健全男性人口的军事化所支配。[56]

如果这种历史思考的转向是准确的，那么建立可用野战军就是可能的——这毋庸置疑，例如，英王爱德华一世就在一次苏格兰战役中率领了 30,000 人。[57] 先把城堡的明确优势搁在一边，为什么更多统治者没有建立自己的军队，而是无休止地修筑砖石城墙呢？

中世纪盛期相关数据资料的不可靠众所周知，但没有证据表明大规模军队是反常现象。军队必须通过封建义务、说服和雇用相结合的方式集合起来。雇佣兵和封臣必须从遥远的地方召集。当然也有例外：诺曼人以约 14,000 人的规模入侵了英格兰（1066）；十字军在哈廷部署了大约 20,000 人（1187）。[58] 与同时代的君主相比，爱德华一世部署的军队规模更大，驻扎时间也更长。他能够通过强制执行封建义务（他是最后一个要求强制履行骑兵兵役的英国君主）和花钱雇用军队来做到这一点。他希望单凭人数优势击溃敌人。1277 年和 1282 年，他率领 15,000 到 17,000 人入侵威尔士。1287 年，他以 11,000 到 13,000 人的兵力在那里作战，而在他最后一次威尔士战争（1293—1297）中，他在整个公国有大约 31,000 名雇佣兵，尽管后者从未在同一地方集结。他最大规模的军队驻扎在苏格兰。在第一次苏格兰战争中，爱德华指挥了多达 30,000 人的军队，而他在整个北方王国的兵力可能是这个数字的两倍。他在欧洲大陆的行动（1293—1297）动用了更少的军队，大约 8,000 到 9,000 人。不过，爱德华要集结这些部队并不容易。他军队的永久核心——王家近卫骑兵——随着王室财政跌涨历经兴衰,到统治末期,他只能雇得起1,000名骑兵。[59]

爱德华一世的大规模战役非常特殊,且发生在我们研究时代的末期。小规模军队才是常态。要理解为什么会这样,我们必须考虑军队成本的两个截然不同的面向:组建和维持军队的实际费用,与军队的有限效用——也就是较之于城堡的机会成本。在信贷刚刚诞生的时代,领导人必须谨慎考虑自己能负担得起什么,任何军队都意味着巨额支出。"只有最富有的君主才有能力维持一支超过几百名士兵的常备军队。"在乡村社会,为军队和物资筹集资金是个问题。土地是财富的主要形式,因此流动性非常有限。只有到了中世纪后期,经济增长才使更大规模的军队成为可能。物资运输也是财政问题,受到糟糕路况阻碍时更是如此,但这也不完全是经济问题,还有政治方面的因素。[60]

> 军队就是一群以指挥官的追随者为中心的个人随从。战争的巨大成本意味着没有人能够负担得起常备军的维护费用,而且就算可能,也不知政治环境会否允许这样。理查一世似乎想要一支由三百名骑士组成的常规军队,由税收支持,但这件事后来再没被提起。任何这样的变动都会对这位伟人的影响力造成打击。[61]

也许没有哪个中世纪统治者能像爱德华一世那样从臣民身上榨取更多钱财,他平均每年榨取逾67,000英镑(不包括未偿还的贷款)。然而,就连他也把钱花得分文不剩。"国家必须大规模动员,以提供多次战役所需的军队、物资和资金。"第一次威尔士战争(1277)花费了20,000到25,000英镑,但第二场战争(1282—1283)的费用高达150,000英镑。威尔士战争"以惊人的速度消耗了王室财富"。法国战争(1293—1297)的总花费高达750,000英镑。苏格兰战争的费用更难计算,但每次战役大约花费40,000英镑。现金储备很快就被耗尽，欠饷军队继而叛变，国家负债累累。1294 年至 1295 年间，税收收入超过了英国流通货币总量的十分之一。这些都没能阻止爱德华，尽管当时国家即将爆发内战，他仍于 1297 年开启了一场海外战役。[62]

表 2.2　爱德华一世的征战花销

战争	年份	支出概算（英镑）	国库税收概算（英镑）
第一次威尔士战争	1277	22,000	31,000
第二次威尔士战争	1282—1283	150,000	143,000
第三次威尔士战争	1287	10,000	39,000
征战法国	1293—1295	450,000	361,000
征战法国 / 苏格兰	1296—1297	380,000	220,000
第一次苏格兰战争	1298—1305	320,000	514,000
第二次苏格兰战争	1306—1307	80,000	146,000
总计		1,412,000	1,454,000

注：税收一栏包括偶尔授权的议会补贴（实际上是特别税）。1295 年和 1296 年征收了补贴，但不幸缺少相关数据，难以估算。1294 年，一项与 1295 年和 1296 年补贴类似的税收带来了大约 86,000 英镑的收入，但后两年时间非常接近，不太可能达到 1294 年的金额。我们估计此后两年的收入在 350,000 英镑左右。缺少 1297 年和 1301 年的常规税收数据；我们将前后数年结果取平均值，得出了这几年的数字。

资料来源：支出——Prestwich, 1972, Keuper, 1994, Morris, 2003；税收——Ramsey, 1925, vol. 2, pp. 87–89。

　　如果我们考虑表 2.2 中的数据，并将其与爱德华在受影响年份的收入进行比较，他的困难——或者更确切地说，是纳税人的困难——就变得清晰起来。在位的三十五年里，他有十九年都在打仗，而按照估计，他在战争期间的总收入只比战争开支略高。但他的问题并不在于军费经常超出财政收入。更大的问题在于战况。爱德华一世在三个战场上作战——威尔士、苏格兰和欧洲大陆，但最终只在其中一地取得了胜利，那就是威尔士，他在那里建造了大量城堡。

　　我们很难不得出这样的结论：对中世纪统治者来说，相比建造城堡，征召军队的效用要有限得多。武装成本必须考虑到系统的运作情

况。第二次世界大战前，法国斥巨资修建了马其诺防线。如果该防线
把法国从希特勒手中挽救出来，这笔开支看起来会更合理，法国付出
的代价也会小得多。同样，爱德华一世的征战最终也没有给英格兰带
来胜利，不过，英军在苏格兰的失败可能与他的突然去世有关。中世
纪统治者不愿组建并装备庞大的军队，原因很简单：军队无法赢得战
争。原因在于，在中世纪，将领们通常避免战争，除非他们足够强大，
能够确保胜利。但在这种情况下，处于弱势的对手会避免战斗，撤退
到城墙之后！

　　避免战斗是中世纪战争的主要内容。中世纪指挥官"很少进行激
烈的战斗"。战斗是"罕见的"，尽管"战争时有发生"。在法国南部的
阿尔比派十字军（1203—1226）期间，十字军与异端分子交战四十九
次。在这些进攻中，只有四次是战斗，其余的都是围城战。好战好斗
的十字军战士西蒙·德蒙福尔只求过一次战。作为著名的战士，"狮心王"
理查整个生涯打了三场战役，只有一场是在西方。亨利二世（1154 年—
1189 年在位）曾被称为"自查理曼以来最伟大的征服者"，他总共只
打了一场战役。法国的腓力二世·奥古斯都（1180 年—1223 年在
位）也只打了一场战役，他还曾试图避免这场战斗。英国人在克雷西
（1346）和阿金库尔（1415）的著名胜利都不如随后的围城战役重要。[63]

　　中世纪指挥官非常清楚，战斗可以当即带来决定性的战果。1044
年围攻图尔城时，攻城方首领杰弗里·马特尔按建议放弃进攻，转而
调用全部兵力来对抗救援部队。有人向他指出，一旦这支部队被摧毁，
图尔城将难逃沦陷。"战斗无疑是许多战争的高潮。"然而，战斗仍然
只是例外。中世纪指挥官必然厌恶风险，这一教训通过罗马晚期著作
《论军事》传授，其作者维吉提乌斯劝告道，好的将军只有在确信胜
利的情况下才会战斗。这种情况很少见。寡不敌众的对手不会上阵。
军队的耗损不仅可能是一场灾难，有时其损失甚至无法弥补，领导者
的死亡或被俘切实意味着战争的结束。在这个时代，人们期望统治者

能够走上战场，他们也确实身先士卒。战斗伤亡的风险并不是在某个安全的指挥掩体中进行的抽象计算。[64]

相反，参战双方大多互相围攻，而非在开阔地交战。人们认为围城可以定夺胜负。大多数战场上，胜利都不确定，但一座城堡的陷落却给胜利者带来清晰可见的成果。为了阻止或继续围城，战斗打响。救援部队甚至会向围攻方提供选择，是在开阔地作战，还是解除围攻并撤退。[65]保卫城堡被视为骑士精神的绝佳体现，绝非自认缺乏勇气。即使防守失败，也并不一定会给被入侵的领土带来灾难：

> 总的来说，中世纪的防御战略建立在避免交战而非主动开战的基础上。这是因为大量城堡和设有防御工事的城镇使守军得以将自己闭锁于其中，静观事态变化。要塞几乎总是足够坚固，足以抵御进攻者，而后者的攻城工具往往效率低下。组装它们浪费了大量时间，而且它们往往要么效果不佳，要么被守军的反制措施削弱。只要堡垒本身状况良好，给养充足，刚毅的驻军就没什么好担心的。攻占一座城堡对入侵者来说并没有什么好处，因为他们必须在城堡里安插一支守军，而一座被部分损毁的堡垒，将难以自卫。守军更接近援军及其大本营，入侵者很少有足够实力拿下该地区的全部堡垒。[66]

顾名思义，在进攻中，军队优于城堡：毕竟，城堡无法移动。但这种情况要到1914年才会出现，那时新技术将使得久久相持成为可能，而在此之前，这是一个防守方占优势的时代。在11世纪到13世纪，使防守方在一切斗争中占据上风的，是既有技术的改进和优势。攻城工具可以摧毁一座城堡，但进展缓慢，成本高昂。战斗的效率更高，但可能招致满盘皆输的下场。因此，中世纪军队的行军和机动要多于上场战斗：

中世纪的战略与 16、17 世纪，特别是 18 世纪的战略有诸多相似之处。军队规模小，难以替代，守军的领导者因此避免战斗，尽管战斗是达到目的的最有效手段之一。他们经常选择使用战术，实力较弱的一方躲在己方众多堡垒的防御之后。这种战略由社会条件、军队装备、防御工事的状态及数量决定。这在参战国之间制造了某种平衡，除非采用新的方法，否则这种平衡不易打破。[67]

成功的进攻战役大多发生在那些未设防御工事的地方。征服者威廉横扫英格兰的快速行军就是如此。[68]

切勿认为这种类型的战争比大规模、高火力的战斗对普通人更友好。相反，无处不在的城堡"降低了战斗的吸引力，反而增加了劫掠的必要"。这种策略既是首选，效果也很显著。无论如何，土地很少能满足一支军队的所有需求，所以哪怕是一支勉强人道的军队（如果存在的话），也会很快将所到之处的一切资源吞噬干净。以保护为目的的防御工事导致的却是一种以涂炭生灵告终的战争方式。[69]

劫掠策略很符合中世纪军队的特点。步兵部队纪律涣散，极易叛逃。"骑兵的时代实际上就是糟糕步兵的时代，这是一种政治而非技术现象。"统治者更愿意派出更好的步兵部队，但实际操作起来并非易事。如前所述，封建制兵役存在一定弊端。士兵效忠的是自己的领主，而不是国王。比起将兵役转变为贡金，领主们更喜欢亲自服役，如此一来他们便能保持更大的独立性。封建制兵役十分有限，英国的封建制兵役只有四十天。爱德华一世有时甚至在部队结束服役之前就开始支付军饷，以留住部队并保持其忠诚度。[70]

依靠封建征召兵，至少节省了资金。我们已经见识过征战的成本，其中就包括招募士兵。战争的短暂一定程度上弥补了封建制兵役的短暂。只有庄稼长成之后，或远或近的征战才有可能。因为在离主场较近的地方作战，常备军可能会有优势，但这是不可能的。"从来没有王家常备军。"在这一千纪之前，一名骑马士兵的军事装备价值约为二十头牛，够给"至少十家农户拉犁"。在这个时代，一个资深木匠每天挣三便士，一英亩土地的年租金是四便士，而骑士每天可以赚二十四至二十八便士，马上弓手每天可以赚六便士，甚至最低级的步兵每天也能赚二便士。负债的骑士可能会为了保留盔甲和战马而参战，这至少为战争提供了一些廉价的装甲战士，但除此之外，以过高的费用和有限的效用建立一支永久军队毫无意义。考虑到军队的季节性，而城堡城墙常年不倒，这一点尤其正确。[71]

军队的效用有限，并不意味着选择城墙而非军队的机会成本为零。购买砖块的钱本来可以用来雇人。在某些情况下，拥有一支野战部队是必要之举，因为它可以达成城堡力不能及的事情。可移动式堡垒先不论，城堡虽然可以作为基地，但无法发动进攻战争。即使在防御方面，一支军队也能发挥至关重要的作用，即便它可能永远不会参战。一个原因在于，守军的存在迫使入侵者保持兵力集中。而兵力集中的军队既不能收集足够的补给，也无法摧毁任何东西，除了它行进路上的狭长地带。此外，搜刮粮草和劫掠需要入侵者分散开来，但搜刮和劫掠小分队很容易被快速移动的骑士部队击溃。仅凭一支防御军队的存在，就能比一座城堡更好地保护一片土地。此外，尽管习惯了谨慎，但在必要时，中世纪指挥官确实会发起战斗。如果敌人兵力太少，偏离其城堡太远，或者部署不慎，那么快速打击就可能带来决定性胜利。没有军队，就不可能进行如此迅速的打击，敌人将近乎无懈可击。在工事稀少的地方，军队是最好的武器。一旦政府招募兵力的能力增强，统治者就会利用它。在我们研究的时代结束时，英国已经能够组建"庞大的"步兵部队。尽管如此，对于整个中世纪盛期而言，明智的统治者最好将更多资源放在城堡上，并辅之以军队，而不是反其道而行之。尽管花费巨大，但建造城堡（更少或更小型的军队）的机会成本小于建立军队（更少或更薄弱的城堡）的机会成本。[72]

建造城堡与其他经济学原理

本章在讲述城堡故事时聚焦机会成本原理。但机会成本远非唯一的经济学原理，着墨于任何其他经济学原理来讲述城堡的故事也一样行得通。如果我们要为其他五项原理分别撰写如叙述机会成本原理时般详尽的章节，那么就免不得要把这本书命名为"城堡的经济学"了。相反，我们只在这里简短讨论一下，在中世纪盛期城堡的案例中，人们可以在何处以及如何观察这些其他原理的运用。本书其他章节将根据不同历史事件，对这些额外的原理进行全面的探讨。

比较预期边际成本和预期边际收益原理与机会成本原理密切相关。但在本章大部分内容中，我们讨论了"城堡还是军队"的整体决策，而边际成本／收益决策关注的则是有待采取的额外行动，例如，在既有城堡之外即将建造的下一幢城堡。可以肯定的是，就算是额外的城堡，也涉及其本身的机会成本（即额外的军队），不过一旦建成，它将以少量的额外成本提供大量的额外收益。把持城堡所需的驻军人数相对较少，因此在最初较高的建造成本之后，后续支出可能很有限（启动成本高，后续成本低）。小型驻军对周边乡野的军事形势影响可能十分有限，但城堡所有者可以根据需要在城堡中部署更多或更少的军队。没有防御工事，小型部队几乎毫无用武之地，这在美国陆军中被称为"史密斯特遣部队"情形——以1950年美国在朝鲜的一支规模小得可怜的远征队命名，那次远征彻底溃败，全军覆没。没有防御工事，一支军队要么有足够实力直面预期对手，要么就必须逃跑。而有了城堡，小型部队就有了更多行动自由。因此，这种额外收益只需要通过少量额外成本便能获得，边际收益与边际成本之比较高。我们将在"战役时代（1618—1815）"（第四章）中深入检视这一原理，该章考察指挥官关于参战与否的决策。

　　与机会成本原理以及边际成本／收益原理相关的，还有边际收益递减原理。尽管我们必须大量研究围城案例才能从实证上确认这一点，但至少在概念上，建造城堡的案例服从有关收益递减的分析。简单来说，一种假设是，城堡越大，其军事优势的增量就越小。城堡规模增加一倍，其军事用途可能会增加一倍以上（收益增加），而将城堡规模增加三倍、四倍、五倍，其增加的军事用途则可能不足三倍、四倍或五倍（收益减少）。在某一时刻——经济学理论并没有明确指出是哪一时刻——更大的城堡带来的收益无法与更高的成本相匹配。边际成本／收益原理关注的是个人每次只做一个决策（以及做出决策的时机），而边际收益递减原理则考察了一系列实际或假想的决策，并指出，在某一时刻，收益必然会从增加转向减少。如果不是这样，城堡的规模就会无限膨胀——这显然不可能。关键是计算转变发生的时间点。

　　一座城堡需要具备一定的最小规模来满足其主人的要求；它可能必须为某个王室充当寓所，或为大规模部队提供营房。城堡的防御能力并不一定会随规模和开支的增加而提高，这至少有两个建筑方面的原因。首先，随着城堡周长的增加，需要防御的地点在增加，守军从安全地点转移到受威胁地点这一过程也变得更为复杂。更大的城堡需要更大规模的驻军，来抵消日益减少的兵力之不足。其次，较大的城堡通常由一系列以墙连接的建筑物构成，其中一个建筑物（比如一座塔楼）的防御者有时无法对另一个建筑物出手相助。还需考虑一个财政问题：在大多数情况下，建造更大的城堡需要更长的时间。一座在建的城堡，至少在城堡主楼或幕墙完工之前，其军事价值都是有限的。一座在建的城堡非但不能起到威慑作用，反而可能招致攻击。延伸这一论点，城堡在一片土地上从零星出现到星罗棋布再到遍地开花，军事优势起初会增加，但最终会减少，这一目了然。设计师、顾问和统治者如何决定每座城堡的规模，以及要在其领土内建造多少座城堡，都将涉及边际收益递减原理。在经济学理论中，不存在每个统治者都能完美履职的假设，但存在假设认为，后世会向前人学习；也存在假设认为，人们从过去的经验中学习，在这个意义上他们是"理性的"，不过，即使具有理性也可能失败。我们以第二次世界大战中对德国的战略轰炸（第六章）为例，详细考察了边际收益递减原理。

将城堡作为占领工具，由此可以看出替代原理的运用。历史上，征服者依靠多种手段来控制被征服的民族，包括拉拢当地精英或发动大规模军队实施占领。但是在精英阶层中结交的新朋友也许并不可靠，而让己方军队长期占领敌对领土的举动也很冒险。在中世纪，防御工事提供了另一种选择。例如，爱德华一世本可以把威尔士城堡群的预算花在占领军身上，但他并未选择这么做。（在苏格兰，他确实更多地依靠军队，不过并非为了永久占领。）

经济学的几乎全部，包括替代原理，最终都与成本和收益有关。如果一个项目或行为的成本变得更昂贵（效益更低），而另一个项目或行为变得更有利（成本更低），我们会预期决策者探索替代方案，并在环境允许的情况下，或快或慢地采用它们。这不仅适用于是否将城堡用作占领的替代手段，还适用于其他无数决策，包括建造哪种类型的城堡，在所有可能的方案中将城堡部署在何处，采用哪种设计，使用哪种材料，等等。基于替代原理也许能很好地讲述城堡的故事。然而，我们将借用另一个不同的案例来深入研究这一原理——那就是法国建立核打击力量的决策，并探询，在与当时苏联的冷战对抗中，这支力量是否可以替代其常规武装力量（第七章）。

最后，我们思考信息原理，或者更确切地说，信息不对称原理。这一原理有两重"面向"。乍一看，这一原理似乎不适用于城堡的建造史，因为城堡的位置不是什么秘密。城堡是世界上最不隐形的武器。

然而,在战术上,一种被称为隐藏特征的不对称信息对守军有利。例如,在围城战中,守方洞察攻方的能力要远高于攻方洞察守方的能力。值得注意的是,攻击方常常不确定防御方的人数。如正文所述,城堡有时会坚持到只剩零星尚有战斗力的士兵驻守城墙。要是这件事传了出去,城堡早就被攻占了。突袭城堡本身是一种高度暴露的活动,因为连攻击者都无法确定,到底会招致什么样的后果。不清楚守军的规模又带来了另一重问题,即如果守军规模足够大,就可能发生（也确实发生了）午夜突袭。此外,守军有足够"掩护"。攻击者可以建造一些掩体,但总归是临时的。因此,虽然城堡的存在不是秘密,但它所贮藏的军事力量只能通过艰险的方式来发现,这是明显的隐藏特征的案例。我们将以 19 世纪 60 年代早期的美国内战（第五章）为例,研究信息不对称原理的这一面向,这是本书中唯一的非欧洲案例。

　　信息不对称的第二种形式是隐藏行动。隐藏行动是一种不可能被观察到的行动,至少不能与正在执行的动作同时进行。国王可能希望城主为他管理乡村,但国王如何确保这一点呢? 依靠非正式契约（如文化上形成的彼此忠诚和义务）和正式契约（如授予贵族封地和继承权）。事实上,中世纪历史十分强调这些角色的作用（公法的作用微乎其微）,以至于人们有时忘记了,正式和非正式义务常被灵活解读。没有人会认为自己的义务是完全无限的,也没有人指望他们这样做。这不仅适用于统治者与封臣或与城主之间的关系,还适用于一切委托人与其代理人之间的关系。例如,驻军必须获得报酬,并得到在被围时获得救援的保证,而城主的任务就是确保这些合同条款得到履行。如果没有,就像上面提到的那样,这些人可能会认为他们的义务已被解除,并"离开岗位"。反过来,一旦被任命,城主就会成为一股独立的势力。没有简单的办法可以维系旗下城主的忠诚。对于封臣领主来说,这个问题更加严重,只有当君主集权化、个人贵族在财政上变得无力对抗其统治者时才得以减轻。下一章,我们将以 1312 年—

1494年意大利文艺复兴时期城市利用雇佣兵为例，详细探讨信息不对称中隐藏行动的面向。

结论

机会成本是在放弃有价值的替代选择时产生的成本，它是人在追求其所做选择时不能拥有之物或不能做之事的价值。严格来说，购买城堡的成本包含其所有备选，而不仅仅是组建军队。无法建造宫殿，无法给大学捐款，也无法改善道路。对于中世纪统治者来说，这些选择都是假想，因为战争才是其主要志业。另一个仅次于城堡的极有价值的选择是军队。王朝和领土是否幸存，取决于刀剑相拼胜利与否。即使是喜好和平的统治者，也必须通过建造城堡来保护自己。避免战争意味着为战争做好筹备。选择一种军事筹备形式（城堡）的主要机会成本就是另一种形式（军队）。

包括盎格鲁-诺曼国王在内的许多统治者都能召集大规模军队，且这一能力在13世纪得到了提高。然而，一支军队意味着极其巨大的投资，以至于在通常情况下，它不能冒险投入战斗，这是个相当不切实际的限制。即使只是维持这一队伍一段时间，也意味着"如果要保持一贯的军事态势，必须定期更新对骑兵的支持，不论这一企图会给现有资源带来多大压力"。因此，"选择并不是在建造城堡和定期维持大规模骑兵部队之间做出，后者在经济上是不可能的"。尽管花费巨大，建造城堡仍是"最有效的，确实也是最划算的策略"。[73]

把注意力集中在有限的资源上完全正确：

中世纪极难开展大规模战争，因为当时国家规模小，骑士数量稀少，因此军队规模也小。中世纪领袖在参战时必须克服许多障碍，他们清楚地知道，即使经过周密计划，也不可能消灭敌军，因为守方比攻方实力强得多，因此他们倾向于限定目标。在大多数情况下，中世纪战争的目标是有限的。[74]

建造城堡的成本较为低廉，但建造过程的持续性在一定程度上使这一优点失效。一支军队可能需要持续不断的资金注入，但建造城堡的计划也是如此。建造城堡也绝非万灵药。威尔士城堡群被称为"白象"，因为尽管它们的存在巩固了英格兰的统治，但在叛乱期间，它们的小型驻军除了自保，再无余力。最终，正是城堡的防御性力量让它们变得不合时宜。在14世纪，军队不再进行耗时且成本高昂的围城战，而是在远离巨大堡垒的地方作战，砖石建筑的重要性开始下降。[75]

对一些领导人来说，对维持军队之风险的决定性考量无关财务。8世纪到9世纪，加洛林王朝的统治者为筹建军队而确立了封建制度，但随着帝国衰微，封建武士自立为王。讽刺的是，组建帝国军队的企图加速了帝国的灭亡。相比之下，中世纪君主不愿尝试。"招募军队的方法发生了变化……这对于颁布这些政策的君主来说是极大的政治风险。"[76]然而，爱德华一世扩充了军队规模，其中有多少是革新的结果，又有多少是他惯常避免选择的挥霍的结果，尚未有定论。尽管国王"非常清楚拥有足够资金的重要性"，但"从没有编制过真正的预算……如果不做到这一点，就难以非常仔细地考虑政策的财政影响。没有证据表明可能的支出与可能的收入达致了恰当的平衡"。为了继续战争，他的国库至少两次削减了其他政府开支。但这更多是官僚机构对国王要求的回应，而非国王决策的结果。"即使编制了务实的预算，爱德华也不太可能因为这样的考虑而大幅改变计划：他太顽固了。"[77]其选择失败的结果，就是一座座未建成的城堡和一场场未打完的战争。

从11世纪到13世纪，城堡在政治和军事上都占据主导地位。城

堡的作用和着重于建造城堡的决策过程值得研究，因为它有助于我们
理解现代中央集权政府的缺席和出现。

　　　防御工事所提供的优势也有助于解释为什么小国家，特别是
　　城市，可以成为欧洲政治的主要参与者，以及为什么国王们似乎
　　往往不觊觎自己地盘以外的地方，因为附近总有某个反叛贵族的
　　城堡有待削弱。可以说，在历史上没有任何一个时代像公元1000
　　年到1300年左右的时期那样，认为防御在战争和政治中的作用
　　如此重要。[78]

然而，到了这个时代的末期，"伟大的统治者们……垄断了超大型军
队和最昂贵的装备"。城墙也一样。没有哪个贵族的建筑物能与爱德
华一世的相媲美。[79]

　　不过，即使是爱德华也无法逃脱一个与机会成本相关的经济困境：
沉没成本。花出去的钱无法收回，无法重新支出，选择也不可逆转。
虽然这可以应用于许多经济活动，但在城堡建筑领域，这是个特殊的
问题。永久性防御工事不会移动。地处威尔士的城堡无法为身处苏格
兰的英格兰军队提供安全保障。除了预制的木制堡垒，它们也不能被
运到英吉利海峡对岸去惩罚法国人。虽然在军队上的支出没有多少持
久的好处，但它催生了一支用途多样的部队。对于独立的贵族资产而
言，这个问题没那么严重。统治者愿意承担巨大的沉没成本，这是城
堡在这个时代军事价值的又一证明。

　　防御工事并没有消失。在20世纪初，军用防御工事仍然是一个主
要的事业领域。20世纪30年代，它在法国有过短暂的复兴。从那以后，
传统防御工事失去了人们的青睐，但这个概念从未失去它的魅力："这
一阶段的最后一轮可能是现实中的空中堡垒。据说，太空卫星是最先
进的军事装备，因此无懈可击。当然，加亚尔城堡也曾如此。"[80]

附录

关于中世纪城堡的经济学表格

原理	人力	后勤	技术	筹划	作战
机会成本	建造需要大量人力	城堡为后勤提供绝佳保护	跟上建筑技术发展的成本高昂	防御工事的存在增加了选择	军队受制于以城堡为基础的策略
预期边际成本/收益	所需驻军规模较小	建筑工人供应困难，但堡垒本身不那么难	投资改进建筑技术，得到更好城堡，更大威慑力	战略位置令攻击者望而却步	城堡和设防城镇为侵略行动充当基地
替代	城墙具有乘数效应	城堡有限的需求使其比进攻部队更容易供给	到14世纪，建筑进步使城堡近乎无懈可击	建造一连串城堡可能比一支占领军更现实	作为骚扰手段城堡优于劫掠部队（参考阿尔方索）
边际收益递减	为更大规模驻军而设计的城堡并不一定更坚固	更大规模驻军物资消耗也更多，可能被迫投降	更大的城堡未必更易守卫，复杂程度可能干扰防御能力	大多城堡会产生问题，如守卫的可靠性，难兼顾所有城堡等	攻击对手所有城堡可以制造置局（参考斯蒂芬）
信息不对称（克服）隐藏特征	良好的防御工事能够鼓舞士气	攻城方鲜少能够清晰掌握守城方的确切兵力	围城期间，防御方可以更好地瞄准攻击方，反之则不然	建造城堡可能出于多重目的	统治者可以自由选择何时派遣救援；攻城方永远无法确定援军何时到来
信息不对称（克服）隐藏行动	需要激励机制确保驻军忠诚	成功的设计者将获得丰厚报酬	建造城堡需要一流石匠和建筑师	能取悦君主的骑士将有机会成为城堡主人	成功建造并防守城堡起震慑作用，令人生畏

第三章
文艺复兴（1300—1600）
雇佣兵与军事劳动力市场

军事承包商和他们的手下到哪里都不受欢迎。在欧洲，没人喜欢这些雇佣兵的存在，所有人都拼命想让他们尽快离开，无论动用何种手段。在一个被反复重述的故事中，修女锡耶纳的加大利纳用她那个时代令人信服的独特逻辑，恳求军事承包商约翰·霍克伍德为了基督教的利益，加入一场侵扰穆斯林土耳其人的十字军。[1]

> 为着耶稣基督的缘故，我向你们诚恳祷告，既然上帝和我们的圣父已经命定我们去打击异教徒，你这热衷于战争和打斗的人，不要再向基督徒开战了，因为那是渎神。去反对他们（土耳其人）吧，因为我们基督徒互相迫害太过残忍。愿你从魔鬼的仆人和士兵，成为一位有男子气概的真正骑士。[2]

他对这一祈求充耳不闻。霍克伍德拒绝了这个提议，继续在意大利乡间劫掠。大约在1360年，他带着一群经验老到的战士来到这里，这些人因昔日的雇主在百年战争中途停战而惨遭失业。1360年5月8

日缔结、于同年 10 月 24 日在加莱正式批准的《布勒丁尼和约》，释放出一支"以薪饷和其他战争利润维生的职业士兵，他们伙同那些在别处寻不到工作的人还有其他一些人，成立了独立的兵团，为谋私利发动战争"。这些为所欲为的兵团"成了西欧的祸害，直到常备军于 15 世纪成立"，对相当一部分人来说，"和平与战争的状态已然混杂难分"。[3]

他们的生活困窘潦倒，迫于生计，便开始在法国乡村流窜和劫掠。当中一部分人对富丽堂皇的阿维尼翁教宗府邸虎视眈眈，这座豪奢宅邸位于法国南部，由来自意大利的富商供养。"教宗英诺森六世凝视着河对岸的庞大营地，脸上生不出一丝笑意，他准备付给这些佣兵一大笔钱，好让他们安静地离开。他还不得不完全宽恕他们，"著作颇丰的作家杰弗里·特雷斯补充道："在此种情况下，这确实掩盖了许多罪恶。"[4]

被教宗说服之后，其中更勇于冒险的人翻越阿尔卑斯山或在地中海沿岸游荡，寻觅法国教宗的财富源头——米兰、佛罗伦萨、威尼斯、比萨和其他意大利城市。[5]在那里，他们迎合了对其服务的迫切需求。就像之前和之后一样，14 世纪和 15 世纪的意大利纷争不断。[6]意大利的政治势力分裂为归尔甫党和吉伯林党，不过这种分裂往往是为了掩盖背后的地方争斗。归尔甫党人支持罗马教会及其对世俗权力的设计，吉伯林党人则支持神圣罗马帝国的皇帝，后者自视为教会保护者，并因此打算将教会权力仅限制在属灵层面。[7]南部的封建王国西西里和那不勒斯曾是神圣罗马帝国的一部分，最近受到法国、西班牙和匈牙利势力的觊觎和抢夺，它们有时联合成一个王国，有时又分裂成两个甚至三个王国（图 3.1）。

米兰位于如今的意大利西北部，坚定地与帝国党结盟，掌控伦巴第地区，并尽力维持专制独立。在向整个意大利北部扩充其势力范围之外，米兰还向南推进，这在一定程度上得益于托斯卡纳地区的一些

图 3.1　约 1494 年的意大利

休伯特·范图伊尔绘制。

城镇，如比萨和锡耶纳，它们乐于利用米兰人的威胁来制约佛罗伦萨人的霸权。佛罗伦萨向威尼斯派出外交使团，声称一旦米兰掌控了伦巴第和托斯卡纳，势必会将野心转向东方，但威尼斯对此兴趣寥寥。为抵御米兰的侵犯，佛罗伦萨与位于自己和威尼斯之间的城市建立了联盟，还向法国和巴伐利亚求援，为对抗米兰开辟更多战线。[8] 佛罗伦萨坚持古罗马共和制城市的愿景，尽管在尝试过程中有得有失，其外交政策基本上建立在反帝国和反暴政的准则之上，[9] 但这座城市会与任何其认为必要的势力结盟，只要它们能帮它保持共和独立。总的来说，它对周围的托斯卡纳地区颇具影响。[10]

威尼斯受潟湖的安然保护，专注于其东部领土和航海事业，直到15 世纪 20 年代才涉足意大利本土政治，致力于建立对抗米兰的更安全的堡垒，同时又与米兰保持贸易往来。它还认为佛罗伦萨被米兰削弱可能并不完全是件坏事。[11] 由此造成的混乱导致佛罗伦萨、威尼斯和米兰（还有那不勒斯和教宗国）之间展开了代价惨重的战争，持续了二十多年，直到一场长达三年、涉及所有大国的米兰继承权斗争之后才得到解决。斗争的胜利者是当时杰出的佣兵队长弗朗切斯科·斯福尔扎。军阀摇身一变，成了领主。[12] 他也证实了自身是一位有才干的政治家，1454 年春夏，米兰、威尼斯和佛罗伦萨之间商议达成了权力分享，1455 年 2 月那不勒斯和教宗国也加入其中。这个五国联盟和均势俱乐部将大致维持到 15 世纪末。

较小的势力——博洛尼亚、费拉拉、热那亚、卢卡、比萨、佩鲁贾、锡耶纳和许多其他城市——大量存在，常常要抵御来自较大势力的威胁。农村人口的政治认同不仅取决于"哪个城市的货币在当地市场上占主导……（还取决于）当战争来临，居民要往哪个方向逃难"。与此同时，教宗国是一个极其不稳定的领土混合体，由各种有争议的领土组成，从亚得里亚海到第勒尼安海，沿南北方向贯穿意大利中部，许多城市和地区散布其间，政治命运不断更迭。在格列高利十一世去世后，1378 年 4 月 8 日，众枢机主教首先选举了居住在罗马的意大利的乌尔班六世（1378 年—1389 年在位）；然后，枢机主教对他的表现不满，转而在同年 9 月 20 日选举了日内瓦的克莱芒七世（1378 年—1394 年在位），他居住在阿维尼翁，这一派系在后世被称为对立教宗。教会陷入了困境：教会拥有两位（短期内甚至有三位）教宗！教会的分裂直到 1417 年马丁五世（1417 年—1431 年在位）当选才有所弥合，而这大大加剧了意大利的政治和军事困境。在将近四十年的分裂期间，罗马教宗总体上得到了英格兰、神圣罗马帝国治下的中欧和意大利北部的一些势力的支持，而阿维尼翁阵营则寻求到法国、勃艮第、萨伏依、那不勒斯和苏格兰的支持。[13]

当罗马教廷重新统一时，圣座（出自拉丁语 *santa sedes*）开始重申在意大利的区域性领土利益。在名义上亲教宗的归尔甫派佛罗伦萨制衡了亲帝国的吉伯林派米兰，教宗国因而向佛罗伦萨提出要求并施压。试图在贪婪的新近南方教廷和野心勃勃的北方米兰人之间保持独立，佛罗伦萨感到身陷重围，并在冲突中首当其冲。14 世纪和 15 世纪无疑为意大利的武装部队带来了大量的工作机会。[14]

在本章开头，我们将概述城市与雇佣兵签订的劳务合同中可能出现的一些问题，并在本章余下部分详加讨论。接下来我们将讨论供给、需求和征兵问题；合同与支付；合同执行问题；常备军的发展问题，它在一定程度上解决了军队劳务合同引起的困难。最后，我们考察了在第一章中描述的其他经济学原理如何可能适用于佣兵时期。

委托–代理问题

佣兵合同（*condotta*，复数 *condotte*），是城市领袖和佣兵队长（*condottiere*，复数 *condottieri*）之间签订的合同。雇用这样一个兵团涉及一系列与信息相关的障碍，委托–代理问题就是其中之一。委托人即要求服务的一方（城市），代理人即签约履行服务的一方（雇佣兵）。合同履约要求双方都履行合同规定的行为，因此取决于双方是否都能够监督并执行合同规定。这样做的一个困难在于，城市也许无法以可控的成本观察佣兵的行动。知情的只有佣兵本人，因此他便可以利用这种情况。于是，城市自认有必要找到经济的方法来限制佣兵的道德风险，即佣兵被引诱而不履行合同义务的情况。同样，佣兵也需要找到限制城市违约倾向的方法。[15]

对委托–代理困境和其他困境的解决，围绕合同撰写、监督和执行展开，以期减少合同纠纷的次数及其严重性，将机会主义行为降至最低限度，以低成本实现更好的观察（监管），分摊风险，并使委托人和代理人的激励机制相一致。总的目标是防止卸责。如果受合同约束的行为（例如，为保卫城市及其周边农村而投入的努力）不容易被观察到，就必须找到与所期望的行为相关的可以观察的替代行为。虽然对富足的人马和装备的招摇展示可能会给人留下深刻印象，但这并不能确切表明佣兵队长有作战能力，并乐意让他的士兵（他们作为资产，将增值为未来的合同）在战斗中送命。当然，佣兵队长也面临一个委托–代理问题：如何培养、管理并留住自己的士兵？这些士兵在确保生计的同时，有可能更容易投靠那些能使他们远离危险的领袖。为了集体谈判，部队可以也确实参与了各种类型的劳工骚乱，包括（作为一种罢工形式的）兵变。

委托–代理问题只是众多与隐藏行动相关的信息不对称问题之一，这些问题不易被观察，因而对合同的履行构成威胁。其他类似的问题还包括：与不同代理团队打交道（当城市与不止一个兵团签订合同时）、分包合同（佣兵队长对他的人马）、挟持合同（一旦敌人兵临城下，就执意要求更多报酬），或在战斗临近时完全违背合同（逃兵）。如果涉及多个代理方，合同必须在某种程度上提供激励，避免产生利用其他团队成员努力的搭便车行为，例如，花费高昂成本观察每个成员投入的努力，或以某种激励结构鼓励每个人尽最大努力，同时在战役和战斗中保持合作和协调。仔细观察每个团队成员在战场上的努力不切实际，一个问题也随之产生：如何撰写合同，来适当地激励团队成员，即使存在卸责的机会，仍会尽自己最大的努力？克服这一障碍的一种方法，是提供奖金作为依照合同履责的激励，这种方法连同各种其他机制，正是实际记录所显示的情况。从这个例子中我们得以看出某些历史事实如何与理论结合在一起。

以上几段已经说明了为什么佣兵时期，至少是其特定的意大利形式，走向了终结。这一时期的繁荣持续了大约两百年——14世纪和15世纪。最终，要么是佣兵融入了雇用他们的城市，要么是城市重新发展了自己的防御力量（或者，通常是两者的结合）。就算这一时期有各种政治和技术变革，佣兵合同所带来的激励问题仍难以有效克服。必须找到一种组织军事力量的新方法。令人惊讶的是，很多关于佣兵队长的历史文献，关注的都是强权政治和军事技术，而非以佣兵队长命名的合同本身。如果佣兵队长的时代结束了，设计并执行军事劳务合同之困难不正是原因之一吗？无论如何，这就是本章所探讨的主题：合同本身是找到佣兵最终消亡的种子的重要场所。

需求、供给与招募

委托–代理问题部分产生自因供求变动而出现的机会。在需求方面，除了意大利战乱频仍外，一个突出的因素在于，可供合法有效调用的部队无法应付外部安全局势。封建欧洲普遍施行四十天征召兵制度，但这种制度捉襟见肘，能招募的人数与佣兵团的规模比起来相形见绌。在1353年其鼎盛期，仅大兵团（Great Company）就拥有一万人。相比之下，城市及其郊区规模要小得多。甚至"到了16世纪中期，整个欧洲人口超过六万的城市也仅有十个"。从14世纪到17世纪，黑死病多次肆虐，致使人口减少；饥荒频繁。通过贿赂使威胁城市的兵团离开，比与之交战要划算得多。[16]

那些可能被征召服役的人也不一定乐于战斗和牺牲。一个无畏的臣民可能会听从封建王侯集结的号召，仅带着弓和一支箭就出现！[17]封建征召兵的不确定性首先引发了对雇佣兵的既有需求，因此也引发了对代理人——雇佣兵首领——的需求，以将雇用和日常管理事务下放给他们。无论如何，意大利大部分地区已经抛弃了封建征召兵制度，开始依靠小规模民兵。这种做法绝非收效甚微，恰恰相反：

> 越来越多的人意识到，装甲骑兵即使在其主场——水源充足、地形相对开阔的欧洲西北部——也可能不堪一击。早在 12 世纪，佛兰德和意大利北部城市就开始组织步兵，足以击败最优秀的乘马骑士。1176 年，伦巴第联盟*的步兵瓦解了弗里德里希·巴巴罗萨的骑士的进攻，随后反击，将日耳曼人赶出了莱尼亚诺战场……然而，欧洲城市的民兵至多也都只是兼职的战士。[18]

不过也有例外，民兵实际上也遭受过一些严重的失败，最好还是避免将长距离和长期军事行动交由平民；此外，意大利城市经商有道，有充分理由（至少看上去如此）不要把商业弃置一旁，反倒去屯兵。按照当时的标准，意大利的伦巴第和托斯卡纳地区相当富裕。征召一支部队所需放弃的税收，或雇用志愿兵来建立一支本土职业军队所需的税收，将会十分高昂。最好按照需求雇用专业的外部人士来负责领土的必要防御。[19]

另一个因素涉及内部安全。在英格兰，国王亨利二世动用雇佣兵"镇压 1171 年至 1174 年的大叛乱……在某些情况下，特别是在内战时期，雇佣兵可能比英格兰军队更加忠诚，（尽管）人们通常认为他们不可靠也不值得信任"。对内部的压制，或者至少是不信任，普遍存在。在马基雅维利之前，英格兰和法兰西自有其先驱。但在意大利，城市内部尤其积压了强烈的不满，罗马共和理想也已失却，近来又受制于专制君主和决意重夺世俗权力的教会，使得城市领袖们不愿

---

* 伦巴第联盟，12 世纪形成于意大利北部的城市联盟，于 1176 年在莱尼亚诺战役中击败弗里德里希一世。联盟于 1190 年弗里德里希一世逝世后瓦解，1226 年又因弗里德里希二世试图干预伦巴第事务而重组，于 1250 年弗里德里希二世逝世后解体。

令公民掌握武器和军事事务。领主们（*signori*）并不打算武装全体平民（*popolo*）。[20]

军事技能和战术同样影响了需求。仓促招募、缺乏训练的封建征召兵并不是特别娴熟。相比之下，"佣兵的技能构成了雇用他们的强烈动机……他们对十字弓的运用可能是一个重要因素，但身经百战获得的过硬专业技能，可能才是相较于缺乏经验的士兵的真正优势所在"。德意志雇佣兵特别受欢迎，他们的重装骑士和战马（*equis*）组成了令人印象深刻的骑兵编队。轻骑兵往往是匈牙利人（使用更轻巧、更迅捷的战马，称为 *ronzini*），步兵则通常是意大利人。面对大批全副武装的骑士，本土民兵毫无胜算。1342 年，佛罗伦萨的佣兵数量超过了其民兵，比例达到 20∶1。职业国防（外国人）和公民国防之间产生了落差。至少在 1360 年以前，对德意志骑士的需求很高，报酬也很丰厚。[21]军事战术从依赖步兵转变为依赖骑兵。很大程度上，这是"战马的时代"。因此，我们将看到，在军事劳务合同中，对马匹的规定和对人的规定一样多——由此，关于马匹的合同纠纷出现了，这些纠纷又必须伴随合同的发展来解决。[22]

劳动力供给取决于愿意并能够按现行工资水平提供劳动服务的人。意大利特别能体现"优越的合同和丰厚的战利品……但在欧洲其余地方，还存在着机会匮乏的问题；德意志的经济衰退和失业问题使得意大利对德意志士兵尤其有吸引力，他们是意大利雇佣兵中的主要族群"，至少到 1360 年之前都是如此。有机会进行骑士决斗以获取荣誉是一个原因，有机会大捞奖金则是另一个原因：从意大利富人那里获取赎金和战利品。骑士通常来自贵族家庭，很多是当中的二儿子、三儿子和四儿子，他们无法继承地产。另外，德意志的权力固化导致地产相应减少，迫使骑士到别处去获得荣誉，乃至重新获取失去的财富。一些贵族卖掉了地产和其他财产，转而投资战马和装备,这意味着，他们投资战争以期从中获得令人满意的回报。到目前为止，塞泽尔教授发现大多数德意志骑士只停留了一两个季节，然后他们的名字就从意大利记录中消失了。由于很少能在德意志的记录中找到这些家族延续的记载，他们似乎在意大利的冒险中失去了自己的投入。就像纽约的剧院或好莱坞的电影公司一样，许多人投下了巨额赌注，却只有少数人能成功。[23]

佣兵队长通常都是些人微言轻的贵族，他们渴望获得更高的成就和认可，历史学家威廉·卡费罗提到了其他因素："饥荒对兵团的威胁不亚于对社群的威胁。这些兵团以土地为生……随着兵团在农村地区迁移，他们吸引了大量对社会不满和遭排挤的人。"另一位历史学家迈克尔·马利特补充说，参军是"逃离农村就业不足或城市社会压迫的方式之一；出于逃避法律制裁或债权人、逃离令人窒息的家庭环境的需要"。[24]

加入兵团带来了短期或长期的真正经济机遇。例如，当听到某兵团即将到来的流言时，人们可以把土地卖给尚不知情的城市，加入这一兵团，然后捞一笔可观的贿赂金并拿回土地。另一些人则是为了"摆脱贫困，增加财富"而长期加入。锡耶纳城经常驱逐、流放并谴责加入佣兵团的市民，甚至悬赏缉拿他们。但当陷入困境时，锡耶纳又会赦免这些前市民，解除禁令、颁布特赦，甚至雇用他们来对抗城市本身不守规矩的佣兵团。虽然这达到了目标，但也使城市再次充满道德败坏之徒。[25]

至少存在四类招募方。第一类，实力较强的意大利城市运营着类似于人力资源部门的机构，其信使、大使或征兵员与米兰、威尼斯及其他强国有固定联系，受命征集一定数量人员和装备。第二类是佣兵队长本人，毕竟，他们非常了解市场，可以利用自己的知识和人脉，通过充当供需双方的中间人，赚取额外的弗罗林或杜卡特。*第三类

---

* 弗罗林和杜卡特均为欧洲中世纪后期常见货币种类。

相当于今天的人力中介机构，这是一种独立经营的企业，其唯一目的是交易谁需要人手，谁又愿意外派的信息。由于商人和酒馆老板能够轻松将招募人手作为副业，他们构成了第四类征兵人员。既然商人们为了生意已经穿越了阿尔卑斯山，何不传递军事劳动力市场的信息，再赚一笔佣金呢？与这些流动的信息商人相比，酒馆老板是固定的：佣兵队长、士兵、商人、征兵员和其他人在他们那里下榻时，消息自然就传到他们那里。博洛尼亚、米兰、罗马和威尼斯等城市均有大量记录，显示德意志人在意大利开了许多酒馆。[26]

还可以补充第五种招募方：教会。特别是在 1350 年至 1370 年间，那时不受控制的佣兵团在法国和意大利乡间流窜横行。部分是出于履行对臣民的义务，部分是出于保护自己的事务并促进自身利益，当时的教宗们发布诏书，发动十字军，并在宣讲中反对佣兵团（在当时以法语 *routiers* 为人所知）。教会可以十分便利地出售全大赦赎罪券，并以此募集人马或钱财，或两者皆有，来打击反叛的异端兵团。可惜的是，即便大幅降低赎罪券的价格，这招也不奏效，甚至教会本身也开始雇用那些它曾希望打击的兵团。[27]

目前尚不完全清楚招募方和雇主根据何种标准挑选佣兵，除了一个例外，那就是声誉效应。战绩卓越而声名在外的佣兵队长，一个可以依照其诺言在字面上和精神上履行既有合同之人，总是可以指望在未来的合同和战斗中收获追捧。许多招募似乎都通过意大利和德意志大小贵族间的婚姻、家族和社会关系进行。例如，由于佣兵队长本人需要分包合同，他往往会求助于自己所在区域的社会关系。[28] 主要的招募方有时需要预支相当多的款项，以使佣兵队长能够着手进行分包。即使有预付款，分包也可能涉及大额信贷、个人财产抵押，并获得共同签名作为给债权人的担保。财务风险不容小觑，很显然，佣兵队长会与知根知底的人签订合同，以便更好地实施分包。

合同与酬劳

丹尼尔·韦利在英国国家学术院的一次演讲中，检视了20份从13世纪后期完整保存至今的意大利佣兵合同，其中11份来自博洛尼亚，5份来自锡耶纳，1份来自佛罗伦萨，2份来自皮埃蒙特，1份来自安科纳边区，均签订于1253年至1301年间（不过有15份签订于1290年之后）。几乎所有合同都有以下共同点：雇用人数；部队类型（通常是骑兵）；必须供应的马匹数量；最少或最多的马匹价值；对受伤或死亡马匹的赔偿；关于武器和其他装备的规定；合同期限通常为3个月或6个月；合同可以续签；前往约定地点的差旅费；薪酬比率和支付周期，通常每2个月一次；不同级别的雇员如指挥官、骑兵、步兵或弩手间的薪酬差异；对俘虏、赎金和战利品的分配；一项被招募方本身如若被俘，可以保证获释的条款；奖金，例如保留战利品，战斗日可获双倍报酬；涉及管辖权、违约和处罚的相关条款；受雇兵团内部争议的解决；一项涉及不忠问题的条款；在博洛尼亚的11份合同中有6份规定兵团需要支付保证金，以保证士兵会好好办事！双方都将聘请公证员监督合同谈判和有待商定的条款。作为相互控制的手段，一份博洛尼亚合同规定，随行马匹的价值必须得到六名代表的一致同意，并且在达成协议之后方能派遣兵团服务。[29]

合同篇幅很长，其中一份足足有4,000词（差不多相当于本书的8页）。后来的合同，如里科蒂和卡内斯特里尼记录的合同，词数在1,000到3,000之间。在接下来的几十年里，合同的词数减少了，变得"套话堆砌"，部分原因是雇主国针对合同当中涉及的雇佣兵制定了广泛的规定。[30]

现存最早的英格兰合同可以追溯到1270年左右。但与刚刚描述的意大利合同不同的是，英格兰合同中"没有提到任何对马匹损失的补偿、如何分配战利品，或其他通常会在后续合同中出现的细节"。

然而到了世纪之交，英格兰合同也变得"详尽"起来，巨细靡遗地列出食物、着装、马匹、盔甲和装备、薪酬比率、海外出征的奖金以及其他各种事项。在整个 14 世纪，英格兰合同变得"标准化"。此外，同在意大利一样，分包合同在英格兰逐步发展，覆盖了队长及其下属。也同在意大利一样，英格兰最初的合同尚有钻空子的空间，后来逐渐引入了定期召集的规定。这反映了本章的主题：委托—代理关系困难重重，合同必须根据具体情况来设计和重新设计，着重强调可信的执行。在英格兰，花名册的用途之一，就是识别逃兵。[31]

我们还发现了强制仲裁的例子。在沃尔夫哈德·冯·费林根和佛罗伦萨城签订的合同中，前者对违约的规定如下：

> 在所有对预估及核算人员和马匹的记录和说明中，须有一人代表佛罗伦萨社群，一人代表帕多瓦的弗朗切斯科领主，两人代表沃尔夫哈德伯爵。若以上四人对上述估算、账目或记录有任何分歧，帕多瓦领主则必须指派一名德意志荣誉佣兵作为第五名代表，以解决并裁定这些分歧，即时起各方必须尊重他的决定。[32]

在这种情况下，任何必要的强制仲裁似乎都偏向伯爵一方，因为它依赖的是一名佣兵同伴以及祖国同胞。

在 14 世纪早期，出于警察治安目的雇佣士兵和出于军事目的一样多，佣兵部队的规模一般都不大，从十人到几十人不等。雇用外来者的原因之一在于，有助于"摆脱一切可能发生的本地勾结"（即贪污和腐败），这是一项明智的举措；同样明智的，还有逐渐把雇用具体人员的工作，包括其中涉及的所有成本高昂的复杂行政工作，移交给专业人员，也即治安官。这些人后来就成了佣兵队长，负责招募、签约、指挥麾下的所有人并对他们负责，与此人签订单份合同，便可覆盖其手下所有人。[33] 除了行政开支之外，还有一个军事问题有待解

决：“一旦到战场上……战士个人并不会按中世纪战争的要求，自动
融入平稳运转的战斗部队，（因此）从雇主的角度来看，对这种情况
的明智反应就是雇用已经成形的团体。”[34]

　　根据买卖双方的不同需求，佣兵合同高度具体，且变化幅度巨大。
合同可以是短期的，也可以是长期的；可能只涉及固定费用，使承包
商可以同时不受限制地寻求其他合同；可能制定了进攻或防御任务；
可以规定不发动攻击的罚金，让买家得以避开能力较差的兵团。[35] 合
同规定了一些具体细节，如部队的人数和类型、他们的装备、部队的
检查、与其他佣兵队长在职衔和地位上的关系、听令于谁又向谁发号
施令、战利品和赎金份额将如何分配以及分配给谁。

　　与此同时，14 世纪和 15 世纪的兵役合同充满了标准化的特征，
其核心就是人数和装备。受雇的是乘马骑士，他们的组织架构在合同
中有规定。至少在 14 世纪的最后几十年之前，雇用期限有详细规定，
通常是六个月。在此之后，更长的期限变得普遍起来，当然对于角色
更重要的佣兵队长来说也是如此。合同通常包含雇主可行使的续约选
择条款，迫使佣兵续期。雇主需要在现有合同到期前的指定天数或周
数内行使选择权。因此，我们注意到，某些佣兵连续数年为同一主人
服务。例如，阿诺德·冯·洪维尔从 1388 年 7 月到 1392 年 8 月在佛
罗伦萨服务了五十个月，共签订了九份合同。霍克伍德与佛罗伦萨保
持了二十年的合作（1375—1394）。到 1441 年，科莱奥尼成为威尼斯
主要的佣兵队长之一，直到 1475 年去世。[36]

　　忠诚条款也被纳入合同。合同还规定了如下内容：雇佣兵集结的
时间和地点；部队转移时间是否将被视为服务的一部分，如果答案是
肯定的，其中有多少应被算作服务时间；何时支付薪饷，支付多少，
以何种方式分期支付，以及在何种条件下应该支付奖金。这些合同将
涵盖“纠纷的解决、俘虏的下场、相互的担保，以及在合同被破坏时
的赔偿及相关条款”。[37] 一笔预付款项将用来让佣兵队长招募部下并

为他们添置装备。如前所述，在所有装备中，马匹是最重要的。它们是战斗的关键要求，因为 14 世纪和 15 世纪的战争技术倾向于使用骑兵部队。因此，马匹是士兵最大的资产项目，例如，在 1362 年的热那亚，马匹的花费是骑士月薪饷的两倍，是三人骑枪队（由一名披甲骑兵、一名轻装随从和一名侍从组成）年收入的一半。"在士兵花名册上，兵团马匹和人员的描述一样仔细，甚至往往更仔细。"必须尤为仔细地对马匹进行分类、打上烙印（或做好其他标记）并登记入册，以便辨认它们。在赔偿受伤、死亡或不存在的马匹时，这些做法有助于解决过程中难免的纠纷。对损失马匹的赔偿要求必须在规定期限内提出。为了防止雇佣兵在缺少充足战斗装备的情况下也能获得收入，威尼斯坚持不仅要在十天内更换马匹，而且要把死亡军马的马皮呈给检查员，以确保马匹真的已经死了。在战争中，敌方马匹比敌方战士更受关注，而马匹也是很好的战利品。这给像威尼斯这样发薪饷的城市带来了问题，它们开始抵制对损失马匹的赔偿要求，并把责任转嫁给佣兵团。[38]

不同于英格兰和德意志程式化的相似合同，意大利对合同制度进行了一定程度的修正和区分，以保持灵活性。其一是区分薪资模式（*in modum stipendii*）合同和团体模式（*in modum societatis*）合同。前者是与个体佣兵签订的按日支付薪资的合同，后者是与佣兵团领袖签订的合同，这在 14 世纪变得越来越普遍，尤其是在 1360 年之后。人们意识到，在将招募工作委派给佣兵队长时，必须权衡缓解行政压力的好处与依赖该领袖的代价。"与经验丰富的佣兵签订长期且更妥善管理的合同，基于此，一种军事体系得以显著发展。"[39]在这方面，另一项改进与合同选择权（*condotta in aspetto*）有关。合同基期（*firma*）于是可以延长。有时，选择权是开放的，佣兵队长需要在任何被征召的时候出现。这一选择权将获得可观的回报，即高达未来合同价值一半的预付款。同样，合同也将包含在未来一段时间内不得与现雇主为敌的条款，这在今天会被称为"竞业禁止"条款，即高价值雇员事先同意在合同终止后的一段时间内不加入直接竞争企业。

合同的多样和变化充分表明，缔约双方正通过以不同方式制定下一份合同来解决争议。通过增加合同所囊括的偶发事件的数目，争端次数自然能够减少。但这就会遭遇有限理性的问题，这一概念认为，既然知识和理性是有限的，合同便无法涵盖所有偶发情况。合同只能减少可能发生的纠纷，但无法将之消除。历史学家 C. C. 贝利给出了一个示例：1337 年，佛罗伦萨法典纳入了一则惯例，即被征服的"土地、城堡和其他不动产应归共和国所有"，而"马具、盔甲和动产一般归士兵所有"。但这又引起了争议，例如，"关于如何处置从敌人手中夺来的城堡中的动产。佣兵队长声称无论在何处寻得，所有动产都是他们的合法额外津贴。共和国则主张其对被攻占堡垒的所有权，包括在其中发现的所有动产"。在另一个例子中，贝利写道："短期合同使城市无需任何不当延误便能解雇无能或不够热心的雇员，这自然不受佣兵队长欢迎。他们的报复手段是，在短期合同即将到期时，放慢行动节奏。"因此，尽管合同中的要素实现了标准化，但实际上每一份合同似乎都是独一无二的。在一部 1851 年的意大利合同汇编中，朱塞佩·卡内斯特里尼列出了显性合同和隐性合同、简易合同和复杂合同、受保护方合同和名誉合同、无补偿合同和有补偿合同，以及基于推荐和参考的合同；还有基于一个国家与一个佣兵团结盟，或几个国家各自与一个佣兵团结盟，又或几个国家联合与一个佣兵队长结盟的合同。[40]

城邦颁布了规章制度，详细规定了雇佣兵应履行的行为。法规的变化向我们透露了此前合同的诸多失败之处，展示了未经合同正式表达但为城邦所期望的佣兵行为，暴露出合同执行层面的问题。尽管卡内斯特里尼明确指出合同执行存在困难，历史学家还未充分探索这一前景可观的研究路径。如果不涉及执行问题，为什么合同会如此

富于变化又易于调整？较为著名的雇佣兵条例，有佛罗伦萨在 1337
年出台，又于 1363 年和 1369 年"因雇佣兵行为不端"（*stante i mali
portamenti degli stipendiari*）而详细修订的条例。贝利补充道，问题
并不都出在佣兵这一边，还在于"雇用和管理领薪俸者过程中负责官
员（*ufficiali della condotta*）令人担忧的滥用职权"。[41]

这样的合同种类和深度需要双方都具备训练有素的法律思维，而
佣兵团确实自带律师队伍。特别是在我们所考察时代的后期，佣兵队
长领导着一个庞大的企业，需要出众的管理技能，为创造和保持声誉，
他需要履行与多个合作伙伴签订的广泛的合同义务，这些合作方时常
甚至长期处于相互间的纷争之中。[42] 在风险尤其高的情况下，佣兵队
长甚至可能觉得有必要劝服其对之负有义务的多方雇主讲和，而非选
择只为其中一方而战。在其他情况下，对立的佣兵队长可能同意说服
各自的雇主达成协定。例如，被迫久居佛罗伦萨的教宗马丁五世，于
1420 年 9 月 30 日返回了罗马。这是因为他允诺承认和支持那不勒斯
女王乔万娜二世的统治，后者当时统治着罗马。但马丁随即食言，转
而支持安茹的路易索取那不勒斯王位。乔万娜转而求助于阿拉贡国王
阿方索，后者占领了西西里岛，并宣称拥有那不勒斯。因为帮助乔万
娜，可能会让阿方索成为她的继承人。然而，出于谨慎，乔万娜又雇
用了佣兵队长布拉乔·达·蒙托内。与此同时，除了安茹的路易之外，
教宗还依靠由佛罗伦萨美第奇银行家资助的穆齐奥·阿滕多洛·斯福
尔扎。那不勒斯被对立的阵营撕裂，陷入僵局。"布拉乔和斯福尔扎
基本上是局势的仲裁者"，尤其是前者，他"提出了诱人的提议，要
干预当时威尼斯和米兰之间上演的斗争"。如果佣兵队长经常被描绘
成不忠的无赖，他们就不会表现出与雇主存在不利的分歧。[43]

14 世纪 60 年代，出现了一个非常重要的进展——在意大利所有
大大小小的政权中，合同的程式化用语被大幅改写。在此之前，几乎
所有合同中的基本战斗单元，都是冠盔骑士（*barbuta*）或乘马骑士

（*Reiter*）。冠盔骑士是否指代单独一人还不完全清楚，但显然，14 世纪 60 年代后的合同将骑枪队（*lancea*）作为基本单元，显然指由三人组成的小队，配有"两匹战马和一匹骟马"，其中，两匹敦实的装甲战马负责带全副武装的骑士上场战斗，一匹骟马或骑乘马则是侍从的坐骑。侍从将作为骑士的补充，组成骑枪队。在战斗中，他会带着三匹马留在战线后方的安全区域，矛盾的是，骑枪队形的关键在于，成百上千名乘马骑士成对下马，每对骑士共握一根骑枪，像"人工豪猪"一样排成紧密队形，朝向发动进攻的敌方骑兵部队行进。两名骑士手持长枪，以抵挡迎面而来的乘马骑士的冲击，并试图将后者从马鞍上掀下。侧翼则是由长弓手或十字弓手组成的方阵。十字弓的射程只有三十码*左右，重新装填用时颇久。相比之下，长弓可以快速发射，能够很好地瞄准二百码外的目标。在瞄准马匹而非骑士时，它的穿甲能力尤具毁灭性。一旦迎面而来的部队被击溃，侍从就会策马向前，追击敌人。这一被归功于英格兰人的战术，曾应用于 1346 年的克雷西、1356 年的普瓦捷，在意大利也行之有效，并使佣兵合同中的基本会计单位从冠盔骑士转变为骑枪队。1367 年在佩鲁贾，1368 年在教宗国和威尼斯，1370 年在米兰，同年或许也在摩德纳，1371 年在佛罗伦萨，合同制度发生了变化。1434 年，佣兵队长加塔梅拉塔和布兰多利尼伯爵在威尼斯签订了一份合同，"这是一份条理清晰的常规合同，让人想起半个世纪前霍克伍德与佛罗伦萨签订的协议"。尽管有变化，连续性仍然存在。[44]

当然，中间牵涉大量谈判。雇主和佣兵队长密切关注对方的情况，利用这些信息达成各自的目的。例如，1425 年，威尼斯与弗朗切斯科·卡尔马尼奥拉（1390—1432）签订了一份佣兵合同。他此前在米兰的服务非常成功，以至于米兰的统治者、脾气暴躁的菲利波·马里亚·维

---

*　英制单位，1 码约为 0.9144 米。

斯孔蒂认为他对自己的统治构成了威胁，下令逮捕他。卡尔马尼奥拉被迫逃离。威尼斯方面"知道他的价值，也知道他的困难处境。因目前不在战时，他们还可以讨价还价"。反过来，卡尔马尼奥拉心里明白，一旦开战，他的议价地位自然会提高。[45]

即使合同的正式方面保持不变，非正式方面也发生了变化。例如，1438 年，米兰和威尼斯开战，后者与佛罗伦萨结盟，战况升级。尼科洛·皮奇尼诺负责米兰的事务，威尼斯一方的总指挥先是加塔梅拉塔，然后是弗朗切斯科·斯福尔扎，协助他们的则是科莱奥尼。米兰在 1440 年惨败，急于求和的菲利波·马里亚·维斯孔蒂向年已四十的斯福尔扎提出了引人注目的提议。斯福尔扎将安排其雇主威尼斯和佛罗伦萨与米兰讲和，作为交换，斯福尔扎将迎娶维斯孔蒂十六岁的女儿比安卡，并获得克雷莫纳和蓬特雷莫利两地作为比安卡的嫁妆。由于弗朗切斯科·斯福尔扎和比安卡·玛丽亚·维斯孔蒂早就彼此钟情，这实际上是个皆大欢喜的提议。由此，《卡夫里亚纳和约》于 1441 年签署。[46]

佣兵合同在过去乏味而复杂，经过演变，如今包含了更高且隐晦的风险。一场军阀变领主的运动显然已经开始，佣兵队长之间的战略联姻变得重要起来。斯福尔扎的一个女儿嫁给了西吉斯蒙多·马拉泰斯塔——马尔凯地区一位不被看好的佣兵队长；他的一个儿子娶了尼科洛·皮奇尼诺（斯福尔扎在米兰的对手）的女儿；另一个儿子娶了埃斯特家族的一个女儿，这是费拉拉一个显赫的政治家族。军事权力和政治权力开始相互交织。

如果意大利文艺复兴时期的雇佣兵制度最终走向了终结，那并不是因为缺乏高超的政治、法律或必要的行政水平。相反，它在很大程度上与难以使当事方履约有关，简言之，与合同的执行有关。

当然，薪资是合同的重要组成部分。对于 14 世纪的德意志雇佣兵来说，意大利绝非什么高薪乐土，如我们所见，他们变卖了家乡的资产，好为自己的旅程和冒险添置装备。没有收到足够投资回报的不止德意志骑士。就连约翰·霍克伍德也"发现自己在生命的最后关头持续面临经济困难，依赖佛罗伦萨政府每年给他支付薪饷"。纵览我们关注的两个世纪，意大利的统计证据表明，总体上，意大利支付给军士的工资甚至远低于建筑等行业的日结工人。许多士兵就连鞋子和衬衫等基本装束都需要配备，更别提武器了。因极有可能患病、死亡或产生逃兵，这部分价值要从他们的工资中扣除，比例高达第一笔薪饷的四分之一。有时，士兵们得到的是实物报酬，但这些物品的账面价值总是高于市场价值，因此士兵们再次在交易中损失惨重。当兵不是一桩好差事，马利特和黑尔将之描述为"一个仅够糊口的营生"。[47]

从 1321 年到 1368 年，比萨、威尼斯和教宗国的军饷标准一直保持在相当于九弗罗林的水平，之后，账面和实际的价值都逐渐下降。在威尼斯，军饷标准在 15 世纪上半叶下降，此后一直持平。有时，步兵在被派遣到高成本环境时能够要求调整生活费并收到补贴。值得重申的是，薪资标准不等于实际所得薪酬。虽然很少有薪资记录保存下来，但我们确实知道存在诸多不满。曾有人"用假币付人薪饷，这些假币似乎在威尼托地区肆意流通"，而付款困难的问题很可能源于"威尼斯无法拿出承诺的金额"。此外，"在 15 世纪下半叶，军队经常拖欠薪饷数月，甚至数年"。这主要是由于难以设计出有效的财政系统，从各省征集税收，并通过威尼斯将资金送抵遥远的军队。[48]

弗朗切斯科·斯福尔扎的军队在 15 世纪上半叶也面临类似的情况。当现金充裕时，至少要提前支付部分薪饷；但当现金流中断时，实际薪饷就会减少，佣兵队长便会积压欠款。不过，他每个月至少要给每个士兵支付最低限度的现金。当处境尤为艰难时，他有时会依靠士兵驻扎的社区代为支付薪饷，并通过减少社区的税收义务来偿还。缺乏现金经常导致士兵典当装备和马匹来换取食物和补给，这对这个圈子里的几乎所有人来说都是不可取的情况：对军阀来说，没有装备的士兵就没有用处；必要时，佣兵队长只要求市民提供装备而不提供报酬。这加重了当地农民的负担，给社群领袖带来税收压力，并需要他们与领主协商减税。因此，斯福尔扎家族从其广泛财产中所能获得的税收急剧波动。[49]

比起那些签订了更长期服役合同的部队，支付给在为期三个月的战季中服务的部队的酬劳（按月）总是更优渥，并且还要补偿部队的调度费用。确定性和稳定性一并使得薪饷在总体上更为低廉，随着雇佣兵制度逐渐让位于常备军，也催生了更忠诚的士兵。事实上，"佛罗伦萨计划以最高价格支付薪饷的部队，往往最不稳定、组织最不完善"。[50]

如果薪饷普遍偏低且没有保障，那么为什么还要当兵呢？从经济角度来看，各方似乎采取了基本酬劳加奖金的形式，从而分担风险。前者并不足以使参军变得合算，或者只是勉强使之有价值，它还可能是一种筛选天赋和努力的手段。相比之下，奖金包含了劫掠和勒索的机会，骑士或步兵可能以之谋生甚至致富。业绩风险因此由团队共同承担：无能的士兵因得不到奖金而放弃了军事义务，而有能力的士兵则可能会觉得当兵很是值当。如前所述，关于德意志雇佣兵的证据表明，他们中可能有三分之二只在意大利待了一两个战季就回国了，显然他们发现当兵是件苦差事。[51]

关于绑架并勒索人丁和家畜的生动描述留存了下来，后者是主要的资产项目。虽然家畜会被作为食物捕获和屠宰，但在不少情况下，留下活口比宰杀更有价值，可以重复绑架和勒索。[52] 相比之下，俘虏的命运取决于其经济和社会地位。

在被缴获武器和马匹后，普通士兵通常会立即被俘虏者释放；兵团和城市都没有囚禁他们的设施，也无意建立这样的设施。在雇佣兵制度中，没有使敌人损失潜在兵力的意图，因为兵力总可以重新招募；迫使其为其部队重新添置装备和马匹就能达成伤害。出于同样的原因，杀死或残害俘虏也没有什么意义，这种做法只会招致报复，很少发生，除非在某些特殊情况下，比如被发现的逃兵，或受过特殊训练而难以取代的人，像是炮手和枪手。任何有社会地位的人都被关押起来索要赎金。[53]

合同规定了涉险津贴、奖金激励甚至养老金：

> 攻占一座城市要多发一个月军饷，是个长期传统，事实上，这是士兵们将自己置身于攻城和巷战所带来的特殊危险之中所能得到的最少报酬。个人的勇敢行为通常会获得现金奖励……先登士兵会得到大笔现金奖励。在费拉拉战争中，威尼斯人为第一个进入罗维戈的人提供三百杜卡特赏金，如果他是普通士兵，还可以得到终身养老金。事实上，为退役或残疾士兵发放养老金在 15 世纪变得越来越普遍，特别是在率先出现长期服役的威尼斯军队中。[54]

对于穆齐奥·阿滕多洛和弗朗切斯科·斯福尔扎来说，战利品、掠夺、俘虏的赎金，以及类似的战争奖励经常替代正常军饷，从而减少了善战军阀的工资支出。[55] 这并非通常的结果，从 15 世纪 30 年代威尼斯和米兰之间的争吵中可以看出这点，争吵事关

> 被派往伦巴第和威尼斯军队一起作战的佛罗伦萨步兵分队的不满……他们来时没有携带花名册，因此无法对他们进行有效核查；佛罗伦萨人没有发放足够薪饷，他们也极度缺少武器。马内尔米形象地评论道，佛罗伦萨人在这种注定会使他们叛逃的情况下派他们过来，还不如派他们去投靠敌方米兰。雇佣兵不忠问题的根

源其实就在于此。合理且系统地管理并发饷，军队就将保持忠诚和高效，意大利大部分国家开始意识到这一点，并采取了相应行动。[56]

与其下属相比，佣兵队长本人可以要求不同的条件，我们今天可能会称之为高管薪酬，且通常数额巨大。1363 年，约翰·霍克伍德来到意大利后不久，他的白色兵团被比萨雇用（以对抗佛罗伦萨）。夏季的征战平淡无奇，胜负未分，但他精明地意识到，如果他离开比萨，这座城市将失去所有保护，几乎不可能临时雇用另一兵团。他为兵团在接下来六个月索取了 150,000 弗罗林，让他们可以在比萨的土地上自由通行，还可以不受阻碍地进入比萨——某位历史学家评价道，这是"一个放纵的机会"。霍克伍德还得到两名总管作为私人保镖，每名总管配备两名侍从，还有三十八位步兵供他调用。[57]尽管合同中有关于报酬的规定，但执行这些规定和收回应得报酬则完全是另一回事。再一次，最重要的主题是，如果佣兵团不日将会消亡，原因不仅在于意大利变幻莫测的政治形势或军事技术的变化，还在于执行军事劳务合同条款所引起的困难。

管制与合同的演变

只有在能够执行的情况下，合同才有效。在整个欧洲，无论意大利还是其他地方，合同普遍存在，并且包含标准化的特征。意大利佣兵合同在法国被称为契约（*lettres de retenue*）。除了其他细节，后者还制定了某些执行机制。菲利普·孔塔米纳描述了查理五世在 1374 年 1 月 13 日颁布的一项法令。由于之前的合同不够有效，国王详细规定了如何征兵，以及如果有任何差错，谁将为此负责。特别是，佣兵队长要为他们的士兵及其行为负责，无论是在往返途中还是在交战期间。此外，"队长们要为其部队所造成的破坏负责"。让有利害关系的人为结果负责，合同监管的成本就会降低。通过这种方式，合同监管至少部分得到了内在化。[58]

法国如此，意大利也是如此。佛罗伦萨在 1363 年和 1369 年颁布的对 1337 年条例的修正案规定了更严格的检查制度，试图建立内部审计和管制系统，以检查佛罗伦萨官员滥用职权的情况；此外，还规定了佣兵队长或他的一名总管必须为能力不足且需要替换的人员或马匹逐一缴纳税款。[59]条例要求佣兵队长保证他们的收费合乎准则。问题在于如何可信地执行这些规定。毕竟，佣兵队长全副武装，有的是需要他的地方。那时和现在一样，明星球员可以漫天要价。弗朗切斯科·斯福尔扎的军事威望很高，最终成功使其全体部队不受集结令的约束。近一个世纪前，潘多尔福·马拉泰斯塔被佛罗伦萨授予对"战地行动的绝对军事控制权，不受一般战争委员会和民事专员限制"。此外，佣兵队长不仅骁勇善战，还是经商能手，他们非常了解资助者企图从他们手中夺取市场控制权，为了保护自己的利益，他们通过组建"佣兵队长联盟"作为回应。他们表现出远见卓识，例如，威胁（但行事并不会过火）未来雇主的领地，直到对方奉上令他们满意的合同。为了分裂这些兵团，被盯上的城市需要动用相当的财政资源来诱使某一兵团与联盟分道扬镳。[60]

除了征兵的频率和细节，合同冲突的范畴还包括忠诚和互不侵犯的确切条款、双薪条款的拟定和重新拟定、战利品的分配，以及在要求佣兵队长交出战俘以换取赎金时遇到的合同执行困难。进一步的困难与战争指挥官（*capitano della Guerra*）有关，这一城邦文官在名义上对佣兵队长拥有最高指挥权，有权获得一成战利品。此外，他还对以下事务拥有最高指挥权：合同时长（在一份为期六个月的合同内，必须用于战斗的最长义务时间可能限于三个月）；薪酬等级和类型，如全薪或半薪；对未来服务的留置权；互不侵犯契约；休假和退伍规定；以及其他条款。到 1337 年，佛罗伦萨法典的合同规章"显示出随受雇的佣兵队长人数稳步增加而产生的复杂问题"。当时的著名法理学家乔瓦尼·达·莱尼亚诺在 1360 年出版了《战争论》，明确论述了佣兵合同的许多实际问题。[61]

在意大利，佣兵合同似乎有以下六个主要发展阶段：第一，大量个体战士通过个体合同受雇；第二，很大程度上出于行政和军事管制目的，通过与战帮首领签订合同雇用整个战帮，而首领转而与个体战士签订分包合同；第三，这些战帮在 14 世纪早期和中期自发合并成兵团，从内部选举出领导者，这给了它们一定程度的市场支配力，大约从 14 世纪 50 年代持续到世纪末。在这些社团结社（*societas societatum*）中，决策由旗下战帮各领导人组成的委员会做出，城市试图有选择地行贿，以影响这些集团。因此，兵团可以在某种程度上被牵制，其内部异议可能导致兵团解体，并因此失去市场支配力。

第四，大约从 1400 年到 1450 年，唯一的、无人与之争辩的、通常来自意大利的领导者佣兵队长出现了，法律语言也在此时发生变化。合同不再指涉"结社"——一群独立领袖从他们中间选出一名代表——而是指向单个领导人的"下属"（*comitiva*）。合同发生了根本性的改变。[62]合同的第五个发展阶段出现在这一时期，即最著名的佣兵队长–军阀成了领主，或者自愿融入城市，成为公民–雇员。第六个阶段，在 1450 年以后，城邦越发有能力将佣兵团拆散为更小的单位，或雇用更小的独立团体，如自由枪骑兵（*lanze spezzate*），并将他们置于城邦的军事控制和领导之下。与此同时，独立领主凭借自身实力成为军阀，以获得收入来维持当地的宫廷生活（本章后面会详细介绍）。

导致佣兵队长时代衰落的原因是，他们的能力受到了限制，无法在多个邀约和雇主之间周旋。1454 年，米兰、威尼斯、佛罗伦萨、教宗国和那不勒斯的五国联盟一经出现，每个国家都通过向特定少数佣兵队长提供长期合同，有效地垄断了权力。后者不能再通过威胁开拔来索取城市的让步；他们成为可以被取代的、受雇于强国的臣民。对于那些在这一市场调整中幸存下来的人来说，好处是相互的。即使是佣兵队长，也会厌倦不确定性，厌倦经常性的、费力劳心的烦人集结，厌倦为下一季战争寻求合同，厌倦即使在和平时期也必须掠夺村庄，厌倦生活总是如此动荡。与城邦订立长期协议，用忠诚服务换取收入、地位和连续保障，变得诱人起来。"因此我们看到，职业化的重要转向出现在多个方面：军事组织具备了更强的连续性和持久性，强调纪律以及对城邦的忠诚，长期服役的兵团内部发展出等级结构，注重训练以及技能的提升。"忠诚而稳定，"很少有佣兵队长真正被解雇，因此，被遣散的兵团挟持农村索要赎金的传统问题不再出现"。合同激励措施已变得更加符合双方利益。[63]

然而，如果是这样的话，为什么雇主还需要依赖雇用由某个佣兵队长领导的整个兵团呢？没有这个必要。因此，随后发生了一种渐变，城邦不再雇用社团（整个军团），而是雇用"独立的小型战帮，分别与其单独签订佣兵合同"。[64]整个雇用过程被颠倒。个人追求的是确定性和持续性。只要这些东西源自兵团而非政体，他们就会与兵团签约。但随着军事组织的变化，确定性和持续性来自募兵的城邦而非兵团，士兵们渐渐倒向了城邦。

合同的管理或执行必须是双向的。国王、教宗、当权者、共和国或城市，各个委托方并不总是按约定付款。例如，1375 年，教宗格列高利十一世这位尽人皆知的无赖雇主与约翰·霍克伍德发生了冲突，先是拖延，然后又拒不付款，只提供了罗马涅的两处地产，而这还要等到霍克伍德于 1376 年 1 月 1 日在佩鲁贾劫持了一位新任枢机主教当人质才兑现。当时，霍克伍德正为教宗效力对抗佛罗伦萨。佛罗伦萨人精明地利用了教宗在金钱问题上的虚伪。他们向霍克伍德出价 13,000 弗罗林以换取一份互不侵犯条约，外加每年 1,200 弗罗林的终身津贴。事实上，他们一举说服霍克伍德：在他职业生涯剩下的时间里，他将一直效忠佛罗伦萨。可靠性本身就是合同执行的保障。持续雇用投下的未来阴影正向我们招手。[65]

然而，未来的阴影可能（也确实）起到反作用。城邦派出代表加入征战，在战场上观察佣兵。这些人是平民监察员（provveditori）。例如，经过一个夏天漫长而无结果的相互要诈，1325 年 9 月，佛罗伦萨的代表们逼迫佣兵队长拉依蒙多·德·卡多纳率其 15,000 名部下与卡斯特鲁乔·卡斯特拉卡尼及其部下决战。"他们耗费太多，收益太少，"他们这样说，以此让拉依蒙多在冬天安顿下来，来年春天再战。佛罗伦萨输掉了这场战役，但这一事件表明，这座城市能够迫使佣兵队长采取行动，即使这与后者更明智的判断相悖。类似的事件发生在 1364 年，再次牵涉佛罗伦萨和比萨。比萨人雇用了约翰·霍克伍德及其由英格兰人、德意志人和比萨本地人组成的军队，让他们对抗主要由德意志士兵组成的佛罗伦萨军队。一天，佛罗伦萨城门口发生了一场胜负未分的战斗。霍克伍德撤退了，随后整夜都在为四位新晋骑士开庆功宴。第二天，士兵们都很疲惫，但"按照比萨专员的要求，英格兰和德意志雇佣兵又回到了工作岗位"。城市也可以通过在事后削减军饷来表达不满。例如，尽管受雇于米兰，约翰·霍克伍德的无甚作为越发引起暴君贝尔纳博·维斯孔蒂的不满。贝尔纳博抱怨说他得到的回报不抵他投入的钱财，因此决定减少将官的薪饷。[66]

当合同未能有效执行时，人们要么修改合同，要么修正外部环境，试图改变激励机制。例如，霍克伍德的一部早期传记写道："佣兵根本不习惯将收入储蓄起来。"相反，意大利的享乐使他们落入了放贷者之手，后者准许用武器和马匹来偿还债务。"这给共和国带来了极度的不便"，因为失去武装的佣兵比其他时候更容易毁约。1362 年，佛罗伦萨甚至为佣兵开设了一家银行，以 15,000 弗罗林公共资金作为

资本，向有需要的士兵放贷。每个申请人需找到至少两位上级军官
作保。（目前尚不清楚这些军官是否同时是这笔贷款的联署人。）由
于找两名高级军官作担保可能难以实现，穷困潦倒的士兵只能到别
处借钱，于是佛罗伦萨修改了法律，禁止向佣兵借钱，违者将被剥
夺政治权利。[67]

　　当佣兵队长的利益与城市的利益一致时，关键的变化出现了，两
百多年后路易十四（1638—1715）那句也许是杜撰之言的"朕即国家"，
其先声就肇始于此。只要意大利的佣兵队长能够自由切换合同，他们
就会与雇主陷入或主动或被动的长期利益冲突。一旦他们获得了地产
和自己的城市，在自己领土上减少冲突以减少税收损耗就成了他们的
利益所在。卡内斯特里尼谈到了一种明显的转变，向外籍佣兵队长提
供的合同与向意大利本地佣兵队长提供的合同截然不同。[68]意大利佣
兵享有更多特许，一般来说行动也更自由；他们被作为平等者对待，
被视为有权有势之人；他们被纳入所有的联盟或和约，以及所有的进
攻或防御条约中；简而言之，他们享有条约规定的公共权利。[69]合同"似
乎在国家与国家之间"签订，一方提供资金，另一方提供人员。利益
渐渐统一，委托-代理问题也得以解决。当然，消除领主和军阀之间
的区别，将两种角色合并于同一人身上，则是另外一种便利的联合。
最杰出的典范要数弗朗切斯科·斯福尔扎，他取得了米兰，并由此获
得公爵头衔。这位军阀成了领主，并迅速策划了意大利剩下几个大国
间的长期和平。借用经济学家曼瑟尔·奥尔森的说法，"流窜的强盗"
变成了"定居的强盗"，海贼摇身一变，成了君主。如前所述，另一
种方便的联合是将普通士兵收编，纳入城市政权。佣兵队长作为作战
部队和雇用国中间人的权力将被破除。在14世纪，兵团总是坚持"集
体参与，以遏制将其拆分为更小单位、削弱其议价能力的尝试"，但
到了15世纪晚期，曾经难以实现的事情已经成为公认的事实。[70]

常备军的发展

战争代价高昂，战时筹资极其重要。军事承包合同的持续存在意味着，平均而言，合同得到了履行，付款的承诺需要兑现。而这引发了问题。例如，如前所述，教宗约翰二十三世（1316年—1334年在位）将近三分之二的预算用于意大利战争，而英诺森六世（1352年—1362年在位）的军费约占总预算的五分之二。对于世俗国家来说，税收远不足以支付军事开支，征收新税的提议引起轩然大波，受影响的选民游说将纳税义务转嫁给他人。为了筹集资金，人们可以使钱抵消兵役。当军事开支这头怪物索取更多资金时，抵免兵役的费用也水涨船高。城市开始对农村征收更重的税，对臣属城市进行纳税评估，然后课税。所有增收途径都穷尽之后，佛罗伦萨（和其他城市）发行了债券。"佛罗伦萨女孩甚至将嫁妆都用来投资公债"（*monte delle doti*），市民在城市存续问题上拥有了更多既得利益。[71]

佛罗伦萨的债务在1300年累积到大约50,000弗罗林。一百年后，债务达到3,000,000弗罗林，至1450年高达8,000,000弗罗林。这"大约相当于佛罗伦萨人民的全部财富"。债务利息需要偿付，通常利率颇高，而佛罗伦萨的偿息能力（更不用说本金了）不仅关乎个体贷款人，还成了整个社群的问题，因为几乎全体市民都欠他们自己的债。佛罗伦萨求助于有息强制贷款。最初的短期贷款很快转变为长期义务。然而，强制性战争债券的利率要低于佛罗伦萨商人对商业投资的预期回报，这"使得怨声四起，人们抱怨资本被从更有利可图的事业中转移走了"。为解决这个问题，"亲切的簿记官员"将税率从5%提高到15%，高于地产税的8%和其他商业税的10%到15%。[72]

有时战争本身也能减轻债务压力，比如，1375年与教廷开战时，佛罗伦萨将教堂财产充公并拍卖，收入被用来支付利息以及偿还债务。14世纪中期，至少在佛罗伦萨，战争沉重的财政负担导致城市短暂地依赖廉价民兵，但战事所牵涉的地理距离越来越长，这使得调用民兵变得不切实际，事实也确实证明他们无法胜任。[73]

战争是一场负和博弈，得不偿失。对于文艺复兴时期的意大利而言，军费开支不只是庞大，而是过于庞大，过于繁重。战争同时也是经济战。像锡耶纳这样的小型社群在经济上遭遇困境，到了15世纪早期，就连米兰"也离金融灾难近在咫尺"。到15世纪中期，佛罗伦萨不止一次陷入可怕的金融困局，几近崩溃。除了合同的委托-代理问题外，战时财务的经济状况相当不可持续。[74]

毫无疑问，军队要获得承诺的酬劳，城市要获得承诺的军事绩效，彼此都面临巨大压力，双方都有充分的动机违背合同。但是，在一个由许多买家和许多卖家构成的竞争激烈的环境中，欺骗会对声誉产生代价高昂的影响，因此双方都寄望于发展出一种更令人满意的方式来改善委托-代理问题。缓解问题的尝试包括优化监察和监管活动、调整报偿和奖励制度以及延长合同。复员和宿营问题以及在城市间建立联盟的艰难努力造成了特殊问题。军事技术的发展和对军事劳动技能的相关需要也有利于常备军的最终组建。我们并未目睹对佣兵的大规模"驱逐"，但是形势发生了变化。许多人仍然是佣兵——居无定所的外籍士兵——但雇用模式改变了：虽然仍是外籍出身，许多人定居了下来。

随着时间的推移，意大利所有城市都建立了征兵事务处，其官员称为担保员（collaterali），其主要任务之一就是保存军队集结和检查的记录。这有助于识别和清理逃兵，并使薪酬规范化——欠薪是产生逃兵的首要原因。直接发饷，不再通过佣兵队长，有助于确保士兵真的拿到了应得的报酬。非雇佣兵在军队规模中占比越来越高，因此到了16世纪，即使是剩下的佣兵也直接获得报酬。总而言之，"佣兵的议价能力因军队越发常备化而减弱"。在米兰、威尼斯、教宗国以及那不勒斯——佛罗伦萨除外——的军队中，"不隶属于佣兵合同体系的职业士兵数量不断增加"。这都是些困境中的士兵，他们是自由枪骑兵的成员，在 15 世纪中期，这一兵种被所有意大利城邦广泛使用。[75]

　　　　这个名字意为断矛，很明显，这种部队的起源就是个体骑兵，他们出于各种原因脱离了佣兵团和传统的骑枪编队，直接为国家服务……据推测，有些人为表独立而加入了自由枪骑兵，但总的来说，这支部队由其他军队的逃兵组成，很多人在佣兵队长阵亡后转投此处。要保留住一支领导者阵亡的优秀兵团，城邦的标准方法，是将其招募为自由枪骑兵，任命新的指挥官，以此建立常备骑兵部队的核心。[76]

　　用直接发饷的方式来处理报偿问题，不仅解决了部队在和平时期对"驻地或行军所经地区居民"的不良行为，还开始向其灌输对雇用国的责任感和忠诚感，甚至在佣兵队长中间也是如此。"15 世纪早期，威尼斯人就已率先意识到这种（类型的）解决方案，在延长合同和收紧管理模式之余，形成了一种复杂的奖励制度……这样的设计，相较于鼓励个别的勇敢行为，更注重将忠诚和长期服役变成规范。"这一奖励制度最终从军官延伸到部队再到家属，通常包括"扶持士兵留下的寡妇和孤儿……给负伤、残废、退役和阵亡的低级士兵及其家属发放小额抚恤金……（或）授予退役士兵终身的低阶官职"。[77]

　　早在 15 世纪，威尼斯人就发现了长期雇用佣兵队长的好处，与他们签下六个月的佣兵合同和六个月的保留期，因为在冬季几乎没有任何战事，许多部队均被遣散。[78] 延长的合同，和平时期的服务，以及不断增强的忠诚，使"佣兵队长被驯化"。不但威尼斯，其他城市也如此行事。例如，尽管曾被驱逐，"在 1378 年，霍克伍德与佛罗伦萨人建立了终身雇用关系……尽管他们允许他在各种情况下为其他人

效力，但他一直忠于佛罗伦萨人，直到 1394 年去世"。马利特评论称，
在"组织性更优良的意大利城市"中发生了从佣兵队长向城市指挥官
的逐渐转变，将其"视为减少意大利军队中雇佣兵要素的蓄意企图很
可能具有误导性；首要考量是留住优秀的部队……"，而此处的关键
就在于条件优越的合同。[79]

从自由流窜，到先是半长期，然后是长期并且稳定在当地，佣兵
团这股军事力量的逐渐转变被卡费罗记录下来，这种变化符合合同经
济学和博弈论的预期：在竞争环境中的重复交互将促进声誉效应的发
展，释放可靠性信号，并增加合同的确定性和稳定性。双方都从中得
到了好处，永久性的制度随即形成。布埃诺·德·梅斯基塔提供的示
例表明，寻求长期合同的不只有佣兵队长（当然也有例外），雇主也
渴望与经验丰富、信誉良好的佣兵队长签订终身合同。一旦一座城市
找到了令它满意的战士，为什么要让他投奔另一边呢？因不断争夺指
挥官、部队和装备而产生的不确定性和费用，可以通过终身佣兵合同
的方式降至最低。然而，只要意大利农村地区仍旧让有进取心或者说
不安分的人有利可图，至少有些佣兵队长（暂时还）不会让自己吊死
在一棵树上。因此，对军事权力的政治控制仍然参差不齐，并将在未
来逐步取得。[80]

另一个同样通过发展常备军得到解决的特殊问题是部队的遣散。
一旦城市征募了成千上万的佣兵，要如何才能摆脱他们？最好的武器
是弗罗林和杜卡特。佛罗伦萨以优厚的条件挖走了霍克伍德的副官德
意志人汉内金·鲍姆加腾（或者叫安内钦·邦加登）及其手下，分裂
了霍克伍德的兵团。一部分剩下的人又选举了一位新的佣兵队长，也
是一位德意志人，名叫阿尔伯特·施特尔茨。就这样，霍克伍德的人
马从数千变为仅剩八百，他的佣兵团也就此解散。[81] 再举个例子，在
1405 年围攻帕多瓦之后，威尼斯当局指示官员们着手

尝试各种办法解决这一困难。办法之一是签订保留佣兵合同——也即如果这些兵团离开威尼斯领土，并继续在其他地方待命，就承诺继续支付兼职薪酬。另一种办法是从即将遣散的兵团扣押人质，且在他们离开边境之前不结算尾款。第三种形式的胁迫则是断供补给。最后——这也是真正的答案——官员们受指示重新雇用最优秀的部队，必要的话，利用他们驱赶正被遣散的次等兵团。

虽然这些技术能解燃眉之急，但没有哪一种长期可行。因此，"在合同到期时解雇士兵的问题，是推动意大利城市在 15 世纪早期转向维系常备军的因素之一"。[82]

相关因素之一是雇佣兵的宿营问题。在休战季节（重申一下，战争是季节性的）以及和平时期，军队散布在威尼斯"大陆领土"（terraferma）或乡村，为马匹寻找饲料，并将负担分摊到平民头上。军队需要支付租金，有人支付了，但有人没有。受宿营问题影响更严重的城市试图向周边没有士兵驻扎的地区征税，时而成功，时而失败。有时，部队会索取贿赂以换取不在某个特定地点宿营，转而驻扎到另一个不走运的地方。宿营部队的半永久性导致军民相互交往，并使他们更多地融入当地社群。"其中一些兵团显然已经深深扎根于当地生活，士兵们置产……与当地女子结婚，甚至在当地经济中从事职业。"军事经济和市民经济相互依存。[83]

城市之间变化无常的联盟也加快了发展常备军的进程。例如，锡耶纳在 1347 年、1349 年、1353 年、1354 年、1361 年、1366 年、1374 年、1380 年、1385 年和 1389 年经常加入防御联盟，与其他城市共同聘用雇佣兵，也派遣本土部队。但是，由于缺乏共同目标——再加上出现了别有用心者——这些联盟受到阴谋的离间，很容易瓦解。就锡耶纳而言，解决问题的最终手段以财政枯竭为代价。1389 年 9 月 22 日，

锡耶纳及其周围地区正式落入米兰人手中，并入不断壮大的米兰帝国
以对抗佛罗伦萨。城邦间的联合时代开始了。[84] 随着 1454 年《洛迪
和约》的签订，弗朗切斯科·斯福尔扎（米兰）、科西莫·德·美第
奇（佛罗伦萨）、弗朗切斯科·福斯卡里（威尼斯）、尼古拉五世（教
宗国）和阿拉贡的阿方索（那不勒斯）达成了权力平衡，这一平衡在
该世纪余下的时间里基本保持不变（图 3.1）——这并不完全令人惊讶，
因为在前一年（1453），东方的土耳其人攻占了君士坦丁堡，威胁整
个基督教世界；而随着英法百年战争的结束，法国重拾对意大利半岛
的野心。意大利各个政权认为有必要联合起来，意大利的观念本身应
运而生。[85]

军阀向领主的逐渐转变也破坏了佣兵队长制度，因此，佣兵队长
开始"制定自己的计划，以融入意大利的政治和社会生活"。随着"频
繁的战争需要专业士兵，而专业士兵要求持续就业"，一度将"服役
等同于地权"的封建联系破裂了。[86] 但在 14 和 15 世纪，随着时间的
推移，武装和土地之间的联系又再次得以确立：

> 授予外国佣兵队长土地通常代表对无法偿还的债务的质押。
> 给意大利人封地则意味着更多——服役与地权间联系的恢复，对
> 稳定的家宅和基地的渴望。相较于记录佣兵合同条款的文件，它
> 使得城市对军事指挥官忠诚的掌控更为具体、更为宝贵。它为进
> 一步稳定军旅生涯指明了道路，可能会消除佣兵制度的危害，让
> 佣兵队长成为政策工具，而非对雇主的威胁。[87]

因此，弗朗切斯科·斯福尔扎（1401—1466）只是能够自己统治一个
偌大王国的佣兵队长中最著名的那一位。他的战士生涯在 1450 年达
到顶峰，成为米兰公爵，开启了长达十六年的开明和平的统治。14 世纪，
佣兵队长获得地产作为报酬的情况屈指可数，可能是要塞、城堡，甚

至一座城市。有时是代替薪酬，如 1371 年，教宗格列高利十一世将两处地产分配给约翰·霍克伍德；有时是对工作成果的真诚嘉奖，如 1390 年，米兰的詹加莱亚佐·维斯孔蒂（1352—1402）让一名受人拥戴的佣兵队长雅各布·达尔·韦尔梅成为米兰和皮亚琴察的公民，并奖励他几处封地作为启动资产。[88]

　　渐渐地，曾经罕见的地产赠与变得越来越普遍，但也有很多不稳定因素。一座城堡可能被"终身"授予，又在气头上被收回。米兰的独裁者菲利波·马里亚·维斯孔蒂（1392—1447）就因此而恶名在外，例如，他把皮亚琴察（原本属于达尔·韦尔梅的城市）送给了他的忠诚拥护者，佣兵队长尼科洛·皮奇尼诺。或者，一份附有继承权的地产可能会被"永久"授予，然后又被撤销——1475 年在科莱奥尼死后，威尼斯人正是如此对待他家人的。尽管如此，地产形式的酬劳，其规模和稳定性都趋于增长。此外，一些军阀干脆自己夺取政权，佩鲁贾人比奥尔多·米凯洛蒂是"新式佣兵队长"中的第一人，"他们利用自己的军事力量施行独裁"。他在 1393 年夺取佩鲁贾，并一直统治此地，直到五年后被暗杀。不到二十年后，1416 年，佩鲁贾人布拉乔·达·蒙托内也占领了他的家乡，尽管起初并不受欢迎，他所施行的统治最终仍得到了人们的尊敬，直到 1424 年去世。当一位政治人物去世时，这样的机会也会出现。米兰最伟大的公爵吉詹加莱亚佐·维斯孔蒂就是其一。1402 年他死后，他的将军们"开始攫取领土以替代报酬"。[89]

　　在所考察时代的末期，我们在乌尔比诺的费代里戈·达·蒙泰费尔特罗公爵（1422—1482）身上看到了这一趋势的完全逆转，此人也是一位广受尊敬的人文学者。他那弹丸之地上的收入无法维系他备受尊敬、陈设考究的宫廷，因此费代里戈在各地设立了军事委员会：领主成了军阀。对于一些文艺复兴时期的小城镇来说，情况确实如此，"（其）繁荣在很大程度上变得需要仰仗（其）佣兵队长的补贴"。[90]

与此同时，阿拉贡的阿方索则另辟蹊径，这一路线预示了整个意大利未来的命运。为了减少对不可靠佣兵的依赖，这位当时已是西西里王国统治者的西班牙人，在 1442 年终于统治那不勒斯王国时，创立了民兵制度。[91] 大约五十年后，也就是 1494 年，佛罗伦萨人在起义反对美第奇家族的统治后重建了一个（短暂的）罗马式共和国，也一并重新设立了民兵部队。1512 年，美第奇家族重新掌权，第二年，尼科洛·马基雅维利写下小书《君主论》，献给佛罗伦萨的新君主，他在当中有个著名的主张，即支持保留民兵。在这一点上，马基雅维利也只是强调了一种正在进行的发展，这种发展早已出现在英格兰、法兰西、西班牙，甚至意大利本土。[92]

要建立主要由当地人组成的常备武装部队，另一组事态发展涉及不断进化的军事技术，以及对部队和后勤人员技能水平更高以及更为细化的需求。例如，尽管威尼斯在 15 世纪小规模冲突不断，但动用雇佣兵的情况并不多。它更喜欢学习新的作战方法，从诸如瑞士长枪手和德意志火枪兵那里取经，并用这些新方法训练本地的可用人员。威尼斯不再依赖从雇佣步兵中抽调部队主管，而是发展出一项本地人才社会认可机制——其中一些人获得了很高的社会地位，甚至在监督步兵部队时配有马匹。[93]

1400 年，因为野战防御工事规模很小，威尼斯步兵部队的规模也很小，威尼斯只控制了少数几个需要驻军的城镇。战争以骑兵运动为主。但是在这个世纪的进程中，随着威尼斯将其利益和领土西拓，驻军和野战防御工事更具重要性，筹划、设计和建造大规模防御工程的相关技能也变得更加重要，而要为已完工设施长期配备人手，远非临时人员（*provisionati*）所能胜任。战事在实战过程中放缓了，甚至战争频率也有所下降。部队规模——步兵、骑兵、民兵——增加（可达一至二万人），集权化的监督管理日益迫切。"很快就出现了对专业出纳员、后勤人员、军需官和运输员的大量需求。这些人中，最重要的是负责监管这些新型行政机构的担保员。"[94]

从"士兵的倾向和雇用国意图的角度"来看，发展常备军核心看起来非常明智。[95]卡费罗总结道：

> 直到15世纪中叶，横行劫掠的兵团才真正成为历史。到那时，始于14世纪末的意大利城市之间的整合进程，已将15世纪的意大利政治版图缩减为五个最重要的强国：米兰、那不勒斯、佛罗伦萨、教宗国和威尼斯。在这种新的联盟中，佣兵队长牢牢依附于他们所服务的国家。[96]

早在马基雅维利谴责运用佣兵队长及其部队，并提倡使用民兵之前，威尼斯就已在组建常设职业军队的路上取得了长足进展。威尼斯人这样做的原因并非忌惮佣兵队长夺权——威尼斯人总是让佣兵队长保持安全距离——而是对民兵部队能力的疑虑以及维持秩序的需求。[97]相反，威尼斯人明白

> 他们生活在一个越发讲求职业精神和技术成熟的时代，在这个时代，外行和兼职者几乎没有机会……（他们）能够认识到，在当时的形势下，在战争中具备战斗力和依靠市民民兵来获取这一战斗力是两个相悖的目标，前者更重要。在佛罗伦萨这样一个崇尚共和主义的城市，辩论往往会被扭曲，因为（雇佣兵的效用）必须面临对军事政变的恐惧的挑战。但在威尼斯却很少有这样的恐惧，一方面因为这座城市天然安全，另一方面因为威尼斯人有防御一切陆军的手段——他们的海上力量。[98]

根据对历史的分期，查理七世（约1429年—1461年在位）治下的法兰西经常被选为永久性常备军队形成的象征性转折点。"然而，

这一决定并不是针对雇佣兵的不可靠或低效的反应。相反，它反映了历经百年战争摧残的国家对恢复秩序的需要，以及对在国家层面进行集权的日益关切……这也反映出一种对传统欧洲智慧的接纳，在雇用拥有最新式武器和技术的最能胜任的人才这一问题上，不论种族出身。"[99] 并不是说雇佣兵变得多余——由国民组成的军队和为国族身份而战的个人直到 19 世纪才完全出现。更确切地说，必须以另外的方式组织军队，而在这个新的组织中，雇佣兵保留了下来，他们的首领——佣兵队长，则被解雇了。

但是，与前一段所引用的观点不同，我们的论点不是说一个秩序良好的国家需要一个常设的军事机构，也不是说佣兵队长仅仅是转型期的一部分；相反，除了政治和军事技术的发展之外，或许无论如何也未能与现有类型的部队订立并执行合适的合同，才是问题所在。

将 1494 年（法兰西的查理八世入侵意大利）、1527 年（罗马之劫）甚至 1532 年（《君主论》出版）划定为我们考察时期的截止年限当然是武断的。尽管表面如此，但年限往往具有象征意义，它们是思想的标记和里程碑。（原子时代始于广岛核爆之前。）[100] 到 1494 年，法兰西人已成功使用攻城炮，在人们看来确实领先世界。例如，在 1449 年的战役中，查理七世的大炮"摧毁了大约六十座英国城堡"。从石头到青铜再到铸铁，火炮的重量减轻了，火力却增强了。这意味着重型火炮可以从一个战区转移到另一个战区，大炮可以摧毁城堡的防御工事。此外，在高处堡垒下方挖掘水平井道，将火药桶放置其中并引爆，可以从内部摧毁建筑。战争发生了变化。它使在马背上驰骋疆场的骑士显得不合时宜。即便如此，单是运输攻城装备，就需要巨大的人力和马力。到 15 世纪 50 年代中期，一门全加农炮"连同其炮架，重达 8,000 磅*以上，在全国运输时困难重重"。但铠甲骑士的角色被削弱了。

---

* 英制单位，1 磅约为 453.6 克。

战区战争的机动性减少，变得更加固定。事实上，人们需要的不是快马，而是粗壮的役畜。[101]

15 世纪后半叶还出现了手持火器、火绳枪，战争被彻底改变。武器不再是近身武器——剑、长矛、弩、长枪和戟——而是从远距离发射。弩也从一段（短程）距离发射，但它没有与火器同等程度的战力。因为很重，火器一开始是一种累赘，但这种状况没有持续太久，远距离交战取代了近距离交战。战斗和杀戮变得不那么个人化，英勇的概念更被质疑，骑士的职业、流动的"穿着闪亮盔甲的骑士"佣兵更有风险。[102]

这种变化是渐进的。[103]"在 1448 年卡拉瓦乔战役中，弗朗切斯科·斯福尔扎的军队中已有了非常多的火枪兵，因为烟雾太大，他们很难看清对方。"1515 年，瑞士人在马里尼亚诺战役中尽管损失了二万人，但仍坚持抵抗法兰西国王的大规模野战炮（加农炮）、火绳枪手、装甲骑士和德意志雇佣步兵，直到第二天被新加入战斗的威尼斯军队击溃。但酌情雇用佣兵部队的时代基本上已经结束了。自由职业军官的市场衰败了。仅举一个很有说服力的一个例子，意大利"最后的佣兵队长"乔瓦尼·德·美第奇名义上为教宗克莱芒七世保卫罗马，但从象征意义上看，他可能是在保卫整个意大利，但他却为三磅重的炮弹所伤，最终死亡。[104]城邦的佣兵无力保卫意大利，这一点再明白不过。罗马之劫（1527）在即。[105]

还有其他变化。一向可怖的战争变得伤亡惨重。战争不再是对骑士精神和骑士荣誉的展示，人们也不再满足于仅仅俘获对手作为人质并勒索赎金，相反，人们开始征服，展开杀戮。一些外国军队"每斩首一级，得杜卡特一枚"。意大利内部的战争走向终结，而以意大利为目标的战争即将打响。诚然，不仅是"罗马之劫"，"意大利之劫"也近在咫尺。意大利被外国统治，直到 1870 年才重新统一，这已是近三个半世纪之后的事了。与此同时，在 16 世纪仍然存续的意大利城邦中，当地组建的常备军变得普遍起来。[106]

佣兵队长与其他经济学原理

在本章中，我们已暗暗触及了本书中的其他五项经济学原理，而在这一节，我们将开诚布公地讨论它们。机会成本原理出现过数次。例如，在人力供应方面，我们提到许多佣兵在祖国的生活前景渺茫：报名跟随佣兵队长对他们来说没有太多损失。在关于步兵与骑兵的相对有效性的决策不断变动时，以及 1360 年后从冠盔骑士向骑枪队的最终转变中，这一原理都有体现。[107]在筹划方面，机会成本在衡量运用民兵、职业部队或雇佣兵之间的相对利弊时发挥了作用，这无疑是可以深入讨论的话题。机会成本原理在作战时也发挥了作用：战役血腥残酷，但这不意味着佣兵队长会不假思索地牺牲他的将士、马匹和军备。虽然兵士甚至马匹和装备都可以由新雇主出资替换，但主要的机会成本在于可能丧失声誉，从而影响轻率的佣兵队长在未来的收入。

机会成本原理与预期边际成本及收益原理密切相关。说一个人在其祖国缺乏经济机遇，而跨越阿尔卑斯山加入佣兵团不用付出什么代价，等同于说这一决策的预期收益大于预期成本。冒险向他抛出了橄榄枝，即使这个期望最终只是黄粱一梦。在后勤方面，这一原理体现在有关补给车队的决策上。威廉·卡费罗在描述维尔纳·冯·乌斯林根的大兵团——后世的佣兵团皆以它为模型建立——时写道，"兵团雇用了律师和公证员处理法律问题及拟定佣兵合同，会计和银行家处理财务问题，神父和妓女分别满足精神和肉体的需求"。每个兵团都是一个有机体，寻求与其他有机体的暂时连结，贝利称之为"流动的军事国家"，坦普尔-利德和马尔科蒂称之为"游牧的军事国家"，一个寻求与固定国家建立联系的移动国家。[108] 既有文献还未探究过率领成千上万武装起来的随行部队穿越乡野地带意味着什么。关于精神和肉体需求的决策无疑次于对军粮和马匹粮草的需求，雇佣兵组织内部的各个层级每天都要做出无数决策，以决定什么要随身携带，而什么可以在当地补给。

成本／收益的决策还涉及专业技术人员。让我们回想一下，虽然威尼斯组建了本土部队，但仍依赖外国武器制造商，直到本地人可以接受相关技能培训。另一个成本／收益的决策通常更为直接，涉及战争季节的长度。为马匹弄到饲料就意味着要寻觅过冬的地方。因此，一个大胆的佣兵队长可能发动一场奇袭，效果显著。但佣兵队长就像兄弟会，有一个不成文但默会于心的荣誉准则。这也涉及一个奇怪的决策：如果赢得战役，却因为不光彩的行为而丧失颜面的话，还要不要进军？

替代原理随处可见。城市应该用难以把控的本地人替代全副武装的外国人吗？应该用一名佣兵队长取代另一名吗？佣兵队长应该在乡野地带安营扎寨，还是应该在周边地区大肆劫掠？我们注意到，在14世纪，骑兵逐渐取代了步兵，但到了15世纪，防御工事再次兴起，这削弱了骑兵的价值，并使得步兵再次获得青睐。作为副作用，马匹的重要性下降，而粗壮役畜的重要性上升，后者因此开始取代前者。替代原理还可见于军饷制度的演进。军饷最初通过兵团及其领袖支付，随后逐渐转向由雇主城市直接向士兵个人支付。

边际收益递减原理值得在兵团规模的问题中探讨。我们知道，佣兵部队最初只有数百人，最后却可以壮大到成千上万人。它们的规模随着时间的推移逐渐膨胀，而非一夜之间如此。这意味着在任何一场战争或战役中运用他们，都会面临实际的限制——换言之就是收益递减——直到领导大规模部队进入战争的技术也得到革新。这一原理还可见于：规模越来越大的步兵因实际中无法远行，其作用不如相对更小规模但机动性更强的骑兵。收益递减原理还可见于装甲问题。层层武装使马匹和骑士不堪重负。相反，必须在装甲和机动性之间找到最佳的折中方案。收益递减原理也作用于威尼斯在西拓中试图建造防御工事的过程。就近的防御工事会比距离更远的防御工事产生更高的回报。最后，这一原理也可被视为额外人力与地形相互作用的补充：向平原派遣更多人员、马匹和装备，与向山区（无论是阿尔卑斯山还是亚平宁山脉）派遣相同数量的额外兵力相比，将产生不同的回报。

本章的重点是信息不对称所产生的问题。我们在本书及本章中讨论的两种类型，涉及让缔约双方向对方披露一定程度重要信息的需要（克服隐藏特征）和避免双方实施对对方不利行为的需要（克服隐藏行动）。在第一种类型中，本章反复指出佣兵队长为建立信誉资本所做出的努力，以表明自己的可靠性。约翰·霍克伍德是最早建立"品牌"的战士之一，为此他得到了丰厚的奖赏，我们所考察时代末期的作为雇主的威尼斯也是一样。同样，征兵和定期检查是为了确保佣兵部队声称拥有的马匹和装备确实达标。复杂而集中化的战争管理的逐步发展——双方都是如此——不仅促进了世俗的会计目标，而且还向各方发出信号，表明对方的意图和能力。为了达到同样的目的，佣兵队长亲自上了战场。可以理解的是，比起一个名不见经传，只会纸上谈兵的人，城市将更有可能与一个过去战斗经验和技能已被观察（揭示）的人签约。

解决隐藏行动问题的方法多种多样。例如，提供基本薪饷和奖金的做法很普遍，有助于确保士兵付出必要的努力，拟订合同续约的备选办法也有同样的效果。那些不付出可见努力的人将不会获得奖金，也不会得到本可能的续约。一个行为必须被显露才能获得奖励。随着时间的推移，城市甚至派出自己的观察员到战场上，密切关注他们雇用的部队。这也适用于在小型冲突中损失的马匹。由于经常遭到虚假索赔，各城市开始在合同中明文规定，士兵必须出示烙有标记和登记在册的死马皮肤，才能获得补偿或补偿款。

附录中的表格总结了我们在本章中遇到的每一项经济学原理和每一个军事面向（人力、后勤、技术、筹划和作战）。作为本章探讨的主要议题，合同经济学无疑在文艺复兴时期意大利的佣兵队长阶段起到了非常重要的作用。

结论

在 14 世纪之前以及 15 世纪之后，雇佣兵并非无迹可寻，但在这些年间，对这种部队的运用在意大利到达了传说中的高峰。这些部队为何最终被弃用是本章探讨的核心问题。大部分既有文献强调战争的本质发生了改变，或城市间结盟的性质发生了变更。例如，贾尼丝·汤姆森写道：

> 城市统治者对权力和财富怀有热望。为达到目的，他们选择利用非国家暴力——这一选择给了他们希望看到的，但也产生了意想不到的后果，那就是城市并未授权、无法控制，最终甚至沦为其受害者的非国家暴力的行径。城市的偏好并没有改变，但统治者的认知改变了，看到了为实现这些偏好的早期尝试可能带来的无意后果。[109]

我们认为，合同经济学有效地补充和完善了军事科学（制造战争）和国际关系理论（建立联盟）提供的解释。欧洲各国仍大量采用雇佣兵（表 3.1），但其雇用合同的形式发生了变化。他们不再是行动自如的兵团，而是在合同上，故而也在组织上融入了正在兴起的欧陆势力常备军。[110]

表 3.1　18 世纪各国军队中的外籍士兵

国家	年份	外籍士兵（%）
普鲁士	1713—1740	34
	1743	66
	1768	56
	1786	50
英国	1695	24
	1701	54
	18 世纪 60 年代	38
	1778	32
法国	1756—1763	25
	1789	22
	革命前	33
西班牙	1751	25
	1799	14

资料来源：Thomson, 2002, p. 29。又见图 4.6（下一章）。

附录

关于佣兵队长案例的经济学表格

原理	人力	后勤	技术	筹划	作战
机会成本	可选的生活前景贫乏	骑兵还是步兵	1360年冠盔骑士向骑枪兵转变	战力悬殊导致民兵向职业部队转变	生或死
预期边际成本/收益	冒险在召唤	补给车队搬运各种装备	威尼斯引入外籍武器制造商、瑞士长枪手、德意志火枪兵	冬季开战还是夏季开战（夏季是战争季节）	荣誉准则维系
替代	难驾驭的本地人还是外国佣兵	安置扎营还是劫掠周边	以工事取代骑兵；以骑兵取代步兵	直接向士兵而非由佣兵队长发薪	骑士的战马还是拖曳大炮的役畜
边际收益递减	军队增员，目的是搬运装备，而非打仗	运用步兵；实际作战距离缩短	骑兵与马匹装甲越发沉重	威尼斯向西建造工事，远距离战争收益递减	人力受地形限制；山区作战还是平原
信息不对称隐藏特征	致力于建立声誉资本	征集并检查装备以确保合规	兵士必须呈上马匹以供检查	集中化组织架构构需要信息处理及资源	佣兵队长亲自参战
信息不对称隐藏行动	通过底薪/奖金进行自我筛选，服役年资反映实力	合同表明所需装备；其余装备自费	出示死马的皮肤	以奖金形式签约	雇主在战场充当观察员

第四章

战役时代（1618—1815）

成本、收益与开战决策

在中世纪，大型军队之间的战役并不常见，军事活动多为围城战和小型冲突，许多战斗也都由前者引发（见第二章）。在文艺复兴时期，随着政府实力增强、城市发展以及火药的引入，战争图景开始改变，不再属于私人领域（见第三章）。到了17世纪，战争成为各大王朝的特权，它们投入巨资，调遣大规模军队，相互开战。例如，在16世纪至18世纪间，法兰西和平时期的军队规模扩充了十五倍。替换这些军队的潜在费用和困难使那个年代的许多将领空前谨慎，一条"黄金法则"就此诞生：训练有素的士兵非常昂贵，不可随便浪费。[1]

然而，在1618年至1815年间，"大型"战事相当普遍，以至于启蒙时代又能合理地被称为"战役时代"。如此来看，战场上的谨慎也不应被夸大。当条件有利时，指挥官们确实会开战，而最著名的指挥官出自史上最好战的将领之中，像是瑞典国王古斯塔夫·阿道夫、英格兰的马尔博罗公爵，还有普鲁士的弗里德里希大王。

法国大革命（1789）爆发后，当时盛行的刻意避免战争的做法让位于决战学说。两个世纪以来，军队行进、碰撞、交战和瓦解。在下一次交战前，可能要等上数周甚至数月。所有战役几乎都在开战当天结束。然而，工业革命所提供的军需装备和管理技能，使持续战争成为可能。这种新模式初见于拿破仑战争，在大西洋彼岸的美国内战末期清晰可见（1861—1865，见第五章），并在第一次世界大战（1914—1918）中趋于完备。第一次世界大战中的将领可以选择何时发动进攻，但现在"大战"连绵不绝，旷日持久，既无机会中途脱离，也无可能择机再战。第一次世界大战中的士兵之所以不幸，是因为他们的将领被教育要以过去的伟大指挥官为榜样。巴塞尔·李德·哈特不留情面，称其指挥官所受的教育是"理论的填鸭，将历史中零星的残羹剩饭，烹调出风靡其时的口味，从不以真实的历史经验为依据"。[2]

为说明本章论点，我们需要选择能从实证角度验证的战役和指挥官，而发展出一套挑选案例的方法并不容易。要对整个时期做全面的实证研究，会花去一整本书的功夫。虽然我们所选择的事件和决策肯定在任何军事历史学家的意料之中，但我们意识到，还有许多工作没有完成。本章内容如下：首先，我们将审视预期边际成本和边际收益的经济学概念如何应用于开战与否的决策。其次，我们将研究发生在17和18世纪的若干事件。我们将单独思考拿破仑的角色及其影响，任何将"战役"作为历史现象的研究，都难以避开他的行为，不论它们是富有革新意义，又或仅仅是对法国大革命的反应。最后，我们将浅析本书选取的其余五项经济学原理能够如何应用于战役时代。图4.1标明了本章所讨论战争发生的地点。

法国大革命在何种程度上算是军事史上的转折点，这一问题引发了热议。但在本章中，我们坚定认为法国大革命确实是一个转折点。它带来了国民军事实力的大规模扩张，或标志着这一扩张走向巅峰。17和18世纪民族国家的兴起，给国家领导人提供了发动战争的资源。这不仅是能否负担物资供给或是否有法定权力强征兵役的问题。经济系统在财富总量以及复杂程度两方面都有所增长，国家发动战争的能

图 4.1　第四章讨论的战役地点

休伯特·范图伊尔绘制。

力也随之迅速增强。民族主义为战斗提供了强大的情感支持。并非大革命发明了民族主义，但它却将之发挥出巨大效用。

使现代国家有条件支持战争事业的财政和经济变革，与火药的引入密切配合。15 世纪，国家预算诞生了，有效的火器也同时出现。建造可以抵御火炮的新型防御工事的需求应运而生。出于财政原因，发动私兵挑起战事不再可能。现如今，国家将军事和征税两方面的垄断能力结合起来，并且它还可以借贷。国债的发行在很大程度上是为了开战，或者是在战争期间筹资。征税的范围变得更为广泛，手段也越发新颖，而这反过来又要求国家增强对经济活动的监视，并铸造更多的货币。[3]换句话说，以实物支付税金不再可行，现金的作用因此变得越发重要。

然而，现代化还面临许多障碍。虽然封建制已被废止，但许多传统却存续下来，包括贵族、教会、城镇、君主和各省享有的令人费解的特权和待遇。法国大革命扫清了所有这一切，并在新的尺度上创造了国家军事力量。它开启了革命时代（1789—1914），我们将在第五章中以美国内战为例，更全面地探讨这一时期。

战斗的预期边际成本及收益

任何冒战斗风险的活动也会引发战斗。为了分析指挥官们为何又如何选择开战，我们转向预期边际成本和收益的经济学原理，这在第一章中就已详细讨论过，但我们将在这里再次讨论，尤其关注开战的决策问题。[4]

由于战役时代军队规模的扩张，仅和平时期的军费开支和预备军费就足以令人生畏，而到了宣战或开战时，支出也水涨船高。因此，发动某一场特定战斗的选择，涉及的并不是战争的总成本，而是该场战斗可能带来的预期附加成本和收益。预期额外成本的飙升能否由预期附加收益合理解释？战争中的变数无穷无尽。但如果能够加以确定地计算，那么就算过程复杂，开战与否的演算也很直截了当。在现实情况中，预期存在相当大的不确定性，战争的变数因之增多。这或许可以解释为什么人们在诸如"概念、算法、决策"和"数字、预测与战争"等数学模型中理解战争的尝试，最多只能得到好坏参半的结果。[5]卡尔·冯·克劳塞维茨对这一问题颇有洞见：

在这个问题上，由于一切关系的多样性和不确定的界限，需要斟酌大量情况，因为这些情况中的大多数只能根据概率定律来估算，除非天才的灵光真正闪现，一眼就能发现什么是正确的，因此就产生了关系的复杂性和后见之明，无法再从中得出判断。在这个意义上，波拿巴所言非虚，他说总司令面临的许多决策将构成数学微积分的问题，需要牛顿和欧拉来解答。[6]

不确定性内在于战争，因为战争复杂且多变，而所有决策在做出时都未掌握完备的信息。战场上的决策过程是动态的，彼得·通霍尔姆认为，这需要一系列彼此依赖的决策，决策者的行动会改变问题的性质，而且决策必须实时做出，当即做出。（他可能还会补充，战争的快速变化导致非常多决策跟不上形势。）因此，现代战争手册中规定的正式指挥步骤经常失效。根据通霍尔姆的说法，瑞典军队制定战术决策要经过二十二步。不出所料，在处理实际战争中的混乱和不确定性时，如此复杂的模型与军官的行动之间存在一道鸿沟。[7]

预期边际（或额外）成本和收益的经济学概念没有忽视个人心理状态的影响。行为经济学并未声称所有人都将以完全一致的方式分析某一特定状况，经济学家只是在说，所有人都会衡量事情所带来的额外成本和即将获得的额外收益。他们会以不同的方式这样做，因而可能得出不同结论，并根据这些结论做出不同决策。让我们回忆一下第一章中第七块比萨的例子。我们中的一个人（布劳尔）已经吃了六块比萨，鉴于此，由他吃下第七块带来的额外收益，很可能小于这片比萨之于我们中的另一个人（范图伊尔）。对布劳尔而言，收益也许不抵即将支付的金钱成本，但对范图伊尔来说，买下第七块的金钱成本要小于得到并吃掉这块比萨的收益。范图伊尔对第七块比萨的选择源自他对额外收益与成本的认知。心理经济学或行为经济学路径研究人们的认知，而传统经济学家仅仅指出，人们所采取的行动是这些认知的结果。

　　个体对某一特定情境的评估和反应（经济学视角），取决于个体如何处理与此情境有关的信息（心理学视角）。个体的特质可能会被命令的压力放大，正如历史学家芭芭拉·塔奇曼所言："据说，战斗中的高级指挥是唯一的人类完全活动，因为它需要人同时且同等地运用身体、思想和道德能力。我试图粉碎这一断言（天性使然，又或者职业训练所致，我要挑战所有的泛泛之论）并寻找其反例，但无功而返。确实唯有战斗中的将领具备这一特质。"[8] 在这些压力之下，一些人的表现比另一些好。谨小慎微的将领会夸大可能产生的成本，而骁勇无畏的将领则专注于收益。只要实际条件允许，一些著名指挥官就会坚定不移地发动攻击。他们并没有忽略衡量某一即将发起的行动所带来的成本和收益，但诸如古斯塔夫·阿道夫、弗里德里希大王和拿破仑这样的指挥官，总是倾向于相信进攻是更优选，总有希望取得决定性的胜利。比起其他人，他们更看重收益。他们对成本和收益的考量一点也不多于或少于美国将军乔治·B.麦克莱伦，后者的计算总会使他避免进攻（见第五章）。三位好斗统帅的心理参照系不同于麦克莱伦，但这仅仅意味着他们的计算导向了不同的权衡、结论和基于这些结论的行动。

　　对于即将到来的战斗的预期成本和收益，指挥官的衡量必然不同于普通将士。对士兵而言，战场上的生活就是拼命获取食物、庇护和生存，他们的日记里满是关于地狱般战争境况的记述，身处其中，活着是唯一的要事。士兵的祈盼也许莫过于活下来回家，但这绝非典型将领的思考，而在通俗历史中最受人推崇的将领，往往是那些愿意牺牲他人生命之人。[9]

　　开战能获得什么不开战就无法获得的好处？其代价又是什么？一个充分合理的回答也许是："为了粉碎敌军并赢得战争。"确实，歼灭敌军，或至少取得决定性胜利，往往是目标之一，而拉塞尔·F.韦格利认为这很可能是主要目标：

> 从古斯塔夫·阿道夫到拿破仑，军事战略追求的是歼灭敌军，而战斗是快速有效实现这种毁灭的手段……对决战的追求，是受训士兵为让战争更加经济而进行的理性尝试，通过战役做出迅速决策能有效保证避免过度消耗国家资源……应对通过战争实现政策目标的困难，通过战役消灭敌人的策略是理性的反应。[10]

于是，对每一次额外战斗的预期成本和收益的计算，可以说有一个合理的目标：降低战争的总成本。即使是那些不同意这种观点而只关注17和18世纪欧洲战争中非决战要素的人也能接受这一观点：不解决根本问题的战争只是看起来划算。[11]我们认为，那个时代最好斗、最残酷的将领，那些寻求决定性成果的人，是在试图降低长期成本。韦格利写道：

> 1631年至1815年间的战争围绕着大型战役展开，因为这个时代战争的经济、社会和技术环境远超任何时代，允许上万名士兵在同一片战场上集结，只为经历战争的考验，与此同时，军事战略家希望以战役为手段实现战争中的决策，并服务于开战的目标，这种迅猛的手段可将战争的代价控制在与所达成的目标相称的合理范围内。[12]

他还注意到，"所谓的有限战争时期也因战斗召唤的轰鸣而震颤"，而战争的目标并不总是有限的，路易十四（1638—1715）企图称霸欧洲，他打响七年战争的目标就是摧毁作为强权的普鲁士。[13]

如果韦格利是对的，对决定性结果的追求通常在考量中，那么对发起战斗的计算就非常单纯。但韦格利本人也说，这样的结果只是凤毛麟角，与此同时其成本却"飙升"。他补充道："如果在那时，战争一直无法平衡其成本与目标，整部战争史所记叙的将是几乎无例外的徒劳。"很少有哪一支军队只因一场战役就被摧毁，而由军队被摧毁导致战争终结的情况就更少见了。这个时代的将领们非常熟悉军事史，他们深知孤注一掷发动进攻的代价和风险，并在著作和回忆录中敦促士兵们谨慎行事。韦格利承认，"人们觉得18世纪的欧洲人会对发动战争保有节制，并在文明的限制内开战"，而当时的军官们认识到，"无差别的暴力在战略上很可能会适得其反"。他是对的：有限战争不意味着避免开战，但许多战斗的机会被有意放过了。"战略和战术讲求机动，避免过度的战斗——而非寻找敌军以伺歼灭。"丹尼尔·笛福注意到，军队会相互"避开——或者文雅点说——相互观察，随后转进冬季营房"。"没有合乎逻辑的理由"就参战，是"为了战斗本身而战斗"。成本、补给的问题，以及对三十年战争期间野蛮行径的厌恶都倾向于限制战争。[14]

但是，如果战争鲜少发生，那么在将领参战时，他们的计算难道只是为了某个决定性的结果吗？不全然如此。在整顿好军队之前，大多数将领都不愿意开战。这个过程非常缓慢，也给了敌军准备应战的时间。因此，决定性的结果需要非常激进的战术（这可能会产生非常高的代价），或者人数上的显著优势（但这种情况也不常有），又或一方的将领在智力上明显高于另一方（这同样也不常见）。

因此，发动战争需要仔细权衡（计算）即将获得的收益与将要付出的代价。如我们所见，彻底摧毁敌军不是也不可能是战争的不变目标，许多人为了更有限的利益而战。人们当然想过制造大规模破坏，甚至彻底摧毁敌军的物质利益，但很少如愿。事实上，除非出现大规模逃兵现象，否则即使是"战败"的军队也可以重新集结。发起战斗的更加显著的有形目标包括造成对方无法接受的损失和消耗。例如，在美国独立战争中，尽管没有赢得任何一场战役，纳撒尼尔·格林仍在南方打败了英军。他机智地赢得了战争，仅凭这样一个事实：每一个被击倒的英国正规军都是不可替代的损失。鲜有将领会把消耗说成是自己的战时策略，但它体现在许多场战争的结果中，这说明，人们对它的思索也许比他们自己承认得要更加深入。说到战术收益，"逼退"也许能算其一——逼迫敌军撤退可以使其失去有利位置、补给充足的优良营地和其他优势：就算只是一次微小的领先，都可以推动军队取胜。救援、解放和获取领土哪怕只是带来了暂时的军事优势，也许都会迫使敌军仓促反击。战斗的其他战术收益还包括：阻滞敌军，中断或获取有关其计划、战术和时间表的信息，或仅仅是获得实战经验，这一做法曾被称为"涂血"（blooding）。[15]

邀战的心理收益不仅包括羞辱敌军并挫伤其士气，还能避免自己沾上"懦夫"的名声。即使到了 20 世纪，对被冠以懦夫称号的忌惮也影响着许多重要情形下军事领袖的行为（如 1942 年的中途岛海战）。人们猜测，德国在 1914 年参战的决定，主要是因为诸如愤怒和挫败等情感因素加深了德皇的不安全感。为荣誉而战并非不理智之举，因为一个会为维护荣誉而战的人可能不那么容易受到攻击。此外，丧失名誉在短期内也许是难以承受的损失。[16]

相较于今天，在战役时代，士兵和将领之间的关系更加私人化，将领通过亲自率兵参战，在军队中赢得了更加可靠的追随者。让大家看到自己尽忠职守（大多适用于次级指挥官）并维护自己的荣誉，也是战役带来的重要心理收益。在今天，荣誉对职业军人而言依然重要，但仍比不过在战役时代——当时的将领大多来自贵族阶级，这一社会阶级将荣誉视为重中之重，其程度可谓荒谬。

值得注意的是，拒绝获得任何这些收益意味着付出代价。不给敌军致命一击，也许意味着未来会遭遇更强劲的攻击；不为领土位置机动，可能意味着未来参战时将更难机动；不鼓舞士气，可能导致某场决战迫在眉睫时士气低迷。

　　如前所述，关键不在于战争涉及许多指挥官需要权衡计算其预期价值的变量，而在于这些变量过去以及现在都具有相当大的不确定性。在成本／收益的估算中，定性评估比定量评估更重要。显然，存在不同评估的巨大空间，但将领们无疑一定进行了评估或计算。诚然，如下面三节所展现的，对战役的计算是这一时代的印记。

17世纪：古斯塔夫·阿道夫和拉依蒙多·蒙泰库科利

　　对预期额外成本和收益的评估受制于其所处的时代背景。17世纪与18世纪截然不同，而18世纪又与19世纪迥异。这就要求我们至少要描述相关军事状况的一些主要方面，以及它们是如何随着时间的推移而变化的。在表面上，人们会发现，从17世纪到19世纪，存在显著的连续性。如果情况介绍足够充分，瑞典国王古斯塔夫·阿道夫（1594—1632）和法国皇帝拿破仑·波拿巴（1769—1821）甚至可以指挥彼此的军队。直到拿破仑时代，将领们的地位才发生了巨变，而甚至连拿破仑也热衷于从过去的军事领袖那里取经。

　　在这个表面上稳定的时代，重要的转变发生了，特别是在17世纪早期和18世纪早期。例如，大约在17世纪初，人们注意到作战、军队的组织，以及将领的军事目标都发生了重大变化。我们无需深入探讨富有争议的军事革命的主题，这一主题将政府和主要机构的重塑归因于战争的大规模变化。就我们的目的而言，注意到战争方式正在发生变化就足够了。军队增员，王朝在为长期冲突获取资源，防御工事的作用完全改变，由此，新型军队出现了。规模庞大只是它的显著特征之一。各级指挥都变得更加复杂。机动技术成为战斗的基础。新武器的引入需要更多的技术知识和更复杂的战术。

新型武器从几个方面改变了战事。装甲骑士已被时代淘汰（见第三章），不过或许更多是因为城堡的倒塌（字面意义上），而非实战技术的变革。佩剑的半甲骑兵在 19 世纪仍时有参战，不过经过了组织化。但只要有长枪兵的严密保护，火绳枪手——第一种上战场的枪手——就能迅速击溃冲锋的骑士。西班牙改革者发展出一种新型大方阵（*tercio*），将长枪和火绳枪相结合，组成一个几乎无坚不摧的阵形。然而，17 世纪的武器发展甚至也让这一阵形走向终结。火炮出现在战场上，轻而易举地将大方阵变成了活靶子。军队必须被分解成更小型、不易受攻击、机动性更强的阵形。

矛盾的是，火炮出现在战场上带来了更显著的影响，它增加了对指挥官的技能要求。炮兵、步兵和骑兵部队必须有效协同，才能取得胜利。从火绳枪进化成更高效的滑膛枪，使得步兵单位的规模比西班牙方阵更小——不过对军官的要求也更高。小型步兵单位的存在反过来又为骑兵创造了新机会，对炮兵的机动性和准确性也有了更高的要求，然而这再次增加了军官们的负担。结果是一批职业军官的产生。年轻贵族不再接受具装单挑训练，而是加入军队，学习战争的技艺。

筑有围墙的地产不再是战斗的焦点所在。在中世纪，战事围绕城堡展开，战斗常常因试图突围而打响。城堡的衰落常被归咎于火药，而大炮确实使攻城者在制造破坏时保持在相对安全的距离，但直到 20 世纪，防御工事都在战争中发挥着作用——人们直到 20 世纪 30 年代还在持续建造它们——因此，单凭枪炮并不能充分解释城堡为何越来越无足轻重。相反，防御工事的技艺在战役时代得到了长足发展，部分是为了应对枪炮的威胁。使城堡在军事上再无用武之地的元凶是金钱——私人再也不能发动战争，因为成本太过高昂，只有拥有广袤领土的统治者才负担得起战事。在我们所处的时代，炸药的发展使得个人和小型团体再次成为可能的战争制造者，而在战役时代，这是强者的特权。

　　科学革命从两个方面影响了战争。科学和金钱共同作用，将战争从以城堡为基础转变为以军队为基础。火药科学确实使拥有垂直城墙的传统城堡遭到淘汰，其主人也缺乏资源以能够抵御炮火的大型现代堡垒取代这些建筑。另一重影响将我们重新带回到军官技能的话题。战争变得更加科学，对战争的思考也因之变得更加科学。可以肯定的是，中世纪指挥官行事比通常对他们的描述要有条理得多。即使这样，直到 17 世纪，人们才越来越重视观测、数据收集和战役评估，重视战争中的合理行动和计算，这些内容往往出自成功的军事指挥家之手。

　　17 世纪变幻的政治局势也对战争的计算产生了影响。最重要的是，民族国家（nation-state）从此诞生。今天我们将其存在和支配地位视为理所当然，但它只代表了人类历史的一小段。民族国家基本上就是我们今天所说的"国家"（country），它囊括了一个认为自身由某种大于血缘或部族纽带的东西（"民族"）紧密相联的族群，共存于一个统一的政治实体（"国家"）之中。法兰西、西班牙和英格兰是欧洲最早也是主要的民族国家。君主制在其中发挥的作用稍显矛盾。一方面，像法兰西的路易十四这样的君主有意愿也在实际上推动了法兰西向民族国家的方向转型。另一方面，君主面临失去臣民传统忠诚的风险，与贵族的关系也发生了逆转。贵族们自己的境地也同样模棱两可。当曾经的贵族变成了国家的奴仆（例如在普鲁士），这意味着他们将对国家的忠诚提升至对自身阶级的忠诚之上。

　　最终，民族国家对其居民的忠诚和资源提出无限的要求，并拒绝一切形式的外部制约：新的制度不接受国际性教会的干预、贵族的阶级纽带，以及再后来的劳工的阶级纽带。一点一点地，它用私人关系、契约、特权和互相掣肘的权力体系，取代了中世纪复杂而割据的封建体制。这个转变绝非发生在一夜之间——例如，至少直到法国大革命，封建制度并没有被废除，而是被取代了，但随着《威斯特伐利亚和约》（1648）的签订，绝对的国家主权被承认为国际法的一部分。欧洲最强大的跨国机构罗马教会提出了抗议，但毫无用处。

这些转变曾经不被广泛接受，甚至今天依然如此，欧盟的崛起和国际人权原则的日益重要证明了这一点。然而，就算在 17 世纪和 18 世纪，也有人企图限制民族国家的权力。建立国际政府的提议就源自启蒙运动，运动中的知识分子认为自己在归属于一个国家的同时，也归属于一种文明。统治着多个民族的王朝自然要和民族国家的含义进行一番缠斗，而这份努力虽不是全然徒劳，也收效甚微。法国大革命标志着国家权力迎来新的巅峰，后者集民族主义、共和主义和征兵制度于一体，创造出近乎所向披靡的力量。

权力的平衡也处于变化之中。17 世纪的开始和结束分别见证了西班牙的衰落和法兰西的崛起，而世纪中期则相当漫长和混乱，其间没有哪个国家稳居主导地位。西班牙的实力建立在其惊人强大的陆军和海军、相对有效的行政机构、殖民收益、王朝领土之广阔，以及缺乏劲敌的基础之上。16 世纪，王朝纽带开始崩坏，陆军质量和人数逐渐不敌其他国家，海军在 1588 年进攻英格兰时惨败，由此导致的两场破产也拖垮了国家财政，而法兰西、英格兰和荷兰都成了它强劲的对手。

法兰西取代西班牙，成为欧洲霸主。这个过程花费了一点时间，因为在 17 世纪中期，君主不得不应对贵族的武装抵抗。当路易十四在 1661 年统治法兰西时，他不再需要对付直接的反抗。在贤明大臣的辅佐之下，他的税收翻了两番有余，建立了一支强大的海军，还将法兰西扩张为欧洲最大的陆地强国。他几乎要将西班牙和荷兰都纳入帝国，直到 1689 年至 1714 年间两场漫长而无果的战争抑制了他的野心——他意识到其国家的强大实力还能被其他国家联合打败，但为时已晚。在这个时代，没有哪个国家能战无不胜。

这对战争的性质产生了影响。联盟的变化和政治局势的不稳定，意味着保留军事力量以应对未来的突发事件非常有价值。对有限战争的倾向出于现实主义，而非出于和平主义或怯懦。把一切都豪赌在一场战役上，这一模仿拿破仑的妙举，对那些在政治战略几近混乱的局面中试图维护长期利益的将领毫无吸引力。

最后，17世纪初期变幻莫测的军事环境也催生了重要的改革者，比如上面提到过的瑞典的古斯塔夫·阿道夫和尼德兰的拿骚的毛里茨亲王（1567—1625）。二人的改革都涉及战术、武器、军官培训、征兵，以及军事专业化的几乎所有其他领域。是因也是果，他们的改革引起了变革，但也是对变革的回应。二人都致力于整合技术变革和由政治发展带来的机遇，以创建更好的军队。如此，他们使指挥官的算计过程变得更加复杂，这并非偶然。机动能力更强、训练有素的军队拥有更多选择，也因此让敌人面临更多需要纳入考量的可能性和危险。

这一"环境"评估恰好将我们引向一个问题：17世纪战争的变化如何影响对边际成本/收益的计算？复杂的行动催生了复杂的计算。到17世纪初期，发动战争确实变得更加复杂。在中世纪，真正的作战技巧集中用于攻城之时。而现在，野战军已经发展出复杂而精密的工具，在所有兵种（骑兵、步兵和炮兵）中使用大型和小型的火器，意味着指挥官需要考量更多，既包括己方的可能性，也包括敌方的可能性。不过，还有一个更大的问题影响了对投入下一场战争可能带来的成本和收益的预期：全身而退的可能性大大降低。中世纪一支小型军队总是能够退回到城堡之中，只要它就在不远处，而这一选项现已不复存在，因为军队的规模过于庞大。这个时代建造的更大的防御工事可以提供某道防线，但不像中世纪城堡那样坚不可摧——如果设计得当，后者可以抵御数日的攻击，除了拉起吊桥，几乎不费吹灰之力。由攻城战向野战的转变，提高了作战的潜在成本和收益。这一新的风险和机会在某种程度上被战后追击的困难所减轻，但并未完全消除。

因参战而损失一支军队的风险与日俱增。对这一风险的评估将包含对替换成本的估量，但随着军队规模大幅增加，替换成本也大大提高。因此，要冒损失军队的风险作战，就需要对潜在的战场形势做更严肃的评估。这样做部分出于略微世俗的原因，像过去那样给一群新兵发放战利品作为薪饷变得越发不切实际，因为他们的人数实在太多了。但这不是全部，还有一个更加现实的原因：如果要给多达三万至六万人的军队更换火枪，这笔费用不是一个小数目。补给问题变得十分重要，以至于各国都开始建造军火库以储备军需。许多部署原因无他，只是为了保卫或夺取军火库。如果我军的军火库时常受到威胁，冒险参战将带来灾难性后果。一支训练有素的陆军不可能在一夜之间就被替换。战争的新方法意味着受过训练的军队空前重要，一旦受损，将招致灾难性后果。

演算时还必须纳入长期的考量。冲突越来越频繁地发生在统治着最强大民族国家的王朝之间，忠诚和联盟可能会在刹那间倒戈。这些情况本身并不是什么新鲜事，众所周知，在中世纪，这些关系同样极易被取替。然而，损失一座近乎坚不可摧的城堡，一个作战基地，并不必然招致毁灭性的打击。相反，野战部队只能依靠自身的保护。为了直面当下的敌人，以及迎接敌军下一次来犯，它必须尽可能保持完整。这时，将领与其统治者的计算出现了分歧：将领必须保全军事实力，统治者则不得不节约经费。军队被打败会让统治者身陷险境，但这也比不过国库亏空。

统治者和将领的利益也可能因为新的主权民族国家的崛起而出现分歧。在中世纪，指挥官为统治者效力，而在现代的开端，指挥官虽听命于统治者，但转而为国家效力。在 17 世纪，由传统君主制向统治者作为国家奴仆的转型尚处于早期，但统治者的利益与他所统治的政治实体已不可再混为一谈。在绝大多数情形中，二者虽有差异，但并无本质不同，尤其是因为这仍是绝对君主制的时代，但当这些行动只对君王有利，而无助于整个国家，心怀祖国未来的将领（我们还不能将此称为爱国主义）就有可能不愿采取某些行动。

与在 17 世纪参战相关的另一个潜在成本是机动性的丧失。机动性在今天要重要得多。在攻城战的年代，军队的存在主要是为了进攻或保卫城堡，通常需要在某地长期驻留，敌军会试图驱逐攻城者或守城者。而现在，野战军在保卫己方领土、军火库和城市的同时，还要威慑敌方领土、军火库和城市。战斗会使军队失去执行这些多线任务时所需的机动性。由于距离太近，与敌人的搏斗有可能演变成一系列漫长的战斗和小规模冲突。这自然也使消除敌军的机动性成为战斗的潜在收益。

为分析这一世纪的实际决策机制，我们考察了两位当时最著名的军事领袖和思想家，其中一位因军功和著作而扬名天下，另一位则战死沙场。后者是古斯塔夫·阿道夫，一位现代化推动者，在他的时代，统治者按照惯例仍会亲自上阵，但通常不像他那样好斗。古斯塔夫·阿道夫是一个绝佳的范例，他展现了一个将领是如何将胜利视为战争目的，并"热切地"寻求战斗。[17]在这一点上，比起17世纪的其他许多将领，他与拿破仑反而有更多相似之处。然而，他参与的是一场尤其血腥的斗争——三十年战争（1618—1648；见图4.2）。

这场战争有其宗教和政治根源——两者一旦结合，就会招致毁灭。战争始于神圣罗马帝国内部的一场权力斗争，这个帝国幅员辽阔，囊括了德意志和周边其他数个地区。帝国在中世纪实体尚存，但到了17世纪，统治者对实际统治着人民的地方诸侯并无控制。皇帝决定重申他的权力，在帝国占领的波希米亚强行加冕一位国王，但后者遭到了当地贵族（出于宗教和政治双重原因）的拒斥。当贵族们自行选出统治者，皇帝便入侵了波希米亚。由于波希米亚贵族都是新教徒，他们得到了一些持相同信仰的帝国诸侯的军事支持。战争打响的头几年，皇帝一直占据上风。然而，1628年至1629年，皇帝做过头了，其主张的权力，就连同样信奉天主教的诸侯都无法苟同。在这个节点，战争变得愈发国际化。瑞典率先干预，法兰西稍后入场。荷兰和英格兰也一并加入战局。

这场战争是一场灾难。皇帝被迫放弃了对实权的渴望，他的头衔

图 4.2　三十年战争

三十年战争（1618—1648）由数场冲突组成。奥地利统治者也是神圣罗马帝国皇帝，他试图与天主教诸侯结盟，对抗德意志新教诸侯，以获得对帝国的有效控制。这为战争增加了一重宗教维度。西班牙向法兰西宣战，并试图重新征服大多数臣民信奉新教的叛乱地区尼德兰。西班牙和奥地利是天然盟友，皆由哈布斯堡家族统治。信奉新教的瑞典和丹麦作为新教一方加入了战争。奥地利、西班牙和天主教诸侯对抗法兰西（信奉天主教）、丹麦、瑞典，以及新教诸侯。然而，西班牙的参与时断时续，随着时间的推移，诸侯们也不停变动立场，法兰西、丹麦和瑞典也在不同的时间点参战。从始至终，西班牙都与荷兰人为敌。荷兰人得到了英格兰的部分支持。瑞典又单独与波兰开战。休伯特·范图伊尔绘制。

变得无关紧要。但更重要的是战争对于普通人的影响。收成被毁，饥荒肆虐，城镇遭到反复洗劫和蹂躏，人们就算能活下来，往往也只能踏上逃亡之路。例如，马格德堡经历了十一次劫掠，人口从三万降至五千。德意志人口可能下降了三分之一。然而，苦难大部分与经济因素相关，而非源自横行军队的直接活动。在战争打响前夕，严重的经济问题就已经困扰着德意志。未受战争波及的地区所遭受的问题几乎不亚于那些经历了战争的国家。其后果并没有在短期内消失。越来越困苦的农民被迫向大地主、金融家和国家出售土地。士兵们虽是这种苦痛的始作俑者，却也成了它的受害者。指挥官们总是浪费大量人员："战争的经济学导致使用大量不熟练士兵比使用少量精兵更为方便。而由于指挥官并没有花费多少力气训练士兵，他们也乐于在残酷的战役中牺牲大量人员。"有人估计，主要强权间的三十年战争期间战死沙场的人数，比第一次世界大战前任何一次冲突都要多。[18]

这与一个半世纪以后的情形对比鲜明，那时指挥官必须节约精锐部队。更有意思的是，古斯塔夫·阿道夫的处境又有所不同，他能够以激进的姿态发起进攻，并蒙受巨大损失（吕岑战役中损失接近50%），他拥有一支训练度非常高的军队，尽管瑞典征兵制度运转良好，但这支部队仍不易补充。所以，涉及他本人以及他的部队时，他为什么不更小心一点呢？

他的好斗是理性计算的结果。他"坚持寻求战斗，坚持参与战斗"，正是由于敌人的强劲。神圣罗马帝国的资源远胜古斯塔夫·阿道夫，因此他无法靠长期征战和机动赢得战争，而只能在决定性的战役中击败敌人。[19]当战机出现，若有任何明确的胜算，他都会发起进攻，考虑到能够获得的额外收益，承受代价更大的风险是值得的。而从不参战的代价，就是被打败。他的好斗也是战争的性质使然。这不只是一场领土争端或地方权力平衡的斗争——神圣罗马帝国试图在整个德意志确立权威，这将危及瑞典的整体地位。更重要的是，帝国的胜利与否可能牵涉新教的存废。和他的国人一样，古斯塔夫·阿道夫是一名路德派信徒，因此非常同情火力和人数都处于劣势的北德意志路德派。除非神圣罗马帝国被彻底击败，否则在这场准宗教战争中达成折中的和平几乎是不可能的。

吕岑战役（1632 年，细节）

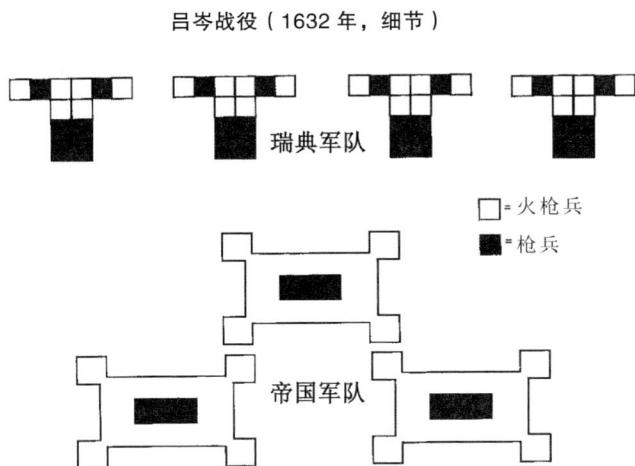

瑞典军队

□ = 火枪兵
■ = 枪兵

帝国军队

图 4.3 吕岑战役

吕岑战役中心位置的细节图，显示出古斯塔夫·阿道夫的革新战术效果极佳。与敌对的帝国军队相比，瑞典步兵编队更为精悍，这使得瑞典人虽然付出了惨痛代价，仍得以在战术上运用机动性击败了一支更大型的、训练有素的军队。德布拉·范图伊尔绘制。

　　这解释了为何尽管存在诸多风险，敌军人数也稍胜一筹，古斯塔夫·阿道夫仍选择于 1632 年 11 月 16 日在吕岑向帝国军队发起攻击（图 4.3）。有几件事情改变了对参战成本／收益的分析，使决策往发起进攻的选项倾斜。帝国军的实力正在增强。瑞典在德意志的威望渐衰。他最主要的盟友开始犹疑。他与后方的通信路线过长以至于持续征战变得困难。当然，还有他"好斗的本能"和"好战的精神"。最后的评价也许有些言过其实，因为当形势不利时，古斯塔夫也会避免战斗。促使他在吕岑发动攻击的，是敌军兵力已经分散，让这位瑞典人有了获胜的绝佳机会。这构成了预期边际成本／收益分析的经典案例。其他条件都已经存在，只有额外的一项——敌军人数的减少——促成了进攻的决定。虽说古斯塔夫计算失误[*]，但他到底

---

[*] 　在吕岑战役中，古斯塔夫·阿道夫率领的新教部队取得了胜利，但其本人却战死沙场。

还是计算了！[20]

　　三十年战争后，将领们的计算大大改变了。和古斯塔夫一样，但不像他的大多数同时代人，他们指挥的是训练有素、难以替代的士兵。不像前人，他们不会面临总体战。三十年战争是最后一场（表面上）以宗教之名发起的战争。不打总体战，在一场战役中冒一切风险并无意义。对战争的筹划和思考沾染了启蒙运动早期的一些科学论调，强调计算可能发生的后果。"评估你的兵力，并将之与敌方兵力做对比，就像一位杰出法官在某起民事案件中比较当事人双方的陈词。"此话出自帝国将领拉依蒙多·蒙泰库科利（1609—1680），客观性——一项极受珍视的启蒙价值——正日益变得重要。士兵们的计算也日益显露。"如果你的军队势不可挡、身经百战，而敌军力量薄弱，新近才组建完成，或者军心涣散，你应该发起战斗……如果敌军在此区域具有优势，则应避免战斗……抵挡对方进攻就已足够。"请注意，蒙泰库科利并没有通过诉诸简单的兵力人数来解决"开战还是避战"的问题，相反，他列举了几个因素（实力、经验、困难），其中任何一个都有可能影响决策。和许多同时代人一样，他常常拒绝参战。他以罗马将军费边为例，说明为何要在战况不利时撤军，建议他的读者"改变战争的进行方式"，并"避免危及国家安全"。[21]

　　蒙泰库科利并没有直接建议避免战斗。相反，他写道："在具有优势处开战。"他建议回到非常传统的战斗方式："如果兵力远不及敌军……必须放弃乡野，后撤至堡垒。"但长时间待在那里不是办法，这位伟大的意大利将领坚称："想象不用打仗便能成事是种幻觉。"[22]

　　简而言之，只要形势有利，就应该开战，且只有经过缜密计算，才能判定应该开战。计算必须包括敌我体力和精神力。某个重要领域的显著优势能使战斗的额外收益超越额外成本。蒙泰库科利提出的对相对优势的计算给将领提供了估计开战成本的途径。就算不开战，某些成本也无从避免（补给、士兵叛逃、疫病造成人员死亡，等等），而清楚相对优势，就可能预估（虽然只是粗略的估计）军队在交战时的表现。这些预期成本必须与开战的预期附加收益相权衡，而非与不开战的收益进行比较。如果我军参战的成本外加任意战略优势的损失，预期将少于敌军参战的成本外加如果赢得战役所能获得的战略优势，那么通过计算，开战的附加成本和附加收益的净效应就可能是有利的。

对现代读者而言，这种计算也许显得粗浅，但最重要的事情是，和古斯塔夫一样，蒙泰库科利也经过了深思熟虑，才决定参与或拒绝任何一场即将打响的战斗。这是一种应对反复无常的决策的方法，一种比以往更有序、更有条理地做出重要决策的方法，这些决策往往具有里程碑般的意义。需要再次强调的是，将领们就某一场特定战役做出正确军事决策（毕竟，只要参战，总有一方将领会面临失败），与这一决策如何实现，两者不宜混为一谈。我们的论点仅仅是，战役时代的战斗对将领而言非常重要，以至于不可能事先计算出可能的结果。

18世纪：马尔博罗、德·萨克斯与
弗里德里希大王

18世纪，人们尝试将战争纳入并运用于经过计算的科学事业，甚至有人尝试将战争简化为此种科学事业，在启蒙时代的顶峰，这种想法并不奇怪。军事作家强调机动的技艺，而非通过发动战斗获得的收益。不过在这个时代，战斗才没有销声匿迹。一些军事领袖几乎和百年后拿破仑与克劳塞维茨时代的好战将领一样好斗。瑞典的卡尔十二世（1682—1718）、马尔博罗公爵约翰·丘吉尔（1650—1722）和普鲁士的弗里德里希大王（1712—1786）很少回避战争——尽管后两位领导者很少否认计算在发动战争时的作用。然而，17世纪和18世纪之间的军事差异，与其说是革命性的不如说是演进式的。战略、武器和战术都得到了完善和改进，但没有明显的变化。

　　这些改进对战争的影响有点矛盾。1750 年的军队相比上个世纪的前人，之所以成了明显更有效的战争武器，主要是因为机动技术和火炮技术的进步。能够胜任的军队需要密集培训。法国元帅莫里斯·德·萨克斯（1696—1750）得出结论：更优良而非更大型的军队，才具有优势。受过专业训练的可靠步兵阵形可以在炮火中变换位置和方向，移动以避开威胁，利用突然出现的战机，还能在战局恶化时有序撤退，他日再战。能做到这点的军队不太可能被做不到这点的军队打败，除非胜算大到让技能变得无关紧要。生产力要素也加入了竞争。那个时代的将领都知道，训练一支真正精良的步兵营，要花费四年时间。这使得对优秀军队的投入就算在和平时期也非常巨大，替换成本大大提升。

　　战争的直接成本也在飙升。（早在之前的一个世纪，战争已经成了伟大君王的特权，但就连他们也因战斗的开销而财政吃紧，路易十四的国库就因两场大型战争而濒临破产。）有几个因素导致开销飙升。军队规模的扩大意味着军饷总额增加，因为定期向军队支付军饷已经成为常态。（那个时代所有士兵在应征入伍时都期待得到某种形式的薪酬。）大型军队对枪炮的需求也更大。几乎无一例外，这些武器都由各类王家或国家工厂制造，而这并没有降低购置成本。主要城市、军火库以及敌军可能入侵路线上的防御工事也耗资不菲。军官队伍往往因政治上有利的职务分配而膨胀，这也同样代价昂贵。某些统治者更喜欢依靠可牺牲的外国人，而不是缴纳税金的本国农民小伙。从后者那里获取的税收将用来支付聘用前者的开销，这就能够抵消部分国家预算。如果某个农民小伙应召入伍，那么税收就相当于损失了两回：第一回，这个年轻人本可以产生被迫放弃的税收；第二回，另一些市民的税收要用来支付这个男孩的薪饷。这不但消除了新兴的国家军队的概念，也没能显著降低军队的成本。这个世纪的君主们确实可以诉诸举债的方式，然而，如法国统治者发现的，一个人有借钱的意愿并不能保证债务人有偿还的能力。

表 4.1 各君主国的军事开支

（占总支出的百分比，按世纪计算）

15 世纪	40%
16 世纪	27%
17 世纪	46%
18 世纪	54%

资料来源：Ferguson, 2001, p. 41。

虽然战争的绝对成本持续上升，但相对而言，情况更加混乱：

> 一个常见的误区是假设从长远来看，战争成本呈现出一种线性或指数型的增长趋势。从绝对的数值来看，当然如此，自有书面记录以来，军备价格和国防预算的水平都或多或少不可逆转地提高了。然而，相对而言，这些模式更为复杂。我们必须将军费与以下几个方面联系起来思考：战争的规模和频次；与总人口相关的军队规模；军事技术的破坏性（"性价比"）；以及最重要的总体经济产出。考虑到人口、技术、价格和产量的变化，在整个历史上，战争成本实际上经历了较大的浮动。这些浮动一直是金融革新的动力。[23]

事实上，王室的战争支出确实有所增加，但也并非线性的（表 4.1）。然而，单独的战事确实变得更加昂贵。

> 一场 16 世纪的战争，其成本为数百万英镑；到 17 世纪晚期，这一数字升至数千万英镑。而到了拿破仑战争结束时，主要参战

国的军费有时甚至可达每年一亿英镑。[24]

这一引言的准确性可以从英国在战时支出的真实数字中看出（表4.2）。不断上升的成本当然是一种负担。陆军和海军的扩大只能通过发展经济来维系。"保持信用并持续增加供给"的能力是英国人能够击败表面上看起来更为强大的法国人的原因所在。在 17 和 18 世纪，新兴民族国家为发动战争而统筹资源的能力的变革，比技术的变革更为巨大，后者没有发生根本性改变。[25]

表 4.2　英国主要战争的成本，1689—1815

（百万英镑）

大同盟战争（1688—1697）	49
西班牙王位继承战争（1702—1713）	94
奥地利王位继承战争（1739—1748）	96
七年战争（1756—1763）	161
美国独立战争（1776—1783）	236
拿破仑战争（1793—1815）	1,658

资料来源：Kennedy, 1987, p. 81。

权力的均势维系到了 18 世纪，甚至比动荡的 17 世纪更加稳定。虽然在七年战争中受辱蒙羞，法国仍是这一时代的霸主。普鲁士自诞生之初便是强国，俄国晋升入"玩家"之列，与此同时，奥地利在一定程度上衰落了，而西班牙则沦为无足轻重之辈。如前所述，这些变动都不剧烈，反映的是渐进式而非革命性的改变。这个世纪的几次大战（大北方战争、西班牙王位继承战争、奥地利王位继承战争和七年战争）都以各种方式改变了权力均势，但战略格局的变化却异常缓慢。这些冲突都没有达到总体战的程度，不过有一次很是接近。

这就是七年战争（1756—1763），它在全世界波及的范围异常广泛，也非常复杂，因此值得我们简述。在这场战争"正式"打响之前，两个参战国（英国和法国）就已经为争夺北美控制权进行了两年的不宣之战（法国−印第安战争）。1756年，法兰西、俄国和奥地利决定终结普鲁士的大国地位。普鲁士的弗里德里希大王吞并了奥地利属西里西亚，从而挑起了这一联盟。英国人和普鲁士人结盟，原因不单单是他们已经和法国人开战。英国的统治王朝来自德意志，在德意志仍然拥有大片属地（汉诺威）。事实证明，这是一个明智的决定，因为英国是唯一明确的赢家。英国在北美、印度和海上击败了法国。法国在欧洲的战绩很差。普鲁士幸免于难，单纯是因为俄国在1762年突然退出了战争，但至少它的大国地位稳固了，其著名统治者在余下的二十三年统治里避免了战争。奥地利什么好处也没捞到。

　　回到我们的分析中来，战争和战略的变化如何影响关于开战的成本和收益的计算？最重要的变化在于额外收益的计算。额外收益越来越少，因为现在大多数冲突只涉及边境和省份，而不是国家的核心。在总体战中，整个生活系统或方式都岌岌可危，拿大量士兵的生命冒险情有可原。而当潜在收益减少——变得微不足道（marginal一词的通常含义）——接受惨重损失就不那么理性了。不但潜在收益缩水，潜在损失也膨胀了：如果一场战役以失败告终，建设得更强大的国家就有更多东西面临风险。这解释了为何一些国家——而不仅是个人——行事会如此保守。西班牙王位继承战争中的法兰西，以及七年战争中的法兰西、奥地利和俄国，都有太多可以失去，这也解释了为何这些冲突中的另一方表现得更具侵略性。同样，比起其敌人或荷兰盟军，西班牙王位继承战争中的英格兰人能够更具侵略性，因为就算损失了军队，本土也不至于遭到入侵。

　　战争的总体成本增加，意味着战役的额外成本也随之增加。冒险打响战役意味着让昂贵的军阵陷入风险。将领越激进，潜在损失就越大：成本下沉到被置于风险之中的军队身上。将领们也很可能面临边际成本增加的问题：如果损失二十个步兵营严重削弱了军队的整体作战能力，那么二十个步兵营损失就要高于十个步兵营损失的两倍。不断上升的成本带来了一些独特的边际问题。首先，当时的君主无法承受太多失败，尽管彼时公共舆论的影响力还未达到今天的水平，但严重的军事失利仍总是伴随着对退位的讨论。一支溃败的军队不仅失去了战场，还有武器和士兵。武器常被四下溃逃的士兵丢弃——不论如何，大炮都只能被舍弃——而溃逃士兵本身也常被遗弃。矛盾的是，后一个问题也抑制了追逐，因为追拿散兵很困难。因此，彻底击败敌军可能带来的收益，价值实际上减少了：彻底击败不等于完全摧毁。

　　看起来并非所有统治者和将领都喜欢成本上升带来的影响。马尔博罗公爵的惨重失利破坏了他的联盟、他的政府，最终甚至危及他本人的地位。弗里德里希大王冒进的作战路径为自己招致近乎致命的削弱。在弥留之际，路易十四向继任者忠告道：他太沉迷战争，导致人民税负太重。当然，所有这些统治者都期待能从与邻国的战争中获取更大利益，这本可能抵消更大的边际成本。

　　然而，就连那些一心热衷战斗的人也意识到，必须保卫军火库和其他有价值的战略据点，这比在战场上取胜更加重要。损失一个重要城镇或军火库的风险是一种潜在成本，超过打败敌人的一支军队所能带来的收益，原因在于一个非常直接的考量。在战场上赢得又一场胜利的收益并不总那么容易预判，被击败的敌军可能会瓦解，也可能因彻底溃败而不复成军，还可能被迫求和。相反，失去一座重要城镇或军火库，将损失税收，或意味着武器供应中断，又或切断了与盟军或另一要塞的地理联系。额外收益尚晦暗不明，而额外成本则再清晰不过。当有人指责当时的将领太过保守时，他们应该记住这一点。

　　马尔博罗公爵从未面临过这种指责，他是 18 世纪早期最著名也最富有争议的将领。对马尔博罗公爵的描述变动不居。人们将他描绘成一位勇敢的将军，却被懦弱的荷兰盟军挫败，但近来他被刻画为更加老谋深算的人物，他认识到他正在与明智的荷兰盟友合作。毋庸置疑，他将重大战役视为取胜的关键所在。大卫·钱德勒认为，"从始至终，他都支持将重大战役作为粉碎敌军战力及瓦解抵抗意愿的唯一手段"。[26] 比起人们通常认为的，实际上他花费了更多时间调兵遣将，保卫或攻取堡垒。不过，这个世纪里，只有少数将领可以在履历上列出四场闻名至今的战役（布伦海姆战役、奥德纳尔德战役、拉米伊战役、马尔普拉凯战役）。

钱德勒对马尔博罗公爵偏好重大战役的判断也许是正确的，但这未能即刻解释为何他会在特定时刻发起攻击。影响他计算的重要考量，是一个非常传统的军事优势：出其不意。他在布伦海姆战役（1704）中发动的进攻违背了这一时代最主要的准则之一，因为他的对手人数更多。人们预期马尔博罗公爵及其盟军会后撤。然而，英国人希望在法国人获得更多增援前进攻。因此，他的对手本以为行动会以机动为导向，遵循那个时代惯常的国际象棋般的走法，不料却深陷一场腥风血雨的战役，遭受猛烈攻击，最后竟至全军覆没（图4.4）。与此类似，

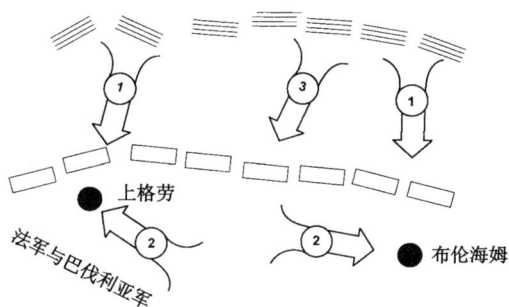

图 4.4 布伦海姆战役

布伦海姆战役是18世纪棋局式机动的典型案例，代表了那个时代最具侵略性的将领之一的成就顶峰。马尔博罗和萨伏依的欧根亲王（1）袭击了上格劳和布伦海姆的村庄。法国人（2）将他们的预备队投入村庄，削弱了他们的中心。马尔博罗随后向中心（3）发动大规模进攻，取得了决定性胜利。德布拉·范图伊尔绘制。

在拉米伊战役中，马尔博罗公爵又一次在法国人以为英军会消极以待时出击。[27]

　　是什么促使马尔博罗公爵打破他所处时代的模式？显然，他对发动战役的成本与收益的计算不同于同时代人。由于期望得到相应的更高收益，他愿意冒更高成本的风险。虽然各国政府只鼓励"其将领在最有利的条件下作战"，但在马尔博罗公爵的四场重大战役中，最多只有一场符合这一要求。他更重视可能获得的额外收益。由于正试图维护本国的国家安全，荷兰人倾向于约束马尔博罗公爵，想"将伤亡人数和开支保持在尽可能低的水平"。荷兰人在马尔普拉凯战役中以八十个步兵营兵力开始战斗，终战时却只余下十八个营，这无疑加强了他们谨慎的看法。他们的伤亡人数"非常巨大，以至于荷兰军队再也没能恢复到原有水平：空缺的军阶可以及时补充，但马尔普拉凯的记忆却投下了漫长而幽暗的阴影"。[28]

　　马尔博罗公爵显然真的相信，即使存在风险，决定性的胜利更有可能给两个盟国都带来有利的结果。但他为什么会相信这一点呢？如果他是一名迫切希望建立功勋的年轻军官，那么摒弃先辈的保守战术或许不无道理；然而，在布伦海姆战役打响时，他已年逾五十，在那个年代已算老迈。至少有两种解释。第一，他将决战视为一种取胜手段。布伦海姆"改变了战争的进程"。在机动大师们主宰了战场几十年后，马尔博罗公爵将果决重新带回战斗——四次战役都取得了确凿无误的军事胜利——但他在战争中却并非如此。这导致人们认为，马尔博罗公爵实际上在以一种无论对本国还是盟国都百害而无一利的方式推演边际成本/收益计算。"人们无法摆脱这样的定论，"温德罗和梅森写道："那就是在整个指挥生涯中，他一直是自己不知餍足的野心的受害者。"即便如此，毫无疑问，马尔博罗公爵一定计算过预期净优势，如果有人指责他仅从自己的角度出发来计算，那么这正是我们每个人都在做的事，也是边际成本和收益的经济学概念预测我们会做的事。[29]

　　莫里斯·德·萨克斯采取了另一种策略，他对边际成本及收益的计算比马尔博罗更能反映时代的思想基调："我不喜欢激烈的战役，尤其在战争之初；我还确信，一名熟练的将领在战时不会被迫应战。"从德·萨克斯的文字和其职业生涯皆可看出，他对军事行动的成本与收益的计算非常投入。"我不是说，在粉碎敌军的机会出现时，他不应该发起攻击，也不是说不应利用其错误。我的意思是，可以避开一切偶然性来作战。"随意翻阅德·萨克斯回忆录的读者也许会将这些评论当作理论家的发言，而没能意识到这位法兰西元帅是那个时代能力最强的士兵之一。他尤其擅长利用攻城战获取优势，主张诱敌，围困，待其弹尽粮绝之时再发动进攻。丰特努瓦战役（1745），他一生中最大的一场胜仗，显示他能够利用围城来发动战役，从而将古代战争与现代战争结合起来。他有意围攻一座城市，只为吸引敌军参战，这个方法行之有效。他通过创造有利形势，改变了成本／收益比。[30]

　　弗里德里希大王似乎集马尔博罗公爵和德·萨克斯的态度于一身。这也许并非偶然，因为这位国王苦心钻研战争和军事史。他继承了近代史上最精良的军队，锐意侵略，旨在将普鲁士打造成强国。他参与了两场战争，历时十五年，从技术上来说，两场战争皆由他发动，但在仅凭运气逃过一劫后，他在平静的反思中度过了其统治的最后二十三年。

　　弗里德里希从未承认，差点就发生的灾难是否改变了他对开战成本与收益的看法和计算。但可以这样说，他经常主动邀战：七年战争期间，弗里德里希参与了十一场战役，九次主动发起进攻，另外二场显然也冒险参战（图4.5）。无需计算就能明白这种情况为何会发生。虽然进攻成本高昂得无以复加——弗里德里希的精悍部队经受了严重损耗——其收益却也相当可观。替代选择是一场防御性的机动战争，这将导致王国遭到三个向其进军的大国侵占。就像多年以前的古斯塔

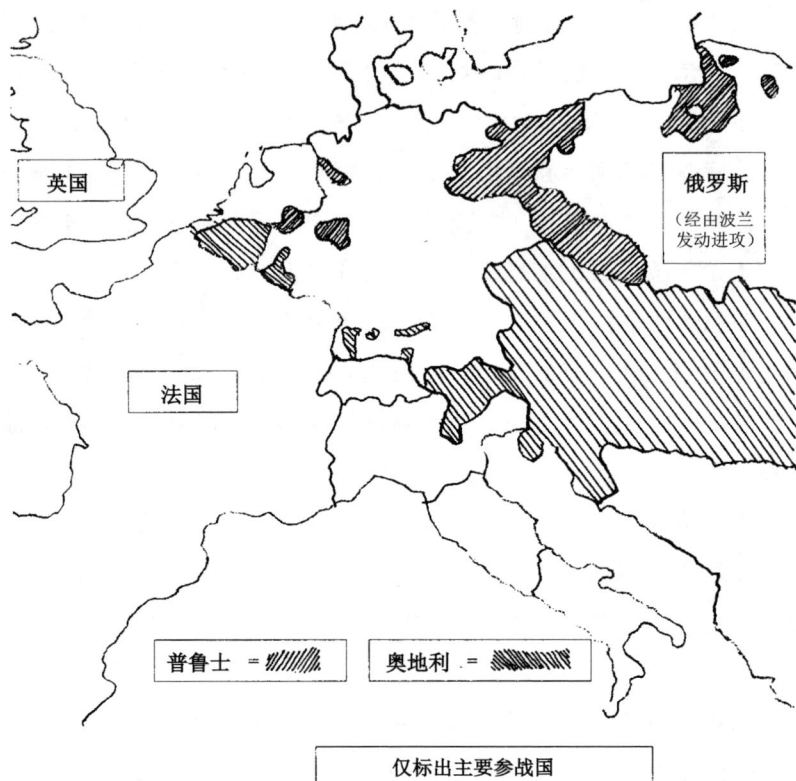

图 4.5　七年战争

七年战争（1756—1763）是法兰西、俄国和奥地利遏制普鲁士的一次直接尝试，后者在军事上强大但在地理上易受攻击（被戏称为"边界王国"）。英国是普鲁士的天然盟友，原因有二：英国王室统治汉诺威，而后者忌惮法国的扩张；自 1754 年以来，英国就与法国在北美交战（称为法国–印第安战争）。尽管普鲁士国王弗里德里希二世拥有强大的军事能力，但截止刚愎自用的俄皇彼得三世即位时，他的国家正濒临毁灭。普鲁士在战争中幸存，法兰西蒙羞，而英国成了世界霸主。休伯特·范图伊尔绘制。

夫·阿道夫一样，这个演算直截了当。

弗里德里希的思维影响了他的计算。当他于 1757 年 4 月侵略波希米亚时，他意图"发起一场决定性战役，以粉碎奥地利军队告终，使其再无能力宣战"。这代表他打破了过去的绝大多数惯例，虽然这可以用他所处的不利地理形势来解释，但就算没有被包围，他仍然可能选择采取这一路线。他声称"普鲁士军队总是进击"，即使灾难降临也坚守这一说法。他的计算有可能受其历史知识的影响。他曾在启蒙运动当中非常活跃，运动强调将追寻知识作为解决问题的工具。与后世一位德意志军事思想家一样，弗里德里希对坎尼战役（公元前216 年）的研究激发了他对赢得歼灭战的热忱。[31]

为什么弗里德里希的计算会使他比同时代人更频繁地下达进攻指令？弗里德里希无疑比德·萨克斯和蒙泰库科利乐观得多，对兵力上的劣势不以为意。"若寡不敌众，切勿对胜利绝望。"他提出利用地形、计谋、战术和其他方法来弥补兵力劣势。某种程度上，弗里德里希的发明源自必要性：受制于当时阵地战的规则，他无法参与这种战斗，因为普鲁士的寡不敌众几乎无从避免。这使得弗里德里希有必要在其他人不可能发起进攻的情况下，选择成为进攻方——此时，马尔博罗公爵已经过世。然而，还有另一个考量，那就是他倾向于简短的战争，因为持久战成本更高，军队也将每况愈下。[32]

如前所述，在战后的写作中，弗里德里希没有明确承认他侥幸逃脱了毁灭。如果不是俄罗斯女皇伊丽莎白在 1762 年去世，并将皇位传给刚愎自用的外甥彼得三世（一个亲弗里德里希派），普鲁士将会成为遥远的历史。不过，弗里德里希的文字揭示了，老到的经验使他在计算开战决策时拥有一种更微妙的方法。"若无重要事因，决不开战。"他这样建议道。事实上，他认为边际成本和收益之间应有巨大差距："战争成败只能由战斗决定，只有战斗才能结束战争。因此必须打响战役，但这应该在及时且所有优势都在己方的情况下进行。"[33]

这话听起来不像出自那位频繁发动进攻，甚至在战局胶着时也如此行事的国王。他对计算的思考发生了改变，原因至少有四。第一，他明确地认识到，总有事情在预料和控制之外。[34] 第二，在两个方面，战场就像个令人痛苦的监工。他并不总是赢，在十一场战斗中，有三场以战败告终，还有一场近乎于此。然而，对战役的经验让他更加矛盾。1756 年至 1760 年间他投入了十场战斗，但未能阻止三个敌国继续战争。[35] 第三，他的计算有时会出现失误，而他并不比普通的将领愚笨。例如，在库勒斯道夫战役（1759）中，他对俄国人发起了一次完全不计后果的进攻，仅仅因为他蔑视他们（这种错误似乎时常发生）。第四，他也许意识到，发动战争还有别的方式。奥地利陆军元帅利奥波德·约瑟夫·冯·道恩（1705—1766）因其防御战略多被后世诟病——但却得到普鲁士人的赞誉，后者被他的战略严重挫伤。道恩的战术与弗里德里希颇为不同，挫败了国王计算背后的意图，而普鲁士人（可圈可点地）注意到了这点。出于政治和军事上的原因，道恩需要保全奥地利军队，他并不完全赞同普鲁士人的作战方式，他说："国王总是平白无故便开战。我的看法是如果我们发现从一次胜利中获取的利益远胜于撤退或战败所导致的伤害时，我们才应该开战。"[36]

此前我们提到，战役对将领而言变得异常重要，以至于他无法不去计算可能发生的后果。比如说，我们如何看待路易十四和弗里德里希大王未能准确预测自己显然会失败？就其自身而言，这些失败并未损害我们的主张，即边际成本及收益决定了是否开战的决策。在这两个例子中，我们清楚地看到，当统治者根据国家资源而非某一特定军队的资源来决策时，军事计算变得更为复杂。如果弗里德里希是普鲁士军队的一名将领，不掌握整个国家的资源，他可能完全不会如此鲁莽。路易十四之所以被击败，不是因为发动了代价高昂的战役，而是因为发动了代价高昂的战争。这位法国国王不曾指挥过一场战斗，而他最著名的敌人马尔博罗公爵远比他本人更具侵略性。不过，尽管法国大革命中那种集权化的、拥有丰富资源的国家尚未出现，人们已经能感受到"无限"资源对于开战决策的影响。

拿破仑战争

因为战役时代（1618—1815）与革命时代（1789—1914）在我们的分期中有所重叠，所以关于后者，尤其是二者重叠的那二十五年，有几点需要说明。[37] 后一个时代也被称为"漫长的世纪"，包含了数不清的变化，几乎涉及生活的方方面面，其中一些直到世纪末才发生，另一些没有对军队编制产生立竿见影的影响。不过，变化和动荡已经足够使得这个世纪里几乎每一场重大战争的结果都倒向了军事现代化程度最高的一方。法国大革命、拿破仑战争的大部分，还有克里米亚战争、普奥战争和普法战争，莫不如此。（这种影响鲜见于美国独立战争，因为两方军队的境况非常近似，其将领也都有相同的军事教育背景。）由于发生了一系列影响战事的变化（18 世纪的将领则无需面对这些），对另外一场战役所带来的额外成本及收益的计算变得更加复杂。

法国大革命（1789—1815）影响了生活和社会的所有面向，因此也对战争产生了影响。最著名的事件——颠覆君主制——很可能是最不重要的一桩，但它最终明确了一点：士兵为国家而非君王个人效力。尽管法国在 1792 年之后又经历了两位皇帝和三位国王，但为国家效力的观念已经深深植根，成为后世的社会准则。这也意味着每个男性公民都被认为对国家负有义务，包括服兵役的义务。随着贵族不再能独占军衔，军官与士兵之间的界限在法律上被废除，然而，在许多国家，贵族仍继续在军官阶层中占多数，直到第一次世界大战结束。

法国大革命对军队产生了深远影响。国民无论出身阶级，全民普遍负有军事义务，这意味着征兵制度经历了巨变：国家攫取了过去绝对君主未曾有过的征召军队的法定权力；革命军迅速壮大；小型职业军队被许多应征入伍的大型部队取代；军队编制的总体规模一直在增长，不过单独一支军队的规模——作为一个单位进行机动和作战的士

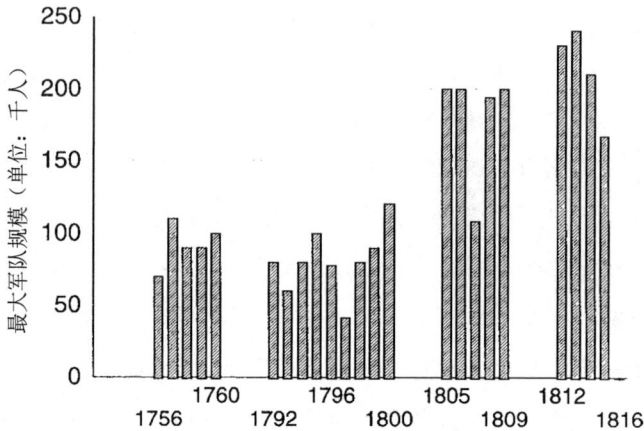

图 4.6　野战军规模

年份有所间断。图表中没有包括莱比锡战役（1813 年 10 月 18 日）的罕见情况，当时三
支部队集结，反法同盟有 300,000 兵力对抗拿破仑。
资料来源：汇编自 Dupuy and Dupuy, 1970。

兵人数——也在增长（图 4.6）。[38]

　　这些新型军队更具"国民性"，达到了前所未有的程度，因为兵
力皆征召自国内。激励手段也有变化：入伍奖金和严苛纪律并没有在
一夜之间消失，但爱国主义的概念就此生根，并变得越发重要。起初，
逃兵问题并不起眼，但随着拿破仑战争所致的伤亡人数不断增加，这
一问题变得越来越普遍。从政治上对士兵进行激励成为必要做法，法
国人甚至任命了"政治官员"来完成这项任务。

　　军队的结构也必须改变。拿破仑将部队分为独立的编队，又称
"军团"（corps），这些分队有时会独立于军队的其余部分作战。这就
要求更多指挥官必须在战与不战之间抉择。在拿破仑最后数场战役
（1813—1815）中，他的敌人利用了这一点，攻击他分别作战的部下，
而非拿破仑本人。盟军正确地计算了这一点，增加了他们消灭法军的
可能性。

　　国家性质的改变也影响了军事实践。从有利的一面来看（站在将

领的角度），革命之后的国家能够以比从前更大的规模为战争筹募军费。革命意味着中央集权：国家无需再向贵族伸手要钱，也不再需要举债征召年轻士兵，这两件事都可以通过法令来完成。然而，新型国家存在于一个忌惮革命的时代，至少在 1850 年以前都是如此。战争在当时被视为极大的不稳定因素。讽刺的是，尽管资源更易于被用来发动战争，在这个世纪的上半叶，来自政治上的压力却反对这么做。

工业革命的影响远远超过了战役时代。诚然，彼时它正如火如荼地展开，但其对于战争的影响还未显现。现代经济史解释了这一现象。早期人们将它描述成一桩迅猛而暴力的事件，强调其有害的方面，但事实上，变化算不上快速，在这种情况下，"革命"一词被视为"用词不当"。然而，生产和分配方式确实改变了，最终影响了生活的方方面面。现代工业兴起，采矿业、制造业和建筑业的重要性与日俱增。动力机械、新能源，以及非天然材料的广泛使用成为常态。企业规模也不断扩大。[39]

最终，这也对战争产生了深远影响。电报创造了近乎即时的信息流，这意味着政府得以从远距离控制军事决策。[40]铁路彻底改变了人员调度和后勤支援的方式。生产使大规模制造军用物资成为可能，如此规模是任何 17 或 18 世纪将领都无法想象的。战争同样经历了工业化，大型工业联合公司——如阿姆斯特朗·惠特沃斯，布洛姆 & 福斯，卡梅尔·莱尔德，克虏伯，桑尼克罗夫特以及维克斯——因"满足军队需要"而成立。管理技术的进步使得强国能向战场投入财力和人力。最后，最直接的也许是针对枪炮的影响。火力，尤其是武器射程的变化，要远快于军队改变战术的意愿和能力。然而，所有这些都需要时间才能起作用。比起 20 世纪，19 世纪六七十年代的军队阵形及战术与 18 世纪的作战方式更为近似。

这些影响甚广的变化如何影响指挥官对战场状况的评估？资金、人力和军需等资源越来越多，这降低了发动全面攻击的边际成本。据传，拿破仑曾夸耀麾下士兵的年薪，而18世纪没有哪个指挥官（就算是好战如弗里德里希大王或马尔博罗公爵的那些）胆敢这么说。（不论拿破仑是否真的这么说过，这句话无疑反映了他的真实观点。）降低成本的态度符合对歼灭战的日益强调。卡尔·冯·克劳塞维茨（1780—1831）——长久以来对拿破仑战争最有影响力的解读者——也支持这一策略。最终，歼灭原则成了理想战略，尽管这一原则实际并没有达成多少历史成就，尽管克劳塞维茨也对这一主题提出了许多限制条件。将歼灭设定为目标，影响了作战和国家的总战略。全体歼灭的作战目标，最常与第一次世界大战时德国意图在六周内摧毁法国的计划（施里芬计划）联系起来，但实际上，它为绝大多数军队所采纳。国家总战略指向总体战。拿破仑曾狂热地利用宣传（从由他开办的军事报纸《通报》可见一斑），经过发展，宣传既成了盾，又成了矛，祖国人民有待鼓舞，敌方士气有待挫伤。经济战并非新鲜事，但克劳塞维茨的思想外加工业时代的经济景况，使之成为一项重要得多的武器。（经济景况包括国际贸易，以及对进口资源的依赖。）第一次世界大战汇聚了所有这些因素，却带来了极为可怖的结果：没有赢家的歼灭。

歼灭战理论与法国大革命时代强调总体战的思想十分契合。[41]通过摧毁敌方军队，或者避免被敌军摧毁，可以有效制造破坏。在总体战中，18世纪的机动问题显得无关紧要。看起来它们没有催生任何决策，而由于物资供应问题，新时代的大型军队无法无限期地驻留在战场上。铁路固然解决了这一问题，但它们也是限制因素，因为没有军队能够负担得起远离至关重要的全新钢铁命脉，机动战争由此进一步遭到限制。与此同时，由于正面冲突的成本与日俱增，歼灭战变得越发难以推进。武器射程增加，最终使得中心爆破的拿破仑战术变得毫无意义。

不断变换的政治形势也影响了将领们的计算。舆论的分量加重，这在克里米亚战争中得到了最戏剧化的体现，军事上的管理不善直接导致了英国政府的倒台。现代政治和现代媒体相结合，使公众的作用在军事战略上占据了一席之地。在某种程度上这意味着，发动战争所产生的更加高昂的人力边际成本虽然因人力更易于替代而被降低，但最终又因需要考量潜在的舆论而提高。这一点在一些冲突中体现得尤为明显。例如，南北战争中的将领对其行动的政治维度非常敏感（见第五章）。另一重政治维度是对革命的恐惧，这种恐惧倾向于阻止战争，尤其是成本高昂的那类，因为它们是不稳定因素。但还有一个更重要的因素：军队还必须随时准备镇压叛乱。在战斗中损失王家正规军，可能会削弱政府在国内异见者间存续的能力。[42] 虽然在 1848 年的革命中，绝大多数国家的政府都意外地成功免于被推翻，但每一例都与强大的军事支持有关。战争通过两种方式使革命成为可能：它天然就是不稳定事件；它可能迫使统治者为阻止革命发生而牺牲其最有效的工具。

最后，将领需要考量的是，战争的节奏加快了。在 1900 年，战事与随之而来的外交上的进展比 1800 年更为迅速。一经部署，军队虽依旧依靠脚力行进，但能以更快的速度抵达战场，物资补给能以更快的速度跟上，将其部署在某处的决策也以更快的速度下达。信使仍在发挥作用，但电报和火车剥夺了此前一个时代士兵和政客决策时的从容不迫。军队也能更快地调整方向，以应对新的威胁或利用新的机会。这又为开战增添了另一种边际成本：士兵一旦投入战斗，就不容易重新部署。十年间发生的三场战争（1861 年至 1865 年的南北战争、1866 年的普奥战争，以及 1870 年至 1871 年的普法战争）显示，将领们试图应对新的战争计算。普鲁士人自然完成得最好，这或许是种必然，因为他们在军事上具有天然优势。[43]

19 世纪的陆战是拿破仑式的。将军们试图仿效他的战术和战略，军队结构反映着他的改革。这个世纪最著名的军事作家们，安托万-亨利·若米尼（1779—1869）和克劳塞维茨，都对拿破仑时代的结果做出了回应。这个世纪的军事改革和转变并不归功于个人，许多改进都承继自拿破仑之前的颠覆性改革，甚至是后来那些法国王家军队中的改革。而他的"天才在于比任何人都更好地利用了一切"。但拿破仑对这支经过改革的军队的调用影响深远。1815年以后，每个意图发动战争的现代国家都必须思考前车之鉴，当然，彼时的将领也都为这一"将领的黄金时代"深深着迷。[44]

　　拿破仑如何看待对战争的计算？他如何决定何时发起战斗？总的来说，拿破仑总是冒险参战，从不错过任何一次战斗的机会，至少相较于上个世纪的将领是如此。他的好战或许是他最为人熟知的一点，而他本人的许多格言似乎也都证实了这一点。根据他在圣赫勒拿岛口述的回忆录，他将自己发动战争的方法定义为"唯有交战，方知结果"。虽然应该批判性地研究这些口述，但这句话屡屡出现。威灵顿公爵（1769—1852）认为，"拿破仑的计划一直是尝试并发动大型战役"。根据威灵顿的说法，拿破仑的战略是集结部队，进行部署，发动重大打击，然后在条件允许的情况下采取行动。他的好斗尽人皆知："他取胜，因为他从未停止追击敌人。"拿破仑自称尤其专注于消灭敌军："欧洲有许多优秀的将领，但他们同时关注的事项太多了。我的眼中只有一件事，那便是敌军的主体。我试着将它摧毁，自信次要的事情会自行解决。"[45]

　　人们认为，他看似无穷的攻击性源于他乐见底层将士流血。当然，他麾下有大量人马，而面对杀戮时，他也丝毫未感到良心不安。在1795年驱散一群反叛分子时，他从极近的距离射击，使火炮的杀伤力最大化，以造成尽可能多的伤亡。[46]英格兰战略家巴塞尔·李德·哈特评论道："令人感到奇怪的是，在人力资源库里拥有一张空白支票，这在1807年至1814年间的影响与其在1914年至1918年间的影响竟如此相似。同样稀罕的是，在两个情形中，这都与密集火炮轰炸的战术有关。可能的解释是铺张的军费支出孕育了豪奢——'节约兵力'

原则在精神上的对立面。"[47]成本既有短期的，也有长期的。短期来看，对敌军优势部位的拿破仑式打击使得进攻方疲惫不堪，以至于无法继续追击。拿破仑时代导致法国人口增长极速减缓。[48]

这就引发了一个疑问：计算体现在何处？可以从两个相当明显的方面看出。首先，拿破仑并非征战不休，而会等待对的时机出现，或者运筹帷幄，以创造时机。在他参与的许多场战争中，平均每五十天就会有一天开战。其次，滑铁卢战役期间，尽管兵力已大不如前，他还是一如既往地具有侵略性。路易十八废除了征兵制，就连拿破仑也不敢恢复。他发动了两次进攻，原因与他在职业生涯中发起多次进攻的动机如出一辙：一旦他的敌人有时间联合起来，他将无法承受。那个淡漠的嗜血者形象是对他本人的过度简化："我们要吸取的教训是，对于拿破仑在任何特定情况下做出的任何决策，我们不能概而论之。"[49]

事实上，拿破仑十分信奉计算，而从其军旅生涯中不难看出，他对额外展开一场战役所带来的额外成本和收益有过计算。他总是有意与对手开战——此处与机动战无涉——但实际只有在某项或诸多条件发生改变，能够创造有利形势时，他才会发动进攻。这通常意味着在关键战略要地具备兵力或火力上的优势。他相信，战争的技艺在于处于劣势的军队在发动进攻时具备更强大的武力。"军事的技术首先在于准确计算不利条件，然后精确地，如同算术般地估量偶然性的促成作用。"这不是事后之明。1806 年，第三次反法同盟战争期间，拿破仑称"在战争中，唯有通过计算，方能收获战果"。后来他又进一步称自己有"提前四至五个月思考对策的习惯"。[50]

有趣（也很切题）的是，拿破仑的一些解读者对其关于计算的观点看法迥异。克劳塞维茨认同其中一种观点，即将领的诸多问题都是数学计算的问题。虽然常因将拿破仑的战术风格展现得过于一板一眼而被诟病，但若米尼指出了冲突和意料之外的战役的问题。克劳塞维茨没有忽略偶然性，若米尼也并非提议鲁莽进攻（他反倒是倾向于反对）。虽然拿破仑在诸多方面不同于 18 世纪的前辈，但他与他们一样，都希望在战役开始前率先进行计算，而他对条件的谨慎选择表明，他关注在任一特定日子开战可能带来的边际收益（或成本）。这一点可以从他第一场著名战争意大利战争（1796—1797）看出。他知道自己有几个最重要的优势：他的下属精明强干，而他的敌人昏聩无能。但这并不足以促使他发动进攻。他不断运筹帷幄，直到额外的条件成熟，具备更多优势，进而降低成本。[51]

相较之下，威灵顿似乎更加审慎。他早期驻扎印度时所持的观点——应该在"首批敌军出现时就发动猛攻"——自然已被更加深思熟虑的进路替代：仔细研究地形，勘察敌情。他不止一次因为风险而中止追击。和拿破仑一样，对他的描述时常过于简化。虽然威灵顿对待军队的方式更加谨慎，也常常处于守势，但"只要具备优势，他在发起进攻时便毫不迟疑"。拿破仑甚至暗示，威灵顿留驻滑铁卢并参战其实是犯了个错误。正如前文中的引言所述，威灵顿和拿破仑一样，总是寻求额外优势，以使己方的成本／收益比在天平上达致有利位置。[52]

战役时代与其他经济学原理

本章的大部分笔墨都放在三十年战争（1618）伊始至法国大革命（1789）初期的指挥官身上，他们反复思量接下来的战役，并计算可能产生和获得的预期成本和收益。当然，在这近两个世纪间打响的战役数不胜数，人们很轻易便能从中援引案例以证实自己的观点；但恶意批评者还可以选择一项更为简单的任务：展示战役时代的将领们并未将计算随即打响的战役的预期成本和收益作为原则！

　　和前文一样，我们将用本章的余下部分，浅析本书运用的其余五项经济学原理可以如何运用于"战役时代"这一主题。与预期边际成本及收益原理一样，其余原理皆可逐一拓展成完整独立的章节甚至专著。将机会成本的经济学原理应用于这一或其他任何时期的战争，并不需要耗费什么脑力。战争的所有阶段都需要决策，因为没有任何军队编制真的掌握了其所需的全部兵力和军需。因此，例如，将领们必须仔细考虑以哪个地理方位作为进攻目标，而选择一个位置显然意味着放弃另一个。这一抉择或许会有所延迟，当然也应该使敌军迷惑不清，战役时代几乎所有成功的将领皆如此行事。而在接下来的革命时代，拿破仑一以贯之，甚至在滑铁卢战役中试图骗过威灵顿，混淆自己的真实意图。在这一点上他成功了，不过他的战败又破坏了这一成功。

　　在战役时代，一个重要的替代涉及兵种的转型。17世纪初期，参军所得的回报并不固定，也不成体系。兵士透过包括佣兵团在内的不同机制被征募，但固定薪饷还无从考据。古斯塔夫·阿道夫和毛里茨亲王改变了这一局面，并创建了现代世界第一批隶属于民族国家的职业常备军。固定薪饷极大地改善了纪律问题。领取薪俸的士兵与其指挥官（尤其是那些负责发薪者）的联系更加紧密，使他们不必再自力更生，并以牺牲倒霉平民为代价。军队的行动一直都具有破坏性，但对平民而言，这种新近组建、领取薪俸并遵守纪律的军队带来的危害要比其前辈小。后来，法国大革命产生了征兵制，这一制度又逐渐被其他地方所采纳。就这样，大批年轻新兵取代了18世纪俸禄更少的职业军队，前者代表了整个国家，（在理想状态中）由爱国主义团结在一起。尽管针对这一点曾有过并持续存在争议，这一制度显然运作得足够良好，直到我们所处的这个世纪才开始式微。

　　乍一看，收益递减的经济学原理与一则鲜有人反驳的著名军事原理相冲突：集中兵力。如果因为规模较小的部队无法完成手头的任务而需要集中兵力，收益递减的情况表面上似乎不会发生，但实际上却会。在战争中，如果一次成功的进攻需要动用两个师，那么使进攻的兵力翻倍是有价值的，因为这可以产生预期的总体结果。然而，收益递减仍会发生：18 世纪两个师的火力无法使一个此类师的效果翻倍。而当部队冗员，超出了完成任务所需的人数，收益递减将会更加严重。同一次进攻中，过多兵力可能会相互妨碍，战场可能会变得太过拥挤，阵形可能会相互交缠，从而干扰有效进攻。在几乎所有战役中，尽管其指挥官尽力争取，依然总有单位从未参与作战。因此，"集中兵力"的军事原理与投入更多资源而导致"收益递减"的经济学原理并不相悖。

因委托人（指挥官）和代理人（士兵）之间的信息不对称而产生的问题亟待解决。例如，某个士兵可能打算逃离其所在的单位，直到他采取行动那一刻，实际都会对指挥官隐瞒这一易惹麻烦的行动意图。对指挥官来说，问题在于如何发现这一意图，或者即使意图仍被隐瞒，如何阻止行动的落实。随着军队规模逐渐扩大，这一点变得尤为重要。就其本身而言，逃兵问题并不新鲜，但其影响如今已不仅仅是简单的人数问题。步兵已经从中世纪组织松散的底层变为一切军队的核心，必须通过具有独创性的合同来防止此类受过高度训练的人员流失。由于用薪俸换取忠诚作为合同手段并不总是奏效，解决办法之一就是订立合同，以使部队尽可能保持阵形。军事上有充分的理由让军队在作战时保持队列，而这也意味着士兵们很少脱离彼此的视线，因此能提供高度有效的内部监管。逃兵会使其分队陷入危机。在战斗时，士兵们曾经（并仍然）能够合法地击毙逃兵。当战线拉长超出预期，战争的机遇转变为危机时，打击逃兵就变得尤其重要。这恰恰是最需要士兵的时刻，也恰恰是最有可能产生逃兵的时刻。有必要聚集士兵，使他们能够被置于监视（或互相监视）之下。而就算这常常还不足以杜绝逃跑，公开枪决被捕的逃兵无疑仍是一种激发军队忠诚感的手段，至少能激发士兵们对彼此的忠诚感。

　　信息不对称的另一面涉及的并非同一阵营，而是敌对阵营的委托人和代理人，尤其是在战前发现敌军隐藏特征的问题。为解决这一问题，18 世纪发展出了兵棋推演。这并没有提供对手的相关信息，但确实创造了一种系统性的方法来研究可能出现的结果，从而揭示出敌人（或自己！）可能拥有的潜在隐藏特征。普鲁士军队在发展这一方法论上尤其高瞻远瞩。出于同样的原因和目的，也为了训练应征入伍的士兵，和平时期的演习也变得更加重要。

结论

　　为何要将经济学原理应用于开战与否的决策呢？答案就藏在本章考察的军事历史的广阔图景中。战役时代持续了大约二百年（事实上我们考察了将近三百年）。大型战事可能有数百场，小型的则数以千计。我们在本书中提出的分析模型催生了一种研究类型，使更好地理解这一时代将领们的行动成为可能，也为之呈现了更有意义的比较。对这一时期的将领，均可以根据一个共同的标准加以分析，而我们对他们的时代，也许对我们自己时代的理解都将得到丰富。

附录

关于战役案例的经济学表格

原理	人力	后勤	技术	筹划	作战
机会成本	进攻必须同时考虑数量和质量上的损失	不进攻意味着拉长战线，可能会消耗更多补给	投资修筑工事意味着野战部队投入减少，反之亦然	筹划用于一个地点的部队无法用于另一个地方	一旦投入使用，进攻部队不可立即重复使用
预期边际成本/收益	短时间进攻可能比长时间决战前战役能减少的伤亡少	补给耗尽前战役能结束会战	集中炮兵部队比将大炮分散到各单位更好	在经济上有占领价值的地区冒险开战，就能有所收获	如果敌军被迫进攻防守严密的阵地，则冒险开战的收益增加
替代	征兵取代雇佣士兵；雇用士兵取代四处劫掠的部队	火车取代役备降低成本，因为无需准备马匹饲料	刺刀取代长枪降低成本，因为无需专业长枪兵	理想部队成本高昂"无法使用"时，其他部队顶上，骑兵而非步兵，等等	炮击有时代替步兵发动进攻
边际收益递减	进攻中部队过多造成拥挤，场面混乱	过多部队堵塞补给车队通行的道路	在特定任务中集结过多火炮导致火力、弹药等浪费	集中所有部队攻击一个目标造成浪费，可能动用过多单位	过多单位参与一项行动可能使军情过于复杂
信息不对称（克服）隐藏特征	士气（低迷）应被隐藏，有关敌军士气的信息至关重要	缺乏弹药的情况必须被小心隐藏	望远镜成为指挥官常规用具	普鲁士军队发明的兵棋推演为可能的战斗结果提供了更准确的信息	隐藏部分兵力成了标准技巧（如罗斯巴赫战役、洛伊滕战役、滑铁卢战役）
信息不对称（克服）隐藏行动	法国"全民动员"为国民创造了义务，并利用了爱国主义	军队的经济状况与采购物资有关（海战比陆战更常见）	私人设计师经常开发、更新和改良现有武器	毛里茨和古斯塔夫·阿道夫为军队引入固定薪俸	17和18世纪军队保持严密阵形，减少逃兵风险

第五章
革命时代（1789—1914）

美国南北战争与信息不对称的经济学

在第一章中，我们讨论了信息在市场中的作用，并专门区分了隐藏特征和隐藏行动，前者源自采取行动前的信息不对称，后者则源自采取行动后的信息不对称。市场参与者从错误中吸取经验，而在第三章中，我们看到了意大利城邦如何尝试克服与佣兵队长签订合同时的隐藏行动的问题。制定巨细靡遗的合同、施行检查、延期支付合同款项、根据业绩提供福利和奖金、授予贵族头衔等，所有这些都是为了在与那些违反军事服务合同的人打交道时占上风。信息不对称的理论，至少其经济学面向，为历史提供了丰富解读。在本章中，我们将检视信息不对称中的隐藏特征面向。

在开始前有必要提醒：切勿混淆不对称信息（asymmetric information）与不对称战争（asymmetric warfare）！后者针对的是战争行为的某些特定面向，可能远远超出信息范畴。就算是在对称战争中，仍然可能存在信息不对称的情况。美国南北战争就是这样，当时，双方军队在理论、装备、领导和训练等方面都势均力敌，但在人数上相差悬殊。

军事思想家在战争的方方面面都强调了信息的重要性。[1] 在孙子的思想中，信息的使用起着核心作用，无需专门对军事史做艰深的分析，便能看出信息不对称之于战果的影响。事实上，看不出来反而更难。隐藏特征的概念在战争中有特殊的应用。虽然市场上的买卖双方通常都会设法彼此隐瞒某些信息，但战士们更喜欢隐瞒所有信息，除了那些可能导致对手放弃（离开市场）或采取错误行动的事实。相应地，获取敌人隐藏特征的信息往往需要付出巨大努力。然而，任何战士都不可能瞒住关于己方的一切，也不可能了解敌方的一切。

我们的重点是检视在采取行动前、集结部队前、运送补给前、投入战斗前的信息不对称所造成的问题。如果信息是我们佩戴的单片眼镜，那观看的场景就是 1861 年至 1865 年的美国内战。如果参战双方都对彼此了如指掌，不论是作战行为的一切面向，还是整体的战局，就没有打仗的必要了。[2] 和动物一样，对手也许会顾盼自雄，释放并解读信号，以甄别对方的实力——然后决定撤退与否。用信息理论的说法，信号是可观察的因素，用作某个不可观察的变量（实力）的替代物，后者只在行为本身中显现。通常情况下，发送信号（signaling）比开战划算，因此我们观察到，人和动物一样，都对信号有着非凡的开发和展示，并相应地具备复杂的解读能力。解读信号致使人们形成了收益和成本的预期，从而调整战术、修正战略。解读信号会带来后果，参战双方都知晓这一点，最好加倍努力释放和解读信号，随之而来的可能是一场信息"军备竞赛"。

有时，发送方或接收方会犯下灾难性的错误。年老的雄性灵长类首领误以为年轻对手的挑战只是虚张声势，继而发生了一场打斗，首领被取代，政权更迭。或者，情况相反，年轻的那个太过自信，受到打击，只得等待自己的时机。不管怎样，实力这个不可观察的变量，现在已经展示给了一群非常善于观察的旁观者，还在上学的孩童都能清楚这点。狡猾的动物也清楚，因而在任何一场打斗中，它们都不一定会倾尽全力。[3]

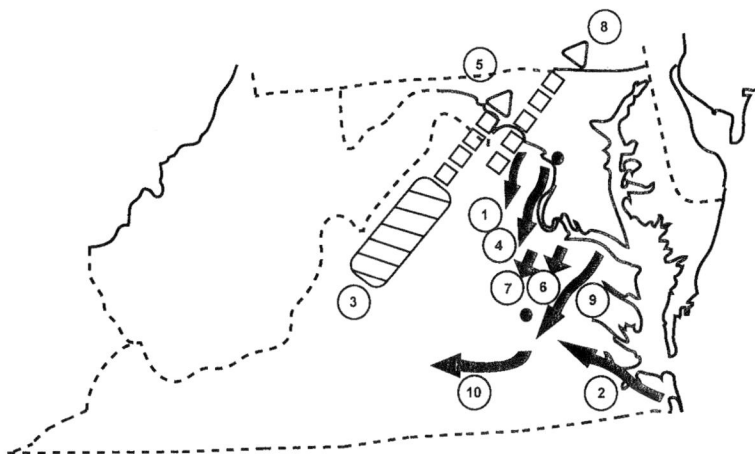

5.1　东部战役

图例（实心箭头代表联邦军队）：1.第一次牛奔河会战；2.半岛会战；3.杰克逊的河谷会战；4.第二次牛奔河战役；5.安蒂特姆战役；6.弗雷德里克斯堡战役；7.钱塞勒斯维尔战役；8.葛底斯堡战役；9.格兰特的挺进；10.阿波马托克斯追击。德布拉·范图伊尔绘制。

人也是狡猾的动物。人类竞争的本质在于释放信号来误导和欺骗对手，但有时也会释放真实的信号。苏联时期，莫斯科的五一节阅兵实际上包括对军人和装备的"炫耀"，旨在劝阻美国及其盟友不要轻率发动攻击。出于同样的目的，美国"耀武扬威地"进行了地下核试验，其产生的地震波就算远在莫斯科也能被正确解读。这种正确信号的发送和接收确保了地球上生命的存续。然而，发送和甄别信号的不充分恰恰解释了为什么1962年古巴导弹危机会导致如此危险的对峙。在私人市场中，相互披露可以增加信心和交易的可能性，这就是为何法律经常要求披露信息，例如在金融市场上；同样，在对抗之前，建立信任措施的目的是避免冲突。但一旦战斗开始，什么能公开，什么该隐藏，本身就变成了战略变量。

本章中，在讨论美国南北战争并检视东部战场特定战役（图5.1）之前，我们将讨论信息与一般战争。尽管不涵盖西部战场就难以完

图 5.2 弗吉尼亚地理

只有将其置于弗吉尼亚的地理环境中才能理解东部的战役。进攻方需要征服崎岖、荒凉、多山的地形和众多河流。因此，地形对守军非常有利。德布拉·范图伊尔绘制。

整研究南北战争的军事方面，但将视界限定在东部有几个优点。东西战场之间的行动通常没有多少联系，特别是南方邦联，1864 年以前，南方邦联在东西战场间没有大规模军队调动。在东部，南北双方势均力敌；北方联邦军在人数上占优势，而南方邦联可以借助弗吉尼亚强大的地理屏障发动战略防御战争（图 5.2）。这种平衡很好地体现在双方都无法取得决定性的胜利上——北方军发动了六次进攻，取得了一次胜利，南方军发动了两次进攻，颗粒无收。在这种情况下，对手自然会争取各种优势，包括利用信息。美国历史上第一个正式情报机构就诞生于这一战场。

东部战场的战役始于 1861 年夏季的第一次牛奔河战役（马纳萨斯战役），北方军第一次尝试发动进攻，以期迅速决胜。这场战役在信息方面有多个"动机"，其中最重要的便是林肯希望快速侵入能将南方联邦主义者团结到旗帜之下。当然，这个愿景并没有实现，而凭借后见之明来看，也不太可能实现。即使如此，由于联邦军队甚至没能攻下弗吉尼亚北部，我们便永远无法确定更有成效的入侵能否真的加速战局至结束。当然，半岛会战（1862 年 3 月至 7 月）和第二次牛奔河战役（1862 年 7 月至 8 月）粉碎了北方军关于南方军不堪一击的幻想。信息缺失对战争的结果影响深远。自那以后，信息的潮流发生了些微转向。因为信息不足，安蒂特姆战役（1862 年 9 月）对南方军来说是一场灾难，而比起信息缺失，北方军在弗雷德里克斯堡战役（1862 年 11 月至 12 月）和钱塞勒斯维尔战役（1863 年 4 月至 5 月）的失败应当更多地归因于指挥能力不足。葛底斯堡战役（1863 年 6 月至 7 月）是北美大地上最伟大的战役，北方军的取胜可能源于其在掌握信息方面更有优势。（不过人数上占优也没什么不好！）

格兰特在弗吉尼亚发动的大规模血腥会战（1864—1865）与此前的会战都不同。以前的会战由行军、调兵和一场大型战役组成，然后其中一方就会后撤思考战局。在弗吉尼亚，格兰特意图夺取并钳制南方邦联军队，因此打响了一系列紧凑的战役。其中至少有一场（1864 年 5 月 8 日至 21 日的斯波齐尔韦尼亚法院战役）看起来更像是第一次世界大战中的交战，而非传统的战斗。罗伯特·E. 李通常被描绘成两位主要指挥官中更传统的那位，他能够发动这种类型的战争，并且也确实这样做了，这使他收获了赞誉。在战争最后九个月里，两军在弗吉尼亚的彼得斯堡交锋，大多数时候都在固定的阵地作战。我们将看到，在所需信息类型方面，这产生了有趣的结果。

信息与战争

在商业中，信息差带来优势，更充分掌握信息的一方可以利用优势来获得比竞争性价格更有利的结果。同样，在战争中，信息的主要作用是制造差异，消息更灵通的一方将对此加以利用。就作用而言，信息的作用是发出信号——无论是真实的还是欺骗性的——以及被破译（被甄别）。困难之一是判断对手何时发送了正确的信号，何时没有；另一种困难是设法引出信息（例如测试敌军反应的模拟攻击）。某些信号的发出是出于无意、错误、疏忽，或丢失。某些信号是秘密传出，或故意泄露的。另外一些信号原本是给己方的，却被敌方拦截，给对方带去优势或惊恐。

虽然信息原理的隐藏特征面向不言自明，但其影响多重且微妙，如其结果一样。信息对行为和行动会产生何种影响？如何收集、处理和使用？有些行为者会根据有限信息做出正确行动，而另一些则会因信息泛滥而陷入僵持，后面这种情况在战争史上并不罕见。什么样的信息最有影响力？如果存在信息不对称，那么对于参与交易的其中一方来说，知道这一事实有多重要？

信息经济学理应引起军事史学科的关注，因为信息在战争中发挥了独特作用，而不仅仅是通过发送和甄别信号等手段产生信息差。原因有几个。首先，对己方和敌军情报的需求几乎无法穷尽。西点军校教授丹尼斯·哈特·马汉（1802—1871）是美国史上第一部战术和战略综述专著的作者，他认为，"对于一名军官来说，再没有比收集和整理情报更重要的职责了，战役的总体或日常行动都必须依据这些情报"。军事理论家安托万-亨利·若米尼男爵对拿破仑的解读影响了一代又一代美国军官，他认为隐藏情报应该支配行动："从战术上讲，发动进攻虽也有优势，但作用没有那么积极，因为行动是在有限范围内进行，先攻一方无法欺瞒敌人，敌人可能发现其计划，并凭借充足的后备力量使其败北。"美国陆军的两项官方战争原则都与信息有关。一项关于突袭："在敌人能有效反应之前达成目的。"一项关于安全状态："永远不要让敌人获得意料之外的优势。"[4]

其次，不仅信息需求无法满足，而且在战争中能够获取的信息往往还并不充分，质量堪忧，不尽人意，充满谬误。如前所述，如果掌握信息充分，甚至战斗（就连战争都）可能根本不会发生。卡尔·冯·克劳塞维茨指出，"战争中的情报报告有许多矛盾之处，甚至还有更多不实信息，而大多数情报并不明确"。可能连参战方自己都不清楚战役的结果。美国内战在这方面很有启发意义。弗雷德里克斯堡战役（1862）和钱塞勒斯维尔战役（1863）之后，士兵在家书中询问亲人能否寄来报纸，以便他们知道究竟谁赢了。敌人积极混淆视听，而且，与大多数经济市场不同，这样做不受法律限制。鉴于双方将领都会阅读对方的报纸，威廉·T. 谢尔曼于是建议在报刊上发布误导性报道。显然人们照办了，但由于罗伯特·E. 李经常研读北方报纸，他识破了一些误导性的公开声明。作为回应，南方邦联的军官们对北方军指挥官乔治·B. 麦克莱伦实施了虚假情报计划。战争后期，朱巴尔·厄尔利知道北方人能破译叛军的密码，便故意发送迷惑性信息。[5]

指挥官对自己组织的了解远低于企业主对自己公司的了解。部队的位置、状况、士气和装备可能在数分钟内就发生变化，在指挥官读完，甚至在读之前，呈交总部的报告可能就已过时。在这个时代，规模、范围和时间条件加剧了这种不确定性。作战时任何特定军队单位在位置、条件、士气和装备状态方面的变化，如果要类比商业来理解其难度，只需认识到当时几乎没有企业会像军队那样雇用数万员工；鲜有企业能像南方军和北方军那样在如此广阔的地理范围展开行动；也鲜有企业需要像军官那样被迫在几分钟内做出反应。在未来的战争中，电子通信将在一定程度上缓解这个问题，但不能完全解决。

信息在指挥官决策中的作用难以界定。在筹划阶段，信息最不稳
定，可能生成大量报告和备忘录，但作战指令常通过口头传达，因此，
研究仰赖于行动之后生成的报告和回忆录。不幸的是，一名将领在战
后的回忆兴许杂糅了"实际发生的、他相信发生的、他本希望发生的、
他希望说服他人相信发生的，（以及）他希望他人相信他本人相信发
生的事"。即便如此，回忆录仍然可以揭示许多内情。例如，尤利西斯·S.
格兰特的回忆录显示，他对李及其部队在 1864 年的行动存在惊人程
度的误解，我们将在下文展示这一点。[6]

北方、南方与信息搜集

之所以选择使用南北战争的案例来分析信息经济学，是出于以下
几个原因。第一，其他案例皆未检视美国。而这是最为典型的"美国"
战争，一次重大而漫长，没有外国势力介入的常规冲突。第二，交战
双方的相似之处大于差异，这使得发送和甄别信号变得尤为重要。第
三，这是世界上首个铁路和电报在其中发挥重要作用的大型冲突，
它们影响了信息的流动、对信息的依赖以及对信息的扰乱。第四，
这场战争的规模与重要性为使用其他经济学原理进行研究提供了丰
富的根据。

内战期间的信息收集常常毫无章法且不充分。[7]关于间谍活动的
多彩故事常常掩盖了真实情况。虽然高级将领们无疑熟悉马汉的格
言——几乎所有人都曾在西点军校进修过——但对应该如何控制收集
过程或分析得来的信息，老教授没有给出任何实质性建议。双方都在
情报方面投入大量时间和精力，但内战时期的将领还没有正式的参谋
部门，指挥官们有时也会自己进行侦察和情报工作。南方军一开始就
具有某些优势。其中，联邦拥有组织严密的政府，适合作为间谍的目

标[8]，而且战斗大多发生在南方军支持者聚集的区域。为利用这些优势，南方军在隐藏行动上的开支达北方军的四倍之多，而李的军队预留了大量美元储备，来给侦察兵和间谍支付薪酬。[9]叛军最重要的情报资产就是李，在利用情报推测对手意图方面他"完胜"对手。李的"军事成功很大程度上得益于他能不可思议地评估对手并采取相应行动"。[10]

为应对叛军的这些优势，联邦政府在 1863 年成立了军事情报局，该机构提供了异常准确的情报。[11]结果表明，在阿波马托克斯战役中，担任局长的乔治·H. 夏普比许多叛军军官还要了解北弗吉尼亚军团的架构。李试图阻断情报的流通，他警告士兵，一旦被俘，切勿透露所在单位的名称。也难怪李如此焦虑：情报局曾一度设法计算出北弗吉尼亚军团的规模——误差在实际数字的 2% 之内。无论是军事情报局，还是一般北方军队，都从南方军无法利用的资源那里获益：逃亡奴隶。[12]

就信息搜集的技术层面而言，侦查气球似乎提供了一种潜在的非凡战场视角，然而（对南方军来说）其费用高昂，且（对北方军来说）抵挡不住线膛枪的火力攻击，因此在 1863 年并未派上用场。在信息传递和间谍活动方面，电报的影响要深远得多，虽然消息有时会延迟二十四至三十六小时以致可能已失去效用。[13]即便如此，电报仍对信息流产生了革命性影响。电子信息时代开始了。报告和指令可以实时发送，但影响绝不仅仅产生在速度方面。拥有电报局的总部比只拥有通讯兵的总部更能频繁发送消息。只要线路完好，消息发送便不受时间限制。不过消息和报告必须简短，因为作战时通信网络高度紧张，濒临崩溃。将领和政客不可避免地依赖电报。例如，林肯就出了名地喜欢到战争部电报局打听军队情势。

依赖也是铁路投入使用后产生的一个更为显著的影响，虽然比起信息，这更多出于后勤方面的原因。它们对信息流的影响在于更大量的士兵和平民能够在更远的物理距离上移动。这意味着原本靠口口相传的信息如今在全国上下传播，范围之大，远超从前。

前线炮兵观察员的实验未被重复。内战中，炮手不常使用间接火力，因此也并不真的需要前线炮兵观察员。*更有用武之地的是通信兵观测站和侦察兵。这些站点在设立之初本是为了发送信号，但逐渐发展出另外两大功能：拦截敌军消息并侦查动向。观测站建在高地，并装有功能强大的望远镜。参战双方都专门利用观测站来侦察敌情。在第一次和第二次牛奔河战役、安蒂特姆战役、弗雷德里克斯堡战役和莽原之役中，南方军将领都大大依赖从塔楼上观测战况。为夺取优越的观测位置，双方军队展开了激烈战斗。不过，由于观测站点无法移动，若有将领想要获取观测站视线之外的敌军情报，就只能依靠侦察兵。弗吉尼亚的南方军只用了一小队侦察兵便深入北方人的地盘，甚至到达敌军后方。有时，侦察兵会俘获一些敌方士兵，将他们带回审讯。"观察员"通常是平民，当一支军队入侵敌军支持者众多的领土时，他们很能派上用场。然而，他们究竟是否可靠，总叫人生疑。[14]

平民参与间谍活动这种说法似乎落伍了，因为根据定义，几乎所有间谍都是平民。不论可靠与否，他们提供的信息都会被利用。然而，直到最近几年，人们才系统性地关注平民作为信息收集者的作用。大多数战斗发生的地点，决定了间谍大多在邦联境内活动。里士满的联邦支持者圈子就很著名，不过，在邦联其他地方也有许多活跃分子。虽然当中有些人当间谍是拿钱办事，但其他人都来自整个南方非常庞大的异见者群体。对平民间谍的关注不足与一个事实息息相关：对战争中平民的研究是相对新近出现的现象。自 20 世纪 90 年代中期以来，

---

* 炮兵观察员负责为火炮提供目标位置信息及修正着弹点，确保间接火力命中炮兵不可见的目标。

有关一般和特定地区或国家战争中的平民的重要著作相继出现。间谍活动领域也有研究出现，包括检视一般女性，尤其是非裔美国女性作为信息收集者的角色。平民间谍活动帮助北方军克服了几乎总是在敌方领土作战的一些固有困难——鉴于被认为实力较弱的北方军在北方土地上从未被击败过，这意义重大。[15]

　　骑兵也颇有助益。李相当重视手下的骑兵，他将骑兵指挥官称为"部队之眼"，还说"他从未给我带回过任何不实的信息"。间谍用处很大，尤其当他们身居要职时。北方军间谍塞缪尔·鲁思是邦联弗吉尼亚州一名铁路管理员，负责叛军部队的补给。"鲁思供应有关铁路状况、后勤运输和部队兵力方面的情报。他最后一次贡献情报是在1865年2月，向北方军透露了一场即将发生的非法烟草–食品交易，由此阻挠食不果腹的南方军获取大量培根。"鲁思还减缓了李的北弗吉尼亚军团的补给流通速度。北方军参谋长亨利·哈勒克形容鲁思为"值得（我们）信任"的弗吉尼亚特工之一，暗示了这是一段长期且卓有成效的关系，否则，哈勒克这样的大人物不会认识鲁思。[16]

　　报纸的作用简直令人震惊。从他们自己的报告和回忆来看，南北战争的将领们花了很多时间阅读报纸，既读敌人的也读己方的。格兰特回忆，报纸上的内容与和平时期一样易变。李有一次甚至正确地解读出，北方报纸未提及一位南方军将领，意味着北方军情报部门还没有察觉其部队的存在。谢尔曼曾指责报纸是导致北方军在第一次牛奔河战役和维克斯堡战役中出现问题的罪魁祸首，就连他也仔细阅读报纸以获取重要信息。在南北战争期间，信息（和错误信息）通过报纸自由流通，而在第一次世界大战期间，这段历史被用来合理化"有充分理由进行某种形式的新闻管控"这一主张。（南北战争时期报纸上出现了许多泄密文件，因为将领们试图通过博得媒体关注来打造自己的职业生涯。）[17]

　　上述情况表明，出于各种目的，美国士兵非常重视情报。我们现

在将回顾美国南北战争东部战场的一些主要战争行动，以了解信息在
多大程度上有助于决定与战斗相关的决策，以及产生了什么后果。[18]

迄至葛底斯堡的东部重大战役

表 5.1 列举了在东部战场进行的重大会战与战役。我们将在本节
余下部分讨论葛底斯堡以前的战役，另辟一节处理格兰特将军于 1864
年至 1865 年在弗吉尼亚的战役，这场战役发生在战局逆转之后。

表 5.1　美国南北战争东部战场主要战役

战役	时间	北方军	南方军	意义
第一次牛奔河	1861/6	麦克道尔	博勒加德 约翰斯顿	南方军艰难取胜
半岛	1862/4-8	麦克莱伦	约翰斯顿 李	北方军的大胆动作因 麦克莱伦的低效而落空
河谷	1862/5-6	多人	杰克逊	北方军兵力从半岛会战 中分散
第二次牛奔河	1862/8	波普	李	南方军果断进攻并获胜
安蒂特姆	1862/9	麦克莱伦	李	北方军获胜导致 《解放宣言》的签署
弗雷德里克斯堡	1862/12	伯恩赛德	李	北方军进攻失败
钱塞勒斯维尔	1863/4-5	胡克	李	北方军进攻失败
葛底斯堡	1863/6-7	米德	李	南方军最后一次进攻失败
莽原	1864/5	格兰特	李	北方军惨胜
斯波齐尔韦尼亚	1864/5	格兰特	李	北方军惨胜
北安娜河	1864/5	格兰特	李	复杂的机动作战；李撤退
冷港	1864/6	格兰特	李	北方军惨败

（续表）

战役	时间	北方军	南方军	意义
彼得斯堡围城	1864/6-1865/4	格兰特	李	战事漫长且复杂；北方军进展不利，但南方军动弹不得
阿波马托克斯	1865/4	格兰特	李	李被迫投降

注："北方军"和"南方军"两栏分别列出了指挥官。时间列表示年月。

将战争简化为表格十分困难。重大战役的结果并不总能够轻易以胜利和失败划分。格兰特在弗吉尼亚的战斗导致李将军进一步南撤，从这个角度来看是胜仗。但北方军的损失几乎对其战争事业造成了全盘破坏。不存在什么决定性的胜利。第二次牛奔河战役和弗雷德里克斯堡战役是最一边倒的，主要由败者的重大失误造成。就连卓越的李将军也无法消灭他的敌人。技术和地形还有信息都发挥了作用。由于双方指挥官有着共同的军事背景，他们对彼此的军事观念和意图都非常了解。

第一次牛奔河战役

1861 年夏天，南北战争正式打响，欧文·麦克道尔率领的北方军向皮埃尔·博勒加德率领的南方军发动进攻，后者驻扎在弗吉尼亚州北部森特维尔镇以西的牛奔河后方。麦克道尔拥有 38,000 名士兵，但只让 28,500 人投入战斗。博勒加德最初有 20,000 人，而后约瑟夫·约翰斯顿率领的 15,000 增援士兵抵达。麦克道尔和博勒加德各自都将对方的初始兵力估高了约 50%。麦克道尔在心里放弃了对博勒加德的人数优势，他赞同若米尼的观点，认为向叛军阵地推进会向敌人暴露他的意图、兵力和其他重要的军事事项。[19] 他不希望向南方军披露任何隐藏特征。但麦克道尔的谨慎用错了地方，信息也有疏误，随之而来的反应迟缓使他失去了先发制人的机会。与此同时，在西北方向，约翰斯顿率领的第二支规模较小的南方军守卫着谢南多厄河谷。麦克道尔认为河谷里的北方军能束缚住约翰斯顿的手脚，但他们没能做到。约翰斯顿悄悄撤离，加入了博勒加德，其中一个旅在 1861 年 7 月 21 日傍晚经由铁路抵达，抵消了北方军的人数优势。这场本对北方军有利的战役局势逆转，北方军遭遇了令人难堪的败北。

麦克道尔确实得知了约翰斯顿已在开战前夜抵达的消息，但究竟是选择对这则报告视而不见，还是下定决心无论如何也要执行自己的作战计划，官方记录上并未显示。有意思的是，博勒加德十分确信麦克道尔还不知道约翰斯顿已经抵达，和麦克道尔一样，他也没有时间改变计划以利用这一优势。[20]

南方军还在战术层面取得了信息优势。在两个关键时刻，南方军旅利用地形掩盖了实际人数的劣势，其通信兵及时报告了麦克道尔进攻南方军左翼的计划，以备反击。第一个例子涉及保有己方隐藏特征，另一个则涉及发现敌方隐藏特征。总之，第一次牛奔河战役展现了信息的不对称。它阻止了北方军一方的麦克道尔提早发动进攻，并使得南方军一方的博勒加德免于败北，而在约翰斯顿加入战斗时，它还锁定了麦克道尔的败局。结果叛军取得了决定性胜利，以致林肯总统解除了麦克道尔的指挥权，任命乔治·B. 麦克莱伦为继任者。[21]

半岛会战

考虑到信息在战争中的作用，麦克莱伦似乎是完美的选择。在克里米亚战争期间，他注意到电报这一新发明在军事方面的用途，而作为铁路主管，"他不仅更为了解作为控制手段的电报，还更为了解远距离批量补给"。[22]

半岛会战涵盖了 1862 年 3 月至 7 月间的一系列战役。在历史上首次有铁甲舰队参与战斗（3 月在汉普顿锚地）之后，北方军于 4 月初在约克敦对邦联弗吉尼亚州发起了海上入侵（图 5.3）。许多河流沿阿巴拉契亚山脉和山麓自西向东流入切萨皮克湾，它们对从陆上挺进南方邦联首都里士满构成了巨大障碍，而北方军此次的目标正是绕过这一障碍。北方军旗开得胜，但最终败北。信息条件很少在会战中发

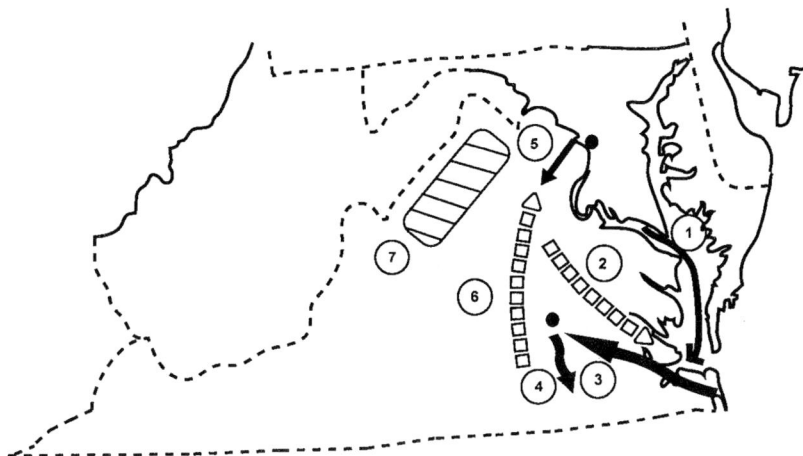

图 5.3　半岛会战，弗吉尼亚，1862

图示：1.（3 月 /4 月）北方军进驻约克敦半岛；2.（4 月）南方军阻止北方军前进；3.（5月）北方军向里士满挺进，双方随即激烈交战；4.（6 月至 7 月）经过激烈战斗，北方军撤退至詹姆斯河；5.（7 月至 8 月）第二支北方军向南推进；6.（7 月至 8 月）南方军北上，在第二次牛奔河战役中击败北方第二军；7.3 月至 4 月杰克逊的河谷会战区域。德布拉·范图伊尔绘制。

挥如此决定性的作用。

　　与前任麦克道尔一样，北方军指挥官麦克莱伦从一开始就确信己方在人数上不敌南方军，因此推进得异常谨慎和缓慢。他在当时——之后也一如既往——对南方军人数的误判是出了名的，这点被描述为"他军事品质上的一个不变要素"。当北方军在里士满东南角的约克敦半岛登陆时，麦克莱伦严重高估了当地南方军的实力。敌军主力到达时，麦克莱伦将其规模高估了两倍有余。在接近里士满时，他估计叛军兵力有 200,000 人，是己方的 2 倍，而这一数字是南方军实际兵力的 2.5 倍。即使在会战后期，在承认部分南方军已经北进威胁华盛顿，并与另一支北方军对峙（见下文第二次牛奔河战役），他也没有意识到己方的数量优势，不过他的军中下属和文职上级都不相信他的估计。[23]

　　他们的不相信情有可原——规模甚小的南方军怎么可能到处都具有人数优势？——同时也是对麦克莱伦没完没了的悲观态度的回应。1862 年 4 月 5 日，他称当地敌军"庞大"，并报告称南方逃兵提到了每天都有援军抵达。一天后，他给林肯发送电报："我方前线敌军势大。"直到 5 月底，他才开始包围里士满。在 1862 年 5 月 31 日南方军发动的一次多少有些混乱的进攻之后，麦克莱伦报告说，他的三个军团"与人数多得多的敌军交战"。6 月 2 日，他看起来乐观了些，但措辞仍然谨慎："我不担心对我军不利的形势。"到 6 月底，他在激烈战斗后撤退，并提到"我们面临的不利条件如此严峻"，"在几个地点抗击人数众多的敌军"，以及"在这一侧受到敌军全方位的攻击，寡不敌众"。[24]

　　麦克莱伦身处单方面信息不对称的不利地位：南方军对他的兵力更为了解，因为马格鲁德、李和杰克逊致力于欺骗和误导麦克莱伦。马格鲁德是约克敦的指挥官，在兵力 1:6 的绝望劣势之下，他让纵队围成圆圈行进，让北方军只能看到队伍的一面，并命令士兵在夜间潜入树林，向并不存在的旅和师喊指令。与此同时，麦克莱伦自己的信息安全漏洞百出。他抱怨报纸详细刊载了他的行动和位置，并注意到一个具体的例子：他的一系列命令仅在一周后就出现在巴尔的摩的《美国人报》上。"我不知道还有什么表述能给敌军带来更重要的情报。"但大部分情况下，他之所以被骗是因为他在自己骗自己。他的情报主管，少校 E. J. 艾伦（实际上就是著名的侦探艾伦·平克顿）的确向他夸大了对敌方实力的预估，但那是因为平克顿畏惧麦克莱伦，只寻找那些支持麦克莱伦观点的信息。平克顿也缺乏军事素养，他不理解时机之于军事情报的重要性。这种自欺（或者说误解）亦可见于麦克莱伦对其密友约翰斯顿及其前任指挥官李的看法。麦克莱伦确信约翰斯顿绝不会入侵北方，但实际上约翰斯顿恰恰向邦联政府如此提议。当李于 1862 年 5 月 31 日从约翰斯顿手中接过指挥权时，麦克莱伦很高兴，他形容这位新上任的叛军将领"在沉重的责任面前过于谨慎和软弱……当受到沉重责任的倾轧时，缺乏坚定的道德感，并且行动时容易胆怯、优柔寡断……李绝不敢冒险发动大规模行动"。实际情况与此恰恰相反，哪怕存在风险，李也愿意对麦克莱伦发起进攻，而且不惧怕回击。李的部下詹姆斯·朗斯特里特认为，麦克莱伦面对攻击时行动迟缓，因为他总是谨慎地制定军事计划。在材料和人员方面，南方军获取的消息更加充分，而他们似乎也清楚这一点，因此采取了大胆的方针：将本已寡不敌众的军队再度切分，并让大部分兵力北上前往华盛顿，而麦克莱伦的大部分军队仍然驻扎在里士满以南。[25]

　　难以想象还有什么案例能够更清晰地展现信息决定行为这一点。麦克莱伦依靠不准确的，甚至捏造的信息来合理化自己欠缺攻击性。如是，先入为主的观念影响了他对事实的看法。偏见与认知是他所掌握的信息的一部分，而信息永远无法与处理它的人完全剥离解绑。自康德以来，哲学家已经明白现实与认知无法完全分离，但麦克莱伦的静滞究竟是因为平克顿向他提供了错误的数字，还是因为他深信自己寡不敌众，现在都已经不再重要了。麦克莱伦所掌握的信息告诉他，他寡不敌众，结果即是厌战和失败。麦克莱伦为何如此轻易受骗，或者为何如此轻易地自我欺骗，这仍然是一个历史问题。如果李发出了信号，为什么麦克莱伦不采用更好的甄别手法，将它们从干扰项中辨识出来？没有显著理由表明改进甄别方式对麦克莱伦而言代价尤为高昂。结果，南方军的计谋导致了逆向选择：北方军从一场自认无法取胜的战斗中退出。李之所以获胜，是因为他掌握了一条无价的信息——他了解对手的心态。受此影响，他对麦克莱伦发起进攻，然后转移了手下大部分小规模部队，先是在谢南多厄河谷牵制敌方，随后北进对阵约翰·波普领导的一支新近组建的北方军，彼时后者正准备向南进军。李对麦克莱伦的最初胜利基本是在信息层面上的。李麾下的军队人数较少，经历的败仗称不上惨烈，却也损失了更多士兵。但他让麦克莱伦相信南方军兵力远超其实际，因此成为战略上的明显赢家。

第二次牛奔河战役

　　麦克莱伦对自己在兵力上处于劣势的确信使叛军得以向北，转进华盛顿。李首先派出了将近一半的部队，又命余下部队跟上。华盛顿周围的各单位合兵一处，听从约翰·波普号令，后者是一位边疆老兵。波普怀着极度的自负打响了战役，致使北方军遭受了开战以来可能最为惨痛的败北，其失败的主要原因在于缺乏和滥用信息。这一切并非波普一人咎由自取。比如说，他发给军事上级的电报即刻便被送往纽约并见诸报端。他对情报也并非完全反应迟钝。因为截获了一封信件，他躲过了李给他设下的第一个圈套。[26] 但这场会战的底线在于，尽管两位将军都对现有信息做出反应，但波普倾向于遗忘或忽视事实，而李却没有。

　　虽然波普在 1862 年 7 月中旬已经大体得知"石墙"杰克逊正在逼近，但他的了解仍然模糊。与他不同，杰克逊"积极获取情报，以作为行动计划的基础"，他对自己需要什么有明确认知，寻找情报并果断做出反应。李也是如此。他指示一名部下派他"最可靠和最聪明的人"去侦查麦克莱伦的军队，看其是否有所行动，很快就正确推断出后者尚未行动，并且事实上会经海路返回华盛顿。李对波普的动向也很了解，他推断出波普的意图，利用间谍对付他，就在第二次牛奔河战役开打前一周，他还截获了波普的一系列命令。[27]

　　这并不是说南方军充分掌握了信息（战争中从未有过这种好事），但是李对波普状况的评估更胜一筹。相比之下，波普对信息的收集、分析和使用不无缺陷。他并没有忽视他所掌握的信息，但就像麦克莱伦一样，他的行动取决于他头脑中对敌人的错误想象。他起初没能察觉到杰克逊部队正在推进，后来也不知道李的到来。他被南方军明显的后撤所误导，将此解释为撤退，他被相互矛盾的报告所迷惑，几乎没有进行侦察，"未能正确评估收到的信息"，并且"顽固地坚持不合逻辑的推理模式"。在战役第一阶段，杰克逊从波普部队的右翼包抄。波普正确反应——他转向右侧并予以反击——但他太过专注右侧，完全忘记了另一半南方军部队，他暴露的左翼受到 28,000 人攻击，并被击溃。在溃败的最后阶段，波普报告称敌军"严重瘫痪"，损失"至少是我方的两倍"。[28] 但波普的损失要惨重得多。在某种意义上，他损失了——他忘记了——自己所拥有的信息，结果是致命的。北方军损失了近 14,000 人，而南方军损失了 8,350 人。

安蒂特姆战役

所有北方军将领都面临信息不对称的问题，在很多情况下他们几乎掌控不了局面。侵入弗吉尼亚时，他们在邦联平民聚居地区调兵机动，南方军对这些地区熟悉得多，军中更有成千上万的弗吉尼亚人。而当李北进时，情况发生了逆转。只要他继续前进，北方军就不知道他身在何处，也不清楚他的目的地。北方军的信息就会过期。不过，这场战争中最著名的情报事件之一，却令李失败了。南方军北进期间，一名北方军士兵在玉米地里发现了一份李的命令副本。战后，关于谁该对此负责的争论纷至沓来，但这一次，没有人质疑这份文件的真实性：一名北方军军官认出了签名。麦克莱伦现在知道李的军队兵分两路，相距甚远。尽管如此，他行动谨慎，这使得李将军仍有机会及时在安蒂特姆溪附近集结军队大部，以迎接整场战争中最血腥的一天——1862 年 9 月 17 日，这一天有超过 26,000 人伤亡。[29]

关于这则丢失的命令在多大程度上影响了麦克莱伦，人们得出的结论在很大程度上取决于各自的观点。他确实进军发起战役，但其行进速度之缓慢是否反映出信息的影响其实有限？可能并非如此。他生性谨慎，除非确定李的目标不是巴尔的摩或华盛顿，否则不会贸然开战。在这次幸运的突破之前，麦克莱伦抱怨他的情报"信源不可靠""含糊不清，相互矛盾"或"不完全可信"。他持续高估李军队的规模，却又告诉总统，他已经"安排侦察兵和间谍往各个方向推进，很快就会获得可靠和明确的情报"。他看起来变得乐观，向一名将领说，李将插翅难逃。收到敌方丢失的命令（"其真实性毋庸置疑"）后，他就知道了他所需的信息——也得知了他所期望的情况，因为他那时仍旧过度高估南方军的实力。[30]

在作战结束后的报告中，麦克莱伦认为他的行动"缓慢而谨慎"，因为"不确定敌人的实际位置、兵力和意图"。在决战前夕，李索性形容麦克莱伦部队的推进为"仅比适宜的速度略快"。战役结束次日，他中肯地称后者"不愿发起进攻"。[31] 因为对麦克莱伦有更为深入的了解，李将军幸免于难，而麦克莱伦更占优势的信息使北方军取得了首次重大战场胜利。

弗雷德里克斯堡战役

安蒂特姆战役结束两个月后，1862 年 11 月，战局逆转。从信息的角度来看，安布罗斯·E. 伯恩赛德为何受命出任北方军指挥官是个谜。作为安蒂特姆战役时的一名军团指挥官，伯恩赛德却没能侦察到前方的小溪，他的士兵因此付出了惨重代价。然而，他最初成功创造出对自己有利的信息不对称局面。由于伯恩赛德的军队状况较好，他掌握了主动权。他计划将部队转移至弗雷德里克斯堡，在李机动阻挠他们之前渡过拉帕汉诺克河。李一开始并不确定伯恩赛德的意图，但很快就得到消息，尤其透过在前线奔走的骑兵：北方军正在行动。他后来称赞道，骑兵"在早期提供了关于敌人动向的宝贵信息"。即使李自认是战场上最好的将军（他确实是），他也明白积极主动和鲁莽无谋之间的区别。11 月 15 日，李开始向弗雷德里克斯堡调兵，四天后，一支完整军团向该市进发。11 月 20 日，他告诉邦联总统杰斐逊·戴维斯，伯恩赛德正向这座河滨城市进发，但直到 11 月 23 日，他才承认"到目前为止仍未能发现敌方计划"。三天后，李认为集结全军的时机到了。[32]

伯恩赛德到达弗雷德里克斯堡时几乎没有遭遇抵抗，然而，浮桥并未如期架成，部队无法渡河。他的信息优势（他知道自己要去弗雷德里克斯堡，而李不知道）开始瓦解——但没有完全瓦解，因为当桥梁最终到位时，叛军还没有集结。然而伯恩赛德迟疑了，当军队紧张渡河时，李已经在弗雷德里克斯堡上方安营扎寨。伯恩赛德曾破译李的隐藏特征，让李猜了三个星期，而现在他牺牲了这一优势。他还牺牲了上万名士兵——折损近 13,000 人——因为其进军并不隐秘，毫不叫人意外。从战术上讲，他对南方军阵地的进攻给了对手充分的情报。如若米尼的警告所言，行动揭示信息。南方军可以看到伯恩赛德部队的实力，也知道其目的地，仿佛如命运的安排，北方军现在正穿过南方炮兵预先测距的地区。伯恩赛德后来解释道："我……以为我查明了（敌方）并未预料到我部全军在弗雷德里克斯堡渡河。"事实上，伯恩赛德进攻的地方正是李想让他去的地方。往好处说，伯恩赛德几乎未被察觉地撤离了，李也无法推断这个不幸的北方人下一步会怎么做。然而，伯恩赛德完全无法利用这一不对称。由于弗雷德里克斯堡一役和其他失败，伯恩赛德被解除指挥权，并于 1863 年 1 月被约瑟夫·胡克少将接替。[33]

钱塞勒斯维尔战役

胡克是伯恩赛德的继任者，他在信息战场方面的准备更充分——从心理学角度来说，也许过于充分，因为一旦失去信息优势，他就陷入瘫痪，随即失去主动权。胡克非常注重战前情报的收集，其建立的军事情报局使其能够定期获得情报。他仔细研究了逃兵、走私犯和普通市民带来的情报，此外还有侦查气球和报纸上的信息（尽管这一信息流有时会被阻断）。他与指挥弗吉尼亚沿海飞地作战的北方军军官通信，以推断南方军的动向。他明智地评估报告。被告知敌军正在撤离里士满时，他机敏地答道："不到万不得已，他们不会撤离。"[34]

作为一位能干的将领，胡克致力于将信息转化为优势（或避免劣势），并成功做到了这一点。在 1863 年 4 月和 5 月的钱塞勒斯维尔战役中，李完全摸不清胡克会在哪个地点横渡拉帕汉诺克河，李的通信也丝毫没有表露出对这位北方将军意图的确信。鉴于李的过往事迹，围绕李在这段时间的信息收集技术，这件事引发了争议，有迹象表明南方军缺乏有效间谍活动，并且李拒绝相信从里士满发出的准确信息。然而，最近的研究表明，他比胡克更好地利用了情报。实际上，困扰李的是联邦散布的虚假信息以及甄别的工作。例如，得知叛军已经破译北方军旗语密码，联邦政府向李透露了虚假的目标信息。[35]

情况似乎一目了然：胡克从一开始就具有巨大的信息优势，并采取了相应的行动。但一过拉帕汉诺克河，他便停住了。他身处弗吉尼亚的莽原，这里树木茂密，地形复杂，加之现在处于移动中，他不再了解李的位置和动向。胡克变得越来越紧张，在林肯问到相关情况时，他的回复显露了这一情绪："我军领先优势尚不充分，我无法发表意见。我们很忙碌。我会尽快告诉您，结果定会让您满意。"这条消息揭示了其处境，包括其信息体系的状态，皆存在巨大的不确定性。这不仅仅是因为他很忙。他抽空发了一封电报，抱怨高度机密的信息出现在两家重要报纸上。[36]李很快推断胡克不会再进一步推进，于是发动了一系列重大反击，给这位北方人留下了他只有防守之力的错误印象，最终导致他耻辱撤军。

在这场战役中有一个有趣的例子，一个将军明明根据正确的信息行事，却做了完全错误的事情（尽管他本人并没有错）。当胡克的大部分军队沿着拉帕汉诺克河挺进钱塞勒斯维尔时，约翰·塞奇威克领导的北方军军团仍留在弗雷德里克斯堡。朱巴尔·厄尔利率领的一支小型南方军部队占领了这座城市的高地，以阻止北方军推进。厄尔利在军校时曾与塞奇威克同住一室，他相信他的老朋友会很谨慎，不会攻击高地。厄尔利当然是对的，塞奇威克本无进攻打算，只是厄尔利不知道，塞奇威克收到了明确命令，要他拿下南方军阵地。他听命发起攻击，好不容易才把厄尔利赶下高地。这打乱了李的计划，却使胡克免于更糟的结局。[37] 但是，这并不能将胡克从公共关系的灾难中解救出来，因为他抢占了先发制人的优势，克服了前往里士满路上最难对付的地理障碍，然后却将主动权拱手让人。他的行为可以用预期边际成本和收益原理来解释（第四章），但作为这一计算基础的心理或情感演算，受制于双方为发送和甄别信息信号所做的努力。当胡克获得充足信息并享有信息优势时，他主动出击；当优势减弱时，他变得束手束脚起来。尽管北方军有几乎两倍的兵力优势，但钱塞勒斯维尔战役还是以南方军的又一场胜利告终，此战北方军伤亡 14,000 人，南方军伤亡 10,000 人。

葛底斯堡战役

在钱塞勒斯维尔战役中，南北双方都获取了相当优良的信息，虽然在不同时间点，先是有利于北方军，然后是南方军。随后在 1863 年 6 月和 7 月的葛底斯堡战役中，情况几乎完全相反。在这次战役中，南方军从未如此缺乏情报，李将他的失败归咎于此，既在战术层面，也在战略层面。至于北方军方面，在新任将领乔治·G. 米德——1863 年 7 月 1 日葛底斯堡战役打响时，他才刚刚上任两天——带领下，投入了北美有史以来最激烈的一场战役。[38] 这个突然的人员更换使李失去了最有力的信息优势之一：猜测敌方意图。

　　李经由马里兰进入宾夕法尼亚时，正处于令人错愕的情报真空之中。北方军最初失去了李的行踪，而李（非同寻常地）也不知道敌人所在位置。越来越紧张的约瑟夫·胡克步了李的后尘——他之所以"不知情"，不是因为没有获知任何事实，而是因为他不信任自己掌握的事实。然而，李的问题更糟。在向北推进的过程中，他既失去了友好的平民，也不具备他在弗吉尼亚所依赖的位于战略要地的信号站。他把大部分骑兵派出单独行动，并认为他们没有回报消息意味着敌人的威胁尚不严重。虽然有零星消息不断传来，但李却缺乏骑兵力量去核实和详细调查。例如，1863 年 6 月 24 日，他就已猜测胡克是否渡过了波托马克河，但直到四天后，他才收到一份关于此事的侦察报告。而且，李和他的骑兵指挥官都不知道彼此的位置，后者只能通过阅读北方报纸来了解前者的动向。尽管这名骑兵 J. E. B. 斯图尔特在死后遭受了南方人对此事件的愤怒非难，但他当时并没有接到获取情报的紧急命令。因此，当李的部队与部分北方军交锋时，李并不知道其余敌军部队在哪里。他的兵团指挥官对此也一无所知，对所处地区的地形同样知之甚少。李在 1868 年承认葛底斯堡战役"在缺乏正确情报的情况下开打"。[39]

　　李在葛底斯堡的表现与他在其他战役中的表现不同。"毫无疑问，葛底斯堡战役是李整个将军生涯的最低谷。他粗心大意，命令含糊不清，在本该下达指令时语气迟疑，牺牲了他的精锐步兵以赢取一场他已输掉的战役，这一企图注定落空。"李没能保有主动权。南方军最初在 7 月 1 日的进攻是偶然和环境的产物，而非源自李的命令。他在这场战役中的表现缺乏魄力和想象力。所有这些行为都与他所处的信息环境有关。这并不能证明其他因素无关紧要，但李自己的话似乎支持了与信息相关的解释。他在最后的战后报告中通篇强调自己如何缺乏信息。即使是葛底斯堡战役中最著名的败仗——皮克特冲锋（1863

年 7 月 3 日）——也是由于"进攻发生时有我所不知道的"火炮弹药短缺。[40]

李在十三个月内对阵并击败了四位北方军将领，包括现任指挥官，更迫使其中三位将军卸任（波普、麦克莱伦和伯恩赛德）。他洞悉对手意图的能力已成传奇。然而，当 1863 年 6 月 28 日乔治·G. 米德被擢升为指挥官时，李虽然对米德略知一二，却没有关于米德会如何行动的确切资料。"既作为一名士兵，也作为个人"，李尊重米德，也期望这一异动对北方军有利——但不是在那个时候。他认为，米德在这种情况下指挥部队所面临的困难，会使他丧失更强的能力。"因此，他对这个变化非常满意。"尽管比起自己的两个兵团指挥官对米德更抱好感，但李认为自己面对的是一个对当前形势不甚了解的将军。他选择进攻性姿态是有道理的。[41]

李对米德面临的问题的分析也有道理——有一定道理。米德的处境确实艰难。被任命时，他对己方军队的计划并不知情（胡克是出了名的守口如瓶）；他甚至没有一张像样的宾夕法尼亚地形图，而对方的军队正在那里行进；他特别指出他对南方军的动向一无所知，由此承认这个任命出乎自己的意料；就在开战前几个小时，关于李的三个军团中的两个，他还"没有得到有关其方位的确切且正面的消息"。但李的分析至少有两个问题。首先，米德面临的难题并不会自动转化为李的优势。米德仍然更了解李的指挥风格，而不是相反。李从心理上战胜了麦克莱伦和胡克——他们在不必要的时候退却了。米德的信息问题会使他采取同样的选择，这并不是理所当然的结果。相反，米德的问题可能会导致他采取顽强的防御姿态。毕竟，从里士满撤出是一回事，但如果撤出会暴露华盛顿乃至其他北方城市呢？其次，波托马克军团有着组织完备的参谋部门（米德没有改变这一点），其中包括称职的情报局。经过两天的战斗，北方军情报部门得知李只剩下一个完好的师，这使北方军团指挥官们相信，部队应该留下来继续战斗。

米德正确地预测了最后一次进攻（皮克特冲锋）的地点。[42]

李用对米德的假设来弥补信息不足，结果是灾难性的，近乎致命。米德是一位谨慎而坚韧的将军，他仔细阅读收到的情报报告，特别是来自友好（乃至分离主义）平民的信息，其中有两位平民竟然在南方军经过黑格斯敦时计算出他们有近八万人。米德也不理会一些关于军队人数的夸大报告。就连南方某将军参加弥撒的消息都出现在米德的报告中。就在开战前，他对李军团的方位有了相当准确的预测，更预计"战斗将在今天开始"。虽然他最终高估了敌人的实力，但与麦克莱伦的计算相比，25%的误差看起来不算大。米德的情报远非完备。他担心李会采取守势，而李从未如此行事。（米德之所以担心这一点，是因为这将迫使他在不利的情况下进攻。）可以肯定的是，李的一名军团指挥官曾敦促他这样做。但是米德并没有基于这种可能性采取重大行动。与此相反，曾经反复表现出高度关注对手意图的李，却在葛底斯堡一役中失去了这种能力，因为他既不知道敌人在做什么，又因为米德的突然晋升，而不知道自己应当做出何种反应。李仍然采取攻势，但没能维持主动权，如我们所指出的，这可能是因为他意识到自己在信息方面处于不利地位。当不具备低成本发送和甄别信号的选项时，人要么后退要么前进。李选择前进。在高度不确定的情况下，随之而来的败北风险也极高。[43]

对米德与其处境（优秀对无知）的矛盾观点导致了李的矛盾行为（攻击性对缺乏主动性）。虽然我们可以理解李的行为，但从信息层面分析米德的行为则比较困难。他的相对无知会使他谨慎应对，而他后来的职业生涯表明，谨慎对他来说是自然而然的事。他的行为看起来与信息有关，但我们无法得出更多结论。伤亡人数达到约51,000人，持续三日的葛底斯堡战役成了整个南北战争期间最惨重的交战。

格兰特在弗吉尼亚

　　1864 年 5 月，葛底斯堡一役后不到一年，新任北方军最高指挥官尤利西斯·S. 格兰特对弗吉尼亚发动了为期六周的血腥进攻，最终以对彼得斯堡长达九个月的围困收尾，该城是当时南方邦联首都弗吉尼亚州里士满以南的战略要地（图 5.4）。1865 年 4 月 2 日，彼得斯堡陷落。整场战役在许多层面上仍然存在争议，尤其在信息的使用方面。在本节中，我们将考察格兰特陆上攻势的各个节点。

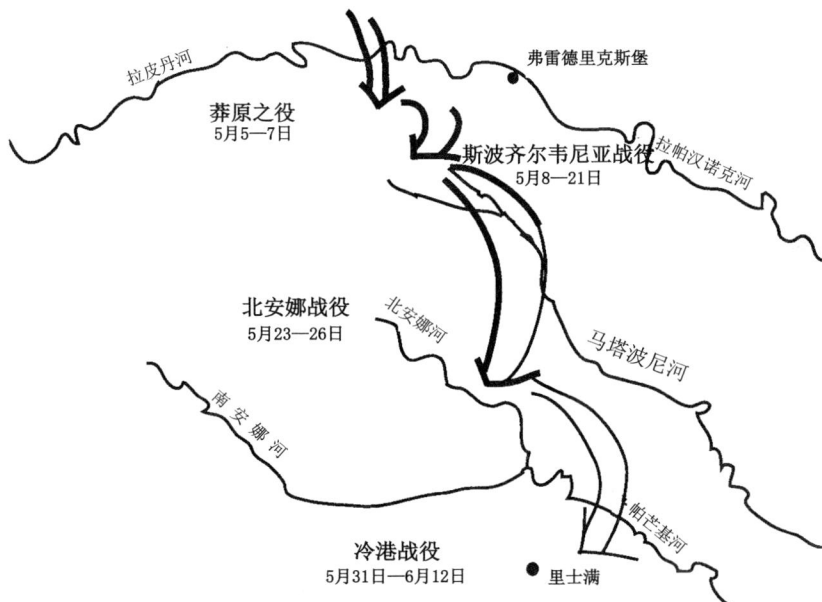

图 5.4　格兰特的挺进，1864

格兰特在 1864 年的进攻似乎针对里士满，但实际上他主要是想摧毁李。他向里士满进军，不是为了夺取它，而是因为他知道李不得不迎战。然而，格兰特低估了李的能力。德布拉·范图伊尔绘制。

莽原之役

格兰特最初穿过钱塞勒斯维尔附近臭名昭著的拉帕汉诺克河，进入了莽原，这是一个能见度很低的地区，人数上的优势并没有多少作用。格兰特几乎没有收集关于李的信息，而是依赖不准确的一般假设。当格兰特听说克拉克山上的叛军信号旗站正在通报北方骑兵的动向时，他说："这正好给了我想要的信息。这表明李正离开他的阵地，向我们走来。"[44] 如此看来，他的确对信息感兴趣，但他的结论似乎与证据没有联系。这在一定程度上是因为，李在北方军官中的盛名令格兰特恼火，他不喜欢手下们猜测这位反叛者的意图。

> 噢，我真不想再听李要干什么了。你们中的一些人似乎总是认为他会突然连翻两个跟斗，同时落在我们的后方和侧翼。快回你的兵团，努力想想我们自己要做什么，而不是李要做什么。[45]

他确实这样做了，指示米德"如果有任何机会猛攻李的军队，就这么做"。在犹豫了两个半小时后，他下令发动攻击——但这并非没有后果。1864 年 5 月 5 日至 7 日在莽原的鏖战使两军筋疲力尽，不过格兰特鼓励自己并宽慰华盛顿，报告称："敌人的损失肯定超过我军，虽然这只是基于他们经常进攻并被击退的事实的猜测。"他形容南方军"岌岌可危……他们的军官尽了全力，他们坚守在每一处阵地，勉力维持"。这并不准确——北方军的损失比南方军多一半以上。然而，当时很难获得准确的伤亡人数。莽原一役令人挫败。由于骑兵几乎无法行动，双方军队都不太了解敌情。然而，这对李部队的阻碍较小。李准确地预测了格兰特的进攻，并移动部队以迫使双方在此地开战；地形使北方在人数上的优势（约 102,000 人对 61,000 人）化为乌有。北方军本可通过迅速移动来避免这个问题，但他们没有。据李的一名随行武官说，格兰特"没有从胡克将军在莽原的经验中获益，而且他似乎在某种程度上倾向于放弃兵力众多……给他带来的巨大优势"。[46]

这里有一处奇怪的呼应：格兰特在夏罗一役（1862）就遭受了近乎灾难般的后果，在能见度低、树木茂密的地形作战几乎印证了他的毁灭。当然，他从那次经历中幸存，这可能让他变得乐观（或粗心）。然而，"由于情报贫乏，格兰特在夏罗被打了个措手不及，在那里的经历让他发誓，这样的事情绝不会在他身上重演"。从表面上看，他对自己和敌人的处境似乎缺乏深度理解。"现在敌人会做什么尚未可知，但军队士气高昂，（我）目前对结果并不担心。"[47]他得到了他认为自己需要的信息，并采取了相应行动。他"知道"自己在人数上占优势，可以碾压李的部队，他还"知道"他的下属夸大了李的实力。他对人数的预判是对的，关于碾压的设想则不太准确，而对李的估计则是错的。然而，李的部队人数正在下降，其本人的健康状况也出现问题，虽然格兰特没有得到有关后者的信息，但他清楚己方在人数上的优势，尽管他倾向于夸大这一优势。李将军的情报更充足，但他根据情报采取相应行动的能力正在下降，战局发生了逆转。

格兰特确实表现出对更有效利用信息的关切。5月9日，当交战方开始撤出莽原之役的厮杀时，格兰特命令米德侦察李的主要动向，找到之后，攻击其左翼。这个过程粗糙而简单，格兰特要求米德获取情报并指定他根据情报立即采取行动，无需等待最高指挥官仔细斟酌——而事态瞬息万变。[48]

斯波齐尔韦尼亚战役、北安娜河战役和冷港战役

李并不总是正确。事实上，格兰特和李都不确定对方的行踪，直到两军共计150,000人在斯波齐尔韦尼亚法院附近交火。这次交火持续两周，从1864年5月8日打到21日。在莽原之役结束翌日，李访

问前线，"试图弄清对手的可能意图"。然而，他很快发现他对北方军行军路线的判断有误。尽管如此，他仍然比格兰特更了解情况，格兰特完全仰赖对人数优势——2：1——的（准确）信息和对李部队状况的（不准确）评估。结果，他效仿李在葛底斯堡战役时的路线，把大部分骑兵都派了出去，以致"获取情报的能力严重下降"。李将军没有犯这样的错误，仍然留了两个骑兵旅在身边。格兰特军队的地图绘制得一塌糊涂，几近无用，这使他的困境雪上加霜。鉴于在该地区的行动经过深思熟虑，这一情况就更奇怪了。早在 1863 年 8 月，米德就派间谍潜入了该地区。[49]

结果是另一场近乎世界大战式的艰苦战役，其中有诸多失误，大部分发生在北方军一方。格兰特依靠人数优势继续进攻。然而，最初发动进攻的师长不得不"在不了解敌人方位或兵力的情况下进入阵地，发动一次在设想中很重要的进攻"。就连格兰特也意识到他正在犯错，并因缺乏信息而错过时机，作为补救，他召回了一支（在没有意识到的情况下）向李部队右翼开进的军团。结果，格兰特的行为变得更加灵活，他甚至试图给李设下陷阱，派一个军团前去吸引南方军进攻，也就是说，他故意发送信号，让对方进行错误的甄别。关于李的行为的信息第一次开始影响格兰特的行动。虽然伤亡较少——南方军 12,000 人，北方军 18,000 人——叛军没能毫发无损地离开斯波齐尔韦尼亚。因此，早期的战斗对北方军有利，李将此归咎于信息有误。总的来说，双方未在此战中决出胜负，格兰特将继续他的陆上攻势。[50]

斯波齐尔韦尼亚一役后，南方军退至北安娜河，1864 年 5 月 23 日至 26 日，两军在那里相遇。从地理位置上看，这是北方军难以攻击的地方。同上次一样，当北方军长长的纵队蜿蜒穿过弗吉尼亚乡村时，他们既没有地图也没有向导。格兰特当时对李的兵力了解甚少，但经过斯波齐尔韦尼亚一役，守在防御工事后的小型南方军部队能造成何种杀伤，他已有所了解（当然，对其步兵而言，这一教训代价高昂）。他（短暂地）改变了自己的行动，决定不再发起攻击。叛军处于反击的有利位置，但李病得太重，无法组织反击。奇怪的是，格兰特虽然知道对手人数较少，但却从未意识到他们为什么要在工事后面作战。如他先前所说，他认为南方军囿于防守是士气低落的结果。"李的部队真的筋疲力尽了。我们现在抓获的俘虏证实了这一点，其部队的行动也清楚地表明了这一点。没法在防御工事外与他们开战。我们的人觉得士气压过了敌人，进攻时满怀信心。我也许会出错，但我觉得我们已稳操胜券。"格兰特似乎相信了李正在向里士满撤退的报告。[51]

这严重夸大了李部队所面临的问题，而李将继续坚持战斗十一个月之久，那么格兰特是如何得出上述观点的？格兰特的信息并非完全错误。他偏好亲眼见证正在发生的事，他也见到了很多衣衫褴褛的逃兵。然而，逃兵或那些轻易被俘虏的人，压根不是一支军队的精锐部分。出现众多逃兵和俘虏，当然是军队疲弱甚至行将崩溃的迹象，但除此之外，他们的描述和看法可能产生误导。格兰特的推论固然有用也准确，但并没有看到事情的全貌。格兰特所依赖的信息是李无可非议的攻击性。他（和其他人一样）认为，李不发动进攻就意味着他无力发动进攻。[52]这也许解释了他为什么决定将自己 108,000 人的军队投入与只有 62,000 人的南方军的战斗中，后者在冷港筑起防线。对于即将倒下的敌人，这样的攻击也许会成功。但出人意料的是，这场从 1864 年 5 月 31 日持续到 6 月 12 日的战斗，结果倒向了李！在混战中的一处战场，北方军仅一小时内便损失了 7,000 人，总计伤亡13,000 人。格兰特报告称："6 月 3 日，我们再次攻击敌人的工事，希望把敌人赶出阵地。在这次尝试中，我们损失惨重，而我有理由相信，敌人的损失较轻。从拉皮丹河战役到詹姆斯河战役，这是唯一我方损失超过敌方损失的总攻。"[53]最后一句话完全不符合实情——叛军的损失一直更少——不过，如果格兰特真的持有这样的信念，就能解释为何他坚持采用差点葬送了联邦的攻城锤战术。他本可以更加明智："我一直后悔在冷港发起最后一次进攻。"[54] 李的行动也基于信息，但他的信息更为准确。李知道自己寡不敌众，而采取守势既能保护自己规模较小的部队，又能利用对手的攻击性。他一直准备重启攻势，但拒绝盲目行动（除了葛底斯堡一役），因为他也知道，再输一次，可能就完了。

彼得斯堡战役和阿波马托克斯战役

冷港惨败后，格兰特改变了行为习惯。可预测的直接进攻并不会为他带来胜利。他必须误导李，他成功了。他设法转向东南，最终抵达彼得斯堡，切断了弗吉尼亚与南方邦联大部分地区的联系。此时出现了真实的信息不对称，李不知道格兰特的目的地，直到一切为时已晚。

格兰特促成了这种不确定性。他加固了北方军在冷港前方的战壕，他的一支军团在南边吵嚷着显露行迹，仿佛北方人只是在准备一次相对小型的重新部署。其余部队迅速越过河流向彼得斯堡进发。再往南，皮埃尔·博勒加德就这一动向向李发出警告，但被置之不理。起初，李对此动向完全不知情，因此一直待在原地。最终，他意识到格兰特的部队正在移动，但以为格兰特可能只是转移到里士满东部，与麦克莱伦在 1862 年的位置相同。到 1864 年 6 月 14 日，也就是格兰特调兵的第五天，李开始猜测其目的地是彼得斯堡，但仍然认为它只是可能的目标。李一开始没有理会博勒加德发送的信息，但两天后，他变得愈发焦虑，反复要求博勒加德提供更多信息。没有骑兵部队——李将大部分骑兵派去跟踪菲利普·谢里登率领的北方军骑兵，他们正向谢南多厄河谷进发——他失去了查明真相的简单手段。6 月 16 日，李开始向南推进，但速度缓慢，他没有意识到部分北方军已经就位，准备进攻彼得斯堡。在这个阶段，信息的不对称有利于格兰特一方，而格兰特也知道这一点。格兰特还改善了部队内的信息流通，在这场战役中，"所有军团在每次交战时都保持频繁联络，每次有效侦察都与总部通过电报联系，在行军中也保持联系（每半小时到一小时）以报告局势变化"。然而，即使在这种情况下，信息形势仍挽救了南方军：由于不知道彼得斯堡存在弱点，6月15日和16日，各联邦军兵团都未能攻取这座城市。[55]

尽管如此，联邦军还是以流血相对较少的方式逆转了战局。格兰特意识到李的资源有限，这使得他向李抛出了这位邦联将军根本无法马上解决的更多潜在难题。对彼得斯堡的漫长围攻——从1864年6月中旬到1865年4月初——意味着南方军丧失了行动自由，南方军激进的指挥官过去经常利用这一点使北方军拿不准其力量和位置。从李的大本营发出的信号再也无法掩盖其在格兰特面前岌岌可危的处境。因此，格兰特变得越发自信，行动也相应地越发果敢。例如，因为许多逃兵向北方军透露了某次行动的信息，李不得不暂停进攻。北方军情报部门甚至探知了南方军为时已晚的征募黑人计划，并展开破坏行动。到1865年春，格兰特已经确信，李不可能在北方军不知情的情况下，派遣任何大规模部队。不会再有什么"河谷会战"。[56]

这对格兰特来说是幸运的，因为就在彼得斯堡战役刚打响时，南方军差点翻盘。朱巴尔·厄尔利率领一支军团前往谢南多厄河谷，打算威慑华盛顿。在长达二十二天时间里，格兰特对这次行动毫不知情，这是那一年最严重的情报失误之一。然而，依靠其情报机构，北方军很快便使局势有利于己方。李试图派一个师增援厄尔利，但就在该师向谢南多厄河谷行进时，格兰特发动了进攻。该师接到回撤以支援李的命令时，北方军在谢南多厄河谷出击。博弈继续，北方军将领基于该师的方位和移动方向的有力情报发动进攻。最终结果是，在关键的几个星期里，这支身经百战的师既没能在战斗中帮助厄尔利，也没能支援李，只是在弗吉尼亚行军又后撤。[57]

在围城战中，最重要的信息类型涉及敌人防线上的弱点，因为守城方几乎不可能在每一寸上都严防死守。暴露这些弱点可能会导致敌人成功发动袭击。由于人员不足，对李来说这个问题棘手得多。但北方军也有自己的问题，最臭名昭著的是"火山口之战"。北方军工兵在南方军防线上炸开了一个 400,000 立方英尺[*] 的大洞，但紧随其后的推进乱作一团，行动失败，导致 4,000 名北方军士兵丧生。[58]与此同时，南方军指挥官受益于他们对地形更为熟悉。然而，叛军的这些优势变得越发无足轻重：北方军不断增长的人数优势使情报失误变得没那么重要了——肌肉胜过了大脑。例如，1864 年 11 月，南方军利用情报计谋挫败了北方人的进攻，但它并没有给南方带来什么长期好处。同样，1865 年 3 月，南方军计划发动的一次进攻虽让格兰特措手不及，但其前线部队很快便重新集结，这次进攻丝毫没有打乱他的计划。[59]1865 年 4 月 1 日晚，彼得斯堡的防御崩溃，翌日即被占领，进军里士满的道路就此打通。七天后，1865 年 4 月 9 日，李在阿波马托克斯法院投降。

格兰特与弗吉尼亚陆上攻势

不难看出格兰特受信息影响，而分析他与信息的关系则没那么容易。他拥有美国史上最优秀的情报收集机构——军事情报局，但有时似乎对其调查结果兴趣寥寥。根据谢尔曼将军的说法："格兰特压根不在乎敌人在他视线之外做什么，但这让我怕得要命！"对格兰特来说，主动权才是最重要的："战争的技艺再简单不过。找到你的敌人。

---

[*] 1 英尺约为 30.5 厘米。

尽快接近他。尽你所能，尽可能频繁地攻击，然后继续前进。"主动行动将不确定性的负担转移给了敌人，从而颠覆了若米尼关于进攻和保密的格言——这不仅仅是一时兴起，因为若米尼的军事思想主导了西点军校。如前所述，在弗吉尼亚战役之初，"格兰特自己很少考虑对手的意图或可能的反应"，[60] 除了"找到敌人"这部分，这表明格兰特对信息不感兴趣。

但还有另一面。格兰特采取了几个重要步骤来改善军队对形势的认识。他试图在战役开始前建立地图数据库，然而得到的地理信息并不理想。（在军事行动中，糟糕的地图确实比没有地图还要糟糕。）更重要的是，格兰特致力于改善信息流通，确保信息在收集及分析人员与战斗指挥人员之间传递。他还高度重视军队的保密工作，（和他的所有同事一样）抱怨报纸公开了对敌人有用的信息。他当然明白间谍活动的重要性。里士满沦陷后，他亲自拜访了他在这个城市安插的最重要的间谍。与其认为格兰特对信息不感兴趣，或许我们应该认为他拒绝让不确定性成为不行动的借口。有时他会被环境所挫败，例如，在 7 月的哈珀斯渡口战役中，因电报系统故障，他被迫根据不准确和过时的信息发布号令。[61]

格兰特的行为之所以没有看上去那么矛盾，还有另一个原因。实际上，他确实依赖从李的营地传出的信息，但他对这些信息的应对常常很拙劣。例如，格兰特相信，对李军队逃兵的审讯表明，南方军士气已跌至谷底，他认为敌方正在分崩离析，因此试图发动猛攻——结果，在弗吉尼亚攻势开始的前六周，其部队的人员伤亡数就超过了50,000 人，几乎是（压根没有分崩离析的）南方军的两倍。格兰特之所以如此误判，是因为他在 1863 年 11 月得到了类似的报告，那时他在田纳西查塔努加附近对阵布拉克斯顿·布拉格，逃兵透露了敌方军队的形势，而这些报告都是准确的。[62] 在随后的战斗中，格兰特几乎摧毁了布拉格的军队。为什么逃兵的陈述在田纳西是准确的，到了弗吉尼亚却失真了？顾名思义，逃兵本身就士气低迷，他们在描述自己的军队时也反映了这种态度，显然对后者已无多少留恋。放弃一项真的"注定要失败的事业"似乎不那么可耻，至少在逃兵心目中是这样。格兰特合乎情理地从同样的角度看待弗吉尼亚逃兵的陈述，忽略了一些重要的差异，包括这样一个事实：从布拉格到李，他面对的不再是南方军最无能的指挥官，而是其最有能力的指挥官。这个看法并非后见之明，就连普通南方士兵都能感受到这一点。

为什么北方军就不理解这一点呢？事实上，北方军也能够理解，但格兰特不愿意相信他的新参谋部门。他很像一些现代企业高管或大学管理者，对他们来说，上任后不把现有员工放在眼里（或撤换他们）事关自尊。格兰特认为，一个将军唯一可以信任的就是自己的眼睛，他于是亲自参与信息收集，"欣然接受与自己的先入之见相一致的故事"。行事得力的军事情报局直到 1864 年 7 月才隶属于格兰特总部，而格兰特也没有"在战役中充分利用它的服务"，直到他到达彼得斯堡。[63]

慢慢地，这个固执的北方人开始依靠情报收集员，虽然这对他死去的将士来说太晚了，对其他人来说却是个好消息。他开始依赖军事情报局，以至于人们将后者称为"格兰特事业的关键"。该组织的工作成果"在打败李上发挥了重要作用"。格兰特对李的理解也变得更加敏锐。他正确地拒绝相信一名南方军官的陈述，他认为如果李真的按照这位军官的说法行事，那就太愚蠢了。格兰特还推断李会拼尽全力保卫里士满，而李并没有完全明白这座城市并不是其首要目标。[64]

李很难看透格兰特，也许是因为格兰特和之前在弗吉尼亚的指挥官都不同。他并没有贬低格兰特，而是称他"非常出色地应付了自己的事务"，但李最初对北方军在莽原战役后会撤退到弗雷德里克斯堡的预测表明，他"不可思议地评估对手并采取相应行动"的著名能力并非必然。南方军军团指挥官詹姆斯·朗斯特里特称格兰特"将与我们战斗不息直到战争结束"，他的评价更接近真相。朗斯特里特发表此番言论是在格兰特被任命后不久，李想必有所耳闻，因为他和朗斯特里特关系甚密。好战也全情奋战的李很快就发现，格兰特的思想和他自己有明显的相似之处。李希望与其他南方军主力部队联合，而格兰特恰恰担心这一点。格兰特和李都意识到，北方军迟早要包围彼得斯堡，让里士满陷入孤立——这只是时间早晚的问题，而不是会否发生的问题。两人都明白，谢尔曼对佐治亚和南北卡罗来纳的进攻意味着南方军的失败。[65] 了解对手是最为重要的信息类别，但就这一点而言，北方军和南方军的将领们也许过于了解对方了。他们有着相似的背景，就读于同一所军事院校，后来也有过相同的经历——在边疆作战，与墨西哥作战。也许南北战争之所以持续如此之久，双方军队都无法摧毁对方，其中一个原因就在于，某种程度上，两军是彼此的镜像，因而都拥有关于对方的海量信息。不幸的是，对于南方军来说，他们这面镜子更小。

美国南北战争与其他经济学原理

在用我们研究中所考察的其他原理回顾南北战争时，显然存在可供研究的肥沃土壤。下面提出了一些例子，并在本章附录表格中加以总结。这些例子无意穷举，以下讨论仅仅意在暗示每项原理的某些方面如何可能应用于南北战争的案例。

军事决策中的机会成本指出做出某一选择就会排除其他选择的意识。在某种程度上，这对南方军而言更为重要，因为其在几乎战争的一切主要方面都处于劣势。这里可以思考南方军在战争中的两个明显的作战特征。首先，从一开始南方军就倾向于进攻，无论是战略上（安蒂特姆战役、葛底斯堡战役、肯塔基战役，以及骑兵袭击）还是战术上（南方军将领们在整场战争期间都在采取攻势，直到兵力实在寡不敌众）。这并非必然，一些高级军官，比如约瑟夫·约翰斯顿，更倾向于费边式的防御性战争。对于南方军来说，进攻与防守究竟孰优孰劣，至今仍有争议。

至少在战术层面上，这个抉择的某些原因显而易见。进攻意味着集中兵力，而这又意味着某些地区将不得不陷入无人守卫或只有薄弱掩护的状态。1862 年，南方军失去了最大的城市新奥尔良，因为驻守该城的兵力仅有 3,000 人。进攻也使部队面临高风险和高伤亡。当然，不应忽视的是，虽然南方军锐意进攻，战争结束时他们仍是人员伤亡数较少的一方（不过个中原因很复杂）。侵入敌方领土是有风险的（在东部战场的八次入侵中只有一次成功），向防守严密的阵地投入军队会导致双方都付出惨痛代价并撤退，如在弗雷德里克斯堡战役和葛底斯堡战役中那样。此外，在弗吉尼亚采取的进攻性战略意味着无法向西转移军队。1863 年底，一个军团被派往西线，取得了惊人的成绩，但随后又不得不被召回。以上不是为了证明进攻并非明智之举，而是为了证明机会成本显而易见，而且决策者无疑对此心知肚明。

另一个两相权衡的例子是李坚决承诺保卫里士满，而格兰特理解并利用了他的这一态度。要保卫里士满，意味着李不能离开弗吉尼亚，意味着他无法在 1864 年北进，也意味着他不能去南方与约翰斯顿会师（尽管他在战争的最后几周有过尝试）。再次重申，这不是要批判已经做出的决策，因为南方军可能无法承受首都陷落的后果，而是旨在说明我们如何能够辨明在军事史中发挥作用的经济学原理。理想状态下，在决策时，应该意识到所做选择带来的成本，即被放弃的机会。被选中的选项可能一点也不叫人愉快，但它确实表明，没被选择的那些选项可能让人更不愉快。至少，聚焦机会成本将促使决策者列举和谨慎考虑可行的备选方案，从中选择特定的行动方针。

凡是军事行动，无一不期望所得大于所失（预期边际成本和收益），

除非指挥官丧失理智，或是哪怕毫无胜算也要为了荣誉应战。（即使
在后一种情况下，维护荣誉也可被视作一种收益，见第二章。）在此，
我们可以再次思考南方军表现出的攻击性。尽管不定期的分析可能会
显示防御战的优势，南方军将领仍情愿冒险战术进攻，因为战术防御
并不能带来决定性的结果。从 1815 年一直到第一次世界大战，将领
们都深受进攻理论的影响。南北战争时期的美国将领均通过研究拿破
仑战争形成认知，而后者非常强调进攻。南方军将领更进一步地发动
进攻，因为选择防守意味着北方军将不受阻拦地占领他们的部分领土。

具体来说，在每次重大进攻中，南方军将领希望在战略和战术
两方面都取得优势，以盖过分离主义者薄弱的人力和物力所承担的代
价。葛底斯堡战役的筹划阶段就有一则案例。1863 年春，李和"石墙"
杰克逊讨论了北进的可能性，而这一行动的潜在成本在安蒂特姆战役
（1862）中便已昭然若揭。然而，他们打破了思维定式，认为入侵宾
夕法尼亚东部会阻断无烟煤流向北方沿海大城市，从而削弱这些城市
的工业。在北方领土作战的风险将由对北方战争生产和后勤造成的破
坏抵消——火车靠煤运行，而北方军依赖火车，等等。这是一个尤为
重要的考量，因为北方联邦在工业和铁路方面都有压倒性优势。

在战争中，替代通常涉及不同类型的兵种或武器。南北战争见证
了许多新式武器的引进，其设计通常是为了以更少的人员伤亡和成本
实现目标。在战争期间，工程师，尤其是海军工程师，研制出了远程
火炮，并将其投入使用。这些武器造价高昂，而且往往很笨重，但有
时效果惊人。例如，通往佐治亚州萨凡纳的道路由普拉斯基堡镇守，
这是一座造价昂贵的棱堡。1862 年，北方军指挥官用远程膛线炮轰
击这座要塞，在没有发动任何猛攻的情况下便迫使其屈服。一种作战
类型的替代是依靠骗术保卫一个地区，而非派遣大量军队。还是在
1862 年，南方军为拖延麦克莱伦向里士满进军，使用了各种欺骗手段，
其中一些更像是戏剧手法而非战场策略。例如，我们在正文中曾提到，

在防守约克敦半岛期间，南方军将领杰布·马格鲁德从麾下小型部队派人进入树林，向并不存在的兵营和兵团大声发令。他还让士兵排成纵队，穿过北方军侦察员观测范围内的林间空地，走到视线盲区后又绕回去，重新加入纵队的后方，从远处看，其部队的规模就比实际大得多。[66]

内战时期的将领在评估我们今天所说的边际收益递减时遇到了一个特殊的问题。在规模上，北方军和南方军超过了美国史上的任何军队。欧洲士兵经验颇丰，美国人也在一定程度上研究过他们的经验，但北美的地形和道路有诸多不同；且欧洲也尚未在铁路时代经历大规模战争，人们花了相当长的时间才意识到收益递减的问题。但是，从炮兵和步兵的使用来看，很明显，一旦超过某些临界值，增援兵力就会越发贬值。以火炮为例，投入实战的火炮数量翻倍，意味着其消耗的弹药数量翻倍，移动炮弹所需的道路空间也翻倍（更不用说人和马了），但却并不意味着对敌杀伤效果也翻倍。指挥官需要仔细考虑——为了实现总体目标——将额外人员、马匹和物资另作（替代）他用（机会成本）是否更好（边际成本／收益），我们将在第六章更加深入地探讨这一主题。

在步兵方面，南北战争时期的将领试图通过侧翼包抄和纵队进攻来击溃敌人，前者源自若米尼，后者则受拿破仑影响。步兵纵队的攻击需要人数优势，但同样，额外努力的收益仍会面临递减。在战争博弈论中，进攻的步兵纵队需要大约三比一的人数优势才能成功；二比一被认为可行，但风险很大。然而，如预期一样的更大优势未必会出现。六人对阵一人的进攻并不比三人对阵一人的进攻强上两倍，这有几个原因。军队编制规模越大，所需的准备时间就越长，这将延迟攻击，并使敌人有时间制定反制措施（如弗雷德里克斯堡战役），此外还需要更多补给。道路变得拥堵，拥堵进一步推迟攻击，使紧急变动更加困难。最后，参与的部队越多，挤压问题就越严重。当纵队行进时，后方部队会挤压前线部队，而受到火力攻击的始终是前线部队，这将产生两个问题：一是前线部队丧失机动能力，二是前后部队交织，甚至陷入混乱，指挥与控制崩溃。第一种情况出现在火山口之战，第二种情况可见于夏罗战役。

战争从根本上来说是极度危险的活动，在 19 世纪 60 年代当然也是如此。为保卫祖国，许多人自愿参军，但更多的人则需要适当的合同劝诱才肯服役。然而，即使这样也不足以增加军队人数。最终，双方诉诸法案，南方于 1862 年率先通过，北方则在一年之后。[67] 但是，一份战斗的契约——无论是文化意义上的（为祖国而战），还是正式的合同，或者两者兼有——会引起许多与信息不对称相关的委托-代理问题，这些问题我们在第一章中概述过，又在第三章中详细考察过，例如违反合同的可能性、合同延期、合同执行，以及为协调指挥作战的军官与兵员双方的激励机制而制定的合同结构。在合同方面，形势的变化显而易见，例如李的北弗吉尼亚军团的经历。在战争大部分时间里，其团队精神保持高涨，这反映在指挥官的极高人气上：对于普通士兵来说他是"罗伯特大师"，因为他有令人艳羡的获胜记录和人格魅力。随着境况变得越发艰难，逃兵（违反合同）增多，必须更加强调武力——例如，惩处甚至处决被捕逃兵——也就是说，必须更加强调合同的可靠执行。当谢尔曼、谢里登等人侵入南方邦联境内时，士兵对家人命运的担忧加剧了他们逃离的压力。值得注意的是，北弗吉尼亚军团哪怕再无取胜机会也仍然保持着强大的战斗力。虽然惩罚能让一些人守规矩（在北方军士兵中更是如此，鉴于有许多领取津贴随即开溜的人），[68] 但留下作战似乎更取决于单位的凝聚力——一种文化意义上的契约，而不是正式的有偿合同。毕竟，这是一个数以万计的士兵并肩作战的时代，在战火中结成的兄弟情谊更为坚贞，甚至超越了不可避免的失败，叛国而死逊于光荣牺牲。

结论

　　和整本书一样，本章是经济学原理在军事史上的一次应用。我们无法也不会声称在此证明了决策不可避免地受到信息（无论真假）的影响。但值得注意的是，尚未有任何反例出现。在这一领域从事更进一步研究的人需要谨记两个重要因素。首先是经济学家最喜欢的概念之一——其他条件不变。战争中有一个方面是绝对不平等的，那就是个性：没有哪两个将军是相像的，在上文的讨论中，没有哪两个人会以相同方式对信息做出反应。[69] 我们通过将个性融入信息处理这一概念来巧妙地解决这个问题。偏见、先入之见和个人经验导致处境相似的指挥官以不同方式解读同一则信息。任何事实都无法脱离解读而存在。例如，尽管掌握了有利于攻击性行为的信息，谨慎的指挥官还是会谨慎做出反应（例如，安蒂特姆战役前的麦克莱伦）。

　　第二个考虑因素，尤其是南北战争的研究者会感兴趣的，是我们将西部战场排除在研究之外。对于南北战争信息方面的进一步研究，可以有两种利用西部战场的方法。首先，西部战场的教训和案例可能会导向与东部战场完全不同的结论。西部战场的情况截然不同。例如，机动范围更大，指挥官的行动受到的持续干扰较少，双方都不被保卫首都的顾虑束缚。其次，可以比较研究东西部战场。在这一章中，我们之所以选择聚焦东部战场，是因为两军在一个相对狭窄的地理区域内争夺越发熟悉的地域，故而更容易运用"其他条件不变"的原则：例如，每一位北方将军都必须穿过拉帕汉诺克河。

　　现在就对其他原理下决定性结论还为时过早。我们对它们的简短涉及是说明性的，为的是激发而非满足读者的兴趣。无疑，本章附录所列的内战表格中的三十个条目提出了一些值得研究的假设。作为例子，我们在此列出三个假设。首先，关于替代和人力，南方邦联使用奴隶劳工是否是一种有效的替代策略（一种奴隶无法逃脱的"严格"

征兵），从而延长了冲突？同样，北方联邦的"温和"征兵——允许通过支付代偿金来逃避兵役，这些费用被用来吸引能力较弱的人报名参军——是否延长了冲突？第二，在边际收益递减和后勤保障方面，波托马克军团庞大的后勤保障是否降低了它的效率，以至于让对手在战争中掌握了太多的主动权？（这一点适用于葛底斯堡战役中的李，不过形势逆转。）还有第三，关于边际收益递减和筹划，两军是否都迟迟没有意识到步兵正面进攻（尤其是面对野战防御工事时）的效力下降？看来，挖掘南北战争历史的经济脉络可能确实是一项富有成效的努力。

附录

关于美国南北战争案例的经济学表格

原理	人力	后勤	技术	筹划	作战
机会成本	未能在新奥尔良驻防（人力集中在野战部队）	南方军需组织建立滞后	南方军决定建立小型装甲舰队；劳动力、装甲、常规船舰	东部战场的进攻策略	1864年专注保卫里士满
预期边际成本/收益	彼得斯堡战役中向北重新部署北弗吉尼亚军	南方军攻击波普的通信线路	侦查气球变得不堪一击，随即被废止	李、杰克逊和格兰特相信攻势的内在价值超过其成本	葛底斯堡：李和杰克逊讨论过妨碍联邦运煤船的优势
替代	邦联的奴隶劳工	联邦使用海运避开艰难或竞争中的陆上路线	打造昂贵的远距离武器（如摧毁普拉斯基堡）	常规进攻不可行时发动骑兵突击	依赖骑兵选和欺骗而非人多势众（如约兑赛的马格鲁德）
边际收益递减	步兵纵队行进；人数优势	北方军的规模使其更依赖铁路，进度减缓	炮兵规模；数量大多则行动更慢，额外火炮效果递减	野战工事越发成为进攻手段，难以产生决定性结果	格兰特在弗吉尼亚多次攻击；后续攻击不及第一次有效
信息不对称（克服）隐藏特征	双方士气是战报中时常热议的话题	维克斯堡：南方军攻击不存在的北方军运输线	在弗吉尼亚设立观察哨所；为号令哨所激烈炮交火	建立军事情报局	葛底斯堡：双方将领都因情报不足而深受影响
信息不对称（克服）隐藏行动	征兵制"解决"了激励机制中的协调问题	随军商贩（满足私人需求）；需求的私人供应商	海军"莫尼特"号与其他革新；其速度为发明者带来名望和奖励；寻求更多机会	战报中会点名战败单位及指挥官	莫特在斯波尔韦吉亚的进攻；部队不可靠；出现许多赏金兵士

第六章

世界大战时代（1914—1945）

第二次世界大战对德战略轰炸中的边际收益递减

"那些白痴自愿被吊在铁丝网上，在佛兰德的泥泞里腹部中枪。"人送外号"轰炸机"的空军上将亚瑟·哈里斯爵士评论道。这句话贴切地体现了第一次世界大战（终结一切战争的战争）中堑壕战那不可理喻的血腥程度，也解释了为何他在第二次世界大战中无限偏爱空战而非陆战。[1]在空中作战看起来好处更多。1942 年 2 月，哈里斯就任英国王家空军（RAF）轰炸机司令部司令后，立场毫不动摇。从 1939 年 12 月到 1945 年 5 月的 66 个月里，英国王家空军向德国的 10 个目标类别投放了 755,531 吨炸弹，其中整整 69%——约 523,615 吨——落在了城市，这一目标群被委婉地称为工业区。投向工业区的第一吨炸弹，也是当月唯一的一吨，在 1940 年 2 月投放。3 月和 4 月轰炸暂停。5 月 154 吨炸弹落下，6 月 298 吨。"虚假战争"就此结束。到 1941 年 7 月，每月轰炸量逐渐增加到 2,384 吨，然后在 1942 年 2 月降至 486 吨。[2]

1942 年 3 月，哈里斯上任不到一个月，对工业区的轰炸水平激增至 3,241 吨。到 5 月，哈里斯组织了史上第一支千架轰炸机编队，

于 5 月 30 日至 31 日晚间飞往科隆。当晚投下的 1,455 吨炸弹[3]占当
月向工业区投放的 2,655 吨炸弹总量的一半以上。这座城市约有 600
英亩[*]土地化为焦土。对工业区的轰炸在次月达到顶峰，炸弹总量达
8,622 吨。之后，越来越多的德国探照灯排炮、高射炮和战斗机投入
战斗，击落了数量多到难以接受的英军无护航轰炸机，轰炸规模随之
下降。

　　哈里斯坚持不懈。1943 年 7 月 24 日至 25 日夜间，大约 1,200 吨
燃烧弹在汉堡引发了一场大火，多达 40,000 平民丧生。[4]但哈里斯并
没有用死亡人数衡量成功，而是以被烧毁土地的总平方英里数来计算。
轰炸汉堡的炸弹量不到当月对工业区轰炸弹药总量 13,291 吨的 10%。
从 1943 年 11 月一直到 1944 年 3 月，当盟军（包括轰炸机部队）为
诺曼底登陆做准备时，哈里斯数次轰炸柏林，但收效甚微。他怪罪美
国人："如果（美国陆军航空队）一并加入，我们就可以摧毁柏林全
境……我们将损失 400 到 500 架飞机，但这将使德国付出输掉整场战
争的代价。"事实上，从 1943 年 10 月到 1944 年 3 月，哈里斯损失了
1,128 架轰炸机，几乎毁了他的整个兵团。1944 年 4 月至 9 月，形
势挽救了他，当时盟军最高指挥官艾森豪威尔直接掌控所有空中力
量，准备在诺曼底登陆以及向莱茵河推进。哈里斯对工业区的轰炸
量从 3 月的 21,656 吨减少到 4 月的 13,395 吨，5 月减至 5,971 吨，
6 月减至 855 吨。在 6 月 6 日诺曼底登陆成功后，哈里斯卷土重
来，再次向工业区投掷炸弹，7 月 11,207 吨，8 月 12,777 吨，9 月
15,518 吨。当艾森豪威尔交还直接指挥权后，哈里斯仅在 1944 年
10 月就在工业区投下了惊人的 50,465 吨炸弹（图 6.1），并于 1945
年 2 月在美国人的帮助下，将柏林和德累斯顿化为灰烬，当时战争已
经取得了胜利——通过地面战场。[5]

---

[*]　1 英亩约为 4047 平方米。

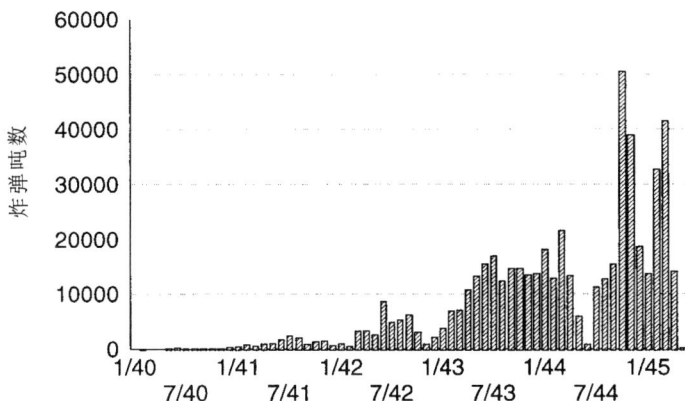

图 6.1　英国王家空军轰炸德国工业区所用的炸弹吨数

资料来源：根据 USSBS, Februray 1947, Chart 6, pp.49—91 计算得出。

　　哈里斯之所以坚持毫不留情的立场，是因为他相信（这一确信在 1944 年 9 月之前并不完全错误）当今所谓"外科手术式"的战略轰炸在军事上收效甚微。考虑到在他统领英国王家空军轰炸机司令部之前，英国人在 1940 年和 1941 年的经历，他嘲笑美国人坚持挑选战略目标并精确轰炸消灭是"江湖郎中"的做法。他说得不无道理。在 1943 年初加入轰炸战斗时，美国人经常莫名其妙地错过指定目标，以至于"轰炸机机组人员开始开玩笑说'宰羊'或'对德国农业的重大攻击'"。因此，比起手术刀，哈里斯更喜欢用大锤。[6]

　　战略轰炸理论——无论其模式、精度还是面积——都直截了当且引人注目。借用美国战略轰炸调查团（USSBS）令人难忘的奇特表述："战略轰炸和战术轰炸的关系，与奶牛和牛奶桶的关系如出一辙。为了断绝敌人的即时援助和安慰，战术考量是要打翻牛奶桶。而为了确保其最终饿死，战略行动要杀死奶牛。"[7]看看下面两个创意没那么强的定义：

> 战略轰炸……旨在系统性地破坏那些将最大程度削弱敌人的资源，手段是剥夺敌人继续战争所需的材料或武器。[8]

> 战略轰炸不是直接攻击敌人的陆军或海军，而是使用空中力量打击敌人战争事业的基础——战备物资的生产、整体经济、平民的士气。战略空战几乎总是以打击敌方空军为前提，但这并不是其最终目的。战术性空中力量使用飞机协助地面或海上部队向前推进，通常与这些部队协同作战，战略空中力量则通常相对独立于陆军和海军。[9]

第一个定义表明，战略轰炸的目标本质上是非军事资产，也就是生产性场所，以期切断敌方的军事投入。朝经济这头奶牛开枪，防止它（重新）填满军队的牛奶桶。战略轰炸的最终打击目标是敌方继续战争的能力，对这一目标的关注在行动层面并不明确，总而言之，它无视人力资本和制度方面的要素，限定在发动战争的物质投入上，这些物质投入被视为潜在的瓶颈。

第二个定义有助于区分战略轰炸和战术轰炸，并确认了三种行动目标：（a）敌方实际的武器生产；（b）敌方的整体经济，它构建了往返于军火工业设施的供应链；（c）敌方平民的士气。第二个定义还表明，存在着某种合乎逻辑的事件序列，第二次世界大战中多次失败的战略轰炸带来的后见之明也印证了这一点。首先，摧毁敌方防空能力；其次，攻击敌方领土内支持前线战事的目标，尤其是供应链；再次，等待敌方从内部瓦解。经过这番解读，战略轰炸旨在通过自身达成某些战争效果，尤其是免去从陆上进攻敌方领土、攻占其首都、推翻其领袖的必要。[10]

因为战略轰炸"除了理论和意志，基本上什么都没有"，空中力量的极端倡导者未能如愿以偿，对德国或任何其他国家实施的轰炸从来都不纯粹。许多人因此声称战略轰炸并非意在仅凭自身就取得胜利，这一说法不仅在历史上不正确，在逻辑上也疑点重重：在缺乏跨军种综合军事战略的情况下，如果战略轰炸本身不是为了取得胜利——通过攻击敌人的军需生产、经济和其人民的士气——那么它要达到什么目的？[11] 结果，许多历史叙述基本上都采取了以下立场：诚然，人们曾对战略轰炸寄予厚望；诚然，战略轰炸确实遇到了一些实际困难；但至少，战略轰炸迫使纳粹德国花费大量资源用于防空，不然这些资源将投入前线；因此，战略轰炸为赢得欧洲战争做出了宝贵乃至不可或缺的贡献。[12]

更接近事实的其实是完全相反的观点：如果战略轰炸支持者的视线没有被蒙蔽，盟军本可以投入更多资源，更早地开发远程战斗轰炸机，以配合轰炸机编队。1943 年 12 月，艾拉·C. 埃克准将卸任美国第八航空队指挥官——当时，"轰炸机"哈里斯损失了数百架飞机和数千名机组人员——第八航空队新任指挥官吉米·杜立特注意到战斗机指挥办公室有一则标语："第八航空队的首要职责是让轰炸机安全返航。"杜立特命人换掉了这则标语，代之以"第八航空队的首要职责是摧毁德国战斗机"。这就是整件事的关键所在："轰炸袭击与其说是为了轰炸，不如说是为了刺激德国战斗机加入空战。"说得更到位一点，航空队的首要职责是"杀死德国战斗机飞行员"。几乎所有军事作家都一致认为，理想的那类战略轰炸实际上直到 1944 年 9 月才出现，那时纳粹德国空军防御战斗机力量已遭到破坏，在美国 P-51（"野马"）战斗机投入战局后更是如此，而该战斗机的研发自 1943 年 6 月便被埃克耽搁。[13]

然而，尽管这个话题不能完全回避，本章并不主要聚焦于战略轰炸的机会成本，而是关注战略轰炸的边际回报递减，并给出一个非常具体乃至专业的观点：证明在战争事业的其他投入不变的情况下，持续增加投弹吨数，最终会导致破坏增量下降。在某些情况下，我们甚至可以指出更多的轰炸导致了更小的破坏——不再是越来越少的递减收益，而是负收益。[14]

首先，我们引入战略轰炸生产函数的概念，它使我们能够更清楚地讨论轰炸的总收益和收益递增、递减或负收益的概念。接下来，我们依次讨论战略轰炸的三个要素：轰炸以减少军需生产，轰炸整体经济以削弱供应链，轰炸削弱平民士气以诱发叛乱或破坏行动从而削弱工业生产力。最后，我们将给出总结评估，并展示根据本书六则经济学原理来看第二次世界大战对德战略轰炸案例，如何在战争的人力、后勤、技术、筹划和作战方面催生出许多其他案例和假设。

战略轰炸的生产函数

原则上，轰炸向经济理论和实证分析敞开，人们只需要将一组输入值与它们所产生的输出值联系起来。例如，我们可以写一个方程，称为战略轰炸生产函数，$y_i=f(x_T;x_A,x_D,z)$，其中 y_i 是预期输出，表示对防御方资产的破坏；x_T 是投掷炸弹的吨数；x_A 是描述进攻者除炸弹吨数外的输入变量的向量（一组因子），预期系数为正（攻击输入越高，破坏越高）；x_D 是描述防御者输入变量的向量，预期系数为负（防御输入越高，破坏越低）；z 是体现不可估量事件的向量，比如当前的天气状况。[15]

如果绘制一幅假想的散点图，纵轴是战略轰炸的输出（某种程度的破坏），横轴是轰炸使用的炸弹吨数，那么乍一看，更多的轰炸与破坏的增加呈相关趋势（图 6.2）。这一点由数据点呈上升趋势和穿过这些点绘制的虚线表示：轰炸越多，破坏越大。

在经济学中，生产理论认为，炸弹吨数增加预计会导致破坏增加，但该理论也预测，只要除炸弹本身之外的所有其他所需投入保持恒定，

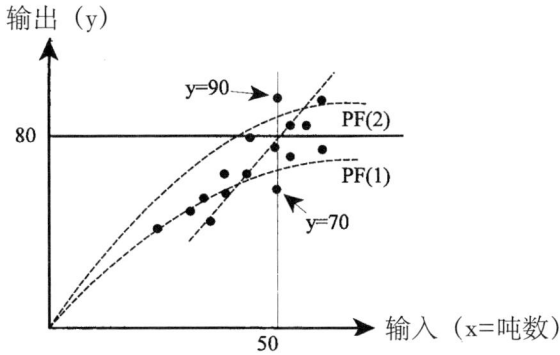

图 6.2　战略轰炸的生产函数

破坏的增量就会越来越小。轰炸增加，预计将导致每多轰炸一额外单位所带来的额外破坏的收益减少。因此，围绕第一个生产函数——标记为 PF(1)——收集的数据点，破坏增量在增加，但增速在下降。如果轰炸的炸弹吨数还要进一步增加，所达到的破坏水平将在 y=80 的水平线以下停涨。如果这条水平线被解释为获得胜利所需的破坏水平——称之为胜利阈值——那么单凭炸弹本身，无论多少吨数都无法确保胜利。

造成更大的破坏并取得最终胜利的，不是更多轰炸本身，而是在轰炸的同时投入更多其他资源。沿 PF(1) 增加炸弹吨数之收益的递减只能通过增加其他投入来抵消。就数字而言，只有在例如导航技术得到改进的情况下，相同的炸弹吨数（例如 x=50）才能产生更大程度的破坏。在"旧有"技术下，很少有轰炸机能命中目标，在 x=50 时，轰炸所能造成的破坏（y=70）相对较低；但随着"新兴"技术的发展，更多轰炸机得以锁定其目标，且 x=50 时的轰炸所能造成的破坏（y=90）相对较高。对其他投入的更多应用或改进被描述为生产函数从 PF(1)到 PF(2) 的上移。y=80 的胜利阈值已被跨越。在 PF(1) 中，仅靠炸弹吨数无法达到胜利，但炸弹吨数与其他轰炸投入相结合则可取胜。

可能除了"轰炸机"哈里斯之外，盟军都很清楚这一过程的运作。基本上，哈里斯相信 PF(1) 会在某个时刻跨越胜利阈值。他也许认为阈值不是 y=80，而是更低，因此 PF(1) 将会超过它，又或者他认为 PF(1) 的轨迹更高，会像图中 PF(2) 那样。但是，除了更大比例地使用燃烧弹而非爆炸性炸弹之外，哈里斯无论如何都不相信技术，尽管他几乎没法不用盟军为他提供的技术改进，如无线电导航或四引擎轰炸机。相反，他相信单纯靠炸弹吨数就能达到目的——他的绰号正是由此而来，也名副其实——他还不断抱怨轰炸机不再听由自己指挥，而是为大西洋上的船只护航或为诺曼底登陆做准备。他一意孤行，相信靠投下不计其数的炸弹就足以确保胜利，并且鲜少允许自己表露出对轰炸计划的迟疑。[16]

与哈里斯不同，英国人、美国人同德国人进行了一场拉锯战，一方试图将生产函数"推高"至预想中的胜利阈值，另一方则试图将其"拉低"，令每吨炸弹产生更大（或更小）的破坏作用。盟军孜孜不倦地改进导航、瞄准、密码破译、战斗机护航、飞行员培训和无数其他对炸弹吨数的补充投入，而德国人则致力于抵消对手通过努力可能获得的任何优势。

理解下面这一点很重要。第二次世界大战期间和之后几乎所有关于战略轰炸的争论都围绕着轰炸的总体破坏效应展开，讨论战略轰炸是否对德国的溃败起到决定性作用。相比之下，本章的目的是思考增加炸弹吨数所带来的破坏效应的增量，即经济学家所说的边际效应有多少。我们稍后会展示一些引人注目的证据，表明轰炸的边际效应实际上在下降，就像生产理论所预测的那样。

遗憾的是，对经济学家和其他有数学素养的学者来说，不可能确定战略轰炸生产函数的系数。造成这种情况的原因至少有四方面。首先，尽管拥有大量轰炸数据集，但可用的观测数据实际上相当少。[17]以最佳情况为例，假设产出为轰炸飞机工厂所造成的破坏。在为期 66

个月（1939 年 12 月至 1945 年 5 月）的战略轰炸中，美国陆军航空队轰炸德国飞机厂的时间为 23 个月，而英国王家空军轰炸这些工厂的时间为 26 个月。考虑到时间上有 6 个月的重叠，组合数据集是任意一方在 43 个月中轰炸飞机厂的数据。这就产生了 43 个数据点，从统计科学的角度来看，根本不足以得出关于战略轰炸对破坏飞机厂的可能影响的有效结论。

其次，从统计学上讲，这 43 个数据点必须被炸弹吨数以外的大量相关因素均分，这些因素导致了生产函数的变化（如图 6.2 所示），这样一来，便没有足够的数据点来确定在每种轰炸技术下，不同炸弹吨数所带来的破坏性回报。轰炸技术或炸弹吨数以外的投入，即在本节开头讨论时提到的等式中的 x_A，其明细数量庞大。显而易见的输入值包括飞行架次、可用的轰炸机数量、轰炸机燃油航程、每架轰炸机可携带的炸弹载荷、携带的炸弹类型，以及每枚炸弹的爆炸或燃烧弹药量。不太明显的因素有导航系统的精度、炸弹瞄准设备的精度、可供使用的护航战斗机及其范围、在命中指定目标之前返航的飞机占比，还有飞行员、导航员、投弹手和机枪手的飞行训练和经验。每一个输入项的改进都有望产生积极的效果——技术改进，破坏则增强——但统计上，每种技术都没有足够的数据点来证实。

同样，德国防空系统的改进（x_D），如探照灯、高射炮、拦截飞机和防空战略，预计将产生负面影响：防御越精进，破坏越小。[18] 在轰炸公式中，相关的进攻和防御输入项可能与观察到的破坏输出项（即 43 个）一样多，因此无法在控制其他输入项影响的同时，在统计上确定任何一种投入的效果。从统计上看，结果并不可靠。

炸弹吨数以外的投入自然不是恒定的。它们在战争期间迅猛变化，以至于几乎每个飞行任务都包含一组独特的输入值，因此相关的样本大小基本上等于 1——每次轰炸都有其独特的输入组合。在随后的轰炸中，炸弹吨数可能更多，破坏效果也可能相应更大，但我们无法从统计上判断破坏效果的增加是由更多炸弹吨数导致，还是源自导航系统的改进或任何其他投入的变动。统计学家有时通过汇总有关输入值从精细层面到总体层面的数据来克服这类问题。例如，导航信息可以粗略地分为两组——航位推算和辅助推算，而不是按导航在发明、安装和使用上的每一类改进来详细描述数据集。这种方法在统计意义上可以接受，只要不那么详细的分级不会掩盖专家认为对当前问题具有根本重要性的差异。导航——找到目标——绝对至关重要，因为它决定了投下的炸弹会否造成预期的伤害。与"轰炸机"哈里斯不同，战略轰炸的历史并不围绕投掷炸弹的吨数，而是围绕"把炸弹送往目标地点"的手段展开，分析人士现在似乎一致认为，这方面最重要的突破是 1944 年春夏对纳粹德国空军战斗机联队及其飞行员的毁灭行动。此后，战略轰炸机队可以安然飞过。战略轰炸在不受抵抗的情况下效果最大！（到不受抵抗之时，也就是从 1944 年 9 月开始，地面战争基本上已经取得了胜利。）

第四个问题涉及左边的 y_i，在函数中，也就是轰炸的"输出"。事实上，输出并无明确定义。虽然我们有大量关于炸弹吨数和其他输入项的数据，但没有关于破坏的确凿数据。例如，尽管许多德国飞机厂（在德国及其占领区）遭到轰炸，但它们也被迅速修复、重建或重新选址安置，因此轰炸充其量只能延缓而不是阻断飞机生产。这并不一定意味着轰炸在战略上无用——延缓可能成为关键——但它确实意味着，没有关于输出的明确数据，严格的统计工作便无法进行。

再举一例。"轰炸机"哈里斯对汉堡的袭击制造了世界首例由空中引发的火风暴。夜间袭击总共进行了四次：1943 年 7 月 24 日至 25 日，791 架轰炸机飞向该市；7 月 27 日至 28 日，787 架轰炸机驶来；7 月 29 日至 30 日，777 架轰炸机出现在夜空中；另一波 740 架轰炸机在 8 月 2 日至 3 日抵达。总共约有 9,000 吨炸弹落向这座城市。美军也在白天发动了逾 250 次空袭。据信，总共有 35,000 至 50,000 名平民死于随后的大火。默里和米利特写道，"城市中一半以上的居住空间、75%的电力工程、60%的供水系统和90%的燃气工程被摧毁"，大型企业的工业生产下降了40%，中小型企业则下降了80%。休伊特补充道："183家大型工厂、4,113家小型工厂、580家其他工业工厂、停靠在港口的180,000吨船舶和12座桥梁被毁，此外还有24家医院、58座教堂、277所学校、76幢市政建筑、83家银行、2,632家商店以及1个动物园，许多动物也在其中丧生。"看来，轰炸（破坏）的"输出"得到了很好的衡量。然而，休伊特继续说道："铁路调车场和铁道运输在几个小时内就恢复运作了。9天时间，电力便供过于求。工业生产迅速回升至空袭前的水平。失去家宅的居民在短时间内被疏散或重新安置在城市中。"德国战争机器继续运转。当拳击手被击倒又重新站起来时，出击者费力使出这一击究竟摧毁了什么？显然，对手的进程被迟滞了，能量也被消耗，但如果他不一直趴着，战斗就不会迎来胜利。[19]

　　总而言之，尽管轰炸的影响在经济理论中不难处理，但战略轰炸生产函数在输入和输出方面的数据问题阻碍了统计分析，至少阻碍了推论统计分析。当然，这并不意味着我们无法求助于数据，只是任何推论都必须更加谨慎。在下一节中，我们将研究盟军对德国战争生产资产的轰炸，然后检视对德国供应链及其民用经济的轰炸，再讨论区域性轰炸的问题。在每一种情况中，我们都需要区分轰炸的总体影响和增量影响。虽然我们讲述前者的故事，但对后者更感兴趣。

轰炸德国的战争生产

　　战略轰炸理论相当具体：不是轰炸敌人，而是轰炸其工具。让他一无所有，只剩赤手空拳，让他发现自己的行为有多愚蠢。美国边疆神射手的神秘（与迷思）和对无差别恐怖主义轰炸的道德忧虑相结合，催生了一个思想流派，将精确轰炸打击敌人的工具及工具制造能力提升为有道德的战争的高级形式。[20] 与其与敌人开战，不如限制其战斗力。尽管野蛮的暴行接二连三，不仅出现在第二次世界大战中的德国，还有日本、朝鲜、越南、海湾战争以及 20 世纪 90 年代的巴尔干战争，但美国对精确打击的关切直到伊拉克战争才实现，至此已经过去了 60 多年，早就为时已晚。

然而，斯蒂芬·布迪安斯基提醒我们，"战略轰炸从表面上看并非毫无意义或办不到"，他的观点得到了许多作者的认同。实施的关键取决于目标识别和炸弹投放。炸弹投放的问题似乎随着 20 世纪 30 年代初卡尔·L. 诺登为美国海军开发出马克十五型投弹瞄准器而得到解决。理论上，它将平均轰炸误差降低到 100 英尺左右；它仅重 50 磅，在 5,000 英尺高空测试中，对一艘锚定的海军巡洋舰的命中率达到了 50%，"相比从前的准确率有了惊人的提高"。1942 年 9 月 26 日，《科利尔》杂志出版了一幅引人注目的漫画，一名投弹手问导航员："这个地址是莱比锡街 106 号还是 107 号？"目标识别则得到了一种辅助理论的支持：工业网络理论。该理论将突出标明战争生产的特定关键点、瓶颈和各种重要节点，这些阀门一旦被精确轰炸关闭，就会使敌人陷入瘫痪从而屈服。我们有必要记住，此时大萧条刚刚结束，它似乎证实了这个经济学中的多米诺骨牌理论：找到并抽出那张能让敌方纸牌屋倒塌的牌。[21]

这个理论最终不再有任何价值，不是因为它错了，而是因为它假设得太过，而且不完整。它将目标识别的作用假设得太过，举例来说，没有导航，哪怕完美运行的投弹瞄准器也毫无用处。在晴朗天气下飞到某个熟悉的预定空投点，向某艘锚定的海军巡洋舰投下一枚试验炸弹，这是一回事；在无人护航、无人领航的情况下，从英国空军基地穿越阴云密布的英吉利海峡，前往阴雨连绵的欧洲大陆，途中被探照灯、高射炮和防空战斗机拦截，这完全是另一回事。这不是找到莱比锡街106号还是107号的问题，而是找到莱比锡城的问题——而且要活着找到它。

这个理论也不完备。就像盟军意识到的那样，德国人善于重新安置和分配生产基地，他们善于储备物资以保证生产流程不被中断，善于加班加点，善于集结奴工和外国工人，善于用一种原材料代替另一种原材料。尽管美国人对精确轰炸的信念很少动摇，但事实证明，这项任务比他们自己想的要困难得多。

让盟军错愕的是，尽管他们轰炸了德国的飞机厂，德国在战争期间的飞机产量仍不断增加，并在1944年达到顶峰，生产了39,807架飞机。那一年的产量高峰是7月、8月和9月，每个月都有4,000多架新飞机降落在停机坪上。但到了9月13日，盟军已经站在齐格菲防线上，苏军则将德国人从东线赶回了老巢（德国已在此战场投入了四分之三的兵力）。这是战争的终局，与战略轰炸的倡导者所承诺的完全不同。

就算没有破坏飞机生产本身，轰炸或许至少降低了德国生产飞机的潜力。如果没有轰炸，德国会生产更多飞机吗？要回答这个问题，我们需要衡量德国飞机（和一般武器）的生产潜力，而不是其实际飞机（武器）产量。英国人这样做了，却发现直到战争结束，德国的武器生产潜力一直在上升。1942年1月和2月，德国的实际武器生产指数（图6.3）设定为100，这一指数持续上升3倍，在1944年第三季度（III/44）达到308，然后在1944年第四季度（IV/44）下降至270，之后持续下降到战争结束。[22] 英国人写道：

> 最周密的研究也未能从破坏的实际情况中得出任何证据，来支持战争期间衍生的主要经济推论。矛盾的是……战争生产非但没有因为德国城市被夷为平地而下降，反而持续增长至1944年

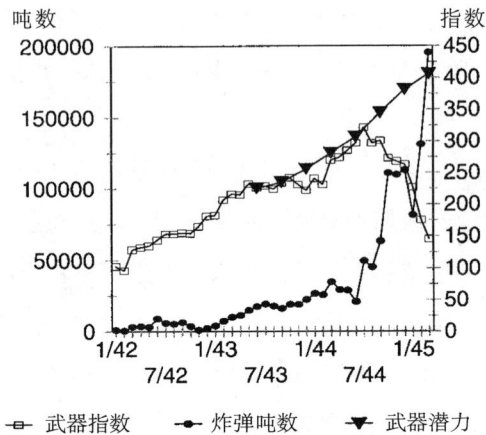

图 6.3　德国实际和潜在武器生产月度指数以及联合战略部队投掷的炸弹吨数，1942-1945

资料来源：USSBS，February 1947, p.13（炸弹吨数），p. 113（武器指数）；BBSU, 1998, p. 91（武器潜力）。

下半年，其随后的下降也与继续轰炸人口中心没有什么关系。我方攻击产生重大战略影响的是在军事领域，而不是经济领域。[23]

美国人写道：

> 在战争初期，一个不可避免的结论是，德国的战争生产并不受限于其战争潜力（受限于其可支配的资源），而是受限于需求，换句话说，受限于德国战争领袖对取胜需要什么的认知。[24]

在两项调查的作者以及后来的分析人士看来，轰炸造成的可能后果是阻碍了德国发挥其武器生产潜力。1945 年第一季度，这一指数达到了 406 的高位，而当时实际生产指数已经跌至 182。根据数据，德国的实际武器产量直到 1944 年第三季度才开始下降（图 6.3）。重要的是，那个时候——诺曼底登陆之后——对德国的轰炸不是战略上的，而是战术上的，是在为盟军部队的挺进做准备。稍后的讨论将指出，这不是为了强迫德国投降，而是为征服做准备。[25]

到1944年第三季度德国武器产量下降时，英国王家空军和美国陆军航空队在德国领土上投放的炸弹总吨数只消耗了30%。[26]也就是说，在诺曼底登陆之后，在盟军到达法德边境之后，在地面战已经取得决定性突破之后，还有70%的炸弹没有投掷。战争已经取得了胜利，只待将其引向终局。虽然在军事上可能有理由将敌军压缩到更小的领土范围内，更高的防御密度也会提高攻击命中的可能性，但这不可能是战略轰炸的目的，因为其关键在于从内部瓦解敌人。

现在，我们从总的武器生产情况转到战略轰炸的边际或增量影响上来，以审视两个具体情况，即德国国内外飞机工业的生产（见表6.1）[27]和化工产业（例如用于炸弹生产）的生产。一目了然的是，1944年，在工业用地遭受最猛烈轰炸期间，飞机的产量最多。毫无疑问，尽管轰炸的炸弹吨数增加了，但德国飞机产量还是上升了。那么，我们如何评估德国飞机生产事业受到的损坏呢？一种方法是以飞机产量的峰值，也就是1944年7月的4,219架为基准，计算其他月份的产量缺口，以了解这种缺口与轰炸炸弹吨数的对应关系。因此，1944年7月的缺口为0架；1944年6月，是4,219减3,626，即593架，5月是4,219减3,248，即971架，以此类推。

由于轰炸和生产在1944年之前都没有剧增，我们将只考虑这一年的数字。图6.4直观展示了这些数字。纵轴是以1944年7月为基准的假想缺口，即未被投入使用的飞机。横轴表示瞄准飞机工厂的炸弹吨数。如果战略轰炸理论的支持者是正确的，我们将会看到数据呈上升趋势：轰炸越猛烈，未生产飞机的缺口就越大。如果边际收益递减理论适用，我们将会看到，逐渐升高的轰炸率与未被投入使用的飞机增量的下降呈相关关系。换句话说，我们将会看到类似于图6.1中的生产函数，它一开始上升，随后趋于平缓。而我们实际看到的情

表 6.1   轰炸德国飞机生产基地的炸弹吨数与德国飞机产量的关系，
1941 年 1 月至 1944 年 12 月

年 / 月	炸弹吨数	飞机产量	年 / 月	炸弹吨数	飞机产量
41/1	1	633	43/1	0	1,525
41/2	44	871	43/2	4	2,004
41/3	61	1,174	43/3	0	2,166
41/4	35	1,129	43/4	631	2,100
41/5	0	1,037	43/5	211	2,196
41/6	4	1,040	43/6	652	2,316
41/7	22	1,054	43/7	1,301	2,475
41/8	2	1,021	43/8	620	2,337
41/9	17	987	43/9	658	2,214
41/10	0	957	43/10	862	2,349
41/11	0	895	43/11	347	2,111
41/12	0	978	43/12	851	1,734
42/1	40	1,018	44/1	2,356	2,445
42/2	8	906	44/2	4,888	2,015
42/3	0	1,400	44/3	3,954	2,672
42/4	215	1,321	44/4	9,296	3,034
42/5	269	1,315	44/5	5,165	3,248
42/6	316	1,282	44/6	2,477	3.626
42/7	0	1,460	44/7	5,597	4,219
42/8	19	1,345	44/8	7,567	4,007
42/9	173	1,310	44/9	1,444	4,103
42/10	250	1,444	44/10	1,385	3,586
42/11	295	1,307	44/11	547	3,697
42/12	129	1,548	44/12	200	3,155

资料来源：USSB, February 1947。

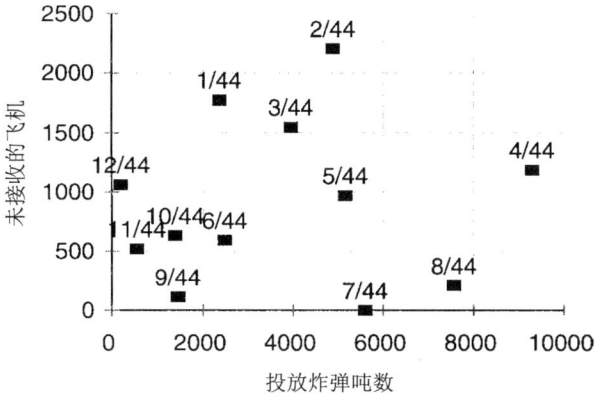

图 6.4　德国飞机制造方面的损失

1944 年 1 月至 12 月，对德国境内或境外飞机生产设施的轰炸所造成的德国飞机制造方面的损失。资料来源：根据 USSB, February 1947 的数据计算得出。

况要比理论混乱得多。但值得注意的是，轰炸程度最高的 4 个月——1944 年 4 月、5 月、7 月和 8 月——并非飞机缺口最多的月份，即 1944 年 1 月至 3 月。此外，如果要在散点图中画一条线，这条线明显一开始陡峭向上倾斜，但随后弯曲变平——与图 6.1 中的生产函数如出一辙——再然后向下弯曲（这意味着负收益）。这一证据至少不会有悖于我们前面提到的观点，即纳粹德国的主要问题不在于飞机产量，而在于其飞行员的产量。

　　在德国化工产业的生产方面，出现了一幅看似不同，实则大同小异的画面。1944 年 4 月，生产指数达到 101.6 的最高点，因此当月的假想生产缺口为 0。我们以 4 月份的数值为基准，并从中减去其他月份的指数数值，以逐月计算产业缺口，并将其与当月的轰炸对比（见表 6.2）。乍一看，人们可能会将 1944 年 9 月的数据点视为异常值而不予考虑，同时将这个数字视作支持战略轰炸成功的证据：轰炸越猛烈，产量越小。但统计学家不会简单地放过孤立的数据点。他们发问：

表 6.2　轰炸德国化工产业的炸弹吨数与工业生产指数的关系，
1941 年 1 月到 1944 年 12 月

年 / 月	炸弹吨数	生产指数差额
44/2	0	12.1
44/6	0	3.2
44/3	3	5.3
44/4	37	0
44/5	160	2.5
44/8	445	20.1
44/10	674	35.7
44/11	758	48.7
44/1	957	4.6
44/7	1,439	5.3
44/12	1,848	58.4
44/9	4,336	34.1

资料来源：USSBS, February 1947。

这一数据点是否有重要信息要告诉我们？确实有。这表明，虽然 9 月份 4,336 吨的轰炸规模几乎是 10 月份（674 吨）的 6.5 倍，但化工产业的减产程度大致相同（指数约为 35）。此外，当我们检视表 6.2 中的原始数据时，我们注意到 1,000 吨以上的轰炸将生产指数平均拉低 32.6，而炸弹吨数在 400 至 800 吨范围内时，指数则拉低了 34.8，这意味着飞机和机组人员在袭击中的牺牲少得多，回报却近乎相同。

　　观察其他类型的战争物资，也可得到类似情况。"最重要的是，"沃雷尔写道："德国人不缺装备，他们缺的是燃料和票子。"因此，我们转向对供应链和民用经济的轰炸。但在此之前，有必要重申先前的评论：虽然我们和许多作者一样，对战略轰炸描绘的前景本身就持怀疑态度，但我们在此提出的具体观点只涉及战略轰炸的边际收益递减问题。即使战略轰炸描绘的前景是真的，情况仍将是，投下的炸弹数量越多，超过某个点之后，收益增量减少，甚至直接负增长。在后一种情况下，资源遭到了浪费。在盟军对飞机工厂、化学品和其他战争物资的具体破坏规模不变的情况下，多余的机械和人力资源本可用于战争的其他方面。[28]

轰炸供应链与民用经济

对供应链的轰炸

美国的空战计划 AWPD-1 主要由四人在 1941 年 8 月 4 日至 12 日短短 9 天内拼凑而成，其中包括了这段著名的任务宣言：

> 对德国军事力量发动持续空中攻势，以对敌方控制下、有助于增强德军军事力量的其他地区发动空中攻势为辅；如有必要入侵欧洲大陆，将支援最后的进攻；此外，开展与半球防御和远东战略防御相关的有效空中行动。[29]

该文件在别处更直白地写道："如果空中攻势成功，陆上攻势或无必要。""德国优先"与对半球防御和远东防御的赞同遵循了珍珠港遇袭前的整体计划——"彩虹五号"。空战计划几乎没有偏离这一点。但是条件性的陈述——"如有必要入侵欧洲大陆"和"如果空中攻势成功，陆上攻势或无必要"——则反映了傲慢和算计，这源自"美国人倾向将战争视为一种工程科学"而对空中力量抱持的毫无根据的信念。美国空战计划的主要设计者计算得出，通过摧毁"50 个发电厂、15 个铁路调车场、15 架桥梁、17 个内陆航道设施，还有 27 个石油和合成油厂"，也就是总共 124 个电力、运输和油料目标物，就能严重摧毁德国经济，足以让纳粹求和。[30]

为达到这一目的，空战筹划者意识到必须攻破德国的防空系统。考虑到空中消耗战可能问题重重，他们回到了战略轰炸理论：轰炸飞机制造产业。于是他们又增加了 30 个目标：18 家飞机制造厂、6 家铝厂和 6 家镁厂。哈罗德·李·乔治和劳伦斯·S.库特有和平时期轰炸演习的经验，考虑到战时条件的不同，于是在计划中增加了误差因素。[31]

经合计，仅针对德国战区，AWPD-1 就需要 6,860 架轰炸机，编为 10 组。加上对预期损失的替换飞机，还有护航战斗机和支援机型，再加上其他战区的需求，总计涉及 63,467 架飞机和近 220 万人。鉴于同盟国工业产量有限，人们认为到 1944 年 4 月之前，都无法完全集结一支合适的空中"无敌舰队"，对德国经济展开预计长达 6 个月的猛攻。[32]

工程师的公式建立在一个逻辑缺陷上，但由于缺乏信息，他们在计算这则公式时也依靠了错误的假设。这一逻辑是这样的：首先，目标是摧毁纳粹德国工业网络的关键节点；其次，要做到这一点，需要突破防空系统；第三，要达成前一个条件，需要轰炸飞机制造设施。这是一种循环推理：要轰炸工厂，需要突破防空系统；而为了突破防空系统，又得先轰炸工厂。这个问题与其说具有连续性，不如说具有同时性。除此之外，和当时几乎所有人一样，筹划者认为，为了维持战争事业，德国经济正满负荷运转。在占领了波兰、低地国家、法国和斯堪的纳维亚半岛的大部分地区后，纳粹又开始进攻苏联（1941 年 6 月 22 日）。工业体系怎么可能不满负荷运转呢？埃里克·拉腊比说道："两个迷思同时出现。每个人都知道德国人很高效，每个人都知道独裁统治也很高效：因此，如果希特勒说德国正完全动员起来应战，德国就一定完全动员起来应战。"[33] 但与同盟国承认需要生产 63,467 架飞机不同，纳粹几乎还未开始挥霍国家的工业力量。同样，AWPD-1

的筹划者严重低估了对护航战斗机的需求，误判了欧洲恶劣天气的严重程度，[34] 在对轰炸精确度的估计上犯了很大的失误，还和今天的历史学家一样，忽视了德国探照灯排炮和高射炮防御系统，这是德国防空系统中至关重要的综合组成部分。[35]

1943 年 1 月，在卡萨布兰卡会议上，盟军正式开始计划进攻欧洲大陆，这一计划最终以"霸王行动"为代号。查尔斯·波特尔被选为盟军全体空军指挥官，但在"霸王行动"期间，空军交由德怀特·艾森豪威尔指挥，他在 1943 年 12 月被任命为西欧盟军远征军最高指挥官。1944 年 3 月，盟军针对法国和德国铁路系统发动了一系列预备空袭，旨在测试德国供应链在遇袭后的可能状况。对盟军来说，结果相当乐观。事实证明，纳粹德国建立防空系统主要是为了保护帝国，而不是为了保卫和维系任何占领区。例如，帝国航空队被明令禁止进入法国追击盟军飞机，这一规定直到诺曼底登陆日一周后才撤销。法国占领区由总部设在巴黎的第三航空队负责，其管理者往往缺乏经验，装备也大多老旧过时。因此，对经过挑选的法国铁路基础设施的轰炸航线可以在较低空飞行，相应地提高了轰炸精确度，伤亡率也极低（无论是盟军机组人员还是地面平民）。这与在德国取得的结果形成了鲜明对比。针对德国以外的目标，3 月、4 月和 5 月的损失率分别为 0.6%、0.5% 和 2.1%，而针对德国目标，损失率分别为 4.5%、2.9% 和 4.15%。[36]

这些预备性短途飞行非常成功，连"轰炸机"哈里斯也不得不承认："就连我本人也没预料到我们实际上能以这样的精度轰炸法国铁路。"他对同僚吹嘘道："美国空军擅长在白天进行精确的目视攻击，他们对这个结果尤其惊讶。事实上，你们在他们的拿手好戏上打败了他们。"[37] 与此同时，哈里斯的美国同行、美国驻欧洲战略空军司令卡尔·斯帕茨将军"和亚瑟爵士一样，不急于向地面作战的要求屈服，交出他对重型轰炸机的战略控制权"。和哈里斯一样，他在 1944 年 3 月 4 日向柏林派出了轰炸机。一天后，他向艾森豪威尔提交了一份轰炸德国石油设施的计划，以不单在诺曼底，而是在一切战线上阻止德国人。[38]但艾森豪威尔坚持所谓的"运输计划"——对燃料的攻击处于次要地位。这一计划的目标完全是战术性的，即阻止德国补给和援军到达诺曼底，以策应进攻。空战筹划者口中的"如有必要入侵欧洲大陆"已成现实。

沃雷尔认为，"当我们讨论战略轰炸的成就时，我们谈论的是在战争最后几个月里发生的事"，他指的是 1944 年夏天之后。[39]事实上，情况恰恰相反：哈里斯和斯帕茨在那之前就有过机会。艾森豪威尔直到 9 月初才交还了对战略空军的直接指挥权，而为战略目的进行精确轰炸还要再过半个世纪才迎来成功。即便如此，1999 年在科索沃和 2003 年以来在伊拉克的事件表明，除掉具有战略价值的军事资产并不必然能够削弱敌方向平民实施暴行的能力。在科索沃，屠杀平民是塞尔维亚方的主要战略目标，空中力量无法阻止；在伊拉克，空中力量可能赢得了战争，但战斗仍在继续。

"运输计划"轰炸的主要影响是削弱了德国在前线的军事能力。我们看到，陆地运输的中断并没有使德国的武器生产潜力下降。直到 1944 年 9 月以后，它才影响到实际的武器生产，因为此前工厂有充足的库存补给以维持生产。相反，关键的一点在于阻断将库存转为流通的物资，阻断军需的交付，阻止部队抵达前线。克洛德费尔特称攻击对德国陆路运输造成的影响是"偶然的，而非有目的性的"。令人惊讶的是，军事史学家很少关注陆路交通的作用，尤其是德国的铁路系统。[40]

和前面一样，我们在这一章中主要关心的不是轰炸的总体影响，而是其边际或增量影响。采用我们之前的技巧，我们使用 1944 年 3 月德国铁路系统移动的吨公里数的最高点作为基准，来计算其未移动的净吨公里数，这是盟军攻势力图破坏的目标（表 6.3）。

表 6.3　轰炸德国铁路和燃料产业的炸弹吨数造成的影响，
1944 年 1 月至 1945 年 4 月

年 / 月	炸弹吨数	净吨公里损失	炸弹吨数	航空燃油减产
44/1	367	1,007	0	134
44/2	735	1,774	0	85
44/3	955	0	0	38
44/4	4,003	381	201	9
44/5	7,823	532	2,459	0
44/6	1,955	477	10,877	38
44/7	3,685	709	11,425	164
44/8	2,149	681	12,066	252
44/9	17,615	3,159	8,145	238
44/10	25,221	4,162	12,241	381
44/11	23,554	5,719	32,542	416
44/12	61,392	6,377	11,290	411
45/1	43,664	8,787	8,516	428
45/2	55,391	11,687	18,608	464
45/3	61,007	12,587	24,973	490
45/4	31,253	14,187	7,458	544

资料来源：USSBS, February 1947。

除了 1944 年 12 月和 1945 年 4 月有两个异常值外，似乎轰炸越多，预期效果就越大。但在 1945 年初，战局已定。因此，我们将只关注 1944 年，与之前处理飞机和化工制品生产时一样。对铁路和公路系统不断增加轰炸荷载，其带来的边际收益递减显而易见，特别是从 9 月到 12 月。到 1945 年 1 月、2 月和 3 月，轰炸铁路的生产函数发生了变化，因为那时德国防御工事已被摧毁，可以再次观察到边际效应的递减。

"运输计划"成功后，艾森豪威尔转而对付德国的燃料供应。我们有航空燃油、汽车汽油与柴油的库存数据，以及轰炸燃料工厂的炸弹吨数的数据（不过没有按燃料类型分类）。阻止盟军在空中发起猛攻的关键领域是纳粹德国的航空燃油生产。再一次使用先前的技巧，而表 6.3 再次显示了其效果。1944 年 5 月是航空燃油生产的高峰期（尽管有近 2,500 吨炸弹投向燃料工厂）。以此为基准，我们对未入库（未生产）的航空燃油进行计量。从 1944 年 6 月到 12 月，燃料工业每月大约受到 8,000 至 12,000 吨炸弹轰炸的严重影响。11 月惊人的 32,500 吨炸弹并不比 10 月或 12 月的爆炸造成了更大的破坏。1945 年 2 月和 3 月的大轰炸也是如此。

总而言之，我们已经证明了两件事：设想中的战略轰炸——一种不依赖军中非战略性部队便足以取胜的力量——并没有赢得欧洲战争。在"霸王行动"之前，它曾有过这样的机会。在那之后，当艾森豪威尔将战略部队用于战术目的和地面支援行动时，轰炸变得卓有成效，但边际收益递减。

轰炸民用经济

德国的民用经济似乎并未受到轰炸的严重影响。当然，民用消费生产和人均消费都遭遇了困难，但不是因为轰炸。生产和消费之所以遇挫，实则是因为德国军方征用了大量"消费品"供自己使用。牛津大学历史学家理查德·奥弗里强调，减产大多发生在 1939 年到 1942 年之间，也就是说，在盟军轰炸机真正进入德国领土之前（图 6.5）。[41]

德国的战争动员达到了 1,300 万人，而德国平民劳动力总数仅减少了 350 万人，从 3,940 万人减少到 3,590 万。相应地，下降最多的是男性平民劳动力，从 2,450 万降至 1,350 万。900 万减员几乎可由 750 万名外国人和战俘填补。每周平均工作时间几乎没有变化（1939 年 9 月至 1944 年 3 月，每周工作时间从 47.8 小时增至 48.3 小时）。参与劳动的女性从 1,460 万增加到 1,490 万，变化微不足道，也几乎

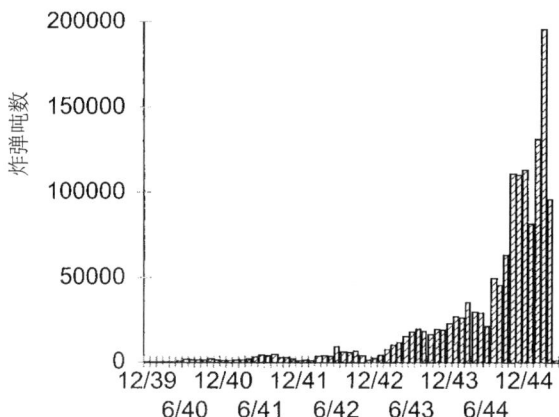

图 6.5　英国王家空军与美国陆军航空队的对德轰炸，1939—1945

资料来源：USSBS, Statistical Appendix to Over-all Report（European War），February 1947, Chart 6, pp. 49—91。

不可能再增长。在资本方面，德国的资本／劳动力比率相对较高，绝大多数产业作业都是单班制。即使是至关重要的武器生产设施，也只有五分之一到四分之一的工厂轮班作业。战略轰炸仅损坏或摧毁了 6.5% 的德国机床，要替换它们不是难事。原材料库存充裕，至少在战争开始后的六个月左右都是如此。此后，除了回收材料和重新设计产品外，赢得的战役也填充了补给，如"来自保加利亚和希腊的铬，芬兰和挪威的镍和钼，南斯拉夫、挪威和芬兰的铜，俄罗斯的锰，意大利和西班牙的汞，还有匈牙利、法国、南斯拉夫和意大利的铝土矿"。直到 1944 年秋季，原材料短缺才开始影响民用和武器生产。[42]

　　此外，德国所需的材料尚有大量库存，原料生产的短暂波折并没有显著影响民用和军用成品的生产。而且，德国工业广泛分散在各地，其余过度集中在极少地点的关键行业，又进一步分散开来。看起来战略性空战充其量只是略微推迟了德国石油进一步增产，而没能确保其减产。一组经过深思熟虑的计算表明，由于战略轰炸，德国的整体战争生产潜力仅下降了 2% 左右，其峰值为 3.8%，出现在 1943 年下半年，早在诺曼底登陆之前。[43]

轰炸武器供应链和民用经济并没有带来预期的战略效果，未能让敌人从内部崩溃。陆上入侵仍有必要。[44]

轰炸德国人的士气

任何通过空袭对平民人口可能造成的恐吓，都无法迫使一个大国的政府投降……以我们为例，我们看到德军的空袭激发了人民的斗志，而没有压制它。我们已知的德国人民忍受苦难的能力，丝毫无法使我们有理由假设，用这些方法就能把他们吓倒，或者，这些方法实际上会使他们更加坚决。

1917年10月21日，温斯顿·丘吉尔这样写道。我们不知道丘吉尔为什么改变了想法——他的想法可能早在1918年就已改变——但在将近23年后，1940年7月8日，他写道："我们没有可以打败德国军事力量的大陆军队……但是有一件事能击退并击倒希特勒，那就是用这个国家的重型轰炸机对纳粹祖国进行绝对毁灭性的、彻底的攻击。"[45]对英国来说，"虚假战争"已经结束，1940年5月，英国第一次向德国城市投掷了大量炸弹。7月，轰炸机司令部首次使用定时炸弹，8月12日晚，首次使用燃烧弹，投向比勒费尔德、德绍、美因河畔法兰克福、哈雷、汉堡、卡塞尔、科布伦茨、科隆、明斯特、威悉河畔诺伊施塔特、奥斯纳布吕克和魏玛等城市。在此之前，纳粹一直集中轰炸英国航运。现在，纳粹德国空军的回应是攻击不列颠群岛，轰炸英国的城市。"不列颠之战"开始了，"士气"轰炸也开始了。

对筹划者来说，士气轰炸在道德上含混不清。科赫写道："那些发起或实施无差别空中轰炸政策的人，在当时很少产生任何道德上的顾忌，也并未真的停下来反思其行为带来的必然结果和影响。"若非不道德，那么轰炸一定无关乎道德：这是筹划者为了取胜不得不做的事情。士气轰炸后来成为一种委婉说法，库尔特·冯内古特的《五号屠场》使这个"用来粉饰大屠杀的词"名声大噪。但如果最终的结果确实不道德，那也并非其初衷。相反，记录清楚地表明，对美国空战筹划者来说，士气崩溃是摧毁敌人工业网络的附带后果。和丘吉尔在1917年的想法一样，美国1941年8月的AWPD-1空战计划认为，"对城市的区域性轰炸实际上可能会加强人民的抵抗，微弱而零星的袭击尤其如此"。此外，美国驻欧洲战略部队指挥官卡尔·斯帕茨、曾任第八航空队指挥官的艾拉·C.埃克以及其他主要人物，如斯帕茨的上司阿诺德将军和艾森豪威尔将军，都明确表示轰炸士气、轰炸德国城市、轰炸平民是个不宜采纳的提议。[46]

根据历史学家罗纳德·谢弗的说法，反对士气轰炸的原因并不在于它被视作不道德之举，而是——本着战争乃是工程学的精神——它收效甚微。在详细引述官方历史、记录、日记、自传、信件和其他资料后，谢弗发现"所有军官都对士气轰炸提出了务实的反对意见"。[47]这些意见包括：轰炸实际上可能会加强抵抗；即使被轰炸，民众也可能无从对抗纳粹；资源将从精确轰炸工业网络目标这一更重要的目的转移；可能有损美国陆军航空队在国内的公众形象——在国内，轰炸平民遭到道德谴责，这将威胁军队在战后的发展。

至于英国人，就连"轰炸机"哈里斯也对士气轰炸兴趣寥寥。他特别不满的是，精确轰炸显然不起作用，所以剩下的唯一选择是无差别的区域性轰炸。在这一点上，他从1941年8月的"巴特报告"中获得安慰，该报告叙述了英国精确轰炸的低效。轰炸的精确度极差。例如，在声称击中目标的飞行员中，只有22%的人距离目标5英里以内，就更不用说真正击中目标的人了。这一年余下的时间里，情况也没好到哪里去。英国政府的科学顾问亨利·蒂泽德在1942年初评论说，在过去8个月里，死于地面的德国人少于死于空中的英国人。因此，哈里斯罕见地转变了逻辑，从巴特的报告中得出结论，目标不应是工业，不应是工厂，也不应是士气本身，而是城市。"轰炸机能摧毁任何东西的唯一方法，"斯蒂芬·布迪安斯基写道："就是摧毁一切。"在1942年2月哈里斯被任命领导轰炸机司令部的前一周，战时内阁改变了方针，指示新的空中攻势的主要目标在于"集中攻击敌方平民的士气，特别是产业工人的士气"。这帮了哈里斯一把，正合他意，对城市的轰炸随即展开，在汉堡、卡塞尔、达姆施塔特和德累斯顿的四场大火中，估计有600,000德国平民丧生，仅德累斯顿一地就占到一半。[48]

1945年冬春两季，德国的防御早已被突破，"轰炸机的数量远远超过了消灭剩余重点精确目标所需的数量……（因此）它们可以用来对付平民而又不有损效率"。罗纳德·谢弗认为，士气轰炸逐渐从务实的道德主义走向不道德的实践。[49]但它不是无差别的，也不是完全随机的。恰恰相反，它瞄准的当然是城市而非农村地区，是工厂和工人阶级社区而非富裕地区。因此，它影响的是母亲、儿童、老人、精神病患者、残疾人、体弱多病者和丧失行动能力的人。毁灭的漩涡吞噬了平民，甚至帝国俘虏，而不考虑他们是否实际参与了战争或支持希特勒政权。战争筹划者的战略轰炸理论接受了检验，也暴露了问题。英国人和后来的美国人实施轰炸是因为他们有能力这样做，而德国人不轰炸是因为他们能力不足。盟军集结了一支全面的远程轰炸机机群，而纳粹没有。[50]

结果，无论在英国还是德国，士气轰炸都没有产生预想的效果。第二次世界大战前，德国人在格尔尼卡首先认识到了这一点。西班牙内战见证了佛朗哥大元帅的崛起，并开启了他直到1975年去世才终结的独裁统治。对那些数年后将成为大人物的人来说，这场战争成了受欢迎的试验场，无论是参战方还是观察国，除日本外的所有主要第二次世界大战参与者都或多或少地涉入其中：意大利人、德国人、俄国人、法国人、英国人和美国人。尤其是纳粹德国空军，他们将其战术和战略空战理论付诸了实战。尽管美国军方专员警告"空中堡垒葬身西班牙"，其上级仍未留心德国人吸取的基本教训：空中力量必须是轰炸机、拦截机和战斗机的整体组合，并且必须融入地面战争。[51]1938年3月16日至18日，当另一位独裁者墨索里尼命军队轰炸巴塞罗那时，出现了成千上万的伤亡，不过共和派对法西斯的抵抗有所加强。得出同样结论的，还有英国以及纳粹德国空军的研究。

大约在一年前，1937年4月26日，出于外交上的推诿，德国空军伪装成秃鹰军团发动了恐怖轰炸。巴勃罗·毕加索的《格尔尼卡》成了这场屠杀的象征（300名平民在袭击中丧生），就像库尔特·冯内古特的《五号屠场》在多年后成为德累斯顿大火的象征那样。没有任何迹象表明纳粹德国得出结论认为恐怖轰炸是发动战争的最佳方式。[52]

起初，英国早期对德轰炸引来了嘲笑。炸弹大多偏离了目标，除了让少数几个炸弹掉落地点的居民感到不安外，没有什么作用。德国国家安全部建立了一套具有独创性的报告系统，定期、科学地抽检公众对轰炸影响的看法，并将报告反馈给纳粹领导层。1984年，这些报告被汇编成17卷出版。科赫详细检视了1940年5月至9月期间的记录，除了失眠、紧张、"一些心理和生理上的损耗"的报告外，所获无多，轰炸没有对纪律或工作效率产生影响。相比之下，在英国流传的报道正对士气轰炸的所谓成功沾沾自喜，看来他们受到了相当大的误导。[53]

在海峡对岸的英国，1940年秋天的伦敦空袭似乎也未影响多少士气，德国后来发起的攻击也没有太大影响。例如，战后英国轰炸调查小组首席科学家索利·朱克曼发现，1941年德国对赫尔和伯明翰

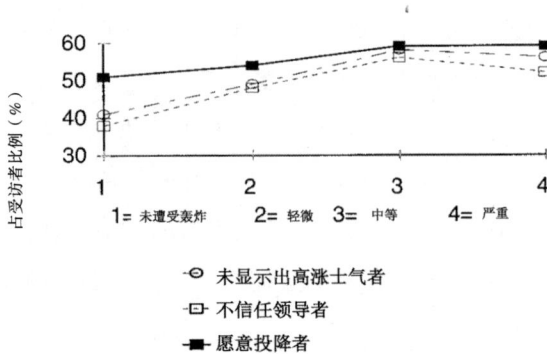

图 6.6　盟军战略轰炸在德国民众士气方面的收益递减

资料来源：摘自 USSBS, 30 September 1945, p. 96。

的袭击既没有引起恐慌，也没有对民众健康和生产力造成不利影响，这一发现在该小组后来对德国的调查中也得到了证实："就其打击德国平民士气的宗旨而言，对德国城镇发起的攻势显然失败了。"[54] 此外，由于政府赋予了权力，双方官员对信息的管理在利己的同时也是互利的。士气轰炸成了"为幸存者管理信息的公共关系问题"。[55] 美国轰炸调查小组后来也写道，虽然轰炸对平民士气产生了可计量的严重影响，因为它"显著影响了德国人的抵抗意志"，然而，"沮丧和气馁的工人并不一定会丧失生产力"。[56]

　　和前面一样，我们尤其感兴趣的不是总体影响，而是边际影响，即额外增加的炸弹吨数对已受不利影响的士气所产生的影响。事实证明，要体现（战略性或其他类型的）轰炸收益递减，这是最清晰的例子。再难有比美国轰炸调查小组结论原文更清楚的表述：

　　　　持续猛烈轰炸同一社区造成的士气下降并不与轰炸量成正比……这些关于重型轰炸收益递减的观察指向了一个实际的结论，即向德国投掷一定吨数的炸弹，其对士气造成的最大影响，

表 6.4　住宅的损毁与士气

	士气低迷者比例（%）	
	代表样本 A	代表样本 B
城市遭到		
60%—80% 住宅损毁	55	53
49%—59% 住宅损毁	58	56
20%—39% 住宅损毁	59	59
1%—19% 住宅损毁	43	56
0% 住宅损毁	—	41

资料来源：USSBS, September 1945，p. 96。

可通过尽可能广泛的轻量袭击达到，而非通过有限地区的集中重型轰炸。[57]

例如，那些生活在"遭受最严重轰炸城镇"的人"并不比生活在同等规模但遭受轰炸程度更轻的城镇的人更士气低迷"。[58] 借美国轰炸调查小组的数据构建的图 6.6 呈现了这种递减效应。[59] 纵轴是表示盟军预期效果的百分比：士气不高昂的人数、不信任领导人的人数，以及愿意投降的人数的百分比。这三个变量都显示，随着轰炸量级增加，收益会逐渐减少，甚至为负。在士气打击方面，重型轰炸不如中型轰炸有效。与美国轰炸调查小组的坚定措辞相比，即使在没有任何轰炸的情况下，40% 到 50% 的德国人仍然陷入了低迷。轻型轰炸和中型轰炸一定使这一比例达到了 50%，但不会超出太多，[60] 这反映了轰炸根本无法突破的上限。边际效应减少，甚至为负，总体影响实际上微乎其微：未被轰炸的人群中有 59% 表现出"高昂的士气"，而轰炸仅使这一比例降至 42%。表 6.4 显示，在住宅损毁和士气的关系方面，有类似的收益递减效应。

评估战略轰炸的效果

战略轰炸的概念在第二次世界大战中首次得到了真正意义上的大规模应用，特别是在欧洲战场。当然，需要一些时间和试验才能把事情"做好"，才能发现这类轰炸可能牵涉的实际困难，才能发现战略轰炸是否可行，在军事上是否有用。可以预见学习曲线的出现。但人们也预测学习曲线会导致预期的结果：敌人从内部溃败。[61]这种情况并没有发生。美国空军的审慎历史（尽管由独立于它的历史学家写就）中的评估相当中肯，那就是直到1943年底，它的部队都"不足以"带来如此猛烈的结果。到1943年底，"很明显，对纳粹空军的全力攻击将是一切成功的战略轰炸行动的必要前提"——就像"彩虹五号"所预言的那样。于是，1944年的头几个月，盟军都在和德国空军周旋。结果，虽然"1944年德国战斗机产量不减反增……生产仍未跟上计划的进度，（1944年2月的）'关键一周'和随后的炸弹袭击是这一失败的主要原因"。然而，1944年3月，出于筹备并成功实施诺曼底登陆的战术目的，艾森豪威尔直接指挥战略空军。甚至直到1945年1月，美国战略空军有四分之三的任务都是在支援地面部队向柏林进军。但此时，纳粹已经快完了。最终，"只有通过大国联合的数支部队以及这些部队背后平民的共同努力，才有可能取得胜利"。[62]

休伊特写道："日本和德国遭受的大多数炸弹、重型轰炸机的攻击、平民死亡和城市地区破坏，都不是在这两个国家处于实力巅峰或仅仅处于守势的时候，而是在1944年中期之后，尤其是在1945年境况危急的时候。"在1,419,604吨落在德国的炸弹中，有1,016,157吨是在1944年7月至1945年5月之间投掷的——接近72%。其中，大部分用于支持地面的战术行动；德占区被解放之后，德国将其战时生产分散到农村之后，德国通往前线的补给线被切断之后，剩余的大部分炮弹落在了乡镇和城市。诺曼底登陆之后，战略轰炸为征服扫除了障碍。但战略轰炸并没有迫使德国领导人或德国民众轻易地放弃战斗。[63]

在莱文看来，这个判断过于苛刻。"从来没有人指望仅凭轰炸机就能赢得战争或避免入侵，它们得到的优先级远低于计划中的情况。"他还认为，1944年的事件主要归功于"对德国雷达的反制措施和归航装置发展滞后，而不是像通常所说的那样得益于领土丧失和油料损失导致的德国国防的瘫痪"。事实上，"空军的战术事业和战略事业不能完全分开。直到诺曼底登陆，战术部队在获得制空优势方面发挥了重要作用，在'运输计划'的最后阶段，他们与（美国战略空军）和（英国王家空军）轰炸机司令部一起行动"。美国轰炸调查小组补充道："在战争期间，不可能评估这种战争类型的真正意义……不可能确切地知道对德意志帝国进行的空中打击所产生的影响是否值得付出这样的努力。"[64]尽管有这些辩护和考虑，莱文本人总结道：

> 在此期间（1943年至1944年初）……战略部队没有完成卡萨布兰卡和联合轰炸机进攻指令中为其设定的明确目标。它们没有对大西洋战役的胜利做出任何重要贡献，也没有严重挫伤德国的士气，没有减少德国的整体战争生产，也没有中断任何关键物品的生产。[65]

那么，战略部队究竟取得了什么成就呢？莱文的观点说出了许多人的心声，他认为，诸如延迟而非阻碍德国武器生产的边际效应，"就能证明战略轰炸的合理性，即使它从未实现更积极的目标。难以想象盟军资源的任何其他运用能在同一时期内对敌人产生类似的影响"。这与美国轰炸调查小组自己的说法相呼应："如果战略轰炸除了迫使飞机产业撤离之外没有任何作用，那它也够本了。"[66]

　　这个结论不合逻辑。投入战略轰炸事业的资源本可以应用在其他地方（例如，用于空对空战斗和战术支援方面的战斗轰炸机），至少可以产生零星的增量效果。但考虑到最终的结果，必须大胆地认为，增加战术性空中力量将对在 1944 年 6 月 6 日诺曼底登陆前就突破德国在法防线做出积极贡献，尽管增量会逐渐减少。事实上，盟军曾计划过一次更早的进攻，但碍于资源限制，这一计划被认为不具可行性。

　　另一种看待战略部队的方式——一种也许能调和对立观点的方式——是不将它们视作孤立的投入，而是综合其他要素考虑。正如瞄准技术有助于将战略轰炸的有效性转变成更高的生产函数（图 6.2），战术性空中力量也可以被视为提高效用的另一种不同技术。一旦战术性空中力量的"技术"有所进步，它就把战略轰炸转移到一条超过胜利阈值的更高生产函数上——只是这时它变成了征服轰炸，而非战略轰炸。

　　虽然现有数据无法在统计意义上进行定量分析，但显然，正如空战筹划者所设想的那样，战略轰炸并没有对德国的战争生产造成重大影响。武器制造业在战争的最后一年不降反升。战略轰炸所产生的影响主要是由于平移因素（例如，战术性空战的改进）和位移因素（例如，德国投注于防空方面的资源），而非炸弹吨数本身的增加。战略轰炸带来的主要效果是为征服铺路。

　　为了公平对待盟军的战争事业，人们当然必须承认，他们在战争期间经历了严重的信息不足，这使得对轰炸效力的评估变得困难。不过，更重要的一点是，人们可以很好地将经济理论中的一个概念应用于战争行为。历史学家理查德·奥弗里反复指出德国战时经济的收益递减。[67] 例如，他在多篇文章中主张，从 1939 年到 1942 年初，德国在武器生产机器上倾注了越来越多的资源，但效果却在下降。直到纳粹意识到这场仗将会打很久，他们的观念才从提高产量转变为提高生产效率，这是生产函数的转变。1942 年 2 月阿尔伯特·施佩尔被任

命为军备部长时，这一转变极为明显。例如，在劳动力几乎没有增长
（而且其中大部分是生产率较低的强迫劳动力）的情况下，飞机产量
在 1941 年至 1944 年间几乎翻了两番。

战略轰炸与其他经济学原理

前几节详细阐述了边际收益递减原理如何应用于第二次世界大战
对德战略轰炸这一案例，本节旨在说明本书中采用的其他经济学原理
如何同样适用于该案例。

人力及其他资源

阿尔伯特·施佩尔晋升为德国武器生产工作的主管，使得这项事
业的规模大幅精简，效率也大大提升。随着物质、人力和制度资源的
重新配置，武器制造业的生产力激增。放弃施佩尔组织生产方式的机
会，代价过于高昂。德国再也无法承受施佩尔之外的生产方式，资源
也转而投入了价值更高的用途。

关于预期边际成本／收益原理的一个例子，是 1942 年至 1943 年
间美国战略空军从英国基地被重新分配到北非战场。英美对德战略轰
炸攻势的早期事业很快陷入停滞，因为人们认识到，难以瞄准的目标、
频繁的恶劣天气（云层）、有限的轰炸机航程、有效的防空系统以及
其他因素，极大地调整了人们寄予战略轰炸的厚望。将空军资源转移
到非洲战场将导致收益和成本差额增大。这些部队被用来执行飞往意
大利（以筹备入侵）的飞行任务，以及越过意大利飞往罗马尼亚和东
南欧，在那里尝试破坏通往德国的原材料供应路线。

替代原理的作用体现在，随着本国人口奔赴前线，德国越来越多

地雇用外国劳工和奴工。对经济学家来说，替代是由相对价格变化造成的。当一种资源的使用成本太高，人们倾向于转向另一种相对便宜的资源，只要后者能实现相同的总体目标。举个玩笑的例子，如果目标是摄入维生素 C，而橙子涨价了，我们可以预期人们会转而食用葡萄柚、蓝莓或灯笼椒。随着战争继续，相较于放弃在前线（那里更迫切需要他们）工作的机会，德国男性在工业领域的雇用成本越来越高。尽管监管成本随之增加，但外国劳工和奴工成了相对"更便宜"的选择，经济学家完全可以预见这种替代的发生。

边际收益递减不仅在本章的主题中，还明显可见于许多相关案例。例如，前面提到的美国第八航空队在 1942 至 1943 年从英国转移到北非，对意大利和东南欧实施轰炸，而当航行偏离基地越远，自然就会导致收益递减。需要更多的资源才能达到相同的预期优势。但是，如果在一种情况下以较多资源与在另一种情况下以较少资源实现了相同的目标，那么收益递减就在起作用。决策者充分认识到了这一点，他们最终将第八航空队重新部署到价值更高的地方——西线。

战略轰炸的案例也提供了大量关于（克服）信息不对称在行动前后起作用的例子。例如，在人力方面，从 1940 年到 1943 年的对德轰炸恰恰意味着，盟军（尚）未共同采取轰炸行动。盟军揭示了其空军曾经隐藏起来的一面——它的相对低效。（克服）信息不对称也在人员召集和动员的速度上发挥作用。成功的动员部分依赖政府识别和征召士兵参战的能力。人们可能会认为，虽然人们知道自己在哪里，但政府不知道，因此政府处于信息劣势。但纳粹德国的邪恶才能部分就在于其详细而高效的公民登记系统，该系统可以在短时间内进行大规模动员，减轻信息不对称带来的潜在障碍。

另一方面，即采取行动后的不对称，可以举间谍成功渗透敌方的例子。一旦一个人成了间谍（已经采取了行动），如何克服隐藏行动的问题（例如，监控该间谍会不会是双重间谍）？人们必须克服有关意图的信息不对称。要做到这一点，一种方法是设计单向通道，使信息只朝预期的方向流动，也就是说，将间谍安插在某一位置，使其从目标收集信息并传输到总部，而不是将其置于也可从总部传输信息到目标的循环中。重读间谍的历史可能会揭示一些设法处理不对称问题的机制，不过它们可能没有成功。同样，我们可以预期，成功的双重间谍正是利用了克服不对称问题的失败。

克服隐藏行动不对称的另一例是一种促使人们自我监督的隐伏的联结形式。当局的问题是避免人们背叛国家大业。如果人们不认同国家，他们中至少有一些人会试图逃避分配给自己的责任。为了控制，国家必须建立昂贵的监视系统。创造一种"文化"的效果要好得多（也更便宜），人们在其中互相监视，并向当局举报那些被认为对国家事业缺乏一定活跃度和热情的人。

后勤

后勤方面，为准备 1944 年 6 月的登陆日及善后工作，战略空军转变为战术型空中支援，机会成本原理发挥了显著作用。不动用战略航空资产将涉及巨大的成本，也就是放弃在战术上使用它们的机会。在对轰炸目标的决策过程中，对预期的增量成本和收益的计算是常有的考量。检视每个月的轰炸记录，有经验（文献中的叙述记录也是如此）证明，决策者是如何随着预期成本和收益的变化而在目标偏好之间摇摆不定。下一波轰炸机将派往哪里？我们应该攻击德国的铁路干线、运河、桥梁、燃料供应、机场还是武器产地？接下来应该攻击哪个对德国具有后勤价值的目标？决策中的很大一部分涉及考量和重新考量盟军战争事业的预期收益及成本。至关重要的是，成本不仅包括可能的飞机和机组人员损失，还包括使用同一架飞机和同一班机组人员去轰炸另一个可能具有更大价值的目标的机会。

毫不奇怪，人们常常误判这类收益和成本。例如，事实证明，德国铁路系统具有复原能力，出乎盟军意料的是，其内部预留了非常多的冗余组件。对铁路编组站的袭击杀死的常常不是德国人，而是外籍和奴隶劳工，对德国战争事业几乎没有造成实质性损害。为保证战争事业各方的铁路、卡车、船只和飞机正常运转，需要极其广泛和深入的情报、通信和信号系统。战略轰炸的想法基于这样一个概念：通过破坏德国的生产和后勤，就能够赢得战争。但是，一旦开战，发动这样一场战争所需的情报并不充分。如果从一开始就更清楚地理解这一点，也许压根就不会开展战略轰炸事业。比起依据可靠的信息采取行动，盟军常常不得不依赖推测。然而，到最后，随着德国迅速暴露出作战能力的下降，形势发生了逆转。与美国内战（第五章）的情况不同，盟军能够在行动之前就更加明了即将出现的状况。同样，处于承受方的德国士兵也更清楚自己的不幸宿命，这导致纳粹国家与其军队之间的文化契约严重破裂。空中轰炸和破坏使军官们更难与部下保持联系，更难向上级报告，更难惩罚军心涣散者，更难追捕逃兵。虽然隐藏的行动（追求部队的真实意图）变得逐渐显现，但纳粹已经无力回天，部队和士气四下溃散。而在后勤方面，一切自行解体。

通过考察最初的对德轰炸，本节对边际收益递减原理的阐述比本章的主要部分更为严密。直到 1943 年 8 月轰炸施韦因富特遭遇灾难性失败，盟军才最终得出结论：在无护航的情况下派遣大批轰炸机飞往德国领土上空是愚蠢之举。德国防空击落了许多飞机和机组人员。数百架轰炸机组合所取得的成就并不比规模较小的中队多多少。直到美国的 P-47 "雷霆" 和 P-51 "野马" 飞机问世，这种情况才有所改变。

技术

盟军对德国有能力继续生产甚至增加军备产量的局面感到困惑，

关于这一点我们已多有论述。事实证明，德国能够广泛而有效地分散其研究、开发和生产中心。然而，尽管这使德国具备了调节能力，分散仍然增加了通信和运输成本。人们必定会这样假设：德国不愿分散并承担额外成本，从而减少它本将用于战争的资源。不论大小，盟军的尝试都为德国战争事业强加了机会成本。不过，分散也迫使德国的管理人员、科学家和工程师变得更加机敏，设法应付新的环境，加强隐蔽，更难被追踪，更安全地躲避攻击，并在此基础上保持或提高效率。至少乍一看，认为"轰炸导致的分散有助于德国的战争事业"这一主张并非不可信。知道敌人的方位总比不知道其藏身之处强，而轰炸导致的分散使盟军失去了重要的情报。[68]

德国在石油和天然气来源受到攻击（对外贸易被切断，以及盟军攻击德国占领的东南欧油田，如罗马尼亚）时，为汽车运输开发合成燃料的技术尝试很好地体现了替代原理。在技术领域，增量成本和收益的一个例子，是盟军对增加/减少油箱以扩大其战斗机编队航程的开发。盟军在战略空中行动早期遇到的一个更为根本性的问题，是轰炸机的航程比护航战斗机更远。给战斗机装上附加油箱，用后即弃，使其可以跟随轰炸机深入德国境内。预期的收益显而易见，然而也有成本：满载的附加油箱减慢了盟军战斗机的速度，后来，这些战斗机在应对敏捷的德国防空战斗机时显得不堪一击，后者只需要上升、射击和降落加油。

德国飞行员缺失的奇怪案例说明了边际收益递减原理。如我们所见，有充分证据表明，截至战争快要结束时，德国生产了数量惊人的飞机。它缺乏的，或者就算有也越来越少的，是驾驶这些飞机的合格飞行员。随着美国决定设计、制造和装配 P-47 和 P-51，纳粹德国空军终于在空中遇到了强大到能够压制它的对手。生存率下降，德国飞行员变得稀缺。从经济上讲，飞机和飞行员是互补品，唇亡齿寒。造飞机解决不了问题，给飞机加油也是。没有飞行员，更多飞机带来的收益递减速度会更快。

关于克服隐藏行动问题，德国军火工业的发展可以作为例子。最初，许多工业都是私有的，并根据成本加利润合同生产武器，如今经常讨论的军工合同问题在当时也同样适用。国家如何知道私人签约方在何种程度上诚实、认真地履行合同义务？有很多方法可以解决这个问题。起初，德国政府为在第一次世界大战后重建军火工业所需的工业资产建设提供了大量资金。政府参与风险分担，帮助克服市场不确定性，为合作以及抑制违约提供激励（例如，不续签合同）。最终，德国政府将军火工业与国家机器紧密地捆绑在一起，这一行业实际上被国有化了，即使在名义上和法律上并非如此。

筹划

关于战争筹划，P-51 飞机当然不是无端就大量出现在德国上空，但这种飞机的装配也并不完全出人意料。为防患于未然，德国官员极力主张将必要资源投入国家防空能力的进一步发展，但希特勒坚持将资源花费在发展轰炸机以推动进攻上。投入资源生产轰炸机的机会成本，是放弃开发和生产战斗机（和飞行员）以为轰炸机护航或防守领空的机会。事实证明，希特勒的决策是致命的战略失误，后果严重，而在事后来看，这是第二次世界大战中为数不多的几个清晰可见的转折点之一。战争早期盟军未能穿透德国领空的事实泄露了信息，而现在情况正好相反。德国空军暴露了至关重要（虽然显而易见）的信息：它们在保卫空中边界上越发力不从心。这使盟军开始寻找替代，投入更多资源，对德国实施成本越来越低、越发深入的轰炸。

在空战胜利之前，又是另一番境况。英国轰炸调查小组特别清楚地说明了战争筹划者如何为战略空中行动挑选目标，不同轰炸阶段又如何根据现有信息和预期成功可能性开展。在不确定和受挫的情况下，预期成本和收益被反复讨论，直到有某位指挥官拍板让部队执行新任务，而这又要到成本高、收益小时才得到纠正。收益降至如此程度，致使亚瑟·哈里斯放弃了整体战略轰炸，在职业生涯的剩余时间里，沉迷轰炸德国城市和城镇。结果，美国人放弃了他。没有方法，没有工具，也没有激励机制可以说服他改变自己的行为并停止拆分空军的有限资源。这种情况一直延续，直到由美国指挥的英国王家空军/美国陆军航空队联合部队成立。英美军队之间的激励问题就此有所缓解。

作战行动

最后，我们来看看对德战略轰炸的作战行动方面。在盟军空军指挥权为准备诺曼底登陆而移交艾森豪威尔时，机会成本原理已经得到了说明。[69] 仅仅因为战略部队本身的特殊定位，就放弃在战术层面运用这支力量，将是不可原谅的失误，也许会付出惨烈的代价，很可能导致入侵失败。

关于战争的作战行动阶段，增量成本/收益的原理也已提及。对施韦因富特的灾难性轰炸被证明是巨大的误判，迫使盟军重新评估利用轰炸入侵德国领土的预期成本：在接下来的几个月里，盟军几乎没有实施任何轰炸。有些信息只能通过赢取或输掉战斗来"实时"获得。但道德风险在于，指挥战斗的人并不是在前线赴死的人。下达命令的人必须受制于一系列激励机制（被解职、接受重新安置、被提请军事法庭处理的可能性等），促使他们调用自己指挥的资源以达到最佳效果，因为士兵的生命完全仰赖于此。道德风险是信息不对称的一个方面：只有军官知道士兵是否真的有必要被派到某场特定战斗中。好比大卫王垂涎拔示巴，让她的丈夫乌利亚将军战死沙场，当指挥官下达命令时，其真实意图究竟是什么？在他身穿的制服之下，在其军衔向下属传达的瞩目地位之下，隐藏着什么善意或恶意的目的？为了克服这种激励一致性问题，军阶制度必须提供监督和追索权。这些措施可能包括诉诸更高层的上级，但更有效的是要求指挥官与士兵并肩作战。如果军官也要面临死亡，他会三思而后行，如果他真的失去了理智，一场兵变很可能在调查后获得认可。在第二次世界大战中，后方的军官们倾向于随同参与轰炸任务。此外，没有实绩的指挥官经常被解雇，这表明道德风险问题可以而且已经得到了处理。

在战略轰炸的作战阶段，替代的例子就是将夜间轰炸转为日间轰炸，将区域性轰炸转换为精确轰炸。战略轰炸的一个重要前提，是可以通过精确瞄准和"外科手术式"打击来消灭德国战争事业中至关重要的经济资产。但在20世纪40年代初，由于先前提到的诸多原因，"手术刀"失败了：多云天气常使目标模糊不清，导致飞机时常带着炸弹无功而返（在1999年的科索沃战争中也是如此），此前一直依靠肉眼获取目标，直到后来发展出有技术辅助的瞄准系统，灵活的德国空军击落了许多没有战斗机护航的慢速轰炸机。轰炸机机组人员甚至经常无法到达指定目标点，简陋的导航工具致使他们在德国领土上空迷失航向。出于沮丧，"轰炸机"哈里斯将精确轰炸改为区域性轰炸，改手术刀为大锤，这制造了血肉横飞的惨象，但于这场战争而言则无关宏旨。而出于同样的原因——轰炸机编队在日间飞行时的弱点，盟军指挥官转向夜间轰炸。当然，这并不能促进目标的寻获，也不能提高轰炸的效力，受影响人群士气的边际收益递减和工业资产损失的相对较少反映了这一点。

克服隐藏行动的一个例子，是一个发生在电子战历史早期的故事。1940年春天，英国人通过线索得知了一个名为"尼克拜因"（Knickebein）的系统（英国人称之为"头痛"，考虑到"尼克拜因"将引发的问题，这个称谓十分恰当）。该系统实际上在商业和军事航空工业中被用作盲着陆装置。发射器会同时发出"划信号"和"点信号"脉冲。如果飞机到达目标上空，机载接收器会将两种脉冲合并成稳定的信号。偏离到目标右侧或左侧会导致划信号或点信号偏重，飞行员可以借此纠正航向。一位年轻的英国物理学家意识到，德国人在逆向使用这个系统——不是引导飞机返航，而是为飞机导航，以抵达预定目标。举例来说，一架接近导航脉冲波束的飞机，会先接收到划脉冲（接近目标准备投弹），稍后又会接收到点脉冲（抵达目标，投弹）。在发现德国人如何引导其轰炸机后，英国王家空军开发出一种被恰当地称为"阿斯匹林"的反制措施，克服了此前名为"头痛"的隐藏行动：他们开发出发射机来模拟"尼克拜因"波束，用假脉冲迷惑德国飞行员。[70]

与本书其他章节一样，本节的主要思想并不是要全面阐述人们如何理解经济学原理在第二次世界大战对德战略空战中的作用。它实则是为了提供足够的背景和趣味以引发假设，本节中的每一项都可以得到更全面的解释，都值得用一篇文章、一个章节或一本书来单独阐释，将经济学融入历史叙述或许是一种富有成效的尝试。

结论

重新思考本章前面引用的一句话："战略轰炸和战术轰炸的关系，与奶牛和牛奶桶的关系如出一辙。为了断绝敌人的即时援助和安慰，战术考量是要打翻牛奶桶。而为了确保其最终饿死，战略行动要杀死奶牛。"[71]

第二次世界大战中的对德战略轰炸没能"杀死奶牛"。但朝牛奶桶射击确实让奶牛受了惊，惊吓程度恰好使其不再产奶，或者，就算仍能产奶也无法把桶装满。然而，轰炸的收益却在递减，所消耗的资源本可被用来支持其他地区的战争。如果第一颗子弹倾倒了半桶奶，第二颗子弹则只减少了余下一半的一半，第三颗子弹只清空了剩下四分之一的一半。当应用的资源从一颗子弹增加到三颗时，额外溢出的牛奶从二分之一减少到四分之一，再到八分之一。在此动作变得毫无意义之前，奶桶能有多空呢？如果胜利阈值在于将桶里的牛奶减少到全部的十六分之一，那么尽管收益递减，第四颗子弹的发射仍有必要。因此，我们并没有说轰炸无用，只是说，可以观察到，收益递减的情况确已发生。

如果这个比喻更进一步，战略轰炸的许多现实困难在于确定奶牛所在位置，奶牛只是单纯在那儿又或只是一个诱饵，是不是要冲破畜棚抓住奶牛，等等。因此，我们主张盟军的事业不应是战略轰炸，而是战术轰炸。事实上，这并不是要像战略轰炸理论家设想的那样杀死奶牛，而是像战地指挥官实际尝试的那样制造骚乱，向奶桶射击。当然，即使是战术轰炸也受制于收益递减（以德国的武器、飞机、燃料和化工品生产以及铁路荷载为例），这里的实际困难在于找到正确的奶桶来射击，足够逼近以瞄准目标，在日间射击或在夜间适当地照亮奶桶，克服保护奶桶的反制措施，等等。还有最后一点我们在本章中没有过多考虑，但对战争的实际进行至关重要，那就是纳粹德国的扩张可能对奶牛及奶桶提出了过分的要求：它们无法提供并储存帝国所要求的全部牛奶。

附录 A

关于战略轰炸案例的经济学表格

原理	人力	后勤	技术	筹划	作战
机会成本	阿尔伯特·施佩尔接管战争筹划与生产事务	登陆日：使用战略空中力量达成战术目标	分散德国生产设施	希特勒个人对于制造轰炸机而非战斗机的执念	使用战略部队达成战术目的（向柏林推进）
预期边际成本/收益	美国战略部队转移至北非，1942年至1943年	目标选择：轰炸德国铁路、水源还是燃油供应？	使用可加装/拆卸的附加油箱以拓展护航战斗机航程	纳粹英国轰炸调查小组战略轰炸计划的阶段转换	轰炸因富特而无效：高估了收益，低估了边际成本
替代	使用外籍/奴隶劳工，让德国人到前线服役	德国铁路系统有许多冗余组件	建在德国境内的合成燃油工厂	纳粹德国空军的失败最终降低深入渗透轰炸的成本	盟军夜间轰炸替代日间轰炸；区域轰炸替代"精准"轰炸
边际收益递减	第八航空队基地在北非，行动目标在东南欧	盟军轰炸机的护航战斗机数量不足	德国飞机生产：飞机数量充足，但缺乏飞行员	"轰炸机"哈里斯放弃精准轰炸，开始区域轰炸	轰炸士气
信息不对称（克服）隐藏特征	规模大但效果差的轰炸机编队准确暴露盟军在1940年至1943年间的弱点	比起获取准确情报，盟军仅仅只是推测德军的供应链实力	希特勒没有察觉到关于P-51和类似的盟军新技术的信号	纳粹德国空军在空战中败北揭露隐藏特征，就此改变空战计划	指挥官面临派兵上前线的道德困境
信息不对称（克服）隐藏行动	纳粹对人力动员和困难的管制"文化"	战争末期运输车队擅离职守问题；"合同"无法执行	德国政府资助德国工业资产以分摊风险	联合战略空军司令部缓解了协调激励机制问题	尼克拜因，头痛与阿司匹林

附录 B

盟军每月对各目标使用的炸弹吨数占比

时间段	飞机制造厂	飞机场停机坪	燃油、橡胶、化学制品、炸弹	陆路运输	复仇武器发射场	海军与水路运输	其他制造业	工业区	军事目标	所有其他目标	未编号的英国王家空军
1939年12月	0.00	100.00	0.00	0.00	0.00	0.00	0.00	0.00	0.00	0.00	0.00
1940年1—12月	0.00	50.00	50.00	0.00	0.00	0.00	0.00	0.00	0.00	0.00	0.00
	0.00	50.00	0.00	0.00	0.00	0.00	0.00	50.00	0.00	0.00	0.00
	0.00	88.46	0.00	0.00	0.00	11.54	0.00	0.00	0.00	0.00	0.00
	0.00	93.14	0.98	5.88	0.00	0.00	0.00	0.00	0.00	0.00	0.00
	0.00	10.00	19.22	41.25	0.00	0.00	0.00	24.53	5.00	0.00	0.00
	2.67	13.53	23.66	22.89	0.00	2.06	6.64	15.33	2.88	1.18	9.16
	4.95	22.33	17.44	15.03	0.00	12.61	7.60	5.49	3.14	0.24	11.16
	12.45	14.73	22.79	6.67	0.00	3.72	8.37	8.89	3.93	6.61	11.83
	1.30	4.79	4.36	12.63	0.00	56.28	2.23	3.66	2.23	3.66	8.88
	0.92	11.52	15.09	8.87	0.00	30.19	5.10	7.83	2.21	5.02	13.25
	2.82	11.38	13.35	12.23	0.00	21.91	6.06	8.19	6.54	4.26	13.24
	1.25	4.07	5.79	7.72	0.00	19.52	3.55	18.74	3.71	1.93	33.72
1941年1—12月	0.06	1.48	7.96	5.05	0.00	16.27	0.65	25.18	1.54	0.59	41.21
	1.91	2.65	6.73	6.78	0.00	24.63	0.26	33.45	0.74	1.87	20.98

（续表）

时间段	飞机制造厂	飞机场停机坪	燃油、橡胶、化学制品、炸弹	陆路运输	复仇武器发射场	海军与水路运输	其他制造业	工业区	军事目标	所有其他目标	未编号的英国王家空军
	2.56	2.90	7.44	4.16	0.00	32.27	4.71	25.84	0.80	0.38	18.95
	1.14	2.53	3.15	4.58	0.00	34.93	6.99	32.23	1.17	0.49	12.80
	0.00	1.91	6.44	22.32	0.00	26.19	1.47	26.39	0.70	1.47	13.12
	0.07	2.22	0.18	36.99	0.00	16.93	1.23	32.05	1.89	0.96	7.46
	0.41	3.07	1.44	15.82	0.00	19.39	3.24	44.50	0.35	2.37	9.40
	0.03	2.90	0.14	30.88	0.00	10.36	5.00	34.86	0.98	1.10	13.75
	0.38	1.75	2.33	19.40	0.00	23.10	8.16	23.21	1.59	0.40	19.67
	0.00	2.70	0.00	19.10	0.00	20.44	0.90	31.41	6.54	0.14	18.78
	0.00	0.99	0.08	0.74	0.00	14.54	0.18	37.37	0.05	0.05	46.02
	0.00	0.45	2.21	0.00	0.00	32.07	0.00	21.07	0.00	0.03	44.17
1942年1—12月	1.30	2.21	0.00	0.00	0.00	44.55	0.00	32.84	0.10	0.00	19.01
	0.53	1.86	0.00	0.20	0.00	27.83	0.00	32.21	0.00	0.00	37.38
	0.00	0.50	0.00	0.27	0.00	7.04	12.97	68.00	0.00	0.71	10.50
	3.73	0.64	0.00	2.08	0.00	17.63	7.33	58.45	0.26	0.56	9.31
	6.14	0.96	0.14	0.14	0.00	7.47	4.77	60.68	0.09	0.53	19.09
	2.67	1.03	0.10	0.09	0.00	1.95	0.01	72.97	0.03	0.34	20.81
	0.00	1.13	0.00	0.27	0.00	10.34	0.02	49.79	0.07	0.13	38.25
	0.22	1.19	0.01	0.51	0.00	1.62	0.09	61.78	0.59	0.07	33.91
	1.91	0.25	0.04	0.53	0.00	1.48	0.07	68.42	0.03	0.13	27.14

时间段	飞机制造厂	飞机场停机坪	燃油、橡胶、化学制品、炸弹	陆路运输	复仇武器发射场	海军与水路运输	其他制造业	工业区	军事目标	所有其他目标	未编号的英国王家空军
	3.37	1.28	4.18	3.86	0.00	1.93	0.08	50.47	0.00	0.07	34.76
	5.22	0.96	0.00	1.24	0.00	11.05	0.09	28.74	0.00	0.00	52.71
	2.80	1.21	0.00	5.12	0.00	5.42	2.06	55.73	0.26	1.41	25.99
1943 年 1—12 月	0.00	3.61	0.25	6.43	0.15	24.24	1.45	42.40	1.56	3.30	16.61
	0.03	0.81	0.19	1.63	0.00	39.04	0.47	49.65	0.35	1.24	6.60
	0.00	1.81	0.22	7.30	0.00	15.80	15.36	39.92	0.54	2.44	16.62
	3.05	5.02	0.00	3.26	0.00	10.60	3.75	52.73	1.91	2.88	16.81
	0.85	6.07	0.29	2.17	0.00	15.88	2.68	55.14	2.34	6.38	8.21
	2.28	5.39	1.60	4.18	0.00	6.53	0.24	55.35	10.43	4.33	9.67
	3.39	13.83	2.20	7.28	0.00	3.41	1.29	48.18	1.21	6.84	12.38
	1.47	8.64	6.13	15.11	0.00	2.46	6.82	38.62	1.92	5.05	13.76
	1.42	13.37	0.05	0.05	0.00	3.32	3.46	35.83	3.79	5.51	12.93
	2.73	7.43	0.94	14.57	0.00	5.50	1.88	49.73	1.51	5.54	10.17
	1.05	5.59	2.23	13.25	0.92	6.22	2.86	49.76	2.86	4.94	10.33
	2.18	7.93	3.31	13.53	3.37	5.95	3.51	47.10	3.57	4.32	5.23
1944 年 1—12 月	4.35	8.65	1.89	1.89	6.51	4.30	1.75	40.71	2.61	6.73	7.11
	9.59	9.66	0.25	8.88	2.95	3.43	2.83	32.18	7.34	11.12	11.77
	5.08	9.75	0.13	23.45	2.78	2.44	2.63	37.50	2.89	6.43	6.93
	9.02	10.07	1.44	39.57	4.28	1.97	2.02	17.98	4.07	3.59	6.00

时间段	飞机制造厂	飞机场停机坪	燃油、橡胶、化学制品、炸弹	陆路运输	复仇武器发射场	海军与水路运输	其他制造业	工业区	军事目标	所有其他目标	未编号的英国王家空军
	3.50	11.14	4.03	40.08	2.10	2.79	1.11	9.69	15.30	3.91	6.35
	1.28	10.26	9.52	28.02	7.16	2.16	0.49	11.26	13.20	10.11	6.53
	3.10	4.50	13.38	20.75	3.74	1.33	2.36	28.68	7.07	7.94	7.15
	3.94	11.66	14.86	17.45	1.17	2.95	1.17	21.51	12.01	5.09	8.20
	0.95	5.43	9.56	23.67	0.00	1.32	4.90	12.22	28.55	3.15	10.25
	0.91	2.42	9.89	22.95	0.00	0.93	7.68	33.93	11.97	2.97	6.35
	0.38	1.64	25.83	24.71	0.00	0.22	0.47	27.89	8.45	4.25	6.16
	0.14	3.07	11.04	51.28	0.01	1.47	2.31	15.44	4.37	5.90	4.96
1945年1—5月	0.00	3.61	0.25	6.43	0.15	1.61	1.39	16.89	2.82	5.19	5.90
	0.03	0.81	0.19	1.63	0.00	1.56	1.19	21.33	3.59	5.54	7.66
	0.00	1.81	0.22	7.30	0.00	5.10	4.23	19.94	3.89	4.68	7.18
	3.05	5.02	0.00	3.26	0.00	7.63	0.90	11.20	15.43	5.44	10.97
	0.41	6.18	6.14	35.53	0.16	1.31	0.00	18.78	10.05	0.08	43.66
1939年1月—1945年5月的总占比	2.06	6.10	9.54	27.20	1.43	3.90	2.53	24.95	8.36	5.24	8.70

注：表中的最后一行为每个目标类的总占比。例如，在美国陆军航空队和英国皇家空军投下的 2,770,237 吨炸弹中，2.06% 投向了飞机制造厂。

资料来源：根据 USSBS, February 1947, Chart 6 计算得出。

第七章

核武时代（1945—1991）

资本−劳动力替代与法国的核武打击力

　　1960 年 2 月 13 日，一枚 6,000 吨当量的原子弹在阿尔及利亚的拉甘爆炸，这标志着法国核武力的诞生。它后来被称为"核武打击力"（*force de frappe*），尽管这个术语的法国发明者很快就因这个名称含有侵略性而试图改用"核武劝阻力"（*force de dissuasion*），但为时已晚。对法国军事思想家来说，劝阻（dissuasion）比威慑（deterrence）更具吸引力，后者更依赖恐惧，前者则诉诸理性。[1]

　　对大多数法国人以及更为广阔的世界来说，这个新作品叫什么似乎并不重要。然而，在拉甘，法国永远地改变了全球核对抗的性质。这颗原子弹本身并不代表任何科学意义上的突破。虽然其当量是广岛原子弹的 3 倍，但只相当于苏联威力最强大的氢弹的 1/1900。法国甚至不是第一个加入超级大国核俱乐部的中等规模国家，因为英国早在八年前就引爆了其第一颗原子弹。[2] 然而，法国是第一个打破超级大国垄断的国家：英军与美军绑定，法国则选择了核独立。事情并非一直如此。虽然法国官员和科学家在核项目上努力了多年，希望它能与北约或美国紧密联合（在他们看来，二者越发像同一回事），但法国时任总统夏尔·戴高乐（1958 年—1969 年在任）选择了一条不同的路线，而现在他有了达成目标的手段。

如何解读法国取得的成就具有不确定性，拉甘对核战略世界的影响因此蒙上了阴影。到 20 世纪 60 年代，超级大国已有能力用自己开发的战略武器摧毁彼此甚至所有生命，而如何使用或防止动用核武器吸引了许多国家杰出思想家的关注。相互的核战争过去是，今天也仍然是理论课题，未经受经验的考验。虽然两枚核弹在 1945 年 8 月投下，但它们击中的是不拥有这种武器的国家，该国的盟友已被击溃，即使它继续战斗，也不可能赢得战争。这与 1960 年超级大国拥核的形势有很大不同。关于冷战时期的两国对抗已有诸多著述，但谈到核武器时，一切都只是推测。法国政治学家和战略家雷蒙·阿隆也承认这一点，他发问道："在这种推测中，谁能对任何事情有绝对的把握？"[3]

第三支力量的加入，一个追求拥核的中等规模国家——独立于冷战双方，又与其中一方存在关联——将使局面变得更加复杂。1960 年，戴高乐将军对此毫不愧疚，也没有任何理由愧疚。但战略家若想弄明白法国的意图，正确地将其拥核置于精练而复杂的数学模型中，那么理解其意图就显得至关重要。那些认为法国战略学说叫什么并不重要的人错了，"威慑"和"劝阻"在语言上的微妙区别确实相当重要，因为在研究核战争理论时，思想及潜在对手的思维过程举足轻重。

核武打击力及其背后的思想构成了本章的主题。在此我们主要关心的是替代的经济学原理。法国购买核武器是为了替代现有或未来的选项，即最显而易见的常规部队吗？替代原理主张，如果两种商品的收益相当，在其他条件不变的情况下，用户会倾向于价格相对较低的商品。[4] 在军事方面，替代的发生可能有几种方式。例如，如果资本的价格相较于劳动力的更低，就可能获取核武器（资本）以代替征募的军事人力（劳动力）。这可能受到预期成本（涉及金钱或其他方面，包括公众对伤亡和征兵的反应），以及被征召部队没能作为平民做出贡献等成本的影响。

强调相对成本十分重要。例如，尽管资本算不得多么充裕，苏联领导人尼基塔·赫鲁晓夫仍建立了造价高昂的战略火箭部队，部分原因在于他想减少更昂贵的军事劳动力数目。与此类似，美国在 19 世纪建造了沿海堡垒，因为这比维持强大的远洋舰队要便宜得多。[5] 替代的原理可否适用于核武器的案例，要回答这一问题，就必须理解何谓"可比较收益"。相比较的备选方案能带来的结果不必完全相同。核武器与常规武器差异极大（其收益可能也是如此），因此很难比较。尽管直到拉甘核爆在即，一些军官和分析人士仍坚持认为核武器和常规武器存在相似之处，但就大多数人而言，核武器和常规武器之间的根本区别在广岛事件后便立即显现。撇开使用核武器的道德层面不谈，单从作战角度来看，这类武器也很难融入战争或战争博弈的设想。例如，战术核武器可能引起战略上的反应，使其拥有任何常规武器都不具备的特性。

核武器造成即时和广泛破坏的能力无人能敌。一座城市，甚至整个国家，都可能在一瞬间毁灭。法国军事战略家、拥核支持者安德烈·博弗尔认为，核战争的威胁是一种全新级别的冲突，是"国际均势中压倒性的新因素，是一种同时既可能发生又不容于道德的武装竞争形式"。道德层面对它们的使用施加了特殊限制，这是常规武器所没有的。事实上，作家罗伯特·杰维斯批评美国核战略家的"常规化"，即"将常规武器在历史上适合的各种用途都赋于核武器"。由于核武器具有强大的威力，大多数核武器的使用模型都假设能够一招制胜——在那之后，一切就真的结束了。矛盾的是，与传统的多步战争不同，一招制胜的设想可以通过数学方式建模，就像国际象棋，比起从头开始为一盘完整的棋局建模，为将死的最后一步建模更容易。[6]

核武力在战时可以达成常规武器无法做到的事情，但这并不意味着不存在替代品。核武器可能有所不同，但仍可以用常规武器取代它——如果以单纯的威力为主要标准的话。军事开支的分配必须受预算限制，原子弹的巨大威力使其成为常规武器的诱人替代品：廉价的"整块"无差别强大武力，与"多块"层次分明，因而更灵活但也更昂贵的小型常规武力相比。事实上，美国总统艾森豪威尔的"新面貌"战略就基于这一观念，或者用当时流行的说法——"更物有所值"。法国人也看到了这一点。战略核武化的著名倡导者夏尔·阿耶雷在1954年写道："核武器……与经典武器相比更廉价，构成了现代军队的标准。"美国核威慑力量的存在压低了欧洲的常规武器开支，而当肯尼迪总统转向"灵活反应"战略时，欧洲拒绝了，因为它要求增加常规武力开支。[7]

　　五角大楼里的筹划者在推进预算和决策过程现代化时，明确讨论了替代问题。国防部部长罗伯特·麦克纳马拉的顾问查尔斯·J. 希契认为，"战略和成本就像步枪上的准星和照门一样相互依存"，"权衡或替代可能性……取决于成本和效益的问题，反过来，这又取决于技术……对特定军事战略或军事目标的选择不能脱离实现这种战略或目标的成本"。希契指出，这个概念并不新鲜：杜鲁门总统在1945年曾说过，"战略、计划和预算都是同一基本决策的不同方面"。[8]

　　从广义上讲，常规武器和核武力当然可能提供相似的收益。两者都是战争武器，都由军事机构管理，尽管管控程度不同，拥有哪种都可以增强实际或预期的国防，都可以摧毁敌人，也都提供威慑，尽管程度天差地别。因此，核武器和常规武器的可比较收益在于，两者都可以用来发动或阻止战争，因此自然产生了用一种武器取代另一种的问题。然而，核武器能带来常规武器所不具备的一系列独特收益。博弗尔提到核武器能够施加"威慑或劝阻压力"。[9]使用或进一步使用核武器的威胁比常规武器所能带来的任何威胁都要大。它们的威力使它们的政治-外交力量比任何使用常规武器的威胁所能达到的效果都要大得多。然而，不仅核武器，每种武器都具有独特的属性，尽管有些属性相对次要。例如，军队可能会用装甲和炮兵火力代替步兵，反之亦然，但从来没有人尝试只用其中一种进行战争。没有空军掩护的常规战争不可想象，但使用飞机并没有废除步兵（第六章）。事实上，没有哪个拥核国家放弃了常规部队。替换是程度问题。

在这一章的开头，我们追溯法国核武打击力在戴高乐之前和之后的历史。接下来，我们将审查合理化这一力量的理由，并探讨其对法国常规武器的影响，我们也认为，实际上确实发生了核武器取代常规武器的情况。在本章的最后，我们会指出如何将本书中探讨的（替代原理以外的）其他经济学原理应用于核武打击力案例。

核武打击力的历史

一个只装备常规武器的国家可能会听任拥核对手摆布，但一个拥核国家也可能无法打动残酷无情的非核敌国。伟大的早期核理论家之一伯纳德·布罗迪指出，"面对战争的恐怖影响，各国政府的反应素来不同"，且"大国近来皆由极其漠视恐怖行径的人统治"。尽管经历了拿破仑时代，但自18世纪初以来，法国的战略地位一直在下降，其领袖也不像布罗迪所说的那样淡漠。1945年，法国回头望去，是一整个世纪的失败，包括普法战争和第二次世界大战的灾难性失败，而它之所以能在"第一次世界大战"中幸存，靠的是盟国的巨大努力。法国尝试通过寻求盟友和建筑大规模防御工事（马其诺防线）来确保国家安全，但这些方法效果欠佳。核武器有望解决兵力人数的劣势问题。但通往拉甘的道路并不便捷，也绝非坦途。法国正从第二次世界大战中恢复过来，同时又在印度支那和阿尔及利亚进行两场重大战争，用于发展原子能的资源有限，至少在1958年戴高乐重返政坛之前，

它对核问题的决策一直犹疑不定。因此，1945 年到 1960 年，法国为
其接下来的核地位展开辩论和准备；1960 年至 1996 年，它是一个可
动用核武器的国家；1996 年以后的时期被称为"战略停顿"，法国正
重新评估其选项。[10]

起源

第二次世界大战使法国饱受屈辱和分裂。它比以往任何时候都更
加意识到自己在人口和地理上的战略脆弱性。可以肯定的是，德国此
时的情况很糟，尽管极权主义的威胁已经陷入窘境，但没有理由相信
将会一直如此。此外，法国并不喜欢被盎格鲁-撒克逊盟国统治的可
能性，这一考量影响了法国的外交政策，直到今天。法国领导人没有
忘记他们曾被排除在主要的战时会议之外。[11] 所有这些考量都要求法
国成为军事大国。

拥核并不是直接的解决办法。由于印度支那战争的爆发，法国无
力缩减军队，但又迫切需要常规部队来保护西欧。一系列危机表明，
法国的常规部队存在不足，需要核武器来填补差额。在这种情况下，
问题可能不在于法国为何决意发展核武器，而在于它如何可能不这么
做。[12] 法国确实有一些优势。饱受诟病的马其诺防线表明，只要保证
国防安全，法国愿意支持重大技术事业。法国在核化学和核物理方面
也有一流的研发历史，居里夫妇就是这方面的象征。

第四共和国

虽然第四共和国有启动核计划的动机和一些手段，但它缺乏资金，
也没有把握。[13] 法国负担不起大规模军事资本开支。饱受诟病的第四
共和国在其整个历史上都在进行不成功的海外战争。"印度支那战争

（1946—1954）和阿尔及利亚战争（1954—1958）是政权的毒瘤，是军事上的脓疮，最终致命。"弱点招来更多弱点。运营成本限制了军事资本支出，法国军队落后于盟国，致使法国在北约中屈居从属地位。政策上缺乏确定性同样可以理解：1946 年至 1958 年间，法国政府的平均任期为 6 个月。[14]

　　这一背景导致法国决定制造"原子弹"的历史非常混乱。直到1958 年 4 月 11 日，总理费利克斯·加亚尔才正式决定制造原子弹，但实际上，这个项目已经进行了一段时日，尽管没有来自高层的最终决定。"法国逐渐倾向于拥有原子弹，但这个项目从未得到内阁层面的正式批准。"与之相对且不出意料的是，在法国士兵和有权势的公职人员间，计划和讨论持续进行。一名外交部官员兼原子能委员会成员暗示，这枚核弹是"官方和平事业的某种副产品"。[15]"面对政府的犹豫不决和优柔寡断，还有议会的无知和不负责任，政策问题在另一个层面上进行了辩论和解决，军事原子计划是由来自原子能委员会、军方和政府的一小群人指导细化的。"[16]事实上，当时有好几组决策过程同时存在，也许在当时没有事后回想起来那么令人困惑（至少这一次，这个过程扭转了将清晰性赋予晦暗不明处的历史趋势）。政府无法出台明确政策，毕竟这件事是其外交政策促成的，而由于海外战争，外交政策又处于不断变动的状态。造成混乱的主要原因是现实局势，而不是政府。然而，从表面上看，事情似乎确实很混乱："因为不是某个单一的决定，不是一个明确、长期、合理计划并执行的政策，而是一系列事件和决策——也可能是缺乏决策——导致了 1960 年的撒哈拉试验。"[17]

　　共和国向原子弹迈进的过程更适合分为两个阶段——官僚阶段和政治阶段。在前一时期，1946 年至 1954 年，内阁几乎不指导军事-核领域（尽管在民用领域有所指导）。1946 年，夏尔·阿耶雷上校组建了一个陆军小组，研究核物理及其在军事现代化中的应用。到 1949

年，军队技术部门已设有核武器研究班组。1950年，有会议讨论了核战争的可能性。阿耶雷于1952年1月1日成为特殊武器部门负责人，确保了该部门在倡导拥核上的强硬。[18] 虽然这看似偶然，层级也较低，但事实并非如此。高级将领们对阿耶雷所做的事很感兴趣。民用核开支正在增加，对军事应用的兴趣也很大。

1954年至1958年的政治阶段充满动荡，进程受外部事件影响，其中比较著名的包括奠边府战役、1956年的苏伊士运河危机和1958年美国暂停核试验的提议。1954年，奠边府部分法国军队的困境迫使法国政府向美国求援，并广泛讨论了使用美国核武器的可能性（"秃鹫行动"）。1954年通常被视为法国达成建立独立核力量"基本决策"的一年，尽管当时尚属秘密。当外交部一份内部报告得出结论称"战略领导权日益属于拥有核武器的国家"时，阿耶雷获得了一位有权势的盟友。1954年12月，内阁第一次面对这个问题。总理孟戴斯－弗朗斯主持了一个跨部门委员会，但未能达成共识。不过，总理对此表示支持，民用原子能委员会于是继续研究军事方面的选项。严格来说，无论是孟戴斯－弗朗斯还是其继任者埃德加·富尔都没有正式决定支持原子弹计划，但这可能是因为法国还没有准备好建造原子弹，发表声明没有任何好处。但是富尔政府在阿尔贝·比沙莱将军的领导下设立了总研究局，将核能秘密应用于军事。对阿耶雷来说，这代表了制造原子弹的正式决定，尽管总理存在异议。但在这里，现实而非政策再次成为问题所在。军方的注意力和资源开始向日益扩大的阿尔及利亚战争集中。[19]

1956年，法国、英国和以色列重新占领了西奈半岛，但碍于苏联的威胁，又缺乏美国的支持，三国被迫屈辱撤退。法国的结论是，在拥核国家和无核国家之间存在着一条明确的界线，以色列显然也这么认为。在法国国防部部长布尔热斯－马努里看来，问题不在于法国是否要制造核武器，而在于其是否能拥有有效的国防。总理居伊·摩勒同意召集一组高级官员讨论这个问题。由幕僚长保罗·埃利领导的小组提出了一个想法，即法国可以通过"在盟军内增加核决策中心的数量，从而在敌人考虑发动攻击时增加不确定性"，以此加强威慑（或劝阻）。这反映了摩勒（或可能与他相反）的观点，他认为法国军队主要是美国和英国武器的潜在后援。严格来说，摩勒并没有决定制造核弹，但他确实赞成发展制造核弹的能力。可以说，在 1956 年，这两者区别不大，但对于一个信奉社会主义的总理来说，在政治上很实用。1956 年，在保持法国与欧洲原子能共同体关系的同时，摩勒保留了发展军事原子能的权利，法国参议院公开表示支持拥核，法国原子能委员会和国防部签署了一份设立军事项目的正式协议，阿耶雷被任命为特种武器司令部指挥官，负责核试验计划。虽然苏伊士运河危机可能没有创造出法国原子弹，但它肯定加速了这一计划。[20]

　　法国官方最终引爆第一颗原子弹的决定，并没有受到重大危机的刺激。费利克斯·加亚尔 1958 年 4 月 11 日的正式命令受到若干因素的影响。东西方关系看上去越发失衡，苏联看起来在导弹发展方面领先，法国与北约的关系正在恶化，苏联的"人造卫星"显然动摇了美国。美国终止核试验的提议可能也增加了该项目的紧迫性。不再需要保密了。"总研究局"更名为不那么委婉的"军事应用局"。在加亚尔下令时，第四共和国距其消亡只剩几个月时间，是第四共和国下了决心，不过人们常将此归功于戴高乐，原因也就在于此。[21]

　　就像新式武器和新兴理论经常出现的情况一样，发展它们的压力来自军队中下层，而不是高层。这不可避免地意味着缺乏清晰的理论——最初并不是一件坏事，因为在理论上立即达成共识可能会扼杀创造性思维。然而，理论问题并没有在这个时代得到解决。法国军队是完全独立，还是依附于北约或其他组织？核武器是纯战略性的，还是仅仅作为常规武器的战术性补充？核部队应由陆、海、空军中的哪种组成，还是它们的组合？一支小型核力量能在政治或军事上发挥什么作用？法国的炸弹是否仅仅充当让美国发挥威慑作用的触发器？[22]

仔细周到并不能增进创造性。法国官员鲜少考虑武器的有效性、可靠程度、成本或成本效益，也很少研究小型或中型核力量的使用或可靠程度。当然，这样的研究是高度理论性的。有关核理论共识的达成也受到军队发展新的常规理论的阻碍。一种较为重要的观点是，现在有两种类型的战争——游击战和大规模战争，而后者将被核武器所威慑。"人们认为，这两种战争都不需要大规模常规部队。"虽然这一概念并不怎么吸引法国高级将领，但法国人当然不愿意看到本国常规部队成为北约的炮灰；但这是有可能的，因为法国最有可能贡献的就是步兵。第一次世界大战的记忆仍然深刻。[23]

各路军官纷纷提出重要意见。海军上将拉乌尔·卡斯泰早在1945年就提出，一个拥有少量核武器的小国家可以威慑一个强得多的大国。由此，他奠定了"成比例威慑"的基础，这个概念意在表明，一个拥核小国能够用对方将会付出的代价来威胁一个拥核大国，因为这个代价会比毁灭整个小国的价值更大。更重要的影响来自后来当上了总参谋长的阿耶雷，以及后来当上将军的皮埃尔·加卢瓦，后者对戴高乐有很大影响。加卢瓦在全国的影响力始于1956年至1958年间第四共和国末期的一系列演讲。[24]

当然，阿耶雷的影响开始得更早一些。1949年，有人请他撰写一部军备简史，他意识到，今天的这种爆炸装置不仅改变了武器，还可能改变战术和战略。抹杀敌人曾是炮兵和空军期盼的结果，现在已成为可能。核武器使20世纪20年代意大利战略轰炸的倡导者朱利奥·杜埃的理论成为现实。核武器可以粉碎敌人的抵抗，而常规战略轰炸在欧洲没能做到这一点。敌人的军事潜力甚至其存在本身第一次可能受到远距离威胁。很快，阿耶雷开始质疑，传统的战斗在核武时代是否还可行。毫不奇怪，军队坚持这种可能性的时间比阿耶雷更长。

例如，在 1954 年的演习中，陆军限制了（假设的）可用原子弹数量，低估了其效果。阿耶雷对这些不切实际的限制的批评遭到非难，但即使是持支持态度的人也认为这种新型炸弹只适用于战略轰炸。[25]核战略与传统战略空中力量理论相结合，有可能使核武器完全取代常规军事力量。然而，阿耶雷并非孤立无援，他的事业没有受到影响。第四共和国寻求某种创新的军事方案来解决其问题，它向亲核军官抛出橄榄枝。阿耶雷、加卢瓦等人摩拳擦掌，只要政治机构给他们机会，他们就愿意采取行动。

当这个机会出现时，军方和文职官僚机构大多已经转而支持发展核武器。左右两翼的政治运动都表示赞成，后者想要恢复法国的伟大，前者则是为了避开冷战时期的僵局。军方处境复杂。虽然军事杂志在 1946 年开始鼓吹拥核，但许多军人不相信核武器对自己的服务效力会有多少影响。对西方联盟将由核大国主导的担忧改变了一些人的想法。1951 年被任命为原子能委员会长官的皮埃尔·吉约马赞成核能在军事上的应用。然而，军方不信任原子能委员会，认为它与共产党过从甚密，并对其在马库勒的核能制造基地实施了异常严格的安保措施，以至于设计控制机制的工程师都不被允许看到它们，只因为其父是共产党员。讽刺的是，当时美国法律禁止与法国分享核机密，同样因为法国政府中存在共产党。自然，这进一步增加了法美之间的摩擦，法国希望获得独立的威慑力量——以战胜军事上的反对者。[26]

1954 年，对核武器的军事支持有所增加，尽管孟戴斯－弗朗斯发现意见还未达成完全一致。法国军队海外任务众多，又在印度支那被击败，其对核开发将削减常规部队军费的合理担忧非常强烈。军方计算出这种炸弹可以在五年内研制出来，事实证明这个估算非常合理。但是，让大多数军队首脑改变主意的，可能不是奠边府战役和苏伊士事件暴露出的内部问题，而是它们在国际上的军事影响。例如，这两次危机都没有得到美国盟友的帮助，而且这两次巨大的危机只相隔两年。此外，北约越来越多地以核武器为其战略依托。因此，对越来越多的军官来说，核武器似乎成为法国摆脱战略难题的出路。[27]

戴高乐的到来

如我们所见，夏尔·戴高乐并没有启动法国的核计划，但他的作用仍然至关重要。在担任法国领导人的十一年里，他始终不渝地倡导核武打击力。他理解它在军事事务中的含义，赋予它政治基础，并利用它来实现外交、内政和军事目标。他将自己巨大的威望和名声赋予原子弹，使之成为法国爱国主义的象征。与各位前任相比，他在面对外国异议时处境更为有利，随着核武理论终于发展起来，他确立了核弹计划的形式。直到继续发展核武器的政治决定做出后，这项工作才开始。[28]

阿耶雷持续发挥其影响力（他最终当上了总参谋长）。戴高乐对阿耶雷的信任可以从 1961 年至 1962 年任命他为阿尔及利亚指挥官中看出，当时法国正在议和，同时面临着军中试图阻止阿尔及利亚独立的恐怖主义运动。同样拥有这等影响力的是皮埃尔·马里·加卢瓦，他是最早与戴高乐会面的核倡导者之一，那时距离戴高乐重新掌权还有两年。尽管"成比例威慑"这个想法在更早些时候便产生了，但加卢瓦促成了它的实现，这个理论始于"最低限度威慑"的概念。"当两个国家都拥有核武器时，即使它们的武装实力不相等，维持现状也不可避免……在一定条件下，国家间可以建立一种新的平等形式。在安全和国防问题上，不会再有强国和弱国之分，至少在面对某些决策时是如此。"[29]

时间和空间的传统军事观念被核武器废除了。加卢瓦相信，核武器平抑了大国与小国之间的关系，使大规模军队失去效力，使人口结构趋于平衡，缩小了地理距离，限制了大型地理空间带来的好处，而且——他的观点显然剑指俄罗斯——消灭了"冬将军"*。"成比例威慑"更为复杂，其概念基础是造成超出敌人愿意为摧毁小国而承受的损害的能力。在苏联的情形中，这可能针对什么显而易见：领导层。斯蒂芬·辛巴拉评论道："这就是为什么一支小型核力量可能非常具有威胁性，只要它能打进目标，而这些目标本身受到高度重视的话（例如政府所在）。值得特别说明的是，就苏联而言，英国和法国的核力量，只有在与美苏力量相比时规模才显得小，它们在克里姆林宫的筹划中投下的阴影可不小。"[30]

加卢瓦的建议变得越发激进——特别是他试图用核武器取代所有武器——这可能削弱了他的长期影响力，但他已经奠定了基础。他的观点，特别是"成比例威慑"和"用核武器进行威胁的政治能力"，吸引了安德烈·博弗尔，后者在卸任后成了法国最著名的战略作家之一。博弗尔与莫里斯·德·萨克斯见地相同，强调暴力是手段，而非目的。"冷战"是一种全新的战争形式。核均势实际上比常规均势更稳定，也限制了常规战争。对手可能会进行常规作战，但同时也会利用核武器开展心理战。博弗尔强调常规武器和核武器之间的区别。小国进行威慑是可能的，但只能纯粹以防御的方式。他支持最低限度的威慑，是少数几个愿意为这个概念给出具体数字的人之一。博弗尔认为，如果力量较弱的一方能摧毁更强一方至少15%的人力和物质资源，那么双方就能达至平等。[31]

戴高乐并没有表现出对军事理论争论的任何偏好，而是乐见更大的议题和合理解释（详见后文）。他早在与加卢瓦会面之前就对核武器产生了兴趣。成为领导人后，他迅速行动，宣布核力量"首先是一种政策工具，一种实现目的的手段，这个目的与其说关乎国防，不如

---

* 冬将军即对俄罗斯冬季极寒天气的拟人化描述，这种气候令入侵俄罗斯的外国军队屡遭失败。

说是为了独立，以获得可以加强这个国家的地位、扩大其可能发挥的作用的外交优势"。1959 年，戴高乐在一次闭门会议上告诉法国军官，法国必须拥有一支打击力量，并以核武器为其基础，能够打击地球上的任何地方，但只有在最紧急的情况下才能真的使用它们。[32]

戴高乐表明立场的结果是显著的。1959 年 1 月 7 日，法国开始了自拿破仑以来最重要的军队编制重组。新的军队建制由一支战略核部队、一支国土安全部队和一支干预部队组成。核武器是这个体系的核心，因为"国防的所有其他方面都是对它的补充"。第一阶段将由50 架携带单枚核弹的飞机组成，随后是中程导弹和核潜艇。尽管撒哈拉核试验的计划进展顺利，但戴高乐政府迅速在波利尼西亚开发了一个更合适的地点。这些发展的速度相当惊人，特别是在第四共和国倾向于把一切重大问题都丢给下一届内阁之后。不过，戴高乐不像是在冲动下做出这些决定的。他接受了"最低限度威慑"和"成比例威慑"的概念，但没有全情投入，借此他展示了对战局变数的尊重。他让法国与北约保持联系（尽管联系淡薄），这样一来，法国就可以从苏联对攻击法国将把北约拖入战争的信念中获益。这种对冲可能反映了，他意识到军事理论无论多么完备，都不是战争甚至和平时期的摩擦的对手。此外，即便是戴高乐也无法阻止传统军种间的竞争。据强势的戴高乐主义者亚历山大·桑吉内蒂说："核劝阻理论一经采纳，军中各部就为当前有限的资金展开了无情斗争，以便尽可能多地保留自己一贯的架构，通过巧妙的论证将这些架构描述成核威慑不可或缺的部分，因此具有同样的优先级。"戴高乐关心的从来不是抽象的核理论。在公开场合，他的官员似乎也认同这一观点。"除了最一般性的提案"，关于核武打击力的官方军事学说"几乎从未出现在官方声明中"。[33]

核武打击力在戴高乐时代的演变

人们普遍认为，理论应当决定对武器的选择，并应为所做出的具体决定提供正当理由。军事理论很有必要，以厘清不同军种在威慑作用方面（或者，在陆军的情形中，是在战术核能力方面）彼此竞争的主张。在某些程度上，理论似乎相当稳定。例如，成比例威慑理论在20世纪60年代一直具有效力，不仅使核武力更为可信，还为其有限规模提供了正当理由。用一位分析人士的话说，这种武力"据说在战略能力上与法国的政治利益成正相关"。[34]

第二种相对稳定的理论认为，核大国开展的战争将不可避免走向核战争。桑吉内蒂在1964年表示，"当我们的国土和人民在斗争中陷入险境"，应对原子能方面的敌人的战争将需要"全面启用核武器"。核武器将被使用，且只能用于保卫国土——这一构想被称为"神圣庇护"（sanctuarization）。由于苏联也相信局势升级在所难免，法国视升级威胁为最好的威慑（或劝阻）。[35]

但是，如果战争爆发，而局势升级不可避免，常规部队的用处何在？战术性武器是否还有用武之地？在这里，共识似乎破裂了。阿耶雷主张一旦发生重大常规冲突则立即进行战略报复，因此愿意放弃发展战术核武器。正规军会成为导火索。他甚至考虑在核行动之后部署常规部队。其他人则没有那么确信，认为在发射战略武器之前，应先对敌人进行战术性核"试验"。1967年，阿耶雷还宣布了争议更大的"全方位"（tous azimuts）理论，即战略部队应有能力进行全方位打击。1959年和1961年，戴高乐原则上提出了建立全球范围打击力量的想法，但阿耶雷更为激进。他认为法国需要部署全球导弹以保护本国免受各方威胁，并谴责对西方联盟的依赖。戴高乐在1968年肯定了这一新理论，但它从未真正得到贯彻。[36]不管怎样，他的政府很快就瓦解了，而阿耶雷（连同妻女）在留尼汪岛的一次飞机事故中丧生，直到今天，这起事件仍被阴谋论所环绕，不过理由并不充分。

虽然戴高乐和阿耶雷留下了令人印象深刻的核力量，但现实依然困难重重。英法是仅有的两个发展缩小版超级大国武器库的国家，法国还享有独立的优势。然而，不断飙升的开支迫使法国削减军队编制中其他部门的军费。幻影 IV 式轰炸机部队于 1964 年开始服役，但核导弹和搭载核武器的潜艇要到下一个十年才投入使用。戴高乐的将军们被迫做出微妙的理论调整，1958 年的观念是"打击、干预、生存"，而五年后，它变成了"阻止、干预、防御"，后者更加灵活，并承认了核武力的发展比预期要慢。[37]

戴高乐之后的核武力

戴高乐的继任者乔治·蓬皮杜（1969 年—1974 年在任）继承了滞后于计划的核武力和亟需资源的常规部队。作为坚定的戴高乐主义者，他曾在议会中力主发展核武力，但在他担任总统期间，核武器在外交政策方面的作用有所下降。军费开支也减少了，因为国内服务的需求上涨在一定程度上促成了 1968 年 5 月的危机，大规模巴黎学生-工人示威游行几乎推翻了戴高乐政府，殃及了阿耶雷的"全方位"政策。继任总参谋长的米歇尔·富尔凯完全抛弃了这一理论，转而提议法国军队"在一般情况下与盟国军队密切合作"。这种对"全方位"理论的远离很容易实现，因为其他军方人士认为，该理论会导致开支异常，使国防过于精英化，而且矛盾的是，只有在拥有强大盟友时才起作用。[38]

核武力的倡导者自我安慰，寄望于超级大国削减军备可能会增强法国的相对实力，但这很难弥补他们自己的问题。问题之一是，"神圣庇护"实际上不无道理：核力量并不能成为保护盟友的威慑力量，它只能保卫法国。此外，法国出于不信任美国的担保而建立了本国的核力量，它自己又如何能提供可信的保证呢？如果这一力量的核心就连在政治上都无法发挥作用，法国又如何能在威慑西欧面临的威胁方面发挥作用呢？阿耶雷曾建议法国在德国西部驻军，为边境而战——但到那时，法国军队真能阻止已经击败了美军、英军和德军的苏军吗？需要某种居中的机制，以在危机中做出分级反应。富尔凯开发了"敌方意图测试"系统，可以在敌人后方使用常规部队或小型／战术性核打击实现。他试图在现有的"要么全有要么全无"路线和受美国启发的"灵活反应"战略之间找到一个中间地带。这支军队将不仅仅作为一条地雷绊线，还将为政府赢取额外的时间来决定是否动用核武器。不可能轻易放弃德国，这样的政策可能会导致邻国重新大规模武装起来，甚至可能拥核。然而，法国也负担不起一支大幅增员的常规军队。[39]

蓬皮杜的继任者瓦莱里·吉斯卡尔·德斯坦（1974年—1981年在任）来自非戴高乐主义阵营的右翼，这使他有了相当大的自由来重新思考法国国防政策，而他也抓住了机会。加卢瓦晚年提倡用核武力完全取代常规部队，但这一主张几乎没有得到任何支持。相反，吉斯卡尔认为法国过度依赖核武器，在升级它们的同时又订购了新的坦克和战斗机。他与美国的关系也明显更密切，作为回报，美国明确宣布支持法国拥核。与此同时，政府考虑"扩大神圣庇护"，即将法国的核担保扩大到欧洲盟友，但此举的可行性从一开始就存疑。[40]

战术核武器得到了更多关注。克劳德·范布雷梅尔施将军认为，法国的"冥王星"战术导弹只有抢在美国动用核武器之前才有用，法国于是可以利用它们作为信号，表明它愿意将态势升级到战略层面以自保。对此的反应很有趣。不出意外，吉斯卡尔的路线贴近大西洋主义，很可能让法国军队干预在德国中部的战斗。为了阻止这些恶兆，法国社会党和共产党不得不支持戴高乐主义者的政策——完全的核独立——并放弃对核武打击力的一贯反对。此前一贯支持拥核的法国人，尤其是加卢瓦，则指责吉斯卡尔一边荒废核力量一边又扩大其使命。然而，吉斯卡尔对购买新一代核武器的犹豫有其现实依据，因为核瞄准正成为一个越发复杂的问题。苏联庞大的民防计划催生了一种思想，也就是瞄准行政控制基础设施和某些经济和工业资产，即所谓的"关键工程"或"关键中心"理论。这一概念故意含混不清，因而来自法国部队的阻挠规模相对较小。最终，灵活瞄准遭到否定，而瞄准城市的战略被保留了下来，但是还有太多问题没有得到解答，无法迅速投入任何重大军事升级。[41]

　　弗朗索瓦·密特朗是吉斯卡尔的继任者，曾在 1965 年与夏尔·戴高乐竞选总统，此后也时常参选。1981 年，他成功当选第五共和国第一任社会党总统。从意识形态的角度来看，可以预料外交政策和军事政策会发生重大转变，然而并没有如此。当然，他也做了一些改变，比如增加了快速打击部队，设立了单独的战术核武器总部，将两类核武器和打击部队都直接纳入自己的总统权限之中。快速打击部队的目的是对核武力进行补充，为政府提供经过强化的威慑力，虽然其确切目标仍然有些模糊。尽管这次扩张了常规武器，政府仍然相信核武器具有比常规武器更强的威慑力。不过，密特朗的倾向还是让一位观察员得出结论：法国的"核武优先"导致"重要常规军事项目资金不足，该策略正被弱化"。[42]

　　然而，我们很难看出密特朗政府在利用原子能方面与任何前政府有何不同。它倾向于维持现状，没有完全放弃美国对欧洲的担保，但保留了自己的威慑力量。"无论哪位总统或政府当权，都显示出令人印象深刻的连续性。"政策完全符合戴高乐主义者的标准，保持核武力，同时限制常规部队。"戴高乐的所有继任者都延续了戴高乐的模式。"在冷战最后几年里，即使不断变化的技术（比如反导弹系统）超越了理论，法国政府在思维上仍然执意坚持戴高乐主义。而随后由于面临核扩散的威胁，即使苏联阵营解体也没能促使法国核政策产生重大变化。戴高乐主义也体现在法国政府对美国的态度上。核武力曾经并在一定程度上一直是对美国过度依赖的替代品。虽然密特朗政府似乎在某些时候某些方面与美国关系密切，但还是产生了不信任感，因为后者的战略防卫先制*和雷克雅未克峰会†使其核威慑看起来不那么确定——这也是法国最初建立核武力的导火索之一。[43]

　　法国前总统雅克·希拉克终生信奉戴高乐主义。他所继承的核武力非同小可：其规模超过中国，是英国的两倍，仅次于大幅缩水的美苏核武库。也许这解释了为什么最初他保留了核武优先策略，并涉足"全方位"理论，表明愿意扩大法国核保护伞的覆盖范围，看起来是对"扩大神圣庇护"的回归。但实际上，他选择了其他路线。唯一剩下的真正力量是核潜艇，它确实具有全球影响力的优势。但总的来说，正如马克·泰利里所言："四十年来，核武器首次在我们的全套武器装备中失去了绝对特权。"法国在太平洋的试验场和两家核燃料工厂均已关闭。难怪加卢瓦勃然大怒，指责希拉克放弃独立。也许这种谴责有点夸张，但如果泰利里是正确的，那么四十年来用独立的核力量替代其他维持国家实力的手段的企图似乎已经结束了。[44]

　　尽管核计划一波三折，但有几个显著的趋势（见表 7.1）。陆军在核武化中遭受了最惨重的损失。即使在戴高乐时代，总体军费开支占国民生产总值的比例也有所下降。但是，哪怕是在公众支持减少的情况下，核武器开支依然在飙升。尽管法国对核武器的优先地位意见不一，法国武器库中核弹头的数量仍稳步增长。

---

* 　战略防卫先制，亦称星球大战计划，旨在建造反弹道导弹系统，在苏联核弹进入大气层前将之摧毁。
† 　1986 年雷克雅未克美苏首脑会议最终促成了 1987 年美苏《中程导弹条约》的签署，双方同意缩减核武器规模。

表 7.1　法国军队的特征（1946—1995）

项目	1946	1958	1969	1974	1981	1995
陆军个人服务预算占比 (%)	73	52	40	42		
陆军军备支出占比 (%)		35	32	34		
陆军人数占比 (%)	68	74	57	57		
军费 / 国民生产总值 (%)	8	6	4	3	4	
基建费用 / 军队预算 (%)		34	49	47		
核武器 / 军费 (%)		9[a]	41			
公众对发展核武器的支持度 (%)	56	41	23[b]			74[c]
核试验次数			8[d]	7	12	5
法国核弹头数量			36	145	275	485
英国核弹头数量		22	308	325	350	300
法国军费对比英国（%）		96	113	107	102	141
法国军费对比德国（%）		169	87	74	100	117

注：a. 1960. b. 1967. c. 1993. d. 1968。

资料来源：Martin, 1981, pp. 54, 58, 364–367, 370–371; Gordon, 1993, p. 36; Hecht, 1998, p. 243; Larkin, 1996, p. 229; Theleri, 1997, appendices; Chappat, 2003, p. 37; Stockholm International Peace Research Institute (various years); Norris and Arkin, 1997。

为核武力辩护

　　由于有关核战争的一切几乎都是理论性的，法国核力量及其战略的理论与实践，包括其理论实践，它们的基础都由一系列理论构成。不去考察这些理论，就无法回答常规武器与核武器的替代问题。有两个问题尤其需要回答。首先，法国是否将其军事和国防支出从常规武器转向了核武器？其次，发展核武库是为了实现与看起来已被其取代的常规武器类似的目标吗？

　　支持核武器的最基本论点是，法国不可能以常规武器取胜："必须认识到，法国不可能以常规部队单独对抗苏联常规部队。这就是为什么法国决定发展军用核能。"这是一种起到平衡作用的武器，防御它是不现实的。[45]那么，它能替代常规部队吗？

法国的伟大

就像核弹本身一样，法国的伟大与戴高乐的形象如此紧密地联系在一起，以至于人们很容易忘记核弹并不是他的发明。第四共和国迫切地想要保住法国世界一流的地位：核技术将是法国人的"第二次解放"；拥有核弹可能会"扭转不断恶化的局势"；如果没有核武器，法国将是"二流国家"。这些担忧的影响远远超过任何具体的军事安全推断。[46]

然而，具体的军事安全原因确实发挥了作用。对第四共和国而言，核弹是必要的，但它并不被计划用来取代常规部队。核武器必不可少，但并非唯一不可或缺的。第四共和国的目标并不在于将军队"核武化"。国防部部长在1956年确实说过"一支没有原子弹的军队无足轻重"，但他似乎暗示这种武器是现有军队的扩充，而不是它的接替者。不可否认的是，法国人仍想要强大的常规部队，因为他们无意再打一场灾难般的常规战争。因此，常规部队必须"强大到能要求苏联发动量级足够巨大的攻击，使核报复的威胁变得合理"。核武器也使人们更能接受德国重整常规军备。在苏伊士运河事件的惨败之后，维护国家实力成为更加强烈的理想。《卡勒富尔》杂志称："如果法国希望再次有效干预国际竞争，其基本任务是建立战略和战术核潜力，以便在世界命运的天平上拥有分量。"由于美国威慑力量的可信度下降，英美又决定减少兵力，更多地倚赖核武器，此事在法国公众心中变得更加紧迫。盎格鲁-撒克逊人也许行事粗鄙野蛮，但不能在军事问题上忽视他们。[47]

然而，法兰西第四共和国的基本核理想与戴高乐不同：

　　对于戴高乐主义者来说，核武打击力是战略威胁概念的重中之重。它的目标是应对戴高乐政府预测的国内外战略威胁，包括全国和系统性威胁。它将成为法国外交和伟大复兴的工具，提升国内凝聚力，并促进经济和社会进步。最后，它将对超级大国的统治构成挑战。在戴高乐主义者对当前国际体系的不稳定性和非法性的批判中，它至关重要。它的创立不仅证明了法国是一个大国，而且证明了民族国家依然可以作为可行的人类代理，在物质上有能力保护其公民，因此在道德上有资格要求他们最终效忠。由于利害关系如此之大，遵循戴高乐主义的法国在军事、外交、心理、经济、技术和科学各个立场上，为核武打击力制定详尽依据，也就不足为奇了。[48]

这究竟是一个重大转变，抑或只是范围和清晰度的不同，人们对此意见不一。有人认为戴高乐的政策具有"延续性"，他的政府是既有政策的"执行者"，称他不过是在既已存在的态度和思想上增加了手段和意志。然而，另一些人注意到，戴高乐想利用核武打击力将自己与盟友松绑，无论是与美国还是北约。[49]如果戴高乐主义的根本逻辑真的有所不同，那么替代的问题就必须以不同的方式来研究；第四共和国和第五共和国可能都实施了替代，但不一定是为了同样的东西。

　　区别归根结底就在于此。第四共和国考虑核武器时，思考的是以此保卫法国。戴高乐则是从法国本身出发考虑核武器。如上面的引文所示，戴高乐打算用核武力重建法国的地位和文化，包括它的声望和它曾经代表的东西。"伟大"对戴高乐将军来说有着特殊的意义，代表着国家的地位、独立和自尊。戴高乐的"法国概念完全建立在法国的国际地位之上"。法国要想存续——在这里他指的不仅仅是物质上的存续——就必须依靠自身。"啊，是的，独立的武器！独立至关重要，所以我们必须有办法实现它！"这意味着独立于西方超级大国，独立于超级大国的冲突，独立于西方联盟。对许多人来说，拉甘的核试验代表着法国作为一个大国的重生。这种独立是从政治角度来看待的，重点在于避免战争（和失败），在于建立国家的庇护圣所，也在于重获国家信誉。最高领导层对核军事理论的细节没有表现出多少兴趣，用来捍卫这一概念的观念大多是模糊的。一位分析人士送给戴高乐一本关于核问题的书，戴高乐对此表示感谢，但他补充说，对他而言，问题只有一个："法国还会是那个法国吗？"[50]

　　戴高乐并非不切实际，他在大国政治方面的个人经验比任何在世的法国人都多。这些经历并不愉快，作为"自由法国"的领袖，他遭受了极大的羞辱。这也许解释了他关于法国战略未来的目标（或痴迷？）。在1959年的一次演讲中他明确表示，核弹的目的是让法国再次成为世界强国。他的一位部长雅克·苏斯戴尔将核弹称为"真正大国的入场券"。这一世界政治观点基于这种新型武器具有破坏性的军事现实。和加卢瓦一样，戴高乐也认为军事力量的本质已经发生了变化。"因此，威慑领域从此向我们敞开了大门。"一方面，超级大国之间的恐怖平衡*抵消了它们的力量，为中等大国创造了机会；另一方面，"没有能力威胁发动核战争的独立国家不可能拥有可靠的军事防御"。只有核武器才能带来国际安全。戴高乐的思想既不是意气用事，也并非失去理智。他想要克服冷战时期的两极格局对其他国家利益的漠视，尤其是对法国利益的漠视。当两极秩序没有如他预期的那样崩溃时，他极其务实地意识到他的独立政策有其局限性，因此他从未完全放弃与美国或北约的联系。[51]

　　然而，戴高乐确实希望强化他在欧洲的地位——在这里，戴高乐主义者和其他人几乎没有什么区别。戴高乐打算使用核武器来实现这

---

* 恐怖平衡，由加拿大总理皮尔逊于1955年首次提出，指交战国双方均拥有足以完全毁灭对方的军事力量，在冷战时期主要指代美国与苏联的核武平衡。

一目标。作为一个中等规模的拥核国家，法国或许能够成为欧洲的最高战略发言人。这一目标是基于法国无法与超级大国正面竞争的现实意识。美国从大规模反击到灵活反应的转变对戴高乐有利，因为欧洲或将成为战场：去核武化使欧洲再次成为可以进行常规战争的"安全"之地，而核战争可能紧随其后。这就是减少对核武器的依赖或减少其数量的悖论。难怪加卢瓦后来抱怨说："在铁幕的这一边，每个人都表现得好像解除武装符合自由世界的利益，直到战争的可能性再次出现，而且很可能会面临失败。"[52]

著述颇丰的加卢瓦为核战争提出了广泛的论理，但从长远来看，他的影响力有所下降。他倾向于把战略思想引向合乎或不合逻辑的结论。在后来的几年里，他声称：每个国家都需要核威慑；结盟无用；核弹让大国和小国对等；没有必要增加常规部队，后者只会成为诱饵，耗尽核资源。那些不同意他的人要么是"白痴，要么就是被美元收买了"。然而，他做出了两项重要贡献：一是坚持只在生死存亡之际使用核武器以保卫国家，这使得核武器在政治层面上更被接纳；二是提出了成比例威慑理论，这使得核武器看起来很有用。[53]

博弗尔的贡献更有用，因为它们看起来更加合理。他从未完全拒绝结盟。他欣赏英国战略家巴塞尔·李德·哈特，将后者的"间接进路"应用于核武器，特别是通过增加独立的决策中心数量来制造超级大国的不确定性。一支独立的部队将帮助盟友，而非成为其阻碍。他被称为戴高乐主义时代"迄今为止最有创造力和最有趣的法国核战略家"，这名副其实。[54]

然而，加卢瓦、博弗尔和阿耶雷这些将军发挥了最重要作用的地方在于，他们向最重要的受众——军方——证明了这种新路径的正确性。戴高乐承接的是一支打了败仗、痛苦懊悔、士气低迷、满怀敌意的军队，内部有人两度企图发动政变，还策划了一场漫长的暗杀行动。武装部队必须改组和精简，并对国家效忠。建立核武力与切断和北约的诸多联系赋予了军队新的使命，它在政治上的孤立和右翼倾向可能受到攻击。"旧有的常备军与民兵之间、右翼与左翼防御观念之间的二分法可以"被核武力"这种手段取代"。核武器将"为专业陆军提供替代满足"，军队和国家之间的鸿沟将被弥合，军队将恢复其作用。"必须由法国人来保卫法国。"然而，这不再是同一支军队，过去的军队和未来的军队之间出现了断裂。军队将实现现代化，国家也将如此，人们希望技术革新催生出新的国家。[55]

青睐核武器的将军们在两个非常重要的方面为这场辩论贡献了力量。首先，他们充当翻译，向一群不理解或不喜欢这种新武器含义的军官推销核军备观念。刚经历过印度支那和阿尔及利亚艰苦战役的军官们可能还看不出这种新型武器的军事用途，尽管他们的注意力可能会集中在奠边府和苏伊士运河上。拥有核武器可能会提高法国在全世界的声望，但它也将毋庸置疑地提高军队在法国的声望。其次，将军们了解核武器的军事和政治联系。在某种意义上，军事力量和核武力之间的二分并不重要，因为许多国家正是为了震慑邻国，才建立起常规部队；现在，技术需要一种新的武器，但基本观念没变。如果战争是政策通过其他方式的延续，那么核武器就是在实际发生非核冲突期间推行政策的最有效方式。

被否决的辩护

批评人士谴责核武力造价昂贵、不堪一击、毫无用处，而且会破坏常规部队。关于成本的主张很简单：建设大型武力超出了法国的能力范围。在戴高乐执政期间，法国军事预算在国民生产总值中的占比从 5.6% 下降到 4.4%。阿尔及利亚战争后，缩减军队规模在所难免，而这并不必然代表军事能力的下降。然而，正是由于在印度支那和阿尔及利亚的开销，军队在 20 世纪 50 年代没有升级装备。核武开发消耗了科学人力的 10%、电子产业的 60%、航空航天产业的 70%。戴高乐上任时，法国的军事总预算只有英国的 70% 左右，军费开支仅为美国在 B-52 轰炸机一项上花费的两倍。1960 年，美国在导弹上的开支相当于法国的整个国家预算。总的来说，法国在一支小型部队上投掷巨资，而使得常规部队和非军事科研资金枯竭。戴高乐言简意赅地回答了效用和成本问题，他提及 1914 年以前对重型火炮，以及 1939 年以前对飞机的排斥：新的和不熟悉的事物都是昂贵的。[56]

重型火炮和飞机的效用已经得到了充分证明，虽然这对一些人而言来得太迟。但对于核武器，效用论就不那么确凿了。一项研究得出结论，中等规模的国家根本负担不起核武力，也无法从核武力中获益。可信度有待推敲。"很少有其他方案会如此严峻，以至于人们更倾向于选择核毁灭的前景。"雷蒙·阿隆怀疑，如果英国和美国都威慑不了苏联，法国能做到吗？尽管有一定的政治利益，但在战略上，核武力被认为"对法国的价值较低"。[57]

此外，从一开始就存在两个实际问题。首先，这种力量尚很薄弱。法国及其核力量在第一次打击面前尚且不堪一击，而威慑还需要二次打击能力，否则如何威慑先发制人的打击呢？加卢瓦被批评对常规导弹的存续能力过于乐观，高估了第二次打击的微弱影响力和核爆放射尘对侵略者的影响。总之，批评人士指责说，宣称的用核武器取代常规武器的好处中，至少有部分经不起推敲。成比例威慑遭到否决。温和的批评人士承认拥有一些核武器可能会带来好处，但拒绝接受关于核武器拥有更多效用的更为积极的讨论。[58]

第二个问题是，法国的核武力不仅实力薄弱，而且超级大国与世界其他国家之间的核能力差距正在显著扩大，就连加卢瓦也注意到这个问题，尽管他认为这正是扩张核武力的理由。由于超级大国技术的变化，法国的核系统即将过时，无法跟上核武器和运载系统方面的迭代，防御系统更使情况雪上加霜。苏联的战略防御可能无法阻止美国

的进攻，但对付法国的进攻却是小菜一碟。在 20 世纪 60 年代，法国
唯一可能的进攻方式是通过幻影 IV 式飞机，自然也可想见它被敌方
击落。不出所料，法国在 1981 年提出，只有超级大国同意不持有防
御系统，法国才会参与控制军备。拥有原子弹并不等于与超级大国（或
至少在一定程度上）平起平坐。法国核武力的薄弱使得最终使用它的
选择不那么可信。[59]

　　面对双方精彩而微妙但不可避免只停留在理论层面的争论，法兰
西民族哪怕不一头雾水，也处在意见撕裂的状态。公众还面临其他问
题。一个是核扩散，加卢瓦认为这是优势。然而朱尔·莫克指出，核
扩散有一天可能意味着一艘搭载北极星导弹的潜艇听命于一名德国指
挥官，这一论点在 1963 年仍有相当大的反响。阿隆认为，一支常规
部队若能够阻挡除全面攻击以外的所有进攻，也可以起到威慑作用。
到 20 世纪 80 年代中期，就在这个问题失去实际意义之前，人们逐渐
达成共识，认同阿隆的观点，即如果西方国家减少对核武力的依赖，
情况将会好转。分歧仍然显著，大多数民众只在 1946 年和 1960 年才
对拥核表示明确支持，不过在戴高乐的一生中，比起德国，法国民众
对拥核的支持肯定要强烈得多。[60]

　　法国核武力及其背后的概念得到了他国的认可。法国人能够发展
一种小型的三合一多样化核力量；戴高乐所关切的事项具有"真正的
战略根据"，确实有可能使法国拥有自卫能力；美国威慑力量的可信
度确实存疑，而其公众对代表盟国实施干预的支持更是动机不纯。[61]
戴高乐和支持拥核的将军们所强调的政治层面的意义亦可见于 20 世
纪 60 年代的美国思维：

　　　　军事战略不能再像在某些时代某些国家那样，被视为军事胜
　　利的科学。它现在仍然是（甚至更加是）一种胁迫、恐吓和威慑
　　的技艺。战争手段的惩罚性胜于其掠夺性。不管我们喜欢与否，

军事战略已经变成了暴力的手段。[62]

加卢瓦和博弗尔再难把道理说得更明白了。北约指挥官、美国将军伯
纳德·罗杰斯的见解略同，他称法国核武力使"苏联对侵略成本和风
险的计算变得更加复杂"。苏联人可能也是这么想的，尽管他们倾向
于贬低法国的核发展，但也强调了实施报复的必然性，甚至指出其报
复不一定会将美国包括在内。这样的威胁很难支持认为核武力无关紧
要的看法。[63]

核武力对法国常规部队的影响

那些在 20 世纪 50 年代担心核武化会给常规部队制造麻烦的军
官们是对的。当然，法国常规部队的衰落不能仅仅归咎于核武器。毕
竟，国防预算总有其限度，两场大型战争的作战费用也造成了巨大损
失。法国的军费超出了力所能及的范围：占 1958 年国民生产总值的
近 10%。但核武力确实对常规部队施加了限制，并制造了"一个不会
轻易消失的困难局面"。许多反对戴高乐对阿尔及利亚政策的士兵投
票支持社会主义者弗朗索瓦·密特朗，因为他象征着对核武力的反对。
法国的常规武器采购并不是唯一的麻烦。面对"惊人的结论"，亨利·基
辛格评论称，核均势意味着常规人力部队应被削减，但他也提出（我
们也会提出），对核威慑的兴趣是由于在政治上不可能组建足够的常
规部队。[64]

法国的资源有限，这意味着核武器造成的影响必然是巨大的。雷
蒙·阿隆曾估算，核威慑武器将花费国防预算的 20%，武器采购经费
的 40%，而第二代威慑武器将会更加昂贵。他认为自己的计算比较保
守，"然而，就连这样的低估也会危及常规武器领域中最小型的项目"。

前两个武器项目中一半甚至以上的预算都花在了核武化上，实际支出的占比甚至更高。戴高乐时代催生的三个项目，其核武支出全都超出预算。1965 年至 1971 年期间，重型武器支出中有一半用于核武力。在第一个项目用于现代化的 117.9 亿新法郎中，60.5 亿用于发展核武器。阿隆确实保守了：到后来的戴高乐时代，核武器开支占所有军备开支的一半，占总开支的四分之一。1962 年至 1967 年间，常规部队的开支下降了 43%。[65]

这一下降可能明显，也可能不明显。1962 年，法国正式与阿尔及利亚讲和，因此对常规部队的需求有所下降。但这一下降在三个方面确实有其重要性。首先，法国显然不能也并未依靠一支庞大的常规部队来发挥威慑作用。第二，常规部队存在诸多弱点。1960 年至1969 年间，法国裁军 470,000 人，其中大部分（431,000 人）出自陆军，他们是没有直接核武打击力任务的军种。海军人员减少了 9%，空军减少了 23%，陆军大幅减少了 57%。在 1967 年、1968 年和 1972 年，陆军的基建费用均落后于规模小得多的海军。到 20 世纪 70 年代，常规部队的处境岌岌可危。德国总理赫尔穆特·施密特告诉吉斯卡尔："就目前的形势，最令他震惊的是法国常规国防体系的薄弱状态。"陆军原计划拥有 4,000 辆现代化战斗车辆，而现在只有 500 辆，计划中的 900 架直升机现实中也只有 190 架。空军和海军也有重大问题，但至少通过核武相关计划接受了技术现代化。陆军则不然。1991 年海湾战争暴露了法国军队的糟糕状态。法国相对现代化的"美洲豹"装甲侦察车无法在夜间作战。它最好的轰炸机根本无法执行常规任务。由于法军兵力薄弱，美国将军诺曼·施瓦茨科普夫有意将法军部署在不会直面伊拉克主力部队的地方。[66]

常规部队军费下降的重要性的第三个方面是它未能实现现代化。加卢瓦接受了这个"问题"，原因显而易见。阿隆担心哪怕最低限度的现代化建设能否得到资金支持，[67] 他的忧虑不无道理，确实不能。

1960 年的预算，包括戴高乐时代的第一个核武器项目，为阿尔及利
亚的作战和核武器发展提供了支持。"这个宣言清楚地表明，第三点
被故意省略，常规军队的现代化已被牺牲和放弃，或至少遭忽视和妥
协。"在许多领域，法国不仅不会购买现代化常规武器，甚至不会研
发这些武器。"我们的常规军队源自不同的时代。"现有预算的紧缩使
情况更加恶化。[68] 常规装备的交付"远远落后于计划"。更糟糕的是，
第二个项目期间核武器的成本远高于预期，导致现代化作战坦克的生
产被推迟，核动力潜艇的采购甚至被取消。该项目计划实现五个师的
现代化，而现实中只有两个师实现了。到 20 世纪 60 年代中期，围绕
发展核武力对常规武器的影响出现了激烈的辩论。[69]

阿耶雷对这种事态并不过分担心，他指出，无论如何，大规模进
攻和大规模两栖登陆已不再可能。他的批评者认为，在第二次世界大
战中，毒气——当时的末日武器——未曾使用，因而迫切需要常规部
队，但阿耶雷反对这种比较，认为毒气主要是用来对付静态战争中无
防护的部队，而在第二次世界大战中，这两种情况都不存在。阿兰·佩
尔菲特也为支出趋势辩护，他坚持认为发展核武器的成本被夸大了。
据他所说，国防开支的无底洞不是原子弹，而是士兵。一个装甲师的
花费超过了配有 50 架幻影 IV 式轰炸机的部队，前者甚至不能攻击敌
人的腹地。他还指出，作为常规军队支柱的征兵制度对国民经济不利。
20 世纪 80 年代，常规部队已有所恢复，占国防预算的 80%。法国的
大规模军队体系确实在 1965 年左右开始改革，但征兵制仍是常态，
直到 2001 年才被废除。[70]

然而，有一个办法可以解决军队难题，尽管戴高乐主义者对此并
未热情接受：战术核武器。陆军的火力将大幅增加，而且与空军和海
军一样，它将与核武打击力联系起来。但在这种构想中，潜藏着战术
核武器的基本问题：它们究竟是什么？是常规武器，是战略武器的缩
小版本，还是某种自成一格的武器？没有人知道答案，因为战术核武

器的使用可能取决于对其使用的反应：应用国可能将其评为战术级别，而接收国则将其列为战略级别。战术核武器会引起事态升级吗？会在何种情况下引起升级？它们可能会引发事态升级，但也可能事态升级本身就是不可避免的。[71]

戴高乐上台时，超级大国似乎已经将战术核武器视为常规武器。由于这些武器不符合戴高乐对"伟大"的构想，他对战术核武器并不是特别感兴趣，但他的政府关注到了它们的可能性。到 1962 年，战术核武器至少在理论上被纳入了军队演习，因为当时武器尚未研发。[72]当时也并没有发展这种武器的迫切需要，因为美国提供了一些。但当戴高乐退出北约军事指挥机构，这些武器都被撤回了。

这使所有国家都陷入了困境。苏联的地位似乎得到了加强，西方的军事行为则变得有些不可预测。美国失去了对法国的影响力，但反过来也是如此。对北约来说，这意味着欧洲四大国之一在政治上仍与其关联，但在军事上相分离——面对危机时，法国的支持与合作变得不那么确定。对法国来说，这意味着关于其军事能力的问题无法再通过随意提及北约联盟加以回避。而对整个欧洲来说，这一举措则不过是有些暧昧：人们可能乐见美国影响力衰退，但在 1965 年至 1966 年法国退出欧共体部长理事会和欧洲委员会的"空椅子危机"之后，法国似乎决心破坏其所有国际关系。但戴高乐的举动并非失去理智。虽然他的行动背后有诸多原因，例如对美英两国的不满，对北约和美国核战略的不确定，以及对法国伟大传统的诉求，但就我们的目的而言，他的退出无疑给那些支持进一步发展核武力（包括增加战术核武器）的人提供了更多证据。

事情就这样发生了：法国决定独立开发战术核武器。在戴高乐任总统期间担任军事部长的皮埃尔·梅斯梅尔宣布："核力量和非核力量之间的区别将越发取决于人为划定，因为我们所有的军队都将逐步装备核武器。"无论是空军——本身可能拥有战术核武器——还是海军，都对陆军配备原子弹的前景感到不满,陆军则发现自己在与这两个"战略"军种对垒时遇到了一些困难。[73]

传统观点认为,战术型武器是威慑的另一种形式。它将威慑置于局部背景之下,赋予地方部队自己的威慑力量。战术核武器对常规攻击和核攻击都可发挥威慑作用,因此可以用来保护地面部队。它们的使用地点则问题重重。法国的欧洲盟友支持使用战术核武器,但不能在自己的领土上。例如,法国的第一代"冥王星"战术核武器若想生效,就必须部署在德国,但这就意味着提前卷入冲突,而这正是法国人想要避免的。如果在法国本土部署,"冥王星"导弹将不得不射向盟国领土,这需要征得这些国家的同意。阿耶雷批准了"冥王星"的开发,但没有厘清"怎么操作"和"在哪里"的问题,也许这并非偶然。[74]

阿耶雷对战术使用的概念不以为然,他认为这只是在试图重申传统常规战争的理念。他认为,这一概念的支持者设想交火双方会同意限制自己对战术核武器的使用。人们对战略型武器的临界值所知甚少,对它们更小型的亲族就更不了解了。利用它们来制衡强大的华约常规部队的诱惑是巨大的,还可以用它弥补法国常规部队因现代化不足而造成的技术缺陷。但最终,人们很难对核武器有其他任何想象,尽管它的体积更小。战术核武器可以用作一种象征行为,以警告敌人,守方是动真格的,任何常规炮弹都无法产生这样的效果。和阿耶雷一样,戴高乐也意识到了这一点,他担心有太多军官将战术核武器视作"超级火炮"。他甚至写了一份指示,强调核武器的存在是为了威慑,以避免发生战争,重要的是全球政治,而非欧洲的军事均势。对戴高乐来说,下到理论层面并不寻常,但他这样做便强调了对他来说,战术核武器不会成为常规部队弱点的替代品。[75]

用核武力替代常规部队

对核武打击力历史和理论基础的回顾，证明了某种类型的替代确实发生了。资源的限制显而易见。随着法国结束了十六年的平叛战争，将更多的资源用于经济发展和社会福利，法国的军费开支在戴高乐主义时期不可避免地开始下降。政治和经济现实要求将国防开支保持在经济产出的 5% 以下，而即便这个军事蛋糕不断缩小，也必须容纳扩大的核武器开支。替代发生的程度更值得商榷。戴高乐期待核武开支刺激法国在航空航天和技术工业方面取得成就。[76]同样存在着可比较的收益问题。在某些方面,核武器取代了常规武器,但如果加卢瓦的逻辑为公众所接受,它们则以其他方式满足了一套完全不同的要求。

即使是较为温和的博弗尔也预见了一个政治和军事冲突的新时代，而核武器在其中发挥独特的作用。他还指出，法国的核决策实际上相当符合本国历史。为确保国家安全，法国常常希望进行一次重大改革。他列举了从 1939 年到 1963 年的十三个主要变化,发现法国经常采用单一的压倒一切的解决方案,过去是"绵延的前线和防御力量,今天则是核武器",他写道。在另一位作者眼中，从心理上看，核弹和马其诺防线并无太大不同:"两者都关乎保卫法国边境不受入侵。"[77]但这更多地反映了第四共和国而非戴高乐的观点，如我们所指出的，后者认为法国的独立比其领土完整更加受到威胁。那些分析用核武器替代常规武器的人不仅必须考虑它所在的不同领域，而且还必须考虑它的时间范围。

戴高乐追求独立，拒绝服从美国，寻求"伟大"，相信法国这一民族国家的至高无上，并强调国防的重要性。在分析核武器能在何种程度上替代常规武器，或实现这些目标的其他政策时，我们必须再次考虑核武器或常规武器是否适合其中任何一个目标。军队编制性质的变化使这个问题进一步复杂化。大规模步兵部队在全球范围内逐渐衰落。常规军备的不得已的开支导致战后军队规模较战前缩小。军队也不再需要为大规模入侵做准备。核武器的存在改变了常规部队的作用和界限，无论他们是否与核武器相结合。戴高乐进一步提出，核武器也是加强现有军队的一种手段。但果真如此吗？抑或仅仅为了让一支彻底无核化的军队处于更弱的地位———一种"消极"的替代？甚至军队建制的目的也受到质疑。据美国经济学家和战略家托马斯·谢林说，各国不再寻求传统意义上的胜利，而是希望从自己造成伤害的能力中获得议价能力。改用核武器，究竟是因为它的威力更大，还是因为差别过大，以至于必须将它视为完全不同的东西？是否存在可类比的收益？[78]

用核武器取代常规部队

　　预算数据有用，但同时又具有欺骗性：有用是因为它们显示了购买的是什么，具有欺骗性是因为决策可能反映的不是有意替代的结果，而是变幻莫测的军种和国家政治的结果。不过，毫无疑问的是，法国常规部队的规模、资金和现代化都受到了影响。法国正规军无法为国家战略提供多少大型战略支持，这显然是原子弹的任务。但是，究竟是核武力采购替换提供了可比的好处，还是它与常规能力如此不同，可能还提供了常规部队无法提供的好处，以至于不再被视为替代？为了回答这个问题，让我们探究几个领域，看看常规武器和核武器在哪些方面可以相互替代（见表 7.2）。

　　显然，这两种类型都属于一般国家安全范畴。法国的国家安全支出必须涵盖作战经费、设备采购和核武器，后一项的经费以前几类为代价。即使是在第四共和国时期，核开支仍侵占了常规部队的份额，尽管这在某种程度上被印度支那和阿尔及利亚战场的巨大作战预算所

表 7.2　替代与核武打击力

替代项目	弱*								强*
	1	2	3	4	5	6	7	8	9
常规部队：资金							7		
常规部队：国家安全									9
常规部队：威慑					5				
常规部队：打击能力			3						9
常规部队：心理		2							
常规部队：外交政策						6			
外交政策：与美国				4					
外交政策：与北约								8	
外交政策：自身	1								

注：这些事项是按顺序排列的序数，而非基数。例如，"2"表示"多于1"，而不是"1的两倍"。

掩盖。从这个角度来看，替代明显发生了，最显著的是在 1960 年至 1974 年之间。然而，这并没有解决核武力和常规部队的可类比收益问题。

事关威慑，可比性的问题更为复杂。常规部队能起到威慑作用吗？理论上，它们当然可以做到，但不像核武器，常规部队所能施加的惩罚的量级显然要小得多。强大的常规部队会以失败威胁进攻方，或至少能让他们没有机会迅速取胜，使对方有陷入泥潭的危险。常规部队也可以威胁发动反击，不过如果只有侵略者拥有核武器，这种情况就不太可信了。但核威慑的可信度不如常规威慑。假设苏联威胁入侵西方，且法国可能会威胁在战争中投入其常规部队或核力量。法国隐含的威胁可信度有多高？答案是并不高。苏联已经明确表示，法国的任何核打击都将立即遭到歼灭。法国核武器的威力将远远大于其常规部队，但政府更可能使用哪一种呢？哪种武器的威胁最有可能被相信？尽管在种类和效果上存在巨大差异，但常规威慑并非妄想。

如果说这种讨论令人困惑，那是因为它反映了当时法国战略思想的现实。法国从未完全决定常规威慑和核威慑之间的关系。大多数法国战略家认为，常规部队不能取代核武器，但核武器也避免了代价高昂的常规军备竞赛。虽然三个军种都受到这场争论的影响，但陆军受到的影响最大。加卢瓦尤其偏好最精简的常规部队。人们认为，常规威慑不如核威慑稳定，而且对侵略者施加的不确定性更小。常规部队同样因不切实际而受到批评。西方联盟根本无法增加所需的兵力。北约的人数无法与东方国家集团相比。然而，博弗尔承认，核威慑的僵局需要更大的常规部队，他认为这些部队应该以民兵体制的形式被组织起来。相反，戴高乐显然希望让德国人充当他的常规威慑部队。[79]

关于可类比的收益和威慑，没有简单的答案。然而，法国和其他国家的思想家试图解决威慑体系中内在于核威慑与常规威慑关系的问题，因此得出有替代发生的结论是合乎逻辑的。考虑到对使用核武器尚存在许多保留意见，对核武器的威胁是否真正有意义的担忧更支持了这一点。[80] 也许这就解释了为什么包括法国在内的任何国家都没有将正规军完全遣散。

在防御领域发生的替代也许更清晰，防御意味着要在战斗中取得实际胜利。两种武器都可以在战时使用。根据设想，使用核武器对抗入侵部队与使用核武器摧毁敌人内部是不同的。在保卫本国国土方面，上述的人数问题为获得核武器以弥补常规部队尚无法抵御的大规模"共产主义部落"提供了明确的理由。在这种情况下，替代发生了。但是，当比较不同武器对敌军的打击能力时，情况则相反。常规部队也可以做到这一点，但成本要高得多，以至于可比性成了问题。例如，是常规部队完成了东京大轰炸，并在那里杀死了比在广岛更多的平民——但是用了 279 架飞机（广岛只用了 1 架），而且要求完全的空中优势。与无法摧毁纳粹德国城市的空军相比，摧毁东京的空军规模很小（见第六章）。有核武器，空中优势就没有必要了，只需要一架轰炸机深入敌方，就能摧毁一座城市。原始导弹能够以低廉的成本携带原子弹。如果 15 架（这个数字完全说得过去）幻影 IV 式轰炸机用常规武器攻击莫斯科，即使它们全部通过，结果也会不值一提，但如果携带原子弹，苏联的防空系统即便可以击落 93% 的飞行物，也仍将失去首都的大部分地区。"物有所值"的论点似乎无可争议。即使是一架携带老旧原子弹的老旧轰炸机也能造成毁灭性破坏。常规部队可以从空中或地面发起打击并造成相同程度的破坏，但这样做的成本似乎是天文数字。博弗尔认为，先进的常规武器变得极其昂贵，以至于即便中等规模的国家也无法承受决定性数量的成本。据他计算，一颗 20,000 吨级原子弹爆炸产生的破坏力相当于 4,000,000 门 75 毫米火炮齐射。皮埃尔·梅斯梅尔更加淡然地总结道，昂贵的皮埃尔拉特铀浓缩工厂的成本还不到两个装甲师的装备成本。[81]

雷蒙·阿隆对此并不信服，详引如下：

> 支持者坚持认为常规武器计划的成本会更高。如果简单地将核武器的破坏力与常规武器相比较，这个主张不无道理。在以尽可能低的人均成本杀死数百万人这件事上，没有任何武器能与氢弹相比。说我们的盟友主张的常规武器计划会更加昂贵毫无意义，因为即使我们同意不制造没有人要求我们获得的原子弹（因为没有人认为我们的威慑力是对共同安全的重大贡献），我们也会自己决定拨款的规模。人们可以欣然接受阿兰·佩尔菲特先生所指出的事实：一个装甲师的费用是 3,000 亿旧法郎，相当于 50 架幻影 IV 式轰炸机造价的两倍。但这一切都证明，现代军队需要大量资源，这恰好是一个不言而喻的事实。既然法国不能没有最低限度的常规装甲部队，那么问题就来了，在国防预算有限的情况下，第二代威慑力能否与这种必不可少的、最低限度的陆军师、军舰和所有类型的飞机共存？[82]

阿隆提出了两个论点。首先，如果核武器造价如此昂贵，以至于迫使常规武器低于某个最低阈值，那么核武器可能就不值其造价。其次，相关的成本比较不在核武器与所有常规部队之间，而是在核武器与超出常规部队最低阈值的成本之间进行，换言之，就是一种边际成本/收益观点。无论是哪种观点，核武器的成本相对而言都在增加。

然而，对于法国未能发展出世界级核武力或常规部队的批评，必须考虑到法国根本负担不起这两种力量中的任意一种。即使是可接受的最低限度的常规部队以及相同标准的核武力，也可能远远超出任何现实的预算。然而，核打击力取代了两种常规选择——常规空袭和陆地入侵，可类比的收益显然存在。常规弹药和核武器在规模上的差异使实际的比较变得复杂。

戴高乐和许多核武化推崇者也考量了公众的士气。当然，常规部队也可以用来鼓舞公众士气，但在法国的情况下，这可能不现实。法国的常规部队没能打败越南人，没能打败阿尔及利亚人，（近来还有三次）也没能打败德国人。公众分别在1946年和1960年强烈支持原子弹，当时人们对常规部队酿成的失败和灾难印象深刻。为鼓舞士气，用现代化常规部队取代旧部队在许多国家可行，但在法国可能行不通。

最后，法国的外交政策方面是否发生了替代？在戴高乐之前，法兰西第四共和国认为核武器可以防止奠边府和苏伊士之类的局面——法国实力太弱，无法避免国际羞辱。戴高乐更进一步，希望确保法国的大国地位。这能凭借常规部队实现吗？戴高乐主义者会说不，从而否定了存在可比收益，否则发展核武力的正当性就会被削弱。然而，即使只是稍加回顾20世纪50年代开始的国际形势也可以看出，全球权力并非自动出自对核武器的掌握。一支规模庞大、装备精良的常规部队可以多次投入干涉任务，使用这样一支部队可能比拥有一颗实用价值存疑的原子弹给一个国家带来更大的权力和声望。事实上，法国对干涉外国危机表现出了极大的意愿，尽管通常是通过情报部门偷偷摸摸地介入。相反，单凭拥有核武器就比拥有常规部队吸引了更多关注。虽然事情的真相仍有争论，但至少在相关的法国决策者心目中，确实存在可比的外交政策收益，而且确实发生了替代。

用核武器替代美国

第二次世界大战后，西欧对美国的依赖近乎绝对。国家主权的存在要仰仗华盛顿，法国对此尤其感到不安。在为战争及其后果定性的一些大型会议上，戴高乐和其他人都遭到了忽视。所有独立的欧洲国家都依赖美国的威慑力和军事力量，但又无法控制何时以及能否依赖美国的保护伞。此外，对法国来说，奠边府、苏伊士和阿尔及利亚都是决定性的时刻。虽然英国在 1956 年之后可以容忍美国的领导，但对法国人的性情而言，这不可能。对美国核威慑力的确定性下降，法国的核武力成为与华盛顿保持密切（乃至更密切）关系的替代品。

与华盛顿建立更密切的关系意味着美国战术核武器将在法国继续存在。美国驻军法国意味着，攻击法国就是攻击美国，增加了美国在袭击发生时报复的可能性。希望独立于美国并不意味着放弃与美国的战略关系，法国战略家仍然指望美国的"保护伞"，并充分认识到美国的作用仍然至关重要。用戴高乐主义者米歇尔·德勃雷的话说："一旦发生危机，我们将不得不依赖美国的支持。"法国军队是加强美军的一种手段。此外，法国人可能会威胁将核武力用作"触发器"，例如，法国的轰炸会导致苏联进攻，这将迫使美国介入，而这正是华盛顿反对法国核计划的原因。美国政府的反对起了作用，法国进展缓慢。最终，美国做出一些让步，但法国的消息来源从未承认这点。[83]

这种反应可能是态度上的，也可能是实际中的。戴高乐注意到美国的反对意见，评论道，对垄断者来说，垄断似乎总是最好的制度。

加卢瓦像往常一样走得更远，他写道："盎格鲁–撒克逊世界不愿允许一个被视为不稳定甚至不可预测的拉丁国家拥有大规模杀伤性武器。"其他法国人没有那么激昂，但是，可能除了密特朗之外，法国并没有天生的大西洋主义倾向。美国的强大在过去和现在都被视为一种威胁，因此，主张独立或减少依赖的理由非常充分。美国的信誉正在下降，就连对发展核武力持批评态度的人也承认，核武力确实给法美关系带来了好处。[84]

两种选择——独立拥核或依赖美国——是否存在可类比的收益？就国家安全而言，答案是肯定的。每一种选择都在一定程度上保护法国免遭苏联进攻。然而，只有核武力提供了戴高乐所希望的那种法国独立的额外收益。首先，在第四共和国时期，替代只在一种意义上发生，即纯军事意义上的替代；后来，在第五共和国时期，戴高乐又叠加了政治意义。然而，法国获得的独立并不彻底，它的古怪之处在于，尽管没有核弹，其他欧洲国家也不是美国的仆从。

用核武器替代结盟

法国无法自保。1870 年，它独自对敌，遭受了完全失败。1914 年，多亏盟友，它得以幸存，但付出了巨大的代价。1940 年，军事联盟也没能拯救这个国家。法兰西第四共和国政府仍然对军事联盟抱有一定信心（两次世界大战已经表明这种联盟能够牢固），但戴高乐对此表示怀疑（盟国不太可能在核战争中牺牲自己，而且世界大战的代价对法国来说太高了）。

法国在战后的国际行动中，很少有比其在 1966 年退出北约军事指挥机构更重要的了。此举有时被认为是出于愤怒，但实际上是一种精心包装的替代行为：幻影 IV 式核轰炸机终于准备好了。任何熟悉法国军事思想的人都不会过分惊讶。加卢瓦声称，核战争已经废除了军事同盟的传统观念。在过去，参战可能意味着失去一支远征军，而现在，这可能意味着失去一半的人口。即使是较为温和的阿隆也认为，现代联盟要么成为共同体，要么解散。基辛格基本同意，并批评了美国处理同盟的方式。总而言之，甚至在戴高乐之前，北约就已在法国人的理论和实践中陷入了困境。[85]

早在 1966 年之前，法国人就已经态度鲜明。法国人在北约内部没有获得多少指挥席位，也没有得到北约在欧洲以外的支持，因此贡献也很小。戴高乐 1960 年宣布，他希望有权否决任何北约成员国使用核武器，这引发了对这一联盟性质的根本质疑。这也是他为法国争取更好待遇的一种战术，他私下里希望这能减轻自己军备计划的成本。他失败了，失去了美国的战术武器——不过，有趣的是，这些武器又被秘密归还了。[86]

所有这些都没有减少法国人对依赖外界的不信任感，加卢瓦关于一个国家不可能将威慑力共享给另一个国家的主张则进一步加强了这种不信任。这种不信任表现在许多方面：它延伸到了在苏伊士运河危机中崩溃的英国；对一些人而言，它延伸到了德国，例如，加卢瓦就认为德国希望法国无核化；它甚至延伸到法兰西共同体（法国版本的英联邦）——昔日的帝国不再被视为力量的源泉。海外基地曾经是全球军事力量的必要条件，但现在已无足轻重，因为这支力量将从哪里发动并不重要。当然，一个包括所有北约拥核国家在内的综合军事司令部可能是另一种选择——但这可行吗？美国绝不会把武器控制权拱手分给任何外国一丝一毫。一个包含全欧洲的安排可能更容易接受，但对戴高乐来说，只有在法国主导下才行。[87]因此，从法国的角度来看，必须在同盟体系（在加卢瓦眼里，这行不通）和核武力之间做出选择，尽管后者的缺点为人所共知。

然而，戴高乐主义者从未完全放弃结盟。戴高乐将军向北约敞开大门，就连尖锐的加卢瓦也承认，考虑到发展本土核武器的巨大成本，必须有跨国的路径（这确实发生了）。戴高乐主义者曾考虑将核武力作为欧洲防御的基础。当然，法国一直有意与德国保持密切联系，而拥核之后就更有了一定的影响力。但是欧洲化和戴高乐式的民族主义之间的张力并没有得到解决。核武力理应为欧洲安全而行使，却仍完全处于某一国家的控制之下，而这恰恰是法国鄙视美国的地方。[88]

尽管军事联盟和本国核武器彼此迥异，但在戴高乐时代，它们确实是替代品。从法国的角度来看，它们在国家安全方面提供了重要的可比利益，但成本不同。不出所料，外国批评人士认为法国在1966年的行动削弱了集体安全。人们认为此举形同一个人从某个保险计划中退出，改为自己给自己保险，从而破坏了那些留下来的人的保险计划的可行性。[89]

1966年，美国经济学家曼瑟尔·奥尔森和理查德·泽克豪泽试图通过比较成员国赋予联盟的价值和他们愿意投入的花费来分析联盟。对北约开支的分析显示，大国的开支非常多，因为他们更重视联盟，尽管这种趋势在战争时期有所下降。然而，他们的模型并没有区分联盟成员国军费的集体收益和纯粹国家收益。作者确实得出了一个对我们的案例有重要影响的结论：即使成员国不再觉得存在共同利益，联盟也不会失效，因为它们会投入更多军费以保护自己的处境，这样联盟的力量实际上就会更大。[90]这一解释显然适用于法国人——他们一直认为自己的行为对北约是利大于弊。

奥尔森和泽克豪泽还解决了搭便车问题，即出资少于计划的联盟成员国仍能获得联盟成员所有好处的问题。作者认为："排除那些不分担商品成本的人是不切实际或不可能的。"联盟中，大国按比例支出更多，但这并不意味着小国应该因支出较少而受到惩罚。大国和小国的支出模式都"以国家利益为其坚实基础"。[91]这也不是坏事，如法国人所说：

　　我们模型的最后一层含义是，以目前的组织方式，联盟和
国际组织无法有效运作，且无论成员国之间在利益方面的共识和
共享有多彻底，联盟和国际组织也无法遵照任何公认的公平概念
运作。虽然分歧和目的不同显然会破坏一切组织，但某些目的上
的分歧也可能会改善联盟的运作，因为它们增加了国家对联盟贡
献中的私有非集体收益，从而缓解了次优性和不均衡的状况。如
果北约的小国成员没有各自的恐惧和争执，它们的军事力量会小
多少？如果欧洲国家在过去或现有的殖民地的发展中私下没有利
益，它们会提供多少援助？如果联合国不是一个纯粹表达民族怨
愤和抱负的论坛，那么小国会对联合国做出多少贡献呢？至少，
美国也许不应该希望与其他国家在共同事业中太过团结，这样的
代价可能会非常高昂。[92]

　　另外两位经济学家托德·桑德勒和基思·哈特利认为，由于附带
损害，核武器更有可能造成搭便车行为。大国不能允许其较弱的邻国
遭遇核毁灭，因为爆炸和放射性沉降物不会顾及国境。"在遭遇核威
胁时，美国更容易背弃欧洲的北约盟友，而法国则无法忽视近处欧洲
盟友的保护请求，因为对法国而言，攻击导致的任何附带损害都可能
更大。"单从军事角度来看，小国或许能不花钱就满足其需求。由于
这种情况没有发生，而奥尔森和泽克豪泽的"纯公共品"模型无法进
一步分析搭便车现象，因此有人提出了另一种选择："联合产品模型"。
国防开支可以满足多种需求，其中一些可以通过联盟得到部分满足。
一个国家的单独行动对另一个国家的收益也可以考虑在内。这种模式
被证明更有意义。[93]这当然更好地解释了法国与其盟友的关系。法国
的独立核武力在某些方面削弱了北约，但实际上在其他方面增强了北
约的实力（正如法国一直声称的那样）。法国的举措让德国更易受到
攻击（不确定一旦发生入侵，法国会否立即提供支持），却也在其他

方面保护了德国（入侵者不知道法国会在何时决定有必要使用核武器来驱赶入侵者）。

用核武器替代外交政策

前面我们问过，在法国的外交政策方面，是否发生了用核武器替代常规武器的情况：共和国选择原子弹以实现其外交政策目标，而动用大规模常规力量是否本将或本可实现相同目标？现在我们要问一个更宽泛的问题：武器本身是否替代了整个外交政策？法国是否从拥有一种特殊的外交政策转变为持有一个武器系统，后者又成了外交政策的全部？一方面，博弗尔和加卢瓦的全球战略确实构成了众所周知的戴高乐主义视角的第三条轨道。戴高乐赌上了自己的声望和实力，以获得核武力。但随着时间的推移，法国的外交政策思想相当具有一贯性，并没有因为拥有原子弹而发生太大变化。原子弹只是一种工具，它是否有所超越，取决于发展核武力的理由和理论在多大程度上是一种真正的外交政策，以至于可以说发生了替代，还是说它只是对现有外交政策的额外支持，替代并未发生。

核武打击力与其他经济学原理

核武打击力的案例对经济学原理的应用提出了不同寻常的挑战。战时行动需要研究大量作战决策，而对于核武器，只有预算决策、核战争理论、模拟及和平时期的演习，有关这些决策的信息有限。因此，用于说明各原理的示例之间有大量重叠。

机会成本

核时代显然没有把决策者从必须做出选择的问题中解放出来。"我们并没有逃脱选择这一自古以来便不可避免的事情，这正是由可用资源的不足而产生。"[94]这在许多方面影响了法国，例如，选择核武器意味着法国常规作战能力的退化。很明显，戴高乐愿意接受这种不利后果，他的军事背景可能使他能够将这种后果强加于军队。由于帝国主义已没有未竟的重大事业亟待完成，且受到德国一定程度上在法国和苏联集团之间起缓冲作用的保护，戴高乐能够做出这个选择。尽管如此，风险还是很高。在危机中，法国政府没有中间选项，没有灵活的应对措施。如果法国遭到攻击或入侵，毁灭一切还是投降将是仅有的军事选择。

预期边际成本和收益

几个世纪以来，预期边际成本和收益的概念一直被用作武器选择的一部分，但这只在近些年来才变得明确（而且不一定更有效）。五角大楼在20世纪60年代进行了现代化，一位主导者写道："成本–效果分析对于武器的单位成本而言完全中立。"[95]对边际成本和收益的分析严格围绕每一个额外的国防项目（或用于国防的美元，在此情形中则是法郎）所取得的预期结果，而非每一个武器系统的总造价展开。（否则总账单将使人们无法接受这一系统。）预期边际成本和收益的概念可应用于核弹的目标瞄准。威胁敌方城市和平民将产生最大的单位成本收益。"无效"的爆炸力将被压缩至最小比例，每增加一枚导弹所带来的威胁将是巨大的——但有其上限。

边际收益递减

在核战争中，核弹本身的收益递减是一个众所周知的现象。随着核弹越来越大，爆炸力在空中被浪费的比例也在增加（因此，当代的研究重点是钻地核弹）。核武力以几种有趣的方式体现了这一原理。一方面，成比例威慑必然伴随着收益递减。如果不存在收益递减，那么更大的核武力自然会比更小的核武力"更好"。然而，加卢瓦和持类似观点的人认为，原子弹的破坏力极其巨大，以至于潜在的侵略者必须考虑任何成功反击的影响。超过一定程度，反击的规模就变得无关紧要了，赫鲁晓夫和麦克纳马拉等形形色色的人物都意识到了这一点。后者的结论是，它足以摧毁苏联四分之一的人口和一半的工业生产力，这个结论在一定程度上受到了"超过这些数字，收益会急剧递减的事实"的影响。[96] 举个简单的例子，假设杀伤率为 50%，100 枚攻击导弹将摧毁 50 枚敌方防御导弹。这样就需要 400 枚导弹来摧毁敌方 94 枚导弹，500 枚导弹才能确保摧毁 97 枚！从摧毁 94 枚增加到 97 枚需要另外发射 100 枚导弹。这并不是说永远不应该发动攻击，而是说，考虑到当时的技术，边际收益递减严重影响了核弹的目标瞄准——这实际上使法国人从中受益。

隐藏行动

信息不对称原理有两个组成部分，其中一个是另一方希望揭露的隐藏行动。一种方法是提供激励措施，让对方自愿避免隐藏的、可能造成损害的行动。在法国，包括军事人员在内的公共和私人代理人找到了几种方式来表明他们对核打击力量的支持。尽管通俗历史严重歪曲了具有创新意识的军官必须与墨守成规的军事官僚主义斗争的程度，但这当然会发生。因此，夏尔·阿耶雷等支持拥核的军官是何等迅速地跻身高层，这值得注意。有两件事起了作用。首先，法国军队正在寻找新方法，甚至其保守的传统主义者也对这种新武器的潜力感兴趣，从而劝说自己"不再躲藏"。其次，政府显然积极地接触这些军官，并提拔他们，尤其在戴高乐时代。戴高乐曾致力于法国军队的现代化，但收效甚微。作为个人，他理解创新者必须得到帮助和保护。通过对此进行制度化，他帮助克服了隐藏行动的问题，鼓励军官们表达自己。军事核武化是一种激励创新者的方式，让他们从后排走到前排，给他们继续核武化的动力。

隐藏特征

信息不对称原理的隐藏特征方面也适用于核战争的威胁。用加卢瓦的话说，核武力的"使用属于想象领域"，"'核武力'的大战略方面只包括你可见的东西"。[97]几乎所有核战略都是以核武器所造成的威胁为基础，这意味着潜在对手的思维模式是重中之重。因此，必须向敌人披露信息，但不能太多，有时也必须误导敌人。不向敌人提供任何信息会适得其反，因为这样会破坏威慑。向敌人透露太多信息也会适得其反，因为这会鼓励对方先发制人或做出其他不利行为。因此，对信息的控制非常集中（决策也是如此）。信息不对称的作用尤其有趣。在核战争或核战争威胁（核武力的真正功能）中，理想的情况是，本国政府对敌人的核武力及其意图无所不知，而敌人只知道本国政府希望对方知道的事情。但也许所有战争都是如此，这表明至少在这个层面上，核武器只是无限军武库中的又一品项。

结论

第二次世界大战后，法国发展了独立的核武力，在夏尔·戴高乐时期达到了顶峰，但自那以后就失去了一部分主导地位。法国之所以这么做，是因为其大幅衰落的历史、对盟友的严重质疑、重整常规军备的成本、其步兵部队沦为北约炮灰的忧虑，但最重要的是，它需要恢复伟大和辉煌。

法国战略家认为，核武器废除了传统的战斗和军事上的时空概念，使一支相对小型的部队能够威慑一支规模大得多的部队。最激进的思想家主张废除常规部队。温和派希望捍卫国土，或利用核武器来改善法国在国际上或至少在欧洲的地位。戴高乐还希望建立一支全新的军队。然而，理论仍然不明确并充满矛盾，许多问题尚未解决。战术核武器的引入使局势更加扑朔迷离，关于其作用没有达成共识。

理论的模糊确实使我们对是否有替代发生的分析变得更复杂，但并非不可能。我们的评估反映在表 7.2 中。人们针对预算做出了选择。核武力替代了常规部队，特别是在开支、人员数量以及国家安全的维护方面，在某种程度上还有威慑和国防领域。核武力对常规部队于敌方核心区域发动战略打击能力的替代大概并不强，但核武器被用来替代对美国及一般盟友的依赖。拥有核武器还使法国能够追求文化和一般外交政策目标，这是常规部队无法实现的。

附录

关于核武打击力案例的经济学表格

原理	人力	后勤	技术	筹划	作战
机会成本	科研人员的经费无法用于和平目的	导弹潜艇的发展意味着海上运输能力降低	常规战斗技术退化	强调威慑意味着应对策略不再灵活	全方位打击意味着武力不集中
预期边际成本/收益	减少征兵将有利于经济发展	"重要目标"可能包括后勤目标	航天工业	城市目标提供最大威慑效果	拉甘：最好别在国内进行核试验
替代	少量技术人员替代大量入伍士兵	火箭和飞机优于海外基地	更物有所值（法郎换取打击力）	成比例威慑张补部队规模不足	潜艇取代更脆弱的运载系统
边际收益递减	步兵增多并不意味着战斗力增强	武器与人员增加不会自动增强战略力量	更大的炸弹并不必然导致效果增加	鉴于成比例威慑，面对侵略者军事力量没必要超出本国价值	大量相似武器涌入本土，将更易受到攻击
信息不对称（克服）隐藏特征	戴高乐加以利用的军队士气问题	核潜艇的必需品很少，不向敌军暴露位置信息	具体目标保持模糊	一切核试相关决策集中于总统	潜艇不断变动位置，使敌人不知情
信息不对称（克服）隐藏行动	科学与技术教育	航空工业收益（加卢瓦是马塞尔达索公司的顾问）	军方可以利用公众对技术的高度信心	具有创新意识的核武器军官会获得晋升奖励	核试验成功有助于公众建立信心

第八章
经济学与 21 世纪的军事史

　　在我们的分析中，我们将一个思想框架套用于一些时代，在那些时代，我们所讨论的原理还未得到明确表达，至少没有正式形成。这就是科学和学术的作用。（新古典主义）经济学尤其断言这些是普遍原理——是自然法则——其他条件保持不变，在所有时间和空间中起作用，放诸四海而皆准，不管事件参与者是否辨认出潜在原因并予以命名。信息总是影响着交换；到处都有替代发生；在任何时代，所有民族都在边缘（边际）做出过决定；收益递减是客观事实，等等，不管参与者是否"知道"这一点。即使没有意识到这些力量的人，也仍然被它们操纵。经济力量起作用，就像是地心引力在"运行"。没有任何非人类的动物"知道"自然选择，但这种力量仍然塑造了世界。所有人都被迫生活在自然法则施加的限制和提供的机会之中。

　　在本书所涉及的每一个案例中，经济学原理都是分析军事史的有用工具。经济学不能解释一切，但其原理在一定程度上阐明了某些行为和事件，这为军事史学家提供了一条富有成效的路径，赋予其描述以结构。因此，我们有理由将这些原理应用于其他事件，或者援引另外的经济学原理来重新解读和重写更多的军事史。我们不会在这里概述第二本书的内容，但将思考两个可能的例子。自 1944 年以来，大量文献将博弈论应用于经济学、生物学、战略研究、公共卫生和其他领域。[1] 但博弈本身比博弈论要古老得多，根据现代博弈论重新阅读旧的理论或应用于战争军事家的著作，也许会很不错。他们知道并参与哪些"博弈"，哪些没有被他们发现？他们如何准确地理解特定博弈背后的假设？在缺乏现代数学工具帮助思考特定博弈的情况下，他们的结论逻辑有多可靠？过去伟大的军事战略家们注意到了什么，他们没那么幸运的同行的眼睛忽视了什么？当然，博弈论是否揭示了某些杰出战略家可能只是运气好而非心怀良策？

　　在这本书中，我们几乎没有谈到涉及公共财政的原理，例如，我们在意大利佣兵队长的案例和法国为其核武打击力提供资金的预算问题中触及了这一点，但没有直接讨论税收和公共支出的原理。我们也没有直接处理所谓的公共品，尽管国防通常是经济学家教科书上关于公共品的主要例子——这种产品一旦为某个人生产，在不增加额外成本的情况下就可以为其他用户带来收益，而且这些额外受益者也不可能被排除在其价值流之外。例如，如果一个人无法不欣赏日出，那么就不能强迫他为由此得到的收益付费，同样，如果不能切实可行地将瑞士排除在北约联盟为欧洲核心提供的保护之外，就不能让瑞士为由此获得的保护付出代价。瑞士搭上了便车（无论如何都搭上了顺风车，不论它选择做出何种贡献，瑞士都获得了相对于成本分摊不成比例的巨大收益）。当能够以一种万无一失的方式建立排他性，收益就可以只局限于那些分担供应成本的人——商品就变成了"俱乐部商品"，缴纳会员费后即可加入俱乐部并享受福利，不付款则会导致排斥：未付款的人，其好处会被实际扣留。军事联盟是建立国防俱乐部的尝试，它们不仅是现代民族国家的创造，还可以追溯到很久以前，在非人类物种中也可以观察到。连小孩子都知道，联盟政治可能很复杂，而从经济学角度理解联盟的稳定和波动可能会对军事史学家颇有意义。联盟形成和解散的决定性因素是什么？为什么一些联盟比其他联盟更变幻莫测？联盟成员如何保护自己不受会员人数下降的影响？为什么联盟不能超过一定成员数量？这些问题以及其他许多类似的问题都可以从经济学的角度来解决。[2]

　　除了所使用的经济学原理数量有限，我们的作品还存在两个主要缺陷，需要在进一步的工作中加以纠正：我们的六个案例有五个来自西欧，一个来自北美，而且都来自公元第二个千纪。把视野扩大到其他诸如亚太地区、中南美洲、非洲、中亚、近东和中东的民族，并囊括公元 1000 年以前的一些情况，将大有裨益。在某些地区，可用文献很少，但体质人类学家、植物学家、地质学家和其他人已经找到了让其他记录发声的方法。军事史学家也可以利用这些资料，思考着行为经济学原理，来重建历史。回顾过去，还有许多令人振奋的工作摆在我们面前。

　　在这本书中浸润了如此多的历史之后，人们可能会想，经济学对当代军事事务能否做出有用的解释。通过案例，我们将浅析如何将经济学思维应用于当前的恐怖主义、军事人力和雇用私营军事公司等问题。我们还将简短地评论有关经济学、历史编纂学和军事史的复杂话题，并总结本书的主要论点和发现。

恐怖主义的经济学

　　恐怖主义不是一个"自 9·11 起"的现象。作为一种从恐惧中榨取政治让步的暴力形式或暴力威胁，它已经存在了很长时间。虽然今天常与非国家行为者联系在一起，但"恐怖主义"这一现代术语起源于国家恐怖主义，即由法国革命政权在 1793 年 9 月至 1794 年 7 月间

实施的"恐怖统治"。我们无意在此回顾"恐怖统治"纠结盘桓的前
因后果和历史。一言以蔽之，这段历史类似于（尽管在程度和数量上
肯定有所不同）纳粹德国的国内安全机构、斯大林的大清洗、阿根廷
的"肮脏战争"以及 20 世纪南非的种族隔离制度——政权代表对内
部异见人士的镇压普遍而残酷。

　　非国家组织对抗国家的类似回应就是国内恐怖主义。其先例包括
19 世纪晚期无政府主义者所犯下的恐怖行为，而在第二次世界大战
后的时代，可见于 20 世纪 60 年代末至 80 年代的法国、德国和意大利，
过去半个世纪里的哥伦比亚，或者过去几十年的印度。国内的暴力冲
突通常不会成为世界新闻头条。为了吸引世界关注，恐怖分子策划了
不同类型但更为骇人的事件。其中的标志性事件，可能是 1972 年在
德国慕尼黑奥运会期间，巴勒斯坦恐怖分子挟持并杀害以色列运动员。
在此，恐怖主义超越了民族国家的界限。为了说明的便利，本节主要
讨论跨国恐怖主义。[3]

　　媒体、政治和小说对恐怖行为的描述无一例外地强调恐怖分子，
他们是控制手下行动的恶棍，是指使下属牺牲性命的主脑。[4] 人们可
能会想起 20 世纪 70 年代德国红军旅[*]的安德烈亚斯·巴德尔和乌尔
丽克·迈因霍夫；生于委内瑞拉的"豺狼卡洛斯"伊里奇·拉米雷斯·桑
切斯，他在 20 世纪七八十年代在多个大洲实施恐怖主义行动；巴勒
斯坦人阿布·阿巴斯，他在 1985 年劫持意大利船只"阿基莱·劳伦"
号，杀害了美国游客莱昂·克林霍弗；还有库尔德人阿卜杜拉·奥贾兰，
他领导的库尔德工人党从 20 世纪 80 年代中期到 90 年代末在土耳其
发动恐怖活动。人们可能还会想起 1995 年奥姆真理教在东京地铁系
统实施沙林毒气袭击的主谋麻原彰晃，当然还有策划了 2001 年 9 月

---

[*]　德国红军旅，活跃于 1970 年至 1998 年，德国左翼组织，制造多起谋杀、抢劫与爆炸袭击，
　　被联邦德国政府认定为恐怖主义组织。

11 日袭击的沙特籍人士奥萨马·本·拉登，以及 2003 年美国对伊战争后当地一连串斩首和爆炸事件的主要嫌疑人约旦人阿布·穆萨布·扎卡维。

　　总之，恐怖有一张面孔，或者至少受其影响的公众希望看到一张能与具体恐怖行为联系在一起的面孔。然而，聚焦个人是短视的，主要目标不是"干掉"个人，而是破坏他们所在的组织。事实上，"没有面孔"的恐怖行动比"有面孔"的多得多。很少有人会想起巴斯克恐怖分子 *、爱尔兰共和军、日本赤军 †、哥伦比亚革命武装力量 ‡、斯里兰卡无数无名的泰米尔自杀式炸弹袭击者，又或者是伊拉克简易爆炸装置制造者的名字。将恐怖分子而非恐怖主义作为反恐政策的立足点，就像产业政策仅考量劳动力，而不了解劳动力所在的公司和行业一样。重要的不仅仅是工人，还有他们的招聘、培训、生产力，以及他们如何获得资金和支持。

　　经济学家对市场的分析基于一个假设，那就是市场参与者——人们和他们组成的群体——依照理性行事。因此，经济学家的基本命题是：就像所有组织一样，恐怖组织是理性的行动者。这就是说，根据其信念，其成员在一组约束条件下选择攻击的地点、时间和方式，这些约束条件包括它所面临的生产成本，还有该组织可用的劳动力、资本、制度和其他资源。"理性"一词的使用受到了很大的误解。经济学家并不是说恐怖分子获得特定信仰的方式是理性的，而是在说他们实践信仰的方式是理性的。以此类推，经济学家并不是说麦当劳公司热衷于向世界供应汉堡的信念是理性的，而是在说，它供应的方式是

---

* 巴斯克祖国与自由组织，又称埃塔组织，活跃于 1959 年至 2018 年，是西班牙与法国交界处的巴斯克地区的分离主义武装组织。

† 日本赤军，活跃于 1971 年至 2001 年，日本极左派武装组织，主张以恐怖活动推动世界革命。

‡ 哥伦比亚革命武装力量-人民军，哥伦比亚左翼反政府武装，成立于 1964 年，2012 年与哥伦比亚政府达成停战。

理性的，它以合理且可预测的方式应对市场上的变化、风险和机会。经济学家对待恐怖组织就像对待任何公司一样，只不过他们所生产的不是优良产品或服务，而是破坏或伤害。[5]

让我们代入这些生产者的视角来研究这个问题。如此一来，我们面临的是在不利的商业条件下进行生产的问题，之所以不利，是因为政府会在我们的道路上设置障碍。恐怖组织需要自问三个问题：首先，哪些障碍会让恐怖组织行事更加困难？其次，如果它不希望事业陷入停滞，该如何最好地应对政府行动（障碍）？第三，政府在为该组织设置障碍时，能从所遇到的困难中学到什么？

障碍分为两类，即减少组织收益和增加其成本（或两者兼而有之）的政府行为。在 2001 年 9 月 11 日前，各国政府主要关注增加成本。美国政府于 1973 年初在机场引入金属探测器筛查设备，于 1976 年将美国大使馆的安全预算增加了一倍，于 1984 年通过反恐立法，1985 年和 1986 年采取了大使馆防御措施。这些都是被动防御性措施，目的是增加恐怖分子攻击预定目标的成本。在积极的进攻性措施当中，1986 年，在柏林"拉贝尔"迪斯科舞厅发生针对美国武装部队人员的爆炸事件后，美国突袭了利比亚；最近美国又袭击了阿富汗、苏丹和其他地方的疑似恐怖主义设施。政府对恐怖组织的收益进行重大干预则要晚得多。

从恐怖组织的角度来看，这些干预在逻辑上是相当的。举例来说，假设当前的收入和成本情况可以支持某恐怖组织在每个时期实施两次恐怖袭击。如果收益恒定，但每次攻击的成本都有所增加，那么该组织在单位时间内或只能发动一次攻击。相反，如果平均成本恒定，但收益下降，它也可能受限只发动一次攻击。任何一种干预模式在概念上都等于对恐怖活动征税。由于对恐怖主义征税的经济后果对恐怖组织来说是一样的——产出减少——政府似乎有选择更廉价干预的优势（无论是在收益方面还是在成本方面）。

　　然而，政府必须考虑两个问题。首先，它必须考虑自己在减少恐怖主义收入来源或增加恐怖主义生产成本这两方面分别的支出情况。这很重要，因为要想有效地减少收入来源，实际上需要与他国政府通力合作，而在两百多个政府和国际组织之间进行协调的成本可能非常高（我们将在稍后详细论述）。相比之下，单边防御措施可能成本更低。[6] 其次，除了限制恐怖组织的成本外，政府还必须预测恐怖行动制造者的反应。例如，虽然在机场安装金属探测器的成本相对较低，但一个始料未及的后果是，恐怖组织改变了产品组合：他们减少制造空中劫机事件，增加了使馆爆炸案。同样，有证据表明，大使馆设防计划促使恐怖组织转向更多的暗杀和恐怖威胁。[7] 总之，在选择合适的"恐怖主义税"时，政府必须选择的不是最便宜的那个，而是针对现有产品组合的最优选项。

　　无论最终的税收模式是怎样的，可以也必须预测恐怖分子可能会采取避税措施，包括寻找新的收入来源或降低平均袭击成本的方法，或两者兼有。遗憾的是，我们从经验记录中得知，这些措施可以通过各种令人恐慌的方式实现。首先，一种方法是增加替代收入。近年来我们了解到，恐怖组织的收入既有合法来源，也有非法来源，通过西方和非西方手段转移，后者难以监测，即使监测，也可能无法发现或不能及时发现。一般的洗钱指通过"肮脏"的行动（如非法运毒）得到"干净"的钱，而恐怖组织则用"干净"的钱干"肮脏"的行动（这被称为"反向洗钱"并非没有道理）。[8]

　　恐怖组织的另一种选择是改变产地，也就是攻击地点，从防御较强的目标转移到防御较弱的目标，或者按照同样的道理，从防御较强的国家转移到防御较弱的国家，因此，"9·11"事件后，最近在埃及、印度尼西亚和土耳其等发展中国家发生了大量袭击事件。当然，让救援人员、记者或私人重建承包商等潜在受害者更靠近恐怖分子行动基地对事情不会有太多帮助。不像"9·11"那时让恐怖走进人群，现在则是让人们走近恐怖——以降低袭击成本。第三，恐怖组织可以等待税收措施或执法力度减弱。它可以等到政府的警惕性下降，可以通过改变袭击时机来达成这一点。有经验证据表明，恐怖袭击和反恐行动是循环进行的，在袭击发生后会采取严厉的反恐措施，而这些措施又会导致下一轮袭击推迟。

第四，恐怖组织可能会提高行动效率，这也会降低平均成本。例如，通过在特定时间内分担策划大规模恐怖行动的固定成本，可以实现规模经济。通过在更大的产品集上分担固定成本，可以实现范围经济——也就是说，不是更多次攻击，而是更多类型的攻击。当恐怖组织相互靠近时，可以实现聚集经济；当一个组织的一次成功袭击向其他组织发出信号，表明什么行动有效时，可以实现学习经济。在某种程度上，所有这些行为都已被观察到，并可能在未来被预测，所有这些都导致了效率的提高。

第五，恐怖组织可以而且也确实改变了产品结构。已经提过的是从一种袭击模式到另一种袭击模式的产品替代，比如从空中劫机到暗杀再到劫持人质。特别是，有经验证据表明，不仅回应特定袭击模式税收的袭击模式有所增加，而且平均攻击的杀伤力或致命性也有所增加。一定程度上，这是因为随着更有效的反制措施问世，不需要真正执行的恐怖威胁已变得没那么可信，恐怖分子对此的回应似乎是进行更加精简但更致命的袭击。[9]总而言之，替代可以从爆炸到暗杀，也可以从没有人员伤亡的爆炸到有人员伤亡的爆炸。

第六，恐怖组织能够而且确实创新并提供了新的产品或产品目标。例如，除了大使馆、军事基地、旅游景点等常见目标外，他们还可以在地铁隧道中释放神经毒气，驾驶飞机撞向建筑物，在公共场合大规模斩首，占领公立学校或剧院，我们可以预见将来会有更多创新，特别是在政府向恐怖主义征税的情况下，恐怖组织被迫分散，降低了沟通和协调率。

　　第七，恐怖组织通过改变其风险状况来进一步替代。在 20 世纪 60 年代、70 年代和 80 年代，左翼意识形态驱动的老牌恐怖组织相对而言更会规避风险，部分原因是他们的资金基础和劳动力储备都很小，不能指望他们会把有限的财力和人力资源置于被没收或遭监禁的高风险中。在 20 世纪 90 年代和 21 世纪初，这些组织被更倾向于承受风险的恐怖组织所取代，部分原因是它们的资金和劳动力规模更大。

　　第八，我们主要谈论的是"一个"恐怖组织，甚至是"那一个"恐怖组织，但有经验证据表明，恐怖活动会扎堆，也就是说，当某个组织采取行动并使政府紧张应对时，其他恐怖组织在那时发动袭击的成本相对较低。其意图是令政府力量减弱，试图分散政府对一次攻击的集中反应，并抑制政府同时应对多次袭击或袭击威胁的能力。

　　最重要的信息是，力图向恐怖主义征税会引起抵制，并会滋生创新、替代和提高生产率的尝试，所有这些都反映了替代原理等经济学原理的运作：恐怖组织通过改变袭击时机、改变袭击方式、改变袭击的资本集约度、改变袭击的杀伤力、改变袭击地点等方式实施替代。所有这些都是理性的反应：一个恐怖组织会考虑其可用的资源，考虑其道路上的障碍，然后考虑如何最好地实现其目标。唯一可能不合理性的是恐怖组织获得其特定信仰的方式，而非实践这些信仰的方式。

　　有趣的是，恐怖组织之间可能相互竞争。例如"9·11"恐袭，其大胆程度引发了美国政府及其欧洲盟友极为强烈的反应，以致北爱尔兰的爱尔兰共和军和西班牙巴斯克地区的埃塔等小型组织发动恐怖袭击的成本上升。[10] 过去，特别是在 20 世纪 70 年代，许多恐怖组织都共有左翼意识形态，从某种意义上说，他们的活动看起来存在松散协调和合作，某国某组织的行动不会对他国其他组织的生存产生不利影响（没有"负面外部性"，或称溢出效应）。盗亦有道，但是，与所谓的伊斯兰宗教激进主义相关的新兴恐怖主义与旧的恐怖组织在意识形态上没有共通之处，因此并不特别关心可能会把旧恐怖组织挤出市场的溢出效应。

表 8.1　恐怖组织与各目标政府的特征

恐怖组织	各目标政府
▶ **目标稀少**	▶ **目标众多**
▶ 与对手相比实力较弱	▶ 与对手相比实力较强
▶ **长线投资**	▶ **相对短线**
▶ **对共同的敌人存在共识**	▶ **对共同的敌人不存在共识**
▶ 回应可以克制亦可无克制	▶ 通常克制己方的回应
▶ 非等级制组织	▶ 等级制组织
▶ **规模小，追求共同利益**	▶ **规模大，难以形成共同利益**
▶ **只需要走一次运**	▶ **总是需要运气**
▶ 对政府的反应相当了解	▶ 对恐怖组织缺乏了解

资料来源：Enders and Sandler, 2006, table 6.1, p. 144；粗体着重为本书作者所加。

　　这一切对政府政策意味着什么，成功反恐的前景又如何？[11] 不幸的是，前景并不特别明朗，因为可以证明，政府倾向于过度投资防御性措施，而对进攻性措施缺乏投资。要了解原因，我们需要考虑恐怖组织与其目标之间的一系列不对称（表 8.1）。这些不对称为恐怖组织提供了战术优势，而恰恰受制于这些（和其他）不对称，政府必须在进攻性和防御性措施之间做出选择。进攻性措施包括渗透、先发制人的打击、报复性突袭等，主要是为了提高恐怖组织的生产成本。防御性政策包括预防性情报收集、设置技术壁垒、强化目标和制定新的反恐法律。实际的问题是，防御性措施与进攻性措施性质不同。尤其是，防御性措施，如在本国边境修建隔离墙，会迫使恐怖主义企图转移到其他地方更为柔性的目标上，从而使其他国家付出代价。但其他国家也可以以其人之道还治其人之身。这看起来没有道理，但考虑到进攻性措施通常需要协调多个政府，便可想见会遭遇搭便车问题。例如，如果美国带头采取单边进攻行动，基本上它将承担这样做的全部成本，如果成功，它将使其他国家获利，而一旦威胁被消除，甚至只是正在被消除，这些国家便没有动力分摊成本。因此，美国只有在本国预期收益超过其成本时才会先发制人或发动报复性打击，不管其他国家是否可能获利。但是，如果相对于所付出的成本，进攻行动的好处太小，那么美国就会倾向于只采取防御行动。其他国家也遵循类似的思路推理，因此我们可以解释一则经验规律：这些国家倾向于过度投资不需要国际合作的防御性措施，而对需要国际合作的进攻措施投资不足。总之，对跨国恐怖主义做出国际层面的反应是次优选项。

　　意识到这些不对称，还有进攻性和防御性措施之间的动态，我们再来思考关于反恐的以下几点。首先，反恐行动应该在所有国家和机构中广泛开展。这可以概括为涵盖"一切事物、一切地方、一切时间"。但我们现在发现，追求这样一个真正全面的计划极其昂贵和不现实，搭便车问题确实存在。因此，我们得出了这样一个悖论：如果反恐行动要取得成功，就不能零散又无计划地进行，然而我们知道，它将是，事实上现在也是零散又无计划的。

　　其次，在各国政府努力进行国际反恐协调的同时，各国政府都必须提防恐怖分子的替代，并加强可能的替代目标。如果政府采取循序渐进的防御方式（因为它不可能同时保护所有潜在目标，所以它必须这样做），必须努力将可能发生的恐怖袭击引向那些对社会净成本最小的替代目标——而要确定哪些可能是这类目标绝非易事。[12]

　　第三，对于恐怖组织来说，低劳动力投入、高科技的袭击可能效果等同于高劳动力投入、低科技的袭击。这意味着，追查高科技袭击的资金来源将导致恐怖组织招募更多劳动力，转而从事低科技活动。组织将试图维持相同的"等产量曲线"，也就是说，在整体资源限制给定的情况下，使用不同的劳动力、资本和其他投入组合来制造等量损害。同样，对于政府来说，涵盖"一切事物、一切地方、一切时间"

很重要，这样才能使整体资源限制更加严苛，但这正是各国政府迄今未能实现的目标。

　　第四，一项尚未受到太多关注的潜在反恐措施是，在一个人加入恐怖组织之前（甚至之后），此人可以选择参加恐怖行动或非恐怖行动。政府的反恐行动几乎总是对抗恐怖主义选项的"大棒"，而激励人们选择非恐怖行动的"胡萝卜"在辩论中基本缺席，例如，为人们提供表达异见的替代手段。这是一个尚未得到充分探讨的研究和政策议程。我们更擅长制造障碍，而非制定激励措施，以诱使人们选择可替代的非暴力行为。[13]

　　第五，在信奉自由的民主国家，恐怖主义的成功建立在宪法对新闻自由的保障之上。在媒体由政府操控的国家，袭击事件相对较少。存在关于媒体拥塞方面的经验证据：如果恐怖事件太多，以致媒体无法处理，政治信息就会丢失。这种拥塞的一个影响是，随着恐怖组织争夺视线，我们可能会看到更多骇人的恐怖事件发生。世贸中心双子塔（2001）、车臣别斯兰学校袭击（2004）、伊拉克骇人听闻的公开斩首事件（2004）、马德里火车袭击（2004）和伦敦地铁袭击（2005）都是例子。今天的恐怖袭击不仅仅是地方性或地区性的，而是真正的全球性事件，廉价的视频和互联网技术为其提供了便利。遗憾的是，考虑到开放社会的运作规则，媒体对恐怖主义的个人戏剧和悲剧的关注不太可能消退。因此，从这个角度来看，期待恐怖组织我行我素也是完全合乎逻辑的。

　　第六，即使跨国恐怖主义主要针对美国（在我们掌握的过去40年的数据中，大约40%的跨国恐怖主义事件牵涉到美国目标），美国也不能简单地放弃建立联盟，加强自身边界，并将恐怖分子转向非美国目标，因为美国在国外的外交、军事、商业和旅游利益仍然可能受到攻击。其他国家也是如此，尽管程度不同，而这正是问题所在。本国成为袭击目标的概率越低，其参与情报搜集和共享等联合反恐措施的积极性就越低，也就是前面提到的搭便车问题。一个弥补的想法是，由于一个更强大或更富有的国家可以将恐怖袭击转移到其他国家，后者将更有动力进行合作。如果有人领导，就可能有人因为成为替代目标的隐含威胁而选择追随，人们可以说，这正是"9·11"之后立即发生的事情，美国可能向欧盟成员国发出可信的威胁，因为这些国家突然就在英国、法国、德国、意大利和西班牙"发现"了许多恐怖分子基层组织，不知何故，这些国家没能事先得知。不幸的是，除非更积极的一方将反恐资源提供给不那么积极的国家，否则或将存在恐怖组织会寻求利用的薄弱环节。这就导致了前面提到的另一种不对称，即恐怖组织比政府更了解情况。

　　用经济学家的语言说明，优良产品和服务的生产者与破坏和损害的生产者之间在分析上没有区别。（显然，在道德上存在区别。）这种语言的优势是使我们能够抽离恐怖主义问题本身，并利用国内政府和国际组织在管理国内和跨国企业方面的丰富经验。在所有情况下，监管的目的都是引导企业进入受国家认可的活动领域。例如，医疗保健、贸易或环境政策推动旨在影响行为的法规。受政府出台不利举措的威胁，企业行为被引导到预期的方向。如果你想彻底监管这些"公司"，使其出局，用类似的方式来看待制造恐怖行动的公司是有用的，但要加上更为艰巨的"一切事物、一切地点、一切时间"的要求。这种监管行动必须是全球性的，要排除任何漏洞，但如前所述，这不可能实现。最后我们只能接受那些东拼西凑的次优方法。对目前占主流的供应端（"大棒"）路线而言，旨在减少对恐怖行为的预期需求的需求端（"胡萝卜"）路线将是有益的补充。尽管如此，作为对"9·11"袭击的回应，美国已经决定将其规模巨大的常规武装部队投入一场"反恐战争"。这促使我们在下一节更广泛地研究军事人力的部分经济学。

军事人力的经济学

自从 1973 年美国从征兵制部队转变为全志愿兵以来，一小群经济学家在理解军事人力经济学方面取得了实质性进展。虽然可用的数据将实证应用限制在美国，但作为实证工作基础的理论工作的进展，则适用于历史上任何时期的任何国家或类国家实体。任何政府都必须做出最初的决定，即要在作战能力上花费多少其拥有的资源。[14] 这既关乎征税能力，也关乎国家的潜在经济实力。第二个决定涉及招募多少人加入武装部队，包括绝对人数和百分比。在这些被征募的人员中，一部分将成为前线人员，另一部分将是保障人员，这取决于战勤比应该为多少的（有意或隐含的）决定。反过来，这一比例至少部分取决于人力的质量，但也取决于军事人力所使用的资本数量和质量。换句话说，军事人力的生产力影响着对军事人力的需求。进一步的决定涉及最佳训练量、人力经验和素质的最优组合、现役和后备部队的最佳组合，以及是否（如果是，在何种程度上）采取自愿入伍制来替代征召兵役制，又或者采用雇佣兵。例如，志愿兵依靠自我监督来确保未来的晋升，而与他们相比，应征入伍的部队则通常需要成本更高的绩效监督，雇佣兵也会产生特殊的合同执行问题。

当同级人数受限时，部队的垂直等级构成将倾向于向初级职位倾斜，这必然催生底部庞大的基层，只能通过"非升即走"的规则在其中晋升。反过来，这意味着部队的规模较大，并因此成本高昂。在这种体系中，初级军衔的晋升基于技能，高级军衔的晋升则类似于附加赛或锦标赛，许多有资质的选手争夺有限的晋升名额。这可能会产生亟待解决的绩效激励问题。当然，供应决策不仅取决于军事筹划者，还取决于部队成员本身。因此，经济学家研究了有关入伍和延长服役期限的决策。在此发挥重要作用的，包括已经放弃的文职机会、退役后的文职机会、薪资等级、激励性奖金、退休保障安排、教育住房医疗福利、社区人口统计、态度、价值观和信仰体系等因素，还有征兵人员可用的工具、手段和激励措施。

军事人力的经济学理论考察多个有趣和重要的问题，从我们对文艺复兴时期意大利雇佣兵市场的考察（第三章）可以清楚地看到，这些问题不仅限于现代武装部队，在历史上也有重要分量。接下来，我们将回顾有关征兵制和建立全志愿部队的一些问题，这自然会引出现代雇用私人军事公司的话题。至于恐怖主义经济学的情形，我们并没有完整的主张。为了表明经济学与当代军务问题的相关性，对各主题的某个方面进行抽样就足够了。

征召（一般是）男子加入国有武装部队相当于非自愿劳役。[15] 如果有足够多具有足够战斗精神和素质的志愿者主动站出来，就没有必要用惩罚的威胁来强迫人们入伍。在过去，武装号召经常会得到志愿者的响应，常常有外国人，例如，新西兰人就响应了大英帝国的号召，赴南非参加第二次布尔战争（1899—1902）。但在 19 世纪和 20 世纪耗费时间精力的大规模冲突中，依靠志愿者被认为是不够的。从拿破仑战争开始，征兵成了常态，直到 1991 年冷战结束，非极权主义国家才开始将募兵政策从征兵转变为建设全志愿部队。例如，到 2006 年底，26 个北约成员国中只有 8 个仍然依赖应征士兵。要理解这种转变的原因，人们需要了解征兵部队和志愿兵的一些优点和缺点。

无论是在武装部队服役还是用于"另外"的民用目的，征兵这种非志愿服务强加了一种不平等的交易。新兵被迫放弃劳动服务，以换取他原本不会想要的东西（例如津贴）。这与经济关系的正常运作方式形成鲜明对比。没有人会被迫去杂货店买五美元一袋的苹果。相反，消费者可以选择在何时、何地以及如何使用资源。作为雇员，人们可以自由选择在何时、何地以及向谁出租工作能力。征兵相当于一种非自愿交易，这一事实表明这种交易并不平等，这是经济学家往往不赞成的：限制选择的自由通常在经济上低效。

这一不平等交易或被视为一种实物税，但这是一种奇怪的三重税收。由于义务兵的收入低于志愿兵，这就减少了国家安置武装部队人员的预算成本，但这是通过将总成本（或机会成本）的一部分转移到其他地方达成的，也就是将其转移到义务兵或应征者身上。此外，除非是全员征兵，否则它不会影响到所有年轻人，而只会影响到相关年轻人群体中最终被征召入伍的那部分人。例如，如果军队需要100,000人服役，而相应年龄的年轻人有1,000,000人，那么每个人都有十分之一的机会被征召入伍。征兵是种抽签。然而，通过抽签确定和征收的纳税义务，在任何其他税收领域都不会被认为是合适的。征兵税还根据年龄、性别、技能和年限进行歧视：老年人对年轻人、女性对男性、无技能的人对有技能的人（后者无法在私人市场上将技能转化为财富）、现在对未来（因为应征入伍的人必须推迟民事教育和培训，这种延迟降低了他们未来的生产力和对社会的贡献）。实证研究表明，应征者的收入低于非应征者：以荷兰为例，20世纪80年代和90年代初的应征者后来的平均收入比可比较的非应征者低5%。研究发现，在美国，两者的收入差距要大得多。造成这种情况的原因似乎有两个：第一，应征者平均接受的培训和教育较少，从而损害了他们未来的平均生产力和收入；第二，即使受过同样的培训或教育，服役期也会中断工作经验，并且使人力资本贬值，这些人力资本在再次使用之前需要重新投入。（在后征兵时代的美国，全志愿兵的成员和从事其他职业的工人之间看起来没有明显的收入差异，可能恰恰是因为全志愿兵制需要在私人劳动力市场上争夺人才。）

如果征税引发逃税的企图，那么征兵税的特殊不公平就引起了为避免（"躲避"）征兵的特殊尝试。最近的两位美国总统[*]在越战期间都到了应征年龄，但都没有在那场战争中服役。在这方面，两人在各

---

[*] 指美国第42届总统克林顿和第43届总统小布什。

自竞选总统时都受到了严厉质疑。南非在种族隔离时期失去了许多有能力的年轻人，他们不愿意为种族主义的国家政策服务，而选择了移民。如今，许多俄罗斯的年轻人通过伪造医疗证明、行贿或根本不去征兵站等方式逃避征兵。

征兵制甚至有不良的军事影响，因为人为的廉价军事劳动力扭曲了对劳动力还是资本（即武器）的选择。政府过度投资薪酬低于市场水平的新兵，而在装备方面投资不足。此外，现代尖端高科技设备也许最好不留给入伍一两年的新兵来操作，而应交给专业人士，实证研究表明，由专业人员组成的军队确实比征兵军队显示出更高的资本-劳动力比率——单兵火力更强。（尽管我们不清楚是否有学术研究可以论证美国今天在传统战场上为何能够如此轻松地击败对手，但我们怀疑，这至少在一定程度上可以归因于它使用了全志愿和专业部队。）

一些国家特别致力于从年轻人中征召有技能者。在菲律宾，征兵实际上只针对大学生，而其他群体大多可以逃避。这揭穿了征兵是为了让社会各类人士服役的概念是不实之词。在土耳其，所有男性都要应征入伍——时限很短，以至于所有人都必须服役，也就是说，不需要抽签征兵——那些希望完成大学教育的人可以暂时推迟服兵役。[16]这产生了不良影响，正当毕业生要将学校里的知识转化为劳动力市场的经验和专业技能时，他们被拉离了私营劳动力市场。在几个月或几年后重新进入市场时，知识已经贬值，在有效利用之前需要恢复。鉴于前述对美国的调查结果，土耳其很可能永久性地降低了其（男性）公民的生产力，从而损害其整体经济和世界地位。与此同时，花钱免除兵役（缩短期限或全部免除）的常见做法在许多国家都有充分记录。从本质上讲，应征者要做出抉择，是用实物抵税还是支付税金。那些使用前一种支付方式的人表明，他们在私营劳动力市场上没有更好的选择，而支付后者的人表明，他们在私营劳动力市场上确实有更好的选择。因此，花钱免除兵役为社会弥补了部分生产力损失。然而，无论哪种情况,征兵都是对一小部分人口——18 到 20 岁的年轻男性——征收的一项繁重税收。

没有经验证据表明实行征兵制的部队较少战斗,更平等地从社会各阶层征募兵员,受民主控制的程度更高,通常比全志愿兵表现出更强的公民责任感。相反,经验证据表明,受征召入伍的部队比全志愿兵更常参战,并且在其构成上未必缺乏平等主义的代表(与流行的说法相反,那些社会地位较高的人在征兵制部队中往往有过多的代表),许多实行征兵制的民主国家经常向军事政变低头。[17] 至于公民责任,只要再次强调征兵重负只落在少数公民身上,就能反驳每个公民都有义务为国家服务的主张。相比之下,全志愿兵制必须从一般劳动力市场雇用人员,并须相应支付薪酬,对所有纳税人施加了同等的财政(也即货币)税收负担,因此税收负担比征兵税要分散得多。于是,比起将责任完全转嫁给应征者,履行公民义务的更优方式可能是让全体纳税人支付全志愿兵的费用。因此,有人认为,征兵制的吸引力,也就是政治上的魅力,"源于其特定的法定归宿:它的主要受害者都是年轻男性"。[18]

如果兵役制较之全志愿兵制表现如此糟糕,为什么它在冷战结束前一直如此突出?为什么许多北约成员国直到后冷战时期才从征兵制转变为美国模式的全志愿兵制?其中一种解释围绕两点:所需部队的规模及其生产力。可以看出,当所需军队的规模较大,而征兵和志愿兵之间的生产力差异较小时,国家实行征兵制的经济成本可能比实行全志愿兵要小。军队规模的争论取决于社会的税收负担如何累积至某总值。如果所需的部队规模很大,志愿兵系统就需要不断提高军饷,以吸引更多人离开当前的民事职业,这样志愿兵的人员配备成本就会呈指数增长。相比之下,所有应征士兵都获得相同的固定工资,因此其预算成本仅呈线性增长。举个例子,假设有三个人,第一个人的时薪是 10 美元,第二个人是 15 美元,第三个人是 20 美元,如果军方

有一份职位空缺，那么——为了吸引一名平民——军方需要支付至少
10.01 美元的时薪，才能让第一个从平民工作转为军事工作的人感到
值得。现在假设部队有第二份职位空缺，军方必须支付 15.01 美元的
时薪来吸引第二个平民，但在这个薪资等级上，前一位已经在军队服
役的人可以辞职，重新申请更高薪水的军事工作。实际上，这两个军
事工作都需要每小时支付 15.01 美元。如果有三份职务空缺，则三者
都必须支付 20.01 美元，以此类推。一名志愿兵，国家的成本是每小
时 10.01 美元；两名志愿兵，工资是每小时 15.01 美元的 2 倍，总共
30.02 美元；三名志愿兵，费用是 20.01 美元的 3 倍，即每小时 60.03
美元。因此，成本呈指数增长。

　　相比之下，在征兵制度下，如果国家提供的工资是每小时 15 美
元，每个应征士兵都必须接受相同待遇，对国家来说，总成本是每小
时 15 美元的 3 倍，既每小时 45 美元。由此可见，规模为 1 的征兵部
队比志愿兵部队更昂贵（15 美元对 10.01 美元），规模为 2 的征兵部
队成本相当（30 美元对 30.02 美元），规模为 3 的征兵部队比全志愿
兵更便宜（45 美元对 60.03 美元）。因此，兵力需求越大，预算优势
就越向征兵部队倾斜。

　　考虑到军事生产力，这种优势被削弱了。一支部队不仅花钱，还
应有所贡献，使社会或雇主国家有所收获。显然，如果部队的生产力
能够弥补其成本，那么成本更高的部队是可取的。直白点说，如果每
小时花费 45 美元可以请 3 名应征者在一小时内杀死 45 名敌人，那么
"生产力"就是每花费 1 美元杀死 1 名敌人。但如果每小时花费 30.01
美元能请 2 名效率更高的志愿兵在一小时内同样杀死 45 名敌人，"生
产力"则为每花费 1 美元杀死 1.5 名敌人。

　　研究表明，对美国来说，全志愿兵制效率更高，至少在可衡量的
范围内是如此。例如，比较实行征兵制之前和之后的时期（即 1973
年之前和之后）发现，部队的流动率从 21% 下降到了 15%，从而降

低了训练成本。美国军队的平均服役时长从 4.7 年增加到 6.5 年，从
而积累了更多的在职经验。美国武装部队成员的平均年龄从 25 岁增
加到 27.6 岁，从而使部队更加成熟。[19] 在民事就业方面，较低的人员
流动率、较长的工作时长和更成熟的工作能力都有助于显著提高生产
力，我们也没有理由相信这不适用于军队的情况，即便军队的国防产
出无法轻易衡量。但是，各种检验个人和单位绩效或战备措施（国防
产出生产力的替代品）的实证研究普遍支持这样一种观点：教育和经
验是推动更高绩效的关键变量。

如果考虑这两个原因——军事劳动力成本和军事生产力——并评
估冷战前后的时代，显而易见的是，自 1991 年以来，对大规模部队
的需求下降了，尤其是北约欧洲成员国，这使得成本优势向志愿兵部
队倾斜。在生产力方面，要有效地使用更先进的武器，需要一支更稳定、
更成熟、服役时间更长的部队——换句话说，就是专业人员，这也为
志愿兵带来了优势。这似乎可以解释冷战后北约欧洲成员国从征兵制
到全志愿兵制的转变，这一转变仍在继续，因为有几个国家也已宣布
在未来几年内将征兵制度转型为志愿兵制度。

关于服役和超期服役的决定是影响美国所有志愿兵部队管理的主
要供给侧问题，特别是在 2001 年和 2003 年分别大规模参与阿富汗和
伊拉克战争之后。由于媒体对延长服役的广泛报道，对有关首次服役
和再次服役的决定都产生了负面影响，这些问题被进一步复杂化。同
样，随着冷战结束后现役部队的缩减——2005 年从 210 万人减少到
140 万人，美国选择依靠预备役部队来提供紧急应变能力，但现在预
备役部队也已捉襟见肘，再次对个人是否入伍的决定产生了不利影响。
由此产生的部分张力可以通过改善薪酬、福利和权利在短期内得到解
决，但这些不太可能成为长远的解决方案。至少在这个意义上，人们
可能会提出这样一种观点，那就是美国武装部队已经失去了实战能力。
"让军队回家"的呼声不仅源于战争事业的预算成本与巴格达和喀布

尔棘手的城市冲突，还源于难以保证持续向军队输送充足的能够胜任的新人。（值得一提的是，于 1990 年 8 月开始，又于 1991 年 3 月结束的第一次海湾战争，大约有 40 万美军参战，但对募兵没有多大影响，但这场战争只用半年时间就打完了。）

影响首次服役决定的因素，包括一个人对军旅生涯与平民生活的"品味"或看法，以及一个人分别在这两种生活中预见的机会。例如，20 世纪 90 年代平民劳动力市场蓬勃发展——反映在异常低的平民失业率上——使得武装部队难以与私营部门竞争。文职人员的工资增长超过了士兵的工资增长。平民的工资增长超过了军人的工资增长。20 世纪 90 年代，随着高中毕业生和大学毕业生之间的薪酬差距急剧扩大，募兵面临来自大学的激烈竞争，二者竞相争夺年轻人的关注。另一个因素是，幸存老兵的人数持续减少，导致家庭和社区内鼓励年轻人考虑并报名服役的口碑下降。募兵广告的变化、募兵人员的数量和激励结构以及其他各种因素，也对成功募兵产生了不利影响。

在美国，武装部队一直能够保持兵力输送畅通，但这有代价。延长服役和增加再入伍奖金让人们留了下来，而提高首次入伍奖金并降低新兵平均素质等级则补充了部队力量。[20] 但是，无论是现役部队还是预备役部队，长期反复的部署都对征兵和再次服役造成了影响。除了这些相对短期的部队管理问题之外，还有更长期的问题，比如职业生涯的最佳长度和当前军队卫勤及退休制度造成的问题。例如，一名士兵在前线的实际服役期限将比一名在国内的军需采购官员的短。那么，为什么要像目前的制度那样要求两者同样服役 20 年，直到他们都有资格获得结束职业生涯后的健康和退休福利？现行制度鼓励士兵在服役满 20 年后继续服役，即使其最富有成效的服役年份已经过去，就像它鼓励采购官员在服役满 20 年后不一定继续尽最大努力一样（因为那时他已经被授予了职务，没什么可失去的了）。有一种解决方案并不适用于所有情况。私营部门正在迅速从固定福利制度（即雇主在

当前承诺其雇员将来有资格获得一系列福利，而不管未来成本如何）
转变为固定缴款制度（即雇主在工资或薪金之余另外出资，雇员可以
用这笔钱自行购买健康保险和退休福利）。这种转变切断了以雇主为
基础的医疗和退休服务，并使劳动力市场更有效率，因为它鼓励员工
尽可能将他们的技能和经验与现有工作相匹配，同时将可转移的医疗
和退休福利随身携带。军队可能会考虑朝这个方向发展，并在此过程
中解决各军种、现役和预备役部队在军事补偿方面的其他问题。

　　经济学在军队管理中扮演着重要角色，不仅是在供给侧（前面的
大部分讨论都关涉这一点），也在需求侧。仅以一个问题为例，军事
人力筹划者需要通过需求高峰和低谷来预测所需的兵力水平，并使之
平滑。虽然美国很好地处理了冷战结束时的裁军问题，但它没能同样
成功地向"9·11"后的环境过渡。冷战后的裁军在很大程度上是通
过自愿离职激励和选择性离职奖金实现的。这些由国会授权的款项，
用于诱导武装部队中尚未得到收益的成员（即那些服役不满 20 年的
人）离开并放弃未来的福利。自愿离职激励和选择性离职奖金的巧妙
设计和执行，不仅在几乎没有任何非自愿离职的情况下实现了所需的
部队裁员，而且还提供了公平的出路，使剩余部队继续保持高质量。
但是，当提供自愿离职激励的授权到期时，可能会出现人们不乐见的
问题。为了说明，假设在服役三年后授予福利，现在部队总计有 300
人，服役满一年、二年、三年的人数各为 100 人。由于服役三年的士
兵开始享受退休和其他离职后福利，有 100 人选择退役，若要部队人
数保持在 300 人，今年的相应入伍人数必须为 100。假设需求发生改变，
部队只要求有 250 人。服役三年的士兵退役，100 名服役两年的士兵
步入第三年，100 名服役一年的士兵步入第二年，因此今年只需招募
50 名新兵。这改变了部队兵力的平均年龄和经验（即生产力）结构。
最终，50 名第一年新兵将会步入第二、第三年。在这一点上，最有
经验的成员人数最少。相反，如果批准了自愿离职的诱因，则可以诱

使原来满一年和满二年的士兵提前离职，以使入伍新兵人数超过 50。这一方案可以使所有部队保持年龄、经验和生产力结构稳定。

军事人力的供给和需求问题，构成了应用经济学丰富而迷人的脉络。至于恐怖主义经济学的例子，前面的篇幅只是从众多问题中选取了部分，并不力求全面。除了征兵和志愿兵之外，还有另一种潜在的人力来源：雇佣兵，或私人军事和安保公司雇员。

私人军事公司的经济学

私人军事公司已存在了数百年。关于意大利文艺复兴时期（约1300—1500）城邦聘请佣兵队长及其手下的讨论，是对私人军事公司的广泛案例研究，因为这就是他们的实质。尤其在冷战结束后，私人军事公司重新受到重视。非洲和其他地区看似无止无休的内战，使得政府聘用雇佣兵的案例广为人知，其中包括西非塞拉利昂聘请的"行动后果"组织（Executive Outcomes）和南太平洋巴布亚新几内亚聘请的桑德莱恩公司（Sandline）。1999 年，在美国领导下的北约与塞尔维亚的战争中，美国人第一次广泛意识到私人军事公司的存在，当然，在持续进行的阿富汗和伊拉克战争中，美国也聘用了兵力以万计的私人军事公司。由于这些公司执行的任务远远超出作战，专家将私人军事公司与私人安保公司分开。这种区别并不明确，但至少在大致区分时，将那些雇员可能参加战斗行动或提供直接与战斗相关的服务的公司，与那些提供其他服务（乃至更普通的服务，如烹饪、洗衣和家政）的公司区分开来。曾经属于士兵的典型职责，现在许多都被承包给了私营部门。[21]

在本节中，我们将提出两个问题。首先考虑第二个问题：保障安保的最佳可行治理结构是什么？有一种可能性是人们不得不接受的：

答案很可能是私营力量，而不是公共力量，因为私人提供的安保，或至少其元素，如今无处不在。在我们讨论征兵制和全志愿兵制时，我们简单地假设公共提供的安保服务是最好的。然而，私人军事公司和私人安保公司的存在本身就表明，还有其他选择。但在提出关于部队组织的第二个问题之前，我们仍然必须先问第一个问题：安保究竟是一种什么商品？除非人们理解自己所期望获得的安保，否则询问提供安保的最佳可行治理结构是什么几乎没有意义。也许不同类型的安保最好由不同治理结构提供。

私人安保部门在雇员人数和资金方面都比公共部门多，这一点没有得到很好的认识。在美国，大多数购物中心都雇用私人保安；几乎每所私立大学校园都有自己的公共安全部门（尽管它名为公共，实际仍是私营的）；所有大型体育赛事都配有保安服务；企业在制造工厂周围竖起围栏，一天24小时巡逻厂房及附属场所；医院雇用保安，加油站和零售店用摄像机对顾客（和员工）录像；普通市民在家里和院子里安装安全摄像头和报警系统，这些设备皆与私人保安公司有关；有些人甚至把整个社区都封闭起来。即使是主要常规武器制造——装甲运兵车、战斗机、潜艇等——也主要由私营公司完成，尽管它们使用的是公共资金，而且志愿兵当然也是从私营劳动力市场雇用的。

因此，私营安保服务是个早已有之的事实。那么，为什么人们会对在战争中使用雇佣兵感到不安呢？[22] 为了探究这一问题，我们跟随经济学家对商品由公共或私人提供以及商品的公共或私人属性进行了重要区分。[23] 商品（或服务）的属性由两个方面决定：竞争性的程度和排他性的程度。有竞争性或高度竞争的商品是指一次只能给一个或极少数用户带来利益的商品。相比之下，低竞争的商品则可以同时被几个或多个用户享用。一块芝士蛋糕通常只能满足一个人（高竞争），但一整个芝士蛋糕则可以满足整个家庭（低竞争）。如果可以阻止人们从该商品的使用中获益，则该商品具有排他性或高度排他性。相反，

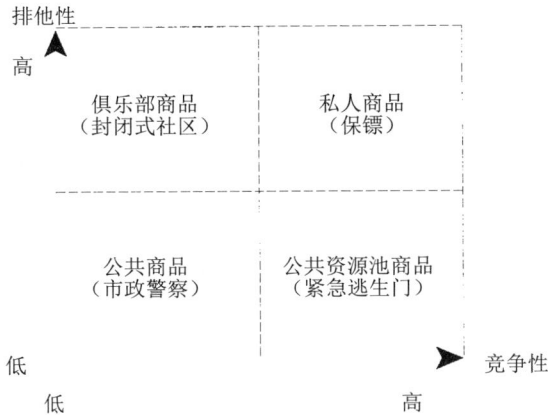

图 8.1　商品的空间分布

如果不能阻止人们享受该商品，那么该商品不具备排他性或具有低排他性。不付钱给制作芝士蛋糕的西饼店，人们就不能享用一块芝士蛋糕。蛋糕的价格起到了排除机制的作用。相反，一旦蛋糕被放进家里的冰箱，实际上就无法排除家庭成员"偷偷"吃一块。

　　竞争性和排他性的两个极端可以用表格的形式排列，其中罗列了我们将要讨论的例子（图 8.1）。在国内安保的背景下，高排他性和高竞争性商品的案例在表格右上方，即好莱坞名人或公司老板雇用的保镖服务。经济学家之所以将此称为私人商品，并不是因为供应者是私人或私营公司，而是因为其服务属性，它每次只适用于一个人（即高竞争性），也因为如果不为保镖所提供的服务付款，人们就会被排除在保护之外。请注意，美国总统被美国政府雇用的保镖环绕。因此，保镖的供应既可以是私人的，也可以是公共的，但无论哪种情况，就其潜在特征（高竞争性，高排他性）而言，它都是一种私人商品。知道了这一点，刺客可能会试图首先攻击靠近最终目标的人，以转移保镖的注意力。如果玩忽职守，保镖做出保护诱饵的反应，那么保镖的服务对诱饵而言就成了"私人服务"，而刺杀的真正目标此时就门户洞开了。

前面提到的封闭式社区就是俱乐部商品的一个例子（表格左上方）。邻居共同并同时受益（低竞争性），但那些不在附近居住的人被排除在外（高排他性）。另一个例子是迪士尼乐园的游客。一旦进入园区,所有支付入场费的人都可以享有安保服务。园内的人同时受益,而园外的人则被排除在外。市政警察部队是公共品的例子（表中左下角）。警察在其管辖范围内为所有人提供保护,不可将谁排除在外。（911 接线员不会问"你最近在城里缴过税吗"然后再派人帮忙！）

最后,公共资源池商品在表格右下方,它具有高竞争性和低排他性的特征。实际上,任何希望从商品中获益的人都能从中受益,但当这么做的人太多时,商品的好处就会耗尽。一个与安保无关的例子是拥挤的高速公路。任何驾车者都可以在高速上行驶,并受益于其通常提供的较高平均速度。但如果开车的人太多,就会导致交通拥堵。拥堵表明对商品收益的高度竞争。在安保的语境下,紧急逃生门具有公共资源池商品的特征：一定数量的门是所有潜在用户的公共资源池。假设迪斯科舞厅、剧院、旅馆、医院或飞机发生火灾。人们冲向紧急逃生门,但因为不可能将任何人排除在外,门——共有资源池——会发生拥堵,只有强壮和幸运的人才能及时逃出。

对于上述所有案例,请注意安保产品本身可以由私人提供,也可以由公共提供。联邦大楼的紧急出口由"公共"提供,在城市购物中心的那些则由"私人"提供。当地军事基地是由"公共"提供安保的封闭社区,但它旁边的社区由"私人"提供服务。保镖的报酬可以以"公共"或"私人"支付,甚至市政警察部队也这样,没有特别的理由阻碍市政当局与私人安保服务签订合同以履行警察职能,就像市政当局与私人垃圾搬运工签订合同来清空垃圾箱一样。

上述表格的特殊构造也可当作一幅图来看（图 8.1）。如此,各栏所对应的便不是完全竞争和完全排斥,可以把坐标原点视为 0 竞争和

0 排除（"纯粹公共产品"），最右上角为 100% 竞争和 100% 排除（"纯粹私人产品"），其他两种产品也可相应表示。这样，低和高就是一系列竞争程度和一系列排除程度的端点。将表格转变为横轴竞争、纵轴排除的坐标图，优点之一是能够轻松地合并中间案例（"非纯粹公共产品""非纯粹私人产品"，等等）。例如，飞机上的乘客越少，飞机紧急逃生门的案例就越会沿着横轴从公共资源池商品转向公共商品：在紧急情况下，300 名乘客共用 8 个紧急逃生门的竞争程度较高，而 8 名乘客共用 8 个紧急逃生门的竞争程度较低。商品在商品空间内的移动能力对下面的讨论很重要。

　　与图 8.1 结合使用的例子可以从国内延伸到国际领域。在非洲或其他地区提供救灾或其他人道主义服务的慈善组织和援助机构所雇用的私人军事或安保公司，可能相当于国内的保镖。军阀及其私人军队把特定领土作为封地，同样也可视为提供私人商品，因为他们为自己的成员而非其他人提供安保服务。种族、文化或语言标记也都是排他手段，竞争程度很高。[24] 当某个军阀的军队或叛军团伙越来越成功，占领越来越多的领土，便为越来越多的人提供服务：高竞争性商品逐渐转变为低竞争性商品，尽管仍然存在高排他性；私人商品正朝着俱乐部商品的方向发展。最终，军阀的军队或叛军可能接管整个国家，并转变为国家武装部队。现在，俱乐部商品变成了公共商品（低竞争性和低排他性）。然而，在许多情况下，特别是在政治基础设施薄弱的国家，国家武装部队实际上只服务该国的部分领土，例如，只服务首都。武装部队的分布极其分散，以至于排他性程度在形式上仍然较低的情况下，对保护的竞争也开始了。这样，商品就变成了公共资源池商品。如果这支部队作风腐败，可能会再次变质，例如，变成宫廷卫队（保护政权），在这种情况下，它又一次成为私人商品（高竞争性，高排他性，仅对受保护的国家元首可用，实际上对其他任何人都无效）。[25]

这种 "在商品空间中的漫步" 可以回答第一个问题：安保究竟是一种什么样的商品？首先，不同形式的安保可以由不同程度的竞争和排他组合来定义。某些形式的安保可能比其他形式更易于在商品空间移动。安保作为商品变得过于复杂，很难轻易地在公共与私人供应间做出简单抉择。在不同的时间，安保的不同面向最好由不同供应者组合提供。其次，私人、俱乐部、公共和公共资源池的安全商品之间的边界是流动的，或许应当对商品的设计及其公共或私人治理组织有所了解，是它们推动（或阻止）安保在商品空间中进行期望的（或不被期望的）位移。第三，"私人军事或安保公司" 一词显然不仅指美国政府在阿富汗或伊拉克雇用私人承包商提供与安全相关服务的著名案例，还指上面几段中使用的许多例子，从贩毒团伙、叛军和军阀到人道主义援助机构，还有雇用安保服务来保护业务的石油和采矿公司。与卫生和教育一样，安全是一项基本福祉，没有它，社会就无法繁荣。但是每一种特定的安保服务应该如何供给，是由公共还是私人提供抑或两者混合，首先取决于特定的安保商品要实现的特定目的。第四，由此可见，主要问题不在于或主要不在于一般认为的那样，部队如何组织——究竟是公共的还是私人的，而在于如何组织部队，也就是说，如何在内部和外部管理它，并以对它的合法化和控制作为补充。[26] 这些议题都包含在第二个问题当中：提供安保的最佳可行治理结构是什么？我们现在就来看看。

2004 年的阿布格莱布监狱丑闻——美国军方、特勤局和私人承包商虐待伊拉克战俘——提醒人们，不论是公共机构还是私人承包商，其雇员都可能行为不端。即使在超国家层面上，最近联合国维和人员涉嫌对其照管者实施性剥削引发的争议，也证明了超公共力量同样可能行为不端。联合国的其他案例包括袖手旁观（20 世纪 90 年代中期，荷兰联合国部队在波斯尼亚和黑塞哥维那的斯雷布雷尼察安全港发生屠杀时），或者有意拒绝向那些明显处于严峻危险之中的人伸出援手

（1994 年的卢旺达、21 世纪初的达尔富尔，以及大量其他案例）。相反，私营军事公司的雇员虽然经常背负带有情感色彩但定义不清的雇佣兵标签，但他们的行为却相当得体和体面，在一些情形中，他们确实阻止了联合国及其成员国经常没能阻止的那种屠杀。[27] 毕竟，像私人军事公司高管所明确表示的那样，公司繁荣的关键在于其拥有良好的形象：无异于谷歌或沃尔玛，建立提供可靠名优服务的品牌，同样是私人军事公司的底线所在，而（丑闻事发后的）美国和联合国试图修复的正是这种品牌形象。

如何在文化上使武力正当化，谁有权武装军队并支付军饷，由谁来监督和管控，以及谁在出错时追究部队及其雇员的责任，这些重要议题最好留给其他专家解决。[28] 然而，供给部队的经济合法性围绕着效率标准展开。例如，如果可以避免搭便车，一个社区将其资源集中起来提供共同防御，可能比社区内每个成员单独行动更有效。如果社区整体能够掌控其治安官，事情可能不会出问题。从政治角度来看，部队的垄断权归社区（委托人），但从运作上来看，垄断权其实归治安官（代理人）。但是，即使是合法的垄断权力也会导致官员腐败，因此必须有防止权力滥用的机制，在此之前，在设计并将安保服务委派给公共或私人机构时，还必须有工具来评估所承担的风险。

思考效率问题，一种方法是从内部生产还是外包生产的角度来设想武装部队。公司可以在内部提供会计服务，也可以聘请会计师事务所。公司可以在内部建立人力资源部门，也可以雇用人事机构。公司可以自己制造零部件，也可以把零部件制造外包出去，只在公司内部完成最终组装。同样，每个家庭都可以决定谁来修剪草坪或洗碗，也可以雇用修剪草坪或佣人的服务。任何公共机构都是如此。要运行自己的废弃物运输部门，可以由政治领袖提供预算和指导，可以将这项工作外包给私人承包商。可以要求自己的机构管理监狱，也可以将任务外包给私人承包商。可以经营自己的公立学校，也可以雇用为公共机构经营学校的私营公司。公共机构可以得到预算和指示，要么雇用公共武装部队，要么将（部分）任务外包给私人军事和安保公司。

经济学家把这类决策称为"做还是买"的决策，[29] 我们在第一章中有所提及。如果商品由外包供应，但外包伴随巨大风险，可能没有效率。效率至少由两部分组成，其一关乎生产成本或技术效率，看起来一切都只是钱的问题；其二是代理成本（代理效率），即内部处理事情还是将之外包的风险。例如，如果人们认为私人军事公司背叛雇主的风险很高，就像在意大利文艺复兴时期反复发生的那样，那么雇用一支由本国公民组成的自家部队可能更有效率，即便会花费更多资金。如果人们认为私人安保公司可能无法很好地解释钱都花在了哪里，或有很大风险虚报账单，或者趁合同不完善或监管不力之机滥用职权，那么雇用本国部队可能更有效率。如果私人承包商有很高风险从事违反国际战争法的行动，致使派遣国在国际社会颜面尽失，那么这种风险可能高到足以使人们更青睐国家部队，即便它在技术效率方面的成本更高。为探讨这一点，下面几段首先将概述奥利弗·威廉姆森有关主权交易的交易成本理论，再简述埃里克·弗雷德兰如何将该理论应用于私人军事公司的案例。[30] 弗雷德兰用它来论证利用私人军事公司时的局限以及导致其崛起的机遇。

经济学家喜欢研究极端案例，因为它们往往能更清楚地揭示导致这些极端案例存在的因素。基于这种精神，加州大学伯克利分校商业、经济学和法学教授奥利弗·威廉姆森写道："尽管几乎没有人建议将（一国的）外交事务私有化，但外交事务何以成为公共官僚机构治理的'公认'候选者？为什么相比之下，私有化不合适？"[31] 改述这句话，使之与我们的话题相匹配：虽然几乎没有人建议一国的国防交易私有化，但国防何以成为公共官僚机构治理的"公认"候选者？为什么相比之下，私有化不合适？

一项活动的每种治理模式相对于其他模式都各有优缺点。各方皆可参与的所有交易和合同都受制于理性和预期的局限（见第一章）。合同不可能完全滴水不漏，预见所有可能发生的情况，不完善的合同于是为机会主义行为开辟了道路。但是理性的行动者可以预见到自己无法预见一切，还可以预见当合同不完善时机会主义就有机可乘。因此，理性行动者在构建交易和合同时，将随之而来的风险最小化，这将被纳入对如何设计所需治理模式的考量中。滥用或失败的风险越高，交易就越有可能在组织内部进行，而不是留给市场。例如，某资产所有者拥有的资产越具体，就越容易受到合同冻结的影响。在极端情况下，资产根本不能被重新用于任何其他目的，导致公司完全依赖那些希望租用它的人。因此，如果某公司承诺在某县为某鸡肉加工商建造新的屠宰场，那么这笔费用就无法收回（屠宰场不易搬迁），该公司就容易受制于鸡肉加工商的决策。这种风险可以预见，在工厂建成之前，合同需要收入适当的风险分担和保障措施的条款。当此类风险大到没有任何合同能够为所有可预见的风险提供适当的保障措施时，最好是在组织内部，而非通过市场进行交易。屠宰场将由鸡肉加工商建造，并成为后者整体运营的一环。潜在的市场交易成了单个组织层次结构中的一部分。

　　关于政府的对外交易，例如，与其他主权国家的外交关系，威廉姆森认为，通过市场将这一职能交给私人公司的风险，超过了将这一职能内化到政府办公室或公共部门（如国务院）所会产生的额外行政成本。他特别指出，重要的是，外交官和相关官员拥有"更低的激励、更多的规章制度和更高的工作保障，而不是与相应的私人机构有关"。尽管这些都增加了成本，但它们是为减轻在强效激励、缺乏规则和工作保障（私营代理机构通常面临的情况）的情形下产生的风险成本。试想一下，如果执行某个外交政策（例如向伊朗或朝鲜传达美国政策）要依赖私人外交官——他们可以被随意解雇而无需正当理由，可以当场制定政策，而且几乎只对金钱激励和晋升机会有反应——会是怎样！尤其还存在"正直"风险，事关"在处理外交事务时心怀忠诚"。纵向来看，正直涉及国家元首，他必须确信外交部或外交代理人遵循并恰当传达其官方政策，而他自己反过来也能从该机构获得有关其他国家外交事业的相应信息。横向来看，正直涉及其他国家的对应机构，这些机构必须确信该国元首赋予该机构的权威，其工作人员的能力、专业技能和职业精神，并且必须能够寄望于该机构怀有的更大使命，而不仅仅是现任国家元首颁布的政策。此外，正直关乎机构内部，例如，不存在强效的激励，以免引起官员在追求晋升或其他奖励时表现出"不必要的进取心和热情"。[32]

相比于此处的概述，威廉姆森更详细、更优雅地阐述了他的案例，并得出了一个合理的结论："与其他可行的形式（所有这些形式都有缺陷）相比，公共官僚机构是组织主权交易的最有效模式。"关键在于"可补救性"的标准：将交易转移给私人机构，是否能补救公共机构明显的低效？如果不能，那么"在那些相对适合公共官僚机构的交易中求助于这些机构，可恰当地视为有效率的结果"。[33]

美国海军学院经济学教授埃里克·弗雷德兰将威廉姆森的观点应用于外交政策领域内的另一项主权交易，也就是将国防或安保职能转移给私人军事公司和私人安保公司。很明显，与私人公司签订的战争合同可能陷入一系列合同风险之中。其一是不确定性。例如，巴布亚新几内亚的政府与桑德莱恩公司（一家需要满足股东需求的营利性组织）签订了合同，"与巴布亚新几内亚国防军一起在布干维尔发起进攻行动，在军事上挫败（布干维尔革命军），并收复潘古纳矿"。合同中有这样一项条款："如果能够证明，由于正当理由，无法在规定时间范围内以合同规定提供的资源水平实现主要目标，则不能将实现主要目标视为为本协议的绩效衡量标准。"[34]弗雷德兰评论说，合同履行取决于努力，而不是结果，这是不完善的合同，让人想起了某些佣兵队长（见第三章）。

　　威廉姆森的正直风险理论也适用于私人军事公司，比如巴布亚新几内亚案例中的桑德莱恩公司。回想一下，正直被定义为"执行（国防）交易时的忠诚"。但是，除了声誉效应可能会抑制像桑德莱恩公司这样的承包商，它的忠诚度取决于其所获薪酬多少。此外，一个组织的声誉取决于其雇员的行为。如果士兵行为不端，他们将受到严厉惩戒，如果私人军事公司雇员在国外行为不端，最坏的情况是被解雇。因此，私人军事公司的雇员比士兵更容易发生机会主义行为。为了防止这种情况，私人军事公司必须提供非常好的条件，以失去高薪工作为威胁，诱使员工好好表现。这似乎在实践中得到了证实。例如，2006 年，代表美国政府在阿富汗提供安保服务的私人军事公司 DynCorp 向其旅居国外的美籍员工支付每年 10 万美元的起薪。同年，美国军事人员的平均年收入（全包在内）为 85,553 美元，美国特种部队的年收入在 25,000 美元到 120,000 美元之间。[35] 另一个风险是，在代表客户作战时，私人军事公司冒着物质、人身和其他资产的风险。因此，激励机制鼓励延长冲突，同时避免战斗，这与我们在文艺复兴时期意大利城邦与佣兵队长的关系中发现的情况非常相似。

　　如果外包国防和安保职能具有很高的风险，那么是什么导致了利润丰厚的私人军事公司和私人安保公司的出现？一种说法是，无论是应征入伍还是志愿兵，公共现役部队都很昂贵。就像发电厂一样，它们的规模需要足够大，甚至需要能够应对不太可能发生的意外情况，否则"灯就灭了"。电力公司通过建立规模经济的基础发电能力来应对需求激增，这种能力可以满足大部分需求，并在此基础上建立昂贵的高峰负荷发电能力，按需启动。通过配备庞大的现役部队，辅以庞大的预备役部队，军队——尤其是美国军队——利用了这一概念。预备役部队很昂贵。他们需要最新型的设备，必须定期训练，需要得到报酬、留用，以及薪水之外的福利。理想中顺应市场的私人军事公司和私人安保公司的优点是，他们可以随意雇用，装备齐全，训练有素，整装待发。这可能会为雇主国家节省一些成本，但会带来前述的那种合同风险。[36]

在许多国家，武装部队经常对文官国家领导层构成军事政变的威胁，例如 2006 年的泰国。这里的正直风险并不在于国防和安保职能的外包，而在于难以保持国家武装部队对国家的"忠诚"。如果一个国家的领导层不信任本国武装部队，可能会认为保持较小的部队规模，并在需要时依赖私人军事公司和私人安保公司很有帮助（无论是出于真正的国防还是保护政权的目的）。就商品空间而言，私人军事公司和私人安保公司提供的服务是公共品还是私人商品尚不清楚，可能两者都是。

如果巴布亚新几内亚和其他国家引进了私人军事承包商，那么其他国家就出口了这种部队。对于出口国，这可以提供某些优势：在国外游荡的有钱士兵不太可能在国内制造麻烦；私人承包商造成的伤亡通常不像官方国防部队造成的那样具有政治敏感性；如果进口国付了钱，出口国甚至不必为向国外派兵买单；出口国也许能够在正式层面保持不干涉内政的同时实现外交政策目标。最后一点尤其引起了美国和英国的关注：如果外交政策由私人承包商执行，他们对民主控制可以保持多大程度的透明？又能在多大程度上负责？是否在没有立法监督的情况下利用私人承包商执行外交政策？关于私人军事公司和私人安保公司的伦理、经济学和适当监管，已多有著述。

弗雷德兰言之有理，即对于进口国来说，其提供的是公共还是私人部队可能并不重要。例如，在 1991 年第一次海湾战争期间和 1993 年联合国批准的索马里行动期间，美国政府主要派出了公共部队。[37] 但在 20 世纪 90 年代的前南斯拉夫战争以及 21 世纪初的阿富汗和伊拉克战争中，美国在公共部队之外，还派遣了大量私人承包商，以提供各种与作战和非作战相关的服务。类似，尽管孟加拉国、印度和巴基斯坦经常相互争吵，但它们是联合国维和部队的主要供应国：它们名义上输出公共部队，为的却是各国的"私人"目的（例如，让军队充分训练战争技巧），只要联合国安理会认为哪个国家有进口的需要，它们便向其输出。但进口国的合同风险很大。例如，无论是私人、公共或超公共（即联合国）部队，或三者的混合，都受制于违约和突然撤军，如美国和联合国在 20 世纪 90 年代中期从索马里撤军。

交易成本经济学告诉我们，任何给定的交易，不论是在市场上的独立代理人之间，在（私人或公共）组织内部，还是以混合形式进行，不仅取决于技术效率的标准（传统、狭义意义上的成本），还取决于代理效率，特别是与交易有关的风险。风险源于不确定性、资产专用性、交易频率等因素，[38] 在主权交易类别中，还有正直问题。不确定性程度、资产专用性、频率和正直的具体细节已经发生了变化，使得一些私人军事公司和私人安保公司蓬勃发展。与所有新兴市场一样，商业先驱进行试验，并拿投资者的资金冒险，以寻找可行的、可持续的商业模式。在某些商业环境中，综合风险价值将更青睐私人承包商而非公共或超公共部队，在其他情况下则不然。此外，公共或私人部队所提供的安全产品的属性（公共、私人、俱乐部或公共资源池产品），以及谁是其最佳供应商的流动性不断增加，这也为通常灵活的私营部门开辟有利可图的商业利基市场提供了机会。

私人提供的安保服务市场正在不断变化，参与者必须应对诸多不确定性。例如，西非的塞拉利昂从 1991 年到 2000 年经历了残酷的内战，此类战争通常会提交至联合国安理会，但安理会也许不会采取行动以阻止成千上万人被屠杀。1995 年塞拉利昂军事政权雇用的"行动后果"组织的介入迅速制止了战争，民主选举于 1996 年举行。"行动后果"在 1997 年 1 月撤离这个国家。但在 1997 年 5 月，约翰尼·保罗·科罗马发动政变，推翻了新当选的总统艾哈迈德·泰詹·卡巴。由于联合国安理会最初只发表了一份谴责政变的声明，并禁止向该国提供武器，卡巴于是雇用英国桑德莱恩公司（有人说英国政府默许此举）非法进口武器，并试图发动反政变，以阻止重启的暴力。在国际社会的压力下，卡巴显然违反了合同，战争随之继续。最终，由联合国批准，并由尼日利亚领导的西非维和联盟向塞拉利昂派出了数千人的超公共维和部队。（1998 年 3 月，卡巴复职。）这支部队最终又获得了联合国维和部队的增援。直到 2000 年，在大约 1,000 名英国公共部队的大力干预下，停战才达成。卡巴总统 2002 年宣布战争结束，但联合国部队直到 2006 年才撤出。在高峰期，联合国部队有 17,500人，而据说"行动后果"在 1995 年和 1996 年只靠不过 150 到 200 人便终止了暴力。[39] 雇用该公司快速、低价且有效。可以说，它挽救了成千上万人的性命。这种风险的权衡显然对私人军事公司有利，对公共组织不利：塞拉利昂军队本身处于混乱之中，而国际部队根本没有出现。也许是由于担心会被私人承包商所取代，联合国及其成员国提供了超国家部队，减少了国际行为的不确定性——塞拉利昂在当时深受其苦。对卡巴总统（乃至该国）而言，预期的风险权衡的均势发生了变化，倒向了国际公共部队。

对商品空间（安保商品不断变化的属性和种类）和合同风险（代理效率）的思考，为当前对于"公共部队还是私人部队"的讨论提供了非常必要的复杂性。这些想法可能是有价值的，因为它们可以解决何时以及如何最好地利用私人承包商来补充或替代公共或超公共部队的问题，这取决于现有安保商品的确切预期目的。

经济学、历史编纂学与军事史

芝加哥大学历史学家彼得·诺维克在 1988 年写道："与美国其他学科领域或国外历史学界相比，美国历史学界对认识论问题的关注程度从未如此之高。"他还引用另一位著名历史学家迈克尔·卡门在

1986 年所说的"绝大多数美国历史学家对认识论或历史哲学的问题'完全漠不关心'"。诺维克补充说:"事实论、反理论和反哲学的客观主义经验主义一直是美国历史学家的主导立场,仍然非常强大。"诺维克以奥托·普夫兰策为例,后者在 1985 年辞去著名刊物《美国历史评论》主编一职时,"警告历史学家,虽然模型和理论有其用途,但它们有一种危险的'诱惑力',这可能会使历史学家从其主要义务上分心,在报告过去的时候不再尽可能地'如其所是'(wie es eigentlich gewesen ist)"。[40]

　　自那以后,有理论倾向的历史学家没有看到多少改进之处。例如,威利·汤普森在提到后现代主义的研究方法时写道:"大多数历史期刊都忽视了它们,这让某些后现代主义历史学家非常愤怒,大多数历史学家继续沿着他们不可纠正的经验主义道路前进,让坚定不移的后现代主义历史学家处于某种孤立的境地。"另一位杰出历史学家大卫·哈克特·菲舍尔在谈到对历史偶然性作用的强调时,几乎触及了理论,并称他编辑的一系列图书将"通过重新统一过程和事件,提供一条超越'旧政治史'和'新社会文化史'的前进道路"。然而,这就是他愿意或能够得出的最明确的信息。[41]

　　对于整个历史研究领域是如此,对于军事史来说更是如此。理论和军事史的关系并不融洽,至少在传统军事史学家看来是这样。一个问题是军事史与武装部队及政府机构可能过从甚密。现役和退役军人对部队历史、战斗记录和战役编年史有着浓厚兴趣,这可以理解;他们的上级对历史感兴趣,是为了将"汲取的教训"应用于下一次军事冲突;而政治家和文职监督者仍在下令编纂大量关于这场或那场战争的正史。讽刺的是,学界对军事史的边缘化助长了这一趋势。危险在于军事史正在被挪用,成为"军事的历史"而非军事史,前者试图在非暴力背景下理解军事的历史,而非暴力背景在某种程度上正导致了有组织的暴力及其准备。所谓的新军事历史学派并不总是受到传统军事史学家的欢迎，它受到性别、种族和文化研究以及后现代、后殖民理论的深刻影响。近年来，这似乎慢慢地扩展到具有更成熟理论基础的领域。然而，经济学在很大程度上仍然缺席。[42]

历史不必剔除理论，写通俗历史也不需要抛弃理论。然而，历史理论往往是从外部引入的，有时会带来戏剧性后果。例如，自 20 世纪 60 年代的计量历史学革命以来，经济史被注入了经济理论，以至于"现在几乎没有历史系有经济史学家，实际上，新经济历史学家消灭了另一方"，哈佛大学著名经济史学家克劳迪娅·戈尔丁写道。[43]我们在这本书中所做的是将经济理论引入军事史（而非经济史）的研究，希望这样做没有进一步危及军事史学家在少数几个仍容纳他们的历史系中已然岌岌可危的地位。

经济学曾被应用于军事史上的特定事件，甚至更大的主题（如弗里茨·雷德利希关于1350年至1800年德国军事企业的里程碑式著作），以及当前的军事事务，如第二次世界大战期间的动员和核战争的经济面向。此外，某些主题的相关文献数量可观，例如战争融资与国家财政的形成，甚至与国家整体兴衰的关系，尽管其中大部分由历史学家而非经济学家撰写。[44]

多年来，有非常多极其杰出、观点迥异的经济学家写下了有关战争与和平的著述，篇幅往往长至成书。[45]但我们的主张不仅仅是某个特定事件、时期、话题或主题可以通过求助于经济学原理而获得有益阐释，而是整个军事史领域都将因此受益。我们的目标不是提出一种基于经济学的宏大历史理论，而是提出如何将经济学推理注入军事史，并从中获得新的见解。因此，为了说明问题，我们的目标是回顾跨越过去千纪的军事史上的六个精选案例。虽然从已经完成的书中看不出来，但当两位作者第一次见面讨论这个计划时，经济学家确实要求历史学家简单地列出我们所考虑的六个时期的重要军事时期、事件或特征。我们选择了六个案例，然后决定将哪项经济学原理应用于哪个案例，然后才真正坐下来研究并撰写各自的章节。其他作者曾从经济学角度研究军事史的特定方面，但我们相信，没有人像我们这样，试图将各种经济学原理应用于一整个千纪的军事史。

结论

　　机会成本原理有助于解释中世纪对建造城堡的偏好。尽管开支巨大，但一次攻城的费用可能不少于甚至超过建造一座城堡的开销。野战部队在中世纪不常见，原因有三（成本、补给、传统），其中两个是经济属性。尤其是筹集、部署和维持一支野战部队的费用，甚至比在大地上遍布城堡的费用还要惊人。严格地说，城堡的机会成本包括所使用资源的一切潜在替代用途，而不仅仅是建立军队。但对于中世纪统治者来说，修建宫殿、铺设道路或资助大学等其他选择都只是假设，战争才是其主要职业。因此，实际上，选择一种军备形式（城堡）的主要机会成本是另一种形式（军队）。当然，一些统治者可以招募规模可观的军队，但这样做意味着巨额的投资，以致无法在寻常战斗中冒险投入这支军队。即使只是维持军队的战斗力，也意味着持续的成本投入，这远远超过了维持城堡的持续成本。尽管花费巨大，建造城堡却成了最具成本效益的策略。

　　确实，如果城堡被敌对势力或反叛的城主占领，城堡的优势就会转而对建造者不利，但是，许多统治者发现，军队也会叛变。中世纪的君主变得不愿意尝试使用军队，城堡于是在 11、12 和 13 世纪都占据了主导地位，无论是政治上还是军事上。有一段时间，在当时统治者所考虑的可行军事选择中，它是最受重视的。

　　信息不对称原理分两种情况，一种强调隐藏特征，即在合同签署之前待发现的特征，另一种强调隐藏行动，即合同一方不可能被另一方监控的不良或有害行为。关于意大利文艺复兴时期佣兵队长的章节主要关注后者，以及合同如何演变，以降低发现隐藏行动的成本，乃至预防这种行动。合同在设计时必须协调激励机制，以让双方都不试图欺骗对方。

实现这一目标的一种方法是为双方提供适当的激励措施，以内化合同监管。例如，下一个战争季节续签合同的前景可以鼓励雇佣兵在当前这一季做出必要的努力。同样，能在下一季留住有价值的战士及其士兵，这样的前景将鼓励城市在当前一季表现体面，按照约定支付薪饷。马匹和装备的标记和登记也有类似的目的，就像花名册一样，对逃兵和可靠的人加以识别和分类。当然，高尚的人可能会有分歧，也有很多这样的例子——杰出的佣兵队长虽然恰如其分地履行了合同，但仍选择更换雇主，有时反过来，雇主也会选择雇用另一支队伍。毕竟这是一个活跃的市场，需求者和供给者众多，而且，这个市场比任何参与者更加长存。人们会因自然原因或其他原因死去，而年轻人需要学习窍门，包括缔约的繁杂之处。同样，城市出现，消失，再出现，有时在共和统治下，有时又在专制统治下，受到这样或那样的权力支配。在这样的政治动荡中，不变的是以合同雇用和留下军人的需要。自然，合同签订的技艺也在进化。

令人惊讶的是，大量关于佣兵队长的历史文献都关乎权力政治和军事技术，而非以佣兵队长（或承包商）的名字命名的合同。如果佣兵队长的时代走向了终结，其中一个原因应该是军事劳务合同设计和执行的困难。随着常备军的崛起，有才干的军事领导人无疑仍然相当受欢迎，但独立、流动的军事承包商角色已经让位于仍然强大但最终依赖国家发饷的雇员。市场力量已经永久地从承包商那里转移至城邦处。

许多著名的指挥官都声称，他们参战与否的决策出自对成本和收益的理性计算。由于这些决策总是关乎下一场战斗，而不是过去的那些，这些都是"边际"决策。边际决策是指一个人在其所处位置的边缘做出的决策。因此，在时间上的边缘，边际决策指的是关于下一时间段——不久的将来——下一场即将到来的战斗的决策。未来必然是未知的，因此所有这些决策都涉及不确定性。由此可见，发起战斗的决策涉及将预期获得的额外收益（在此前已经获得的收益之外）与预期额外成本（在此前已经产生的成本之外）相权衡。由此可以进一步推断，预期可能会落空，因为在所有双方指挥官都选择战斗的情况下，至少有一方（也可能是双方）无疑做出了误判。不过，即使是误判也是一种计算。

在任何时期，很少有指挥官会轻率地忽视即将付出的成本或即将获得的收益。但是，战役时代的特点在于，最著名的指挥官在决策时所采取的方式尤为慎重、理性和精明。毕竟，这个时代适逢启蒙运动，人们对枚举、核算、测量、计算和科学的信仰正在复苏。这个时代就在哥白尼、伽利略、开普勒、牛顿、莱布尼茨和帕斯卡的时代之前（或与他们同时），他们都是天文学家和数学家，都依靠观察、计算，并由此推导出一般的自然法则。自然科学家之后是渴望以算计作为战争基础的战争科学家，这不足为奇。

这并不否认直觉或心理构成的作用。没有哪位指挥官掌握完善的信息，当持有 60%、80% 或 90% 的信息时，其余的信息并不在掌握之中。从本质上讲，信息总是过时的。即使理论上可以获得 100% 的信息，解读信息的基本方式仍然可能出错。当现代气象学家预测下雨概率仅为 10% 时，仍然有可能会下雨。不太可能并非完全不可能。天气有太多变数和变化，战争也是如此。尽管如此，这一时期指挥官的杰出之处在于，他们相信更多的信息和计算通常比更少要好。错误和不良结果反映的并不是其智力的缺陷，而仅仅是其学识的不完善。

为什么在战役时代，战斗却实际上很少发生？这个悖论的答案是，在预期中，损失掉军队的成本过于可怖，赌注太大。与以往任何时代相比，输掉一场战役往往就意味着输掉整场战争。因此，为获取优势而不断、不懈地进行机动比战斗更能体现这个时代的特征。这恰好是当时军事环境的结果，但计算的思想在后世将领中间根深蒂固。

在关于美国南北战争的一章中，我们重新审视信息不对称原理，但侧重于其隐藏特征而非隐藏行动的面向。在战争中，人们渴望隐藏自己的某些特征，亦渴望揭示对手的某些特征。著名军事史学家约翰·基根提醒我们，信息取决于"五个基本阶段"，即获取、传递、接受、解读和执行。[46] 在这一章中，我们遇到了所有五个阶段：在获取、传递信息（包括传递误导性信息的巧妙策略）方面的大量富有创新精神的努力；指挥链中的人员对这些信息的接受或信服；对总体迷局零星片段的适当解读；以及根据收集到的信息采取行动。

但更重要的是，我们不仅强调信息的重要性及其阶段性，还强调人们为制造或消除信息不对称付出了多么审慎的努力以获取战术和战略优势。这个时代，人们不能归咎于缺乏现代工具，例如完全计算机化、可以在耐用的太阳能笔记本电脑上实时显示的地形图，基于 GPS 的部队定位分析，以及多方（人与机器）间的即时通信。没有哪个时代可以预知未来，但每个时代都发明了收集、传播和使用信息的新方法。在美国南北战争中，电报、铁路、报纸，甚至气球，以及军事情报局都是新途径。

最终，这些办法被证明太过新颖、太具实验性、不可靠或容易被扰乱，且在至少两个方面，信息战出现了不可思议的人性化乃至个人化的一面。首先，信息优势在于那些主场作战的人。当时的信息技术通常不能成功地平衡当地所拥有的信息优势，即使在进攻方人数大大超过防守方的情况下也是如此。[47] 其次，这场战争的所有将领都在同一所军事学院跟从同一些教授学习同样的课程——这里不存在不对称——但罗伯特·E. 李却从同袍中脱颖而出，成为佼佼者。他的独特之处在于他能够精准地评估和预测对手可能的思路。北方军在人力和军备方面拥有压倒性优势，但不知道部署在哪里能够发挥最大效用，而事实证明，北方军胆怯，南方军精明。当"心灵上的不对称"趋于平衡时，战争迎来了终局。格兰特的思想资源可能不及李，但他创造了两个信息优势。首先，他依靠高级情报组织。通过将李困在彼得斯堡，格兰特通过机动使南方军丧失了在北方军心里制造不确定性的能力。但可能同样重要的是第二点，格兰特在指挥官任上的时间比他的前任长得多，这样他就有更多时间来了解对手的想法。

战略轰炸似乎没有对德国战争制造业产生重大不利影响。武器生产没有减少——事实上，在整个战争期间，甚至直到战争的最后一年，产量都在上升。战略轰炸所产生的效果主要是由于移位因素（如战术性空战的改进）和位移系数（如德国投入防空的资源），而不是由于投掷在德国工业和人口中心的炸弹吨数增量，战略轰炸的主要效果是为征服做准备，而不是在军事上胁迫敌人投降。公平地说，必须承认盟军在战争期间遭受了严重的信息不足，这使得评估轰炸效果更加困难。然而，这一章的重点并不是战略轰炸的总体或全部效果，而是在边际或增量效应上，即额外数量炸弹产生的效应。通过研究现有数据，我们发现有证据表明，更大规模的轰炸行动确实会导致预期破坏性结果的增长减少，如经济学理论所预测的那样，有时甚至会出现负收益（例如，士气轰炸数据表明，越来越多的轰炸增强而非削弱了受袭人群的士气）。一个抽象的生产理论竟然能应用于非常真实、血腥的战争世界，这可能会令人惊讶。然而，对于各方伤亡来说，如果理论的教训能够得到听取和重视，战争能够早日结束，那将是最好的结果。

将替代原理应用于冷战早期法国的核武器获取，取决于人们关注核弹相对于传统武器的惊人火力——其"使用价值"——还是关注其外交和政治价值。在前一种情况下，核武打击力比在后一种情况下更容易成为替代品。核武打击力成了地面和空中部队的替代品。法国常规部队的衰退不能由殖民帝国萎缩来解释，因为法国历史上，殖民地和宗主国的军队几乎保持着独立，后者的规模与殖民问题无关。苏联的威胁本应使其壮大，但军队却萎缩了，取而代之的是原子弹。很难再想象还有更为清晰的替代案例。

理论上的模糊确实使对替换是否发生的分析变得复杂，但并没有使分析变得不可能。当然，法国在预算方面做出了选择，用核武力取代了常规部队，特别是在开支、人员数量和维护国家安全方面，在威慑和国防领域某种程度上也是如此。核武器也被用来代替对美国的依赖，以及对更广泛联盟的依赖。此外，拥有核武器使法国能够追求某些外交政策，甚至国内政策目标，例如，恢复法国的伟大，这是常规部队所不可能实现的。核战略与传统战略空中力量理论相结合，甚至有可能完全取代常规军事部队。尽管事态没有发展到这一步，但法国关于核能的军事范围能够以及应该延伸多远的热烈讨论，初步证明了人们曾仔细考虑过核武力替代的可能性。

经济学思维不仅有助于阐释军事史，也有助于阐释当代军事事务。例如，从机会的角度观察跨国恐怖主义，以一种时间、地点或形式代替另一种（例如，从劫持人质到炸弹威胁）。显然，替代原理与此相关，必须为反恐政策提供依据。2001 年 9 月 11 日的恐怖袭击之后，美国在阿富汗和伊拉克发动了两场大规模战争。这将我们引向了对军事人力的讨论，特别是与全志愿现役和预备役部队相比，征兵的经济成本和收益。尽管发动战争的决策大多用政治术语来表述，但管理战争的实际情况为应用经济学思维提供了许多机会。

我们还回顾了从 20 世纪 90 年代开始重新出现的私营军事和安保公司。就商品空间和合同风险而言，我们发现，自拿破仑时代以来，在很大程度上归属于官方的、公共的、国家认可和资助的对部队的垄断，可能在 21 世纪走向瓦解。许多国防和安保任务不再只服务于公共利益，相反，许多这样的任务现在更接近私人、俱乐部或公共资源池商品——并且其边界是流动的——可能由私人供应商来提供更好。此外，在填补商品空间的新兴利基市场时，新的形式被应用于权衡合同风险，即不确定性、资产专用性、频率和正直，因此由公共部队独家提供所有国防和安保服务不一定会催生经济上有效率的解决方案。

国防与和平经济学是一个新兴的领域，但已经为理解联盟的形成与解散、军备竞赛、武器生产、武器贸易、军事人力、军需采购、核战略、裁军、冲突管理与解决、恐怖主义与非常规冲突，以及其他与安全有关的问题做出了许多贡献。这本书表明，经济学很好地处理了过去和现在，我们希望它也能够分析未来的冲突、军事、国防、和平与安全事务。

注　释

序言

1　例如，参见 Broadberry and Harrison, 2005, and Harrison, 1998, and the literature cited therein。

2　近年涌现了大量关于现代战争私有化的文献。例如，参见 Bryden and Caparini, 2006, and Alexandra, Caparini, and Baker, 2008, and the literature cited therein。

3　Mazlish, 2003, p. 13. 这也许反映了民族文化和一个学科领域的基本倾向。托克维尔在 1835 年评论道："文明世界里，没有国家比美国更不重视哲学。"（de Tocqueville, 1984, p. 143）

4　Diamond, 1997, 2005; 也可见 Bryson's, 2003, 通俗科学的解释以及他常常试图将人类历史置于物质世界可能的限制之内。

5　在第八章中，我们将直接讨论经济学、历史编纂学和军事史的一些议题，这在本章暂且按下不表。

6　阿西莫夫的《基地》第一部（后发展为三部曲）以数学家哈里·塞尔登为主角，他创建了心理历史学，一门预测未来事件的学科。在现实生活中，心理历史学实际上是心理学的一个学术分支学科。

第一章　经济学

1　Tuchman, 1962, p. 10.

2　虽然读起来可能会叫人厌烦：阿尔弗雷德·冯·施里芬自己在写下他的同名

计划之前，曾用了两卷篇幅来描述一场著名的罗马战役。

3　关于经济学帝国主义，可参见 Radnitzky and Bernholz, 1987; Lazear, 1999。

4　例如，参见 Posner and Parisi, 1997, Becker, 1976, Fuchs, 1975,and Schelling, 1960, 1966。反之，经济学受到了数学家的显著影响，但也受到心理学和神经科学等学科的影响。

5　社会学家查尔斯·蒂利在 1990 年所做的努力令人印象深刻，尤其是与第一章所引用的文献相比。关于经济史，可参见 Crafts, 1987, North, 1990, Goldin, 1995, Temin, 2006, and the literature cited therein。详细讨论参见第八章。

6　可参见 Dixon, 1976。诺曼·狄克逊是伦敦大学的一名实验心理学家。他的 *On the Psychology of Military Incompetence* 一书以明确的心理学理论为指导，这一成就令人印象深刻，至今仍值得一读。2004 年，*Pointer, the Journal of the Singapore Armed Forces* 第 30 期第 2 号上刊登了一篇由艾德里安·松撰写的正式书评。狄克逊的文字——我们希望我们的也是——并非仓促草就的理论，后者可见于 Cohen and Gooch, *Military Misfortune: The Anatomy of Failure in War,* 1990 (and reissued in 2006)。也不是说科恩与古奇的研究毫无趣味，恰恰相反，它对狄克逊和其他人的作品提出了恰如其分的批评，并将焦点转移到组织的失败而非个人的失败上，但最终这本书还是太过粗浅了：所有的失败被归类为未能（从过去）吸取教训、未能预测（未来）和未能适应（现在）。与狄克逊的研究不同，这项研究没有预知力，因此能提供的潜在干预手段很少。

7　实验也许很难设计和实施，但并不一定无法完成。2002 年，瑞典银行授予丹尼尔·卡尼曼和弗农·史密斯诺贝尔经济学奖，以表彰他们对经济学思想进行实验检验的工作。卡尼曼是一位心理学家，史密斯则是一位经济学家。一些实验经过设计，另一些则不然。例如，在实验中减少人们一半的收入来了解他们的购买和储蓄行为如何变化，这被认为是不道德的。但是，如果人们碰巧失业，人们便可以研究随之而来的收入损失如何影响消费和储蓄行为。这被称为"自然"实验。

8　所有引言均摘自 Neufeldt, 1997。

9　Dolan, 2002. 也可见 Haidt, 2007, and Niedenthal, 2007。

10　例如，很大一部分生活在城市里的儿童表现出对狮子的恐惧——这是被编码成厌恶行为的情绪——即使被狮子杀死的可能性（他们从未见过这种情况）远不及被汽车交通或邻里枪击杀死的可能性（许多孩子都亲眼看见过）。

11　参见 Kuhn, 1962 以及关于科学研究架构与科学社会学的持续讨论。在这一方面，我们觉得特别有意思的是 Mayr, 1997, chap. 3。

12　尤其值得注意的是海尔布隆纳于 1999 年（1953 年首版）出版的书。开篇段落（第 13 页）如此写道："这是一本关于几个人的书，他们的成名方式十分奇特。按照学生历史书上的所有规定，他们无足轻重：没有指挥过军队，没有让人上前线送死，没有统治过帝国，很少参与创造历史的决策。他们中有几个人出名了，但没有谁成了民族英雄；有几个人受到了严厉的虐待，但没有谁是真正遭到全民唾弃的恶棍。然而，他们的所作所为在历史上比许多沐浴在光辉荣耀中的政治家的行为更具决定性，往往比在前线上来回进退的军队更令人深感不安，比国王和立法机构好的坏的法令更有力量。是这样的：他们塑造并左右了人们的思想。"

13　关于这一点，一份特别有趣的阅读材料是 Schelling, 1978。

14　Smith, 1976 [1776]; Marshall, 1961 [1890]; Samuelson, 1947. 这些术语容易混淆。政治经济学起初是被用来描述人类社会的经济学，与自然的经济学相区分。马歇尔原理的第一句话是这样定义的："政治经济学或经济学是对人类日常生活事务的研究。"后来（在一场关于经济学方法论的有益讨论中——各路经济学家和他们的批评者都应该重读这篇文字），马歇尔提出了"纯粹"经济学与"应用"经济学（Marshall, 1961 [1920], p. 37, n. 2）。如今，马歇尔的"纯粹"和"应用"经济学似乎被归入了"新古典"经济学，与某种程度上考虑了人类生活中非经济面向的"政治经济学"并列。与此同时，自然经济学几乎被遗忘，尽管新兴的生物经济学和神经经济学领域可能会将之复活。在这方面，一部非常雄心勃勃的著作（来自生物学本身）是 Geerat Vermeij, *Nature: An Economic History*, 2004。

15　例如，参见 the symposium in *American Economic Review*, vol. 88, no. 2 (May 1998), pp. 72–84。当然，关于古典经济学、新古典经济学、"旧的"和"新的"制度经济学，还有更多可说的，但这会让我们踏上歧途，写出一本完全不同的书。关于新制度主义经济学，特别是在本书所采用的历史背景下，特别指出几本（North, 1990；Greif, 2000）就足够了，后者讨论了一些理论和历史案例，说明个人如何认识到互利交换的机会，以及必须建立制度来处理由期望达成的贸易而产生的可信承诺的合同义务问题。

16　有人可能会对这个排序持有异议。有些人会把金融经济学归入微观经济学的范畴。有些人认为肯尼思·阿罗所做的是方法论研究，而不认为这项研究的本质是微观经济学。但无论如何分类，几乎不会有人不同意，大多数奖项都颁给了在个人动机和行为这一领域进行的研究，也就是微观经济学。

17　参见 http://www.nobel.se/economics/laureates/1978/press.html Press release of

16 October 1978 [accessed 14 November 2002]。

18　Coase, 1994, p. 7.

19　关于美国导弹防御计划的万亿美元估计来自 Kaufman, 2003。

20　Heyne, Boettke, Prychitko, 2003, p. 66.

21　当然，男人总是很轻易便通过外遇来"抛弃"他们的妻子，通常不会有什么
　　不良后果。如今，这越来越可能带来婚姻破裂（离婚）和净资产分割的风险。
　　一方面，导致的后果有婚姻合同法的发展（例如，婚前协议的兴起）。另一方面，
　　在再婚市场（第二次或后续更多次婚姻的"市场"）中，男性更有可能遇到
　　从此前的婚姻中带来净资产的离婚女性，因此每对夫妇的净资产状况可能
　　不会有太大变化。这里不适合做进一步讨论，但这确实表明，思考机会成
　　本的经济学原理能够迅速地将一个人带入一处奇妙的思想景观，与经验观察
　　到的行为和事件非常吻合。关于婚姻、家庭和家庭经济学的专题讨论会文集
　　可在 2007 年春季刊的《经济展望杂志》（*Journal of Economic Perspectives*）
　　第 21 期第 2 号上找到。关于对亲密关系中的经济面向的社会学观点，参见
　　Zelizer, 2005。

22　这种情绪在保险杠贴纸的笑话中有所体现："我妻子问'你选钓鱼——还是
　　选我'。我选择了钓鱼。"（我们也看到过性别指派互换的贴纸。）

23　引自 Buchholz, 1989, p. 141。对一些人来说，这是尤吉·贝拉的名言，对另
　　一些人来说，这是佛教真理之一。无论是哪种，它们都是经济学的好伙伴。

24　饱腹感随着时间的推移而降低。如果一个人过去三周都没见过自己的配偶，
　　那么他的饱足程度可能应该很"低"。在这种情况下，此人可能宁愿将接下
　　来的三个小时花在与配偶共处，而不是在足球比赛上。但如果满足程度"高"，
　　人们可能会寻求从其他来源获得满足感以填补下一段时间，这合乎情理。

25　"自然不会骤变"的格言首次出现在 1907 年的第五版教材中，并在 1920 年
　　马歇尔最后一版中被保留。玻尔在 1913 年首次提出能量量子的概念，海森
　　堡著名的量子力学论文发表于 1925 年。无论如何，马歇尔并没有暗示在自
　　然界或政治经济学中不存在"剧变"或不连续的影响，只是在说应率先研究
　　平滑的、连续的部分。

26　Marshall, 1961 [1920], p. xiii.

27　North, 1990.

28　这是 North's, 1990 的核心观点之一，即新制度经济学。又见前述的 Dolan,
　　2002，讨论大脑对行为惯例的硬接线，从而将其"制度化"。

29　事实上，Stigler and Becker, 1977 通过论证消费者对诸如"风格"或"社会区分"
　　之类的商品表现出稳定的品味，直接回应了 Galbraith, 1958。人们借由特定

商品获得风格或特色,这些商品在逻辑上受时尚和潮流的影响,而为了与众不同,人们必须将自己与其他人区分开来,一种时尚就此产生。因此,通过广告向希望被视作与众不同的消费者销售产品来促进差异化,符合公司的利益。消费者之间相互竞争。只是竞争的手段发生了变化,但潜在的品味(对于风格或特色商品)是稳定的。这个理论很好,它对观察到的行为提出了新的解释,而且与加尔布雷思的观点完全不矛盾。加尔布雷思并不认为公司会改变人们的品味,而是认为公司会塑造人们的欲望,人们又用这些欲望满足自己的需求。

30 军事后勤学方面的经典著作是 van Creveld, 2004 [1977]。

31 这正是第七章的结论之一,事关法国是否,以及如果是,又在多大程度上,用它的核武打击力取代了常规武装力量。

32 有趣(但并不让人意外)的是,美国 90% 的马海毛产自得克萨斯州圣安吉洛(美国马海毛理事会所在地)方圆 150 英里以内。详情参见 http://www.mohairusa.com/index.html [accessed 4 December 2002]。对这个故事感兴趣的人可以从 1993 年美国参议院的辩论开始了解(参见 http://www.senate.gov/~rpc/rva/1031/1031288.htm)。捍卫羊毛和马海毛补助金的人明确提出了国家安全的理由,也就是维持一个可以为美国士兵的装束提供原材料的行业,即使这些服饰早已转向使用合成纤维。

33 "平底船"是一种窄而长(12 到 22 英尺)的船。最初由粗糙的绿橡木和铁杉木板制成,木板之间的缝隙将通过使用焦油和麻绳,以及原始木材吸收水分后产生的自然膨胀来闭合。雅马哈舷外发动机的故事本身就很有趣。这种发动机 1960 年在日本首次生产,1988 年在法国开设了第一家海外生产工厂。当然,这也是雅马哈摩托车和雅马哈高尔夫球车的故事。例如,1999 年 12 月,雅马哈开始在越南生产摩托车。雅马哈高尔夫球车是在美国佐治亚州生产的。试图将进口拒之门外会导致进口商进驻国内,最终仍为用户提供选择——替代的可能性。我们再次认识到,仅仅将经济学视作与金钱或物质相关是多么愚蠢。相反,经济学与哲学的基本问题(这里是选择自由的问题)深深交缠在一起。

34 经济学家一如既往,以极具创意的方式思考消费。例如,把自己的积蓄遗赠给子女就是一种消费,因为"消费"就是预见子女将获得的享受。即使你不接受这种观点,你也必须同意,孩子们肯定只能用他们的遗产做两件事中的一件:消费或储蓄。由此可见,所有的储蓄都是(延期)消费。

35 一个人至少得"研究"一下教学大纲,才能知道哪一天应该参加考试。作为教授,我们向读者保证,有不少学生因为不知道考试日期而缺席,或者紧急给教授发邮件询问考试日期，因为发邮件比在教学大纲上查找日期、时间和地点成本更低，这是又一个替代的例子，教授最好不纵容。

36　更多的学习不仅会导致收益递减，而且还会缩减收益，比如学生熬夜、睡过头、考试不来，这是完全有可能的。再说一次，作为教授（也作为家长！）我们可太了解了。

37　当相同数量的人用完全不同的技术作战时，装备较精良的一方很可能获胜。同样，当同样的技术被规模完全不同的军队使用时，规模较大的军队很可能获胜。当同等规模、使用相同技术的军队作战时，受过更好训练、被更好地领导、更加进取的军队很可能获胜。Rotte and Schmidt, 2003 量化了从 1600 年到 1973 年的战争，以分析打胜仗的经验决定因素。通过研究胜仗的物质和非物质因素，他们发现，在历史上，人数优势对战场表现一直起着至关重要的作用。总的来说，尽管武器技术有所进步，但战争中的人为因素，如领导才能、士气和奇谋，仍然是决定战斗结果的重要因素。最有可能的原因是，战斗技术在传播过程中会被模仿，而领导力和士气在很大程度上取决于事情是否值得为之战斗。

38　为立即预防至少一种可能产生的误解：轰炸的收益递减并不意味着任何或所有轰炸在军事上都是无用的；相反，它的确切含义是，额外轰炸的额外收益将减少。

39　例如，参见 Stonier, 1990。

40　Katz and Rosen, 1991, p. 595.

41　既然我们已经用了这么多与婚姻有关的例子，不妨再加一个。在当代社会中变得极其容易破裂之前，婚姻几乎是一种不可撤销的承诺。这给未来的伴侣、他们的父母和家庭带来了更大的负担，双方都需要在结婚前就了解彼此的情况。新娘的父母通常会询问新郎预期的赚钱能力和累积资产的能力；新郎的父母会关心新娘是否体面，是否具备生育能力、育儿能力和持家能力。

42　这一例子以 Sandler, 2001, pp. 112–13 为基础。

43　医学界常使用"体征和症状"这一短语。体征是外部观察者可以注意到的东西（皮肤是否发热或发冷；病人是否出汗或皮肤干燥；脉搏是快还是微弱？）；症状是只有病人或受害者才能描述的东西（我觉得热；我感到虚弱；我在某个地方感到某种痛苦）。经济学以完全相同的方式使用"信号"一词：对只有另一方才能揭示或证实的隐藏品质的外部评估。

44　Akerlof, 1984 [1970], p. 14.

45　Anderson and Haupert, 1999.

46　*Wall Street Journal*, Tuesday, 10 December 2002, p. C11.

47 另一个例子：客运航空业（航空公司和飞机制造商）正在讨论引入全自动、无人驾驶的客机。这在技术上是可行的，且能降低飞行成本。但乘客们更乐意看到飞行员冒生命危险；飞行员的经济功能是（自愿）充当"人质"。同样，当军队指挥官和将军与军队并肩作战时，后者也奇妙地感到放心，这一点我们将在本书后面提到。

48 为了获得客户（患者），我们会认为收集和发布此类数据以供独立评估符合外科医生的利益，但如果外科医生集体拒绝收集和发布此类数据，可能会更有利可图。可悲的是，到目前为止，这一直是医学界的首选立场和记录。

49 试图纠正这个问题可能导致第二代问题。例如，公共教育流行"责任制"概念，在这个概念的名义下，人们努力衡量教学绩效。但是被测量和计算的事项并不一定就是人们想要测量和计算的。激励机制是扭曲的，可能会以人们不希望的方式改变行为。例如，教师不再提供不能有效量化的教育，而是开始"为标准化考试而教学"，这种考试的结果是可以衡量的。

50 Williamson, 1985. 整章大量内容引用 Besanko, Dranove, and Shanley, 1996，尤其是第三章和第十六章。

51 至少在过去，这对女性来说是一个更大的问题，因为她们往往比男性更难撤销婚姻承诺。

第二章　中世纪盛期（1000—1300）

1 France, 1999, p. 2.

2 Bachrach, 1994, p. 121.

3 Bachrach, 2002, p. XII:54.（这是作者的一本文集。出版商没有重新编辑，XII:54 指第 12 篇或章的第 54 页。）

4 Curry, 1998, p. 82.

5 本章中的引文皆引自 McNeill, 1982, pp. 83, 90。在 15 世纪和 16 世纪，为了抵抗大炮的火力而发展出棱堡。它结合了矮墙、泥土的使用和多角度，使防御者能够从多个方向射击。

6 Tilly, 1990, p. 190.

7 Wise, 1976, p. 134.

8 Olson, 1993, pp. 567–68.

9 例如，英格兰国王拥有的土地数量在 1086 年后开始下降。参见 Ormrod, 1999b, pp. 21–30; Henneman, 1999, pp. 103–5; Isenman, 1999, pp. 243–52, 254; Ladero Quesada, 1999, pp. 177, 179。

10   Webber and Wildavsky, 1986, pp. 174–75, 180, 183–205.

11   散见于 Nicolle, 1999。

12   Verbruggen, 1997, p. 320.

13   France, 1999, pp. 2, 132; Molho, 1995, p. 97.

14   Harriss, 1975, pp. 7, 49, 57; Prestwich, 1972, pp. 218–19, 247–61. 对于关心这
      些事情的人，我们必须提醒，爱德华在电影《勇敢的心》中的形象与现实不符。

15   Biddick, 1990, pp. 7–8; Prestwich, 1972, pp. 207, 211; Buck, 1983, p. 172;
      Ramsay, 1925, vol. 2, p. 89. 也可见 Ormrod, 1999a, p. 178。

16   爱德华一世的继任者爱德华二世（1307 年—1327 年在位）曾一度发动了一
      场短暂的大陆战争——圣萨尔多斯战争（1324—1325），耗资约 65,000 英镑。
      虽然这比预期要少得多，但也几乎相当于国库中所有的金银和宝物（参见
      Buck, 1983, pp. 170–71 ）。爱德华三世延续了这条路线，没能偿还信贷额度，
      使意大利著名的跨国贸易公司巴迪和佩鲁齐周转不灵，以破产告终（Cameron
      and Neal, 2003, p. 66 ）。

17   Donnelly and Diehl, 1998, p. 17; Bradbury, 1992, p. 67; France, 2001, p. 456.

18   Bradbury, 1992, pp. 60, 63, 301–2; Baumgartner, 1991, pp. 112–13;
      Gillingham, 1999, p. 73; Rogers, 1997, p. 95.

19   Baumgartner, 1991, pp. 111–14; France, 2001, p. 456.

20   Verbruggen, 1997, p. 321, 350; Bradbury, 1992, p. 53; Donnelly and Diehl,
      1998, p. 19, 28–29.

21   France, 1999, p. 87; Bradbury, 1992, pp. 69, 131; Gillingham, 1984, p. 90;
      Hooper and Bennett, 1996, p. 54; Ramsay, 1925, vol. 1, p. 227.

22   Edwards, 1946, pp. 16–17.

23   Keuper, 1994, p. 161 ；又见 Edwards, 1946, pp. 62, 65。每座城堡的成本也与
      协和式客机进行了比较：Jeffreys, 1973, p. 15。

24   Ramsay, 1925, vol. 2, pp. 86, 88–89; France, 1999, p. 132; Edwards, 1946, pp.
      64–65; Morris, 2003, pp. 136–41.

25   France, 1999, pp. 83, 85–86.

26   计算基于 France, 1999, p. 83, and Bachrach, 2002, pp. 12:46–53 得出。

27   Edwards, 1946, pp. 19, 21–52; 54–61.

28   Warner, 1968, p. 155; Prestwich, 1972, p. 44; Jeffreys, 1973, p. 14; Bradbury,
      1992, p. 68.

29   Warner, 1968, p. 2; Jones, 1999, pp. 165, 172; Baumgartner, 1991, pp. 115–16;
      Gillingham, 1999, p. 69; Wise, 1976, pp. 136, 139–43, 146.

30 Warner, 1968, p. 4.

31 Bradbury, 1992, pp. 74 (quoting surrendering stipendiaries), 75; Wise, 1976, pp. 145, 148; Bachrach, 2002, p. 13.

32 France, 1999, p. 95; Wise, 1976, p. 139.

33 Prestwich, 1996a, p. 282. 例如，在亨利四世和亨利五世征服萨克森的事业中就是如此；Gillingham, 1999, pp. 73–76。

34 Quoted from Housley, 1999, p. 120.

35 Wise, 1976, pp. 134–35.

36 Gillingham, 1999, p. 70; Hooper and Bennett, 1996, p. 70.

37 本段所做的评估基于作者之一对文中提到的城堡的个人访问和拍摄的照片。

38 France, 1999, p. 103; Gillingham, 1999, p. 81; Bachrach, 2002, pp. 7:549, 11:541–42, 560; Bradbury, 1992, p. 62; Morris, 2003, pp. 110–13; Keuper, 1994, p. 160; Housley, 1999, p. 120.

39 Bradbury, 1992, p. 70; Gillingham, 1999, pp. 64, 81.

40 Von Clausewitz, 1908, p. 154; Verbruggen, 1997, p. 327; Bachrach, 2002, p. 11:541; Marvin, 2001, p. 382.

41 Verbruggen, 1997, p. 306.

42 Volckart, 2004, p. 288.

43 Bachrach, 2002, p. 11:534; France, 1999, pp. 77–78, 105; Warner, 1968, p. 2; Jones, 1999, p. 164.

44 Bradbury, 1992, p. 72; Prestwich, 1996a, pp. 281–82.

45 Bachrach, 1994, pp. 119–21, 123, 125.

46 Wise, 1976, p. 161.

47 France, 2001, p. 457; De Meulemeester and Matthys, 2001, pp. 44–46, 50.

48 Baumgartner, 1991, pp. 114, 115, 117, 118, 120, 121; Warner, 1968, pp. 138, 156; Bradbury, 1992, pp. 133, 144.

49 Warner, 1968, p. 94; Ramsay, 1925, vol. 1, pp. 62–63; France, 1999, p. 104; Gillingham, 1984, p. 91; Gravett, 1990, p. 17. Bachrach, 1994, p. 132; Warner, 1968, p. 12; Gillingham, 1999, p. 79; Bradbury, 1992, p. 72.

50 Baumgartner, 1991, p. 120; Bradbury, 1992, p. 72.

51 Baumgartner, 1991, p. 123.

52 Bradbury, 1992, pp. 61, 63–64.

53 France, 2001, p. 441.

54 Corfis and Wolfe, 1995, p. 12.

55　France, 1999, p. 132; Curry, 1998, p. 83; Bradbury, 1992, pp. 271–73, 276–77; Bachrach, 1994, p. 126 (quoting Bradbury).

56　Bachrach, 1994, p. 133. "有效"一词指的是执勤中，在特定时刻可以投入战斗的士兵。这个数字总是小于总兵力。

57　Housley, 1999, p. 126.

58　France, 1999, pp. 5, 6, 12–13.

59　Prestwich, 1972, pp. 48, 52, 91–93, 95; Morris, 2003, p. 104. 也可见 Dupuy and Dupuy, 1993。

60　Donnelly and Diehl, 1998, p. 48; France, 1999, pp. 2–3, 32–37.

61　France, 1999, p. 230.

62　Prestwich, 1972, p. 13; Morris, 2003, p. 109; Keuper, 1994, p. 142; Prestwich, 1972, pp. 166, 172–73, 175–76, 195, 203, 205. 我们估计法国战争每年花费 150,000 英镑，在苏格兰进行的战争每年花费 40,000 英镑。

63　Verbruggen, 1997, p. 328; Morillo, 1999, p. 46; Marvin, 2001, pp. 373, 374, 393; Gillingham, 1984, p. 81; Prestwich, 1996a, p. 281.

64　Verbruggen, 1997, p. 280; Prestwich, 1996a, p. 11; Donnelly and Diehl, 1998, p. 49; Gillingham, 1984, p. 82; Bradbury, 1992, p. 71; McGlynn, 1994, p. 29; Gillingham, 1999, pp. 78–79. 这些主题在第四章讲述 1618—1815 年的历史时反复出现。

65　Gillingham, 1984, p. 83; Rogers, 1997, p. 5; Bradbury, 1992, p. 71.

66　Verbruggen, 1997, pp. 329–30.

67　Verbruggen, 1997, p. 348.

68　Gravett, 1990, p. 3 ; 也可见 Bachrach, 2002, pp. 11:558–59, and Gillingham, 1984, p. 90。

69　France, 1999, p. 84 ; Gillingham, 1984, p. 84; 参见 Harari, 2000, pp. 297–98, 307–8, 310。

70　Prestwich, 1972, p. 95; Morillo, 1999, p. 58; Prestwich, 1972, pp. 61, 70; Prestwich, 1996a, p. 7; Keuper, 1994, p. 143.

71　参见 France, 1999, p. 10; Curry, 1998, p. 88 (quoting Stephen Morillo); White, 1967, p. 29; Donnelly and Diehl, 1998, p. 49; FitzNigel, 1983, p. 111.

72　Gillingham, 1984, p. 85; Housley, 1999, p. 113; Gillingham, 1999, pp. 70, 76. "庞大的"一词引自 France, 1999, p. 67。显然，数字无法获取（哪怕只是大概的）。

73　Morillo, 1999, p. 55; Prestwich, 1996a, p. 9; France, 1999, p. 8; Bachrach,

2002, pp. 12:53–54.

74   Verbruggen, 1997, p. 319.

75   Wise, 1976, pp. 73, 149–50.

76   Verbruggen, 1997, p. 348.

77   All quotes from Prestwich, 1972, pp. 204–5.

78   Baumgartner, 1991, p. 123.

79   Bradbury, 1992, p. 128.

80   Warner, 1968, p. 204.

第三章 文艺复兴（1300—1600）

1   英国人约翰·霍克伍德是记载最多的佣兵队长之一。关于霍克伍德在意大利职业生涯的虚构第一人称叙述，参见 Angellotti, 1911。类似文本参见 Westcott's, 1962，一部关于科莱奥尼的历史小说。

2   Deiss, 1967, pp. 128–29. Contamine, 1984, pp. 292–96 收集了一些关于中世纪和平主义的有趣资料，其中一些反映了加大利纳的观点，那就是基督徒不应与基督徒为战。

3   Fowler, 2001, p. ix; Villalon, 2003, p. 313. 韦利谈到了"威胁和平的幽灵"（1975 年，第 349 页），尽管是在 13 世纪后期意大利的背景下。

4   Trease, 1971, p. 52；也可见 Deiss, 1967, p. 115。

5   另一些人则是在"贤明王"查理和新教宗乌尔班五世（1362 年—1370 年在位）的引诱下，越过比利牛斯山，在伊比利亚半岛与"残酷者"佩德罗作战。这也降低了法国自由兵团的数量，至少在几年内是这样。关于这次伊比利亚事件，可参见 Villalon, 2003。

6   关于 14 世纪和 15 世纪意大利文艺复兴时期政治背景的优秀作品是 Baron, 1953a and 1953b; Ilardi, 1959; Bayley, 1961。这是意大利文化历史上一个非常动荡的时期，在此期间，教宗府邸在 1309 年搬到法国阿维尼翁，1378 年又回到罗马，大部分战事围绕着英法之间的权力斗争（百年战争）、法国教宗和意大利贵族之间关于罗马教会在意大利中部的世俗权力纷争，意大利各城邦之间的斗争以及（德意志）神圣罗马帝国皇帝与几乎其他所有人的斗争展开。关于 1356—1378 年法国教宗及其与雇佣兵关系的背景信息，可参见 Housley, 1982。例如 Epstein, 1993 探讨了意大利城镇与乡村之间的关系。关于这一时期战争的巨大代价，可参见 Becker, 1966，以及 Partner, 1999, Hocquet, 1999, and Capra, 1999。关于城邦，参见 Waley, 1988。

7   "几个世纪以来，帝国的当代术语变化很大。'罗马帝国'一词在 1034 年被用来表示康拉德二世统治下的土地，而'神圣帝国'一词在 1157 年被使用。用'罗马皇帝'一词来指代欧洲北部的统治者，最早始于奥托二世（973 年—983 年在位）。从查理曼（814 年逝世）到奥托一世（962 年—973 年在位）的皇帝们都只使用'奥古斯都皇帝'一词。'神圣罗马帝国'的确切名称可以追溯到 1254 年；'德意志民族神圣罗马帝国'的完整表述出现在 1512 年，在 15 世纪末经历了几次变化。"（http://en.wikipedia.org/wiki/Holy_Roman_Empire; accessed 27 September 2004）

8   Ilardi 甚至将佛罗伦萨描述为"亲法者"（1959, p. 130）。

9   Baron, 1953a, p. 271.

10 关于佛罗伦萨城邦内部的政治情形，可参见 Bayley, 1961, chap. 2, and Molho, 1968。关于佛罗伦萨在 15 世纪对比萨的统治，可参见 Mallett, 1968。

11 另有观点认为，佛罗伦萨被洗劫可能会导致拥有高技能的移民涌入威尼斯（Baron, 1953b, p. 560）。一百年前的 1314 年 6 月 14 日，佛罗伦萨洗劫卢卡，也发生过类似的事情，成百上千名从事丝绸纺织和贸易的工匠流浪到佛罗伦萨定居（Deiss, 1967, pp. 90–91）。

12 最早从军阀变身领主的人之一是卡斯特鲁乔·卡斯特拉卡尼，他在 1316 年到 1328 年间统治卢卡。关于卡斯特拉卡尼的研究著作，参见 Green, 1986。在这里，我们无法从奥尔森关于"流窜的强盗"如何变成"定居的强盗"的理论角度来探讨军阀变成领主的主题，但我们怀疑，这将是一项诱人的智识事业。参见 Olson, 1993。同样，正如我们即将看到的，Olson and Zeckhauser's, 1966 的联盟经济理论可以在本章许多地方得到应用。再一次，我们必须筛选，在本章中，我们坚持相当局限于契约经济学的某些方面。

13 Lane, 1999, p. 130. 对意大利小国的研究本身就很吸引人。关于锡耶纳，可参见 Caferro, 1998。关于 1378 年的罗马，参见 Trexler, 1967。在文献中，教宗国也被称为教会的国家（States of the Church），有时只被称为单数的教宗国（Papal State）。

14 关于法国持续对整个半岛，以及对帝国、阿拉贡、佛罗伦萨、威尼斯、热那亚、米兰和其他地方的利益的持续野心，参见 Ilardi, 1959。德雷斯对意大利城邦的演变有这样的评论："早在 12 世纪，意大利北部就自行从神圣罗马帝国皇帝的权威中解放出来，并在沿波河流域直至托斯卡纳和罗马涅的区域内建立起一系列独立城邦。这些城邦中有许多建立了公共的政府形态，实则是由杰出公民组成的寡头政治，这些政府以'共和国'自称，并由城镇中最有权势的家族成员轮流担任其中重要的公职和议会席位。最终，一些公共政府无力控制在城邦中争权夺势的各大家族派系，因此首先让位给从其他城市邀请来的执政官，然后让位给由单个个人或家族管理的领主政府。因此，到 15 世纪中叶，米兰先由维斯孔蒂公爵、再由斯福尔扎公爵控制，佛罗伦萨由美第奇家族统治，而各种较小的城镇，如费拉拉、曼图亚和乌尔比诺，则分别由埃斯特、贡扎加和蒙泰费尔特罗家族统治。"Drees, 2001, p. x. 城邦的形成，以及后来民族国家的形成，本身就是一个引人入胜的话题，我们同样无法在本章中继续探讨。

15　我们在本章中会对与意大利各城邦签订的契约多有论述，重点将放在契约的一般性质和作用上，而非与佛罗伦萨共和国还是佛罗伦萨专制统治者签订雇佣兵契约的区别。

16　关于征兵，可参见 Dupuy and Dupuy, 1993, pp. 362–63; Prestwich, 1996b, p. 132; and others。又见第二章。关于雇佣兵队伍的规模，参见 Caferro, 1998, p. 87。关于人口，参见 Parker, 1976, p. 208。14 世纪 40 年代，英格兰最大的城市伦敦只有 75,000 人口（Cantor, 2002, p. 63）。罗马曾经是一个拥有 2,000,000 人口的繁荣都会，到 1328 年人口已经骤减至 20,000 甚至更少（Deiss, 1967, p. 105）。关于锡耶纳案例的详细计算，参见 Caferro, 1994。遣散费的形式多种多样。例如，佩鲁贾贵族、兼具技术和影响力的佣兵队长布拉乔·达·蒙托内曾以 82,000 弗罗林的价格将博洛尼亚的"自由"卖给了他的雇主——刚刚被他自己的教会罢黜并囚禁的教宗。布拉乔拿着这笔钱试图占领自己的家乡；他最终做到了这一点，成了一位相当受欢迎的主人（Trease, 1971, pp. 211, 214）。

17　Prestwich, 1996b, p. 135; more elaborate in Prestwich, 1996a, p. 73.

18　Showalter, 1993, p. 411.

19　Contamine, 1984, pp. 157–58; Bayley, 1961, p. 3; Selzer, 2001, p. 24; Trease, 1971, p. 22.

20　Prestwich, 1996b, p. 141; Contamine, 1984, pp. 156, 158; Machiavelli, 1980, p. 75. 在这一点上，这位先生呼应了法兰西日益高涨的情绪。"如果我可以大胆言说，对于一个希望自由、和平地保有其统治地位的君主来说，没有比允许平民武装自己更愚蠢的事了"；Christine de Pizan, 引自 Contamine, 1984, p. 156。

21　Dupuy and Dupuy, 1993, pp. 362–63; Prestwich, 1996b, p. 140; Becker, 1966, p. 7; Selzer, 2001, pp. 25–27. 如果任何意大利人有资格担任骑士（相当于德意志骑士），他也将获得更高的报酬；Selzer, 2001, p. 43。显然，只有根据军事技能的区别对待。关于"barbute"和"ritter"的使用，参见 n. 36。

22 从 14 世纪 50 年代到 15 世纪 50 年代，步兵的作用随着骑兵的职责增加而下
    降。此后，火器的引进又导致步兵的复兴；参见 Contamine, 1984, pp. 126,
    132–33。

23 Mallett, 1974, p. 27. 事实上，德意志骑士在整个欧洲战场上的分布比例并不
    为人所知。虽然德国人在法国乡村的战斗中声名远扬，但他们人数稀少。在
    福勒（Fowler, 2001, appendix B) 确定的大约 90 名佣兵队长中，只有 5 名看
    起来是德国人。可以确定的是，有相当多德国人在意大利参战。在 1313 年
    至 1360 年间，意大利大约一半的雇佣兵首领都是德裔。1313 年，加泰罗尼
    亚人离开了意大利，1343 年，大部分法国人也离开了意大利，直到 1375 年
    才又大量涌入，英国人主要在 1360 年到 1369 年之间出现，匈牙利人出现在
    1340 年代后期但在军队中处于从属地位，意大利人直到 15 世纪初才开始崭
    露头角；参见 Selzer, 2001, pp. 39–45。

    事实上，塞泽尔发现，在意大利战争中，施瓦本骑士占多数，占所有德
    国人的一半甚至更多。与居住在帝国其他地方的德国人相比，他们进入意大
    利的路线相当短。此外，在施瓦本，贵族的密度要高于其他地方，而且距离
    国王的宫廷相当远。人口密度意味着更大的经济压力，因为地产被多人分割，
    也意味到国外寻找财富的动力；距离意味着更容易逃避对国王效忠，自行
    其是，特别是因为当时的文化要求贵族参与骑士战争。即使在参加普鲁士战
    争的人中，也有很大一部分来自施瓦本。不管出于什么原因，施瓦本贵族比
    其他地方的贵族生下了更多的儿子。所有这些因素结合在一起，形成了一个
    相当大的 "推动" 因素，促使大量骑士向南越过阿尔卑斯山。

24 Caferro, 1998, p. 27; Mallett, 1974, p. 226.

25 Caferro, 1998, pp. 27–29.

26 Selzer, 2001, pp. 77–96. 在这一时期的后几年，许多佣兵队长都是拥有地产
    的贵族和统治者。他们不再充当中间人，而是为自己的腰包搜寻合同。在他
    三十多年的军事生涯中，乌尔比诺的费代里戈·达·蒙泰费尔特罗为资助他
    的宫廷和统治，以四处寻找佣兵合同而闻名。可参见 Trease, 1971, chap. 20;
    also Lauts and Hertzner, 2001。

27 关于这一整个议题，参见 Housley, 1982。不断膨胀的债务证明教会付出了
    高昂的代价；可参见 Partner, 1999。顺带说一句，*routier* 中含有 "击溃"（to
    rout）这一动词的意思，例如击溃对方球队。

28 Bueno de Mesquita, 1946, p. 223; Showalter, 1993, p. 427. Trease, 1971, p. 61
    等在提到霍克伍德时，使用了 "分包" 这个恰如其分的术语"。

29 Waley, 1975, pp. 338–42, 344.

30 Waley, 1975, p. 343, n. 1. 参见 Ricotti, 1844, and Canestrini, 1851。

31 本段中的引言及信息皆出自 Prestwich, 1996a, pp. 88–96。

32 Selzer, 2001, p. 396.

33 Waley, 1975, p. 347; Prestwich, 1996a, p. 91 为说明大约 1300 年时英格兰的情况，也强调了这一点。

34 Showalter, 1993, p. 418. 他补充说，对雇员而言，"一群战士往往比孤立的个人更能为自己做出更有利可图的安排"——简言之，就是集体谈判。

35 例如，1375 年夏季，约翰·霍克伍德以四个月内支付 130,000 弗罗林金币作为交换条件，同意在未来五年内不进攻佛罗伦萨（Trease, 1971, p. 88）。这是一笔好买卖，同年夏天，他又与锡耶纳、阿雷佐、比萨和卢卡签订了类似的"互不侵犯条约"，又获得了 95,000 法郎（p. 90）。

36 在 14 世纪早期，乘马骑士（德语里的 Reiter 或 Ritter，意大利语里的 barbute）是一名全副武装的单兵战士。方旗骑士（banneret）是更高的军衔，统领大约 10 到 12 名骑士。几名方旗骑士由一名总管指挥，其中一些人（如果战帮足够壮大）由一名佣兵队长，即承包商指挥。到 14 世纪末，这种军事组织被骑枪队取代，一种由一名全副武装的骑士、一名不那么全副武装的随从和一名侍从组成的三人阵形。请注意，福勒（Fowler, 2001）与塞泽尔（Selzer, 2001）的描述不尽相同，可能是因为"就像中世纪的大多数事物一样"，某些术语的含义并没有在整个欧洲大陆实现标准化，类似的术语可能意味着不同的东西；Redlich, 1964, p. 8。又见 Deiss, 1967, p. 18。关于霍克伍德与科莱奥尼，可参见 Trease, 1971。

37 运输时间意味着运输成本。合同必须考虑到这一点，也确实考虑到了，大约两到三周后便支付一半薪酬。（有趣的是，合同还规定了休假时间。）旅行通常以小团体的形式进行，并记录在护送信（Geleitbriefe）中，这是一种请求通过某些领主领土的旅行许可的信件。但是，如果让一群武装人员经过，可能会造成一定的破坏，为了防止这种可能性，这群人中的一个高级成员可能会被以友好的态度扣留，直到其他人不制造事端地就此通过；参见 Selzer, 2001, p. 95. Contamine, 1984, p. 100。

38 Selzer, 2001, table 11, p. 314，基于 15 个骑士的样本。Mallett and Hale, 1984, p. 138–139. 15 世纪的意大利屡屡遭受马匹短缺之苦。马匹的繁育在德国和匈牙利、西班牙，某种程度上也在贡萨加进行，但在威尼斯大陆领地则不多。"马匹的价格通常至少要 30 弗罗林（相当于一个步兵一年的工资），也可能高达 150 或 200 弗罗林，这表明马匹确实严重短缺"；Mallett, 1974, p. 141。"缴获的战马被视为与盔甲甚至珠宝一样价值连城的战利品"；

Contamine, 1984, p. 131。因此，瞄准并射杀马匹不是惯例，但也有例外。例如，1424 年，米凯莱·阿滕多洛与布拉乔·达·蒙托内进行了一场恶战，在这场恶战中，阿滕多洛命令他的人去攻击布拉乔的马；Trease, 1971, p. 229。

39　Mallett, 1999, p. 219.

40　Simon, 1997；又见第一章；Bayley, 1961, p. 13–14；Canestrini, 1851, p. lviii："实际行为和表面行为、简单行为和混合行为、保护行为、荣誉行为、满足行为、奖赏行为、一国与指挥官结盟的行为、数国相互结盟以组建联军的行为，以及数国与指挥官结盟的行为。"

41　Canestrini, 1851, p. lix; Bayley, 1961, p. 9.

42　从文献中还不清楚声誉效应的物质重要性到底是什么。很明显，曾有大量投诉和对声誉的威胁。例如，在一封信中，一个叫耶朔·兰贝格尔的人抱怨一个名叫米夏埃尔·斯特兰杰洛的人："你没有按照亲口做出的承诺满足我们（实现与我们的协议），因此我们要求在各个方面得到我们应得的，我们还将谴责并投诉你，并声明你受到了这些承诺的限制，如果宽限期内你没有根据我们手中你的来信那样满足我们，我们将不得不将这封信出示给君主、贵族、士兵和城邦，我们将发信给你的兄弟卡尔（查理），罗马人的皇帝，因为你没有兑现你的信件或履行你的承诺"（大致翻译自拉丁语；原文出自 Selzer, 2001, pp. 399ff.）。

43　这只不过反映了这个时代寻常的复杂局势。Trease, 1971, pp. 219–22.

44　Trease, 1971, pp. 57–58, 268; Cantor, 2002, p. 35; Selzer, 2001, p. 57. 直到 14 世纪 60 年代初，全副武装的德意志乘马士兵仍主导着意大利战场。在前述的英法百年战争爆发之际，雇佣兵为了寻找工作，将真正取代乘马骑士的军事创新带到了意大利。德国人没有很好地适应这种变化，此后不久就从意大利的记录上消失了；Selzer, 2001。改变战术的一个副作用是，下马骑士需要穿着更精简轻便的盔甲，他的马匹也需要被安置在战线后面。这使得英国人更轻便，更灵活，机动性更强，能够进行路程更长、速度更快的行军；Trease, 1971, pp. 60–64。

45　Trease, 1971, pp. 244, 247. 米兰和威尼斯之间的战争很快又爆发了，但失败的是卡尔马尼奥拉。威尼斯人注意到卡尔马尼奥拉在战场上的疲软，认为他可能是双面间谍。他们把他引诱到威尼斯，加以审判，然后折磨并处决了他；Trease, 1971, pp. 257–58。

46　Trease, 1971, p. 272.

47　本段基于 Selzer, 2001, pp. 269–300。又见 Postan, 1964, p. 45。困难并不局限于意大利：英国人吉尔伯特·塔尔博特"因欠下巨额债务，正蹲在伦敦的债务人监狱里。14 世纪,他终生都在法国和西班牙进行无利可图的军事活动,这就是他欠下债务的原因";Cantor, 2002, p. 133。与之类似,普遍可怕的评价似乎适用于百年战争时期的威尔士和英格兰骑士;Postan, 1964, p. 44。又见 Mallett and Hale, 1984, pp. 496, 500, and appendix。关于 1400 年佛罗伦萨的劳动条件,参见 de Roover, 1968。

48 Selzer, 2001, table 8, p. 237; Mallett and Hale, 1984, p. 126; Blastenbrei, 1987, p. 251; Waley, 1968, p. 85 (for 1288 already);引言皆出自 Mallett and Hale, 1984, p. 127。

49 Blastenbrei, 1987, pp. 208–20, 258–59.

50 Mallett, 1974, pp. 136–37. 在 14 世纪和 15 世纪,战争季节大致从 6 月持续到 9 月,有时开始得更早或结束得更晚,因此流行三到六个月的合同。根据 Blastenbrei(1987, pp. 270-71)的说法,冬季之所以休战,原因与其说是与人有关,不如说是与马匹有关。马是战士们的主要资产,冬天很难找到新鲜的饲料,这就需要撤退到冬季营地。

51 Selzer, 2001, p. 185. 今天的军队很少面临战争,他们的基本工资(战备工资)很高,奖金很少。但在冲突频发的地区,例如非洲,有报道称基本工资十分有限(因为国库枯竭),而"奖金"报酬更频繁(抢劫、勒索和强奸的机会)。

52 Caferro, 1998, pp. 66–67.

53 Mallett and Hale, 1984, p. 143. 关于 15 世纪早期至中期的斯福尔扎家族,类似的还有 Blastenbrei, 1987。

54 Mallett, 1974, p. 138.

55 Blastenbrei, 1987, e.g., pp. 226, 230.

56 Mallett, 1974, p. 130.

57 Deiss, 1967, pp. 117–18. 关于引人入胜的背景信息和佛罗伦萨对这一事件的看法,尤其是其佣兵队长潘多尔福·马拉泰斯塔不费吹灰之力便从这座城市讨到了钱而没有履责,参见 Bayley, 1961, pp. 27–34。Canestrini, 1851, pp. 57–60 摘录了合同。

58 Contamine, 1984, pp. 153–54. 在这一章中,似乎没有比阿夫纳·格里夫关于中世纪合同演变经济学的著作更合适的注解了。我们的研究仅限于军事劳动力市场,格里夫研究的则是整个市场和非人格化交易。可参见 Greif, 2006, 以及其中引用的文献,包括他自己的著作。

59 Bayley, 1961, pp. 9–10."每次交换人员或马匹,队长或总管都要按比例纳税"; Canestrini, 1851, p. lx。

60 Bayley, 1961, p. 11(合同的特定段落可见于 Canestrini, 1851, p, 150), pp.

26–27, 29 n. 91, 38, 42.

61   Bayley, 1961, p. 15；相关讨论参见 Bayley, 1961, pp. 45–49。例如，1427 年
     10 月 11 日，在马克洛迪亚的一场战役中，为威尼斯而战的佣兵队长卡尔马
     尼奥拉俘虏了一万人。其中包括卡洛·马拉泰斯塔、弗朗切斯科·斯福尔扎
     和尼科洛·皮奇尼诺，他们都是为米兰效力的杰出佣兵队长。那天晚上，四
     个人似乎相互鼓励，彼此振奋，支持着度过长夜。第二天，卡尔马尼奥拉
     将他的一万名囚犯全数释放，而没有索要赎金。只有米兰的将军马拉泰斯塔
     被移交给威尼斯当局。最后，他们连他也释放了，没有索要赎金；Trease,
     1971, pp. 252–53。

62   Bayley, 1961, pp. 51–53.

63   Mallett, 2003, pp. 74, 78. 理解这一点的方法之一是假设现代职业体育中的自
     由球员制被取消。会出现一些有统治力的球队，并相互"牵制"对方，鉴于
     缺乏可运作的需求，球员的工资将会下降——换句话说，这是当代美国大学
     体育的模型。

64   Bayley, 1961, p. 43. 他谈到 1366 年，表明我们发现的六个契约阶段有所重叠。

65   Trease, 1971, pp. 87–90. 佛罗伦萨人的慷慨还不止于此：1390 年 11 月，霍
     克伍德刚好在博洛尼亚为佛罗伦萨人赢得了一场重大战役，他的税收债务
     被免除了。几个月后，1391 年 4 月，霍克伍德成为佛罗伦萨公民，终身免
     税，所有男性继承人都可继承这一权利（虽然他只有一个），除了惯常的收
     入外，他还获得了 2,000 弗罗林的补助金，他的妻子后来还获得了 1,000 弗
     罗林的寡妇抚恤金，他的三个女儿也将获得国家支付的 2,000 弗罗林的嫁妆；
     Trease, 1971, pp. 94, 143。他于 1381 年搬到了佛罗伦萨，第二年，家人也跟
     着搬到此地。他于 1394 年在那里去世。顺便说一句，霍克伍德是第一个在
     意大利拥有土地的外籍佣兵队长。

66   Nicolle, 1983, p. 16; Deiss, 1967, p. 102, 119, 126. 当时，"暴君"在法律上
     至少有两种概念，"因自身行为而成为暴君"有一定的合法统治权利，但却
     做出了道德上应受谴责或非法的行为，以及因不合法的主张而成为暴君（僭
     主）……事实上的统治者，无论清明还是昏庸，都没有世袭头衔，不是教
     宗或皇帝的代理人，也不由共同体代表任命获得终身职位"；Black, 1970, p.
     248。贝尔纳博·维斯孔蒂属于第一种类型。

67   Temple- Leader and Marcotti, 1889, pp. 42–43.

68   Canestrini, 1851, p. lxxix.

69   "意大利佣兵队长在行动中享有更多特权和更大自由：他们被平等对待，被
     视为强人，被纳入所有同盟或和平条约，被纳入所有进攻和防御联盟：总之，

条约中规定的公法适用于他们"；Canestrini, 1851, p. lxxx。

70　Olson, 1993. 又见 McGuire and Olson, 1996, and Wintrobe, 1998; Bayley, 1961, p. 22, n. 66。

71　Selzer, 2001, p. 32 ；也可见 Partner, 1999; Becker, 1966, p. 38。在众多关于战时财政的著作中，除了本节引用的那些，参见 Capra, 1999, Hocquet, 1999, and Partner, 1999, as well as Ferguson, 2001，以及其中引用的文献。

72　Becker, 1966, pp. 9, 30; Bayley, 1961, pp. 18, 26. 据推测，8,000,000 弗罗林指的是佛罗伦萨的非债务财富。

73　Becker, 1966, p. 18; Bayley, 1961, pp. 15–16, 34–36.

74　Bayley, 1961, pp. 74, 82–110. Similarly, Baron, 1953a, p. 286.

75　Mallett, 1974, pp. 109, 114, 133–36.

76　Mallett, 1974, p. 112. 现代的"自由职业者"（free-lancer）一词就来源于"自由枪骑兵"（lanze spezzate）。

77　Mallett and Hale, 1984, pp. 185–86, 195. 另一种方法是纳入外国人。我们没有看到关于这种方法在文艺复兴时期意大利的详细描述，但是在其他文献中有这样的例子。例如，在 1826 年解散之前，耶尼切里禁卫军是奥斯曼日益壮大的精锐步兵部队，建立于 14 世纪，是被征服民族的后代。在法律上，他们是苏丹的奴隶，他们被带到土耳其，在那里被养育长大、接受教育，学习土耳其语和军事技艺（Ottoman Chronicle in Chaliand, 1994, pp. 455–56）。传统在此起了作用：古兰经禁止穆斯林彼此交战，这使得使用奴隶兵很省事。苏丹使用了一个巧妙的激励机制，来确保耶尼切里（"新军"）及其族人保持忠诚，并减少叛乱的机会。奥斯曼带走五分之一的男童，使被征服的人口失去了相当数量的本族子嗣。此外，它会使被征服的民族在作战时更加犹豫，因为敌军中也有相同血脉。此外，耶尼切里可以期待在战争中获得优待，比如保证口粮（Busbecq in Chaliand, 1994, p. 458），以及在政府中获得体面的晋升和任职机会——就像几个世纪前埃及的突厥马穆鲁克一样——最后，耶尼切里皈依伊斯兰教将确保他们自己的孩子免除兵役。鲍姆加特纳写道，"他们之中已知的叛逃人数极少"（Baumgartner, 1991, p. 153）。不过，我们不应该对他们的人数抱有幻想；到公元 1500 年，他们的总数还不到 4,000 人。

78　在威尼斯，军队在和平时期的规模往往只有战时的一半。佣兵队长似乎在扩大其控制的部队方面没有遇到任何障碍。供给是对需求的回应（参见 Mallett and Hale, 1984, chap. 2），问题是如何能像记录显示的那样迅速地组建一支规模加倍的军队。我们在文献中未看到对这个问题的思考。

79　Mallett, 1974, pp. 109–10; Caferro, 1998, p. 13; Mallett, 1999, p. 223.

80 Caferro, 1998, chap. 1; Bueno de Mesquita, 1946. 关于制度作为减少缔约方之间交易成本的本质和作用（处理高度不确定性的成本是其中之一），参见 North, 1990。

81 Trease, 1971, pp. 71–72. 讽刺的是，鲍姆加腾和施特尔茨后来成立了一个新兵团——"星之兵团"，受雇于锡耶纳，对抗佛罗伦萨；Trease, 1971, p. 72. 更讽刺的是，1342 年至 1399 年间，锡耶纳遭受了至少 37 次佣兵袭击；Caferro, 1998, p. xvi. 锡耶纳本身也因经济疲软而衰落，被米兰（暂时）吞并，并在文艺复兴时期的辉煌中落败于佛罗伦萨。

82 Mallett, 1974, pp. 143–44.

83 可参见 Deiss, 1967, p. 51, 以及许多其他的来源；Mallett and Hale, 1984, pp. 132–33, 135, 197。

84 Caferro, 1998, pp. 99–101, 166, 173; 最终，在詹加莱亚佐·维斯孔蒂去世后，锡耶纳再次独立。1495 年联盟出现了一个更令人高兴的结果，当时意大利已经变成由少数城邦实行寡头垄断统治的国家。1494 年，法国的查理八世带领 28,000 人几乎畅通无阻地沿着意大利西海岸进入那不勒斯。他占领了这座城市，宣布自己为那不勒斯的国王。被废黜的国王阿方索逃到西西里，向他的堂兄、意大利南部的西班牙统治者阿拉贡的费迪南德寻求帮助，后者答应了他的请求。担惊受怕的查理在 1495 年初带着一半军队回到法国。但米兰、威尼斯和教宗国（以及奥地利）结成联盟，与他交战，这自然是一场腥风血雨，他们派出了 15,000 名士兵，其中主要是雇佣兵。同年 7 月，在福尔诺沃，3,300 名意大利士兵失去了生命，查理失去了在意大利的领土，他对这里的统治和他自己的生命一样短暂（1470 年—1498 年；1483 年—1498 年在位）；参见 Baumgartner, 1991, pp. 174–75. 尽管如此，Caferro, 1996 得出结论："佣兵团的掠夺可能对 14 世纪末和 15 世纪初小国被大国吞并的过程发挥了重大作用，这一过程彻底改变了意大利的政治格局，并最终为半个世纪后文艺复兴时期五大国家的建立奠定了基础"（p. 9 of Internet printout）。

85 Trease, 1971, p. 295; Ilardi, 1959, p. 130. 除了少数例外，《洛迪和约》维持了大约二十年。

86 Bueno de Mesquita, 1946, p. 232. Blanshei, 1979 将军阀领主称为"佣兵队长-领主"（p. 613）。

87 Bueno de Mesquita, 1946, pp. 220, 229.

88 Trease, 1971, pp. 87–90, 133–35.

89 Bueno de Mesquita, 1946, p. 231；"除了傻瓜，还有谁会期待威尼斯人慷慨大方呢？"特雷斯在讲述撤销科莱奥尼遗产时问道（Trease, 1971, p. 300）

Trease, 1971, pp. 158, 184。关于在佩鲁贾的语境中"暴政"与"独裁"的区别，参见 Black, 1970, esp. pp. 248, 275, 281。

90　Blanshei, 1979, p. 618.

91　阿方索统治那不勒斯直到 1458 年去世。因此，在一段时间内，他统一了西西里的两个王国（参见 Trease, 1971, p. 266）。关于那不勒斯与西西里的关系，参见 www.kessler-web.co.uk/History/KingListsEurope/ItalySicily.htm [accessed 8 June 2005] 上有用的时间线。

92　Contamine, 1984, pp. 165–72. 尼科洛·马基雅维利是佛罗伦萨一位杰出律师的儿子，他于 1494 年进入公共服务部门，职责包括为意大利和外国宫廷提供大量外交服务。他的职业生涯一直持续到 1512 年，当时美第奇家族重新掌权。一年后的 1513 年，《君主论》出版。马基雅维利将这本书献给佛罗伦萨的新君主洛伦佐二世·德·美第奇，他反对雇佣兵，赞成使用民兵。他建议，赢得本国人民的信任和尊重，并依赖他们，比依赖那些既得利益在别处的人要好得多。Bueno de Mesquita, 1946 最早质疑马基雅维利《君主论》最常见的一种解读。直到今天，这部著作经常被解读为"任何权宜之计都必须去做"，这是文艺复兴时期功利主义现实政治的一个例子（http://en.wikipedia.org/wiki/Niccolo_Machiavelli; accessed on 17 September 2004）。因此，"政治制度……决定军事组织的性质。"但对布埃诺·德·梅斯基塔来说，马基雅维利只是"展示了勋章的另一面，对于任何政治组织来说，缺乏足够的军事建制都是致命的后果"（两句引言皆出自 p. 219）。

93　Mallett and Hale, 1984, pp. 80–81; Trease, 1971, p. 331. 有一个例外。到目前为止，那些擅长制造和使用火炮的人往往来自威尼斯以外的地方，大多来自阿尔卑斯山的另一边。"这些备受赞誉的非意大利籍专家能够要求很高的工资"；Mallett and Hale, 1984, p. 84. "13 世纪后期，随着受过适当训练的意大利人越来越多，平均工资下降了；但在 16 世纪的头十年，对炮手的需求十分巨大，他们的报酬又一次稳步上升"；Mallett and Hale, 1984, p. 84。

94　Mallett and Hale, 1984, p. 75, and chap. 2; Contamine, 1984, p. 172; Nicolle, 1983, p. 16（"provisionati"一词出自意为军队常规薪饷的"provisione"）。

95　Mallett and Hale, 1984, p. 66.

96　Caferro,1998, p. 14.

97　事实证明，无论是在意大利还是在其他地方，为了秩序、稳定和繁荣，战争的代价都太高了。"内战时期的英格兰对这些人（雇佣兵）来说是一个极具吸引力的目标，驱逐他们是 15 世纪 50 年代恢复秩序的一个重要因素。"（Prestwich, 1996a, p. 148）同样，据说在法国查理七世时期，比起其他任何因素，常备军的起源更多地与（重新）建立秩序有关（Showalter, 1993, p. 423）。

98　Mallett and Hale, 1984, p. 202.

99　Showalter, 1993, p. 423；类似的还有 Mallett, 1999, p. 216。

100　关于这段原子弹的历史，特别参见广受好评的 Rhodes 1988 [1986] and 1995。

101　Contamine, 1984, p. 149; Pepper and Adams, 1986, pp. 8, 11; Deiss, 1967, pp. 26–27（可以想象，这导致了城堡设计的变化，而后者本身就是一个令人着迷的话题，可以追溯数个世纪）; Trease, 1971, pp. 330–31。

102　Deiss, 1967, p. 25.

103　Black, 1996, pp. 48–50 描述了军事技术在 1494 年至 1559 年意大利战争时期的逐步演变，火药取代了早期武器，而战术、防御工事、财政和部队组织也不得不随之变化。

104　Contamine, 1984, p. 135; Trease, 1971, pp. 327, 332, 340; Deiss, 1967, pp. 284–86. 乔瓦尼是美第奇家族和斯福尔扎家族联姻的结晶，后来被称为"黑带乔瓦尼"，他是美第奇家族中唯一成为佣兵队长的人。

105　Deiss, 1967, pp. 28, 30："意大利现在的毁灭不是因为别的什么原因，恰恰是由于它多年来一直依赖雇佣兵。这些人确实有助于某些个人获得了权力，并且在相互竞争时显得勇猛；但当那个外国人（法兰西国王查理）来了，他们就显示出自己的无用。"因此，马基雅维利主张在民兵制度下实现意大利的统一。Trease, 1971, p. 340. 一则关于"罗马之劫"令人难忘的描述，参见 Connor, 2004, pp. 107–13。

106　Nicolle, 1983, p. 20; Trease, 1971, pp. 332–33. 意大利直到 1861 年 3 月 17 日才成为一个统一的王国。罗马一直处于教宗的统治之下，直到 1870 年 9 月 20 日被意大利收复。相比之下，俾斯麦领导下的德国统一发生在 1871 年。

107　可参见 Selzer, 2001, p. 56。

108　Caferro, 1998, p. 4; Bayley, 1961, p. 22 提到了弗拉·穆里亚莱（贝利译作"弗拉·蒙雷亚莱"）的装束。Temple- Leader and Marcotti, 1889, p. 44 将这些团伙视作"游牧的军事国家：他们自行选举队长，并慷慨接纳他融入已经组建好的团队；队长有很大权力，但受到总管议事会的限制，而最重要的决定，则需召集骑士或领队商讨"。

109　Thomson, 2002, p. 20.

110　类似的命运也发生在其他非国家的暴力提供者身上，比如私掠船和商业公司。这些公司面临选择，要么被纳入国家许可并运营的机构，使用暴力需得到该机构授权，受其管控，要么被禁止和取缔，就此消失。参见 Thomson,

2002；又见 Singer, 2003, and Brauer, 1999。

第四章 战役时代（1618—1815）

1　Lynn, 1999, p. 50; Liddell Hart, 1967, p. 93.

2　Liddell Hart, 1976 [1934], p. 48.

3　Tilly, 1990, pp. 74–76, 87, 89.

4　"边际"的同义词是额外的、附加的或增量的成本或收益，也就是说，在此前行动已经产生和获得的成本和收益之外，即将发生的行动所带来的成本和收益。

5　Druzhinin, Kontorov, and Shtemenko, 1973; Dupuy, 1979.

6　Quoted from Milward, 1977, p. 18.

7　Thunholm, 2005, pp. 43–44, 47.

8　Tuchman, 1981, p. 177.

9　关于拿破仑的例子，参见 Walter, 1993。"不打破鸡蛋就做不成蛋饼"的格言就出自弗里德里希大王之口。

10　Weigley, 2004, pp. 536–37.

11　Fuller, 1970, vol. 2, p. 36（引用吉伯特的观点）；又见 Weigley, 2004, p. 73。

12　Weigley, 2004, p. xii.

13　Weigley, 2004, p. 537.

14　Weigley, 2004, pp. xii–xiii, 195, 542; Montgomery, 1968, p. 322; Baumgartner, 1991, p. 297; Duffy, 2000, p. 398; Fuller, 1970, vol. 2, p. 36.

15　例如，由于进攻失败，可能会发生计划外的消耗战。"占领战场似乎是战斗中一种普遍接受的胜利标准"；Helmbold, 1971, pp. 1–2。

16　Offer, 1995, pp. 217–20, 223–25.

17　Baumgartner, 1991, p. 253. 他于 1632 年在吕岑阵亡，这对瑞典的政治和军事命运都是一个打击，也展现出一个计算边际成本和收益的矛盾，因为人们可能会以为，一个亲上沙场的统治者会更加谨慎，因为他和士兵承担同样的风险。但这位国王不是这样，他在带领骑兵冲锋时阵亡。

18　Kamen, 1968, pp. 45–48, 54; Baumgartner, 1991, p. 249; Tilly, 1990, pp. 165–66.

19　Weigley, 2004, pp. 18–19.

20　Weigley, 2004, p. 31; Fuller, 1970, vol. 1, p. 489.

21　Raimondo de Montecuccoli，Quoted from Chaliand, 1994, pp. 566–67.

22　　Montecuccoli, in Chaliand, 1994, p. 567–568.

23　　Ferguson, 2001, p. 25.

24　　Kennedy, 1987, p. 77.

25　　Kennedy, 1987, pp. 75–76.

26　　引自 Lynn, 1999, p. 273, n. 10。

27　　Roskolenko, 1974, p. 58 (Edward Creasy); Lynn, 1999, p. 304.

28　　Chandler, 1973, pp. 65, 322; Weir, 1993, p. 95; Weigley, 2004, p. 97.

29　　Lynn, 1999, p. 294; Weigley, 2004, p. 103; Windrow and Mason, 1991, p. 188.

30　　Maurice de Saxe, in Chaliand, 1994, pp. 588, 594; Browning, 1995, pp. 207–9.

31　　Luvaas, 1966, p. 37; Pois and Langer, 2004, p. 15; Laffin, 1995, p. 141. 这句话指的是阿尔弗雷德·冯·施里芬，他构建了德国对第一次世界大战的设想（参见第一章）。

32　　Frederick the Great, in Chaliand, 1994, p. 606; Fuller, 1970, vol. 1, pp. 556–67.

33　　Luvaas, 1966, p. 139; Frederick the Great, in Chaliand, 1994, p. 608.

34　　Frederick the Great, in Chaliand, 1994, p. 608.

35　　第 11 场战役——布克斯多夫战役在 1762 年打响。那时俄国和瑞典都已撤退，所以战争的性质完全改变了。

36　　Pois and Langer, 2004, p. 18; Duffy, 2000, pp. 378, 398, 422–24.

37　　在这里，我们采用许多历史学家使用的年表，他们认为 19 世纪是从 1789 年（法国大革命爆发）开始到 1914 年（第一次世界大战爆发）结束。一些文本认为这个世纪从 1815 年开始，但这就要将法国大革命的年代（1789—1815）作为一个完全独立的单元来处理，与这两个世纪都没有联系。

38　　Dupuy and Dupuy, 1970, pp. 668–93, 744–69.

39　　Cameron and Neal, 2003, pp. 161, 163–64.

40　　一个缺点是，这最初导致了机动和战斗决策的"微观管理"。关于马尔科尼发明无线电报（如收音机）后，被陆军长官狂热使用，以干涉指挥官制海决策的案例，可参见 van der Vat, 2001, pp. 34–35。"愤怒的航海指挥官常常说，如果能通过无线电联系上纳尔逊，他永远不可能在特拉法尔加取胜"（p. 34）。

41　　"总体战"一词有时被用来指代一场特定战争中使用的火力数量或造成的破坏。实际上，总体战意味着在一场冲突中，其中一个或多个体制的存续受到威胁。这样的战争通常具有极大的破坏性，因此人们对这个术语感到不解。

42　　举个例子，再来看后期的一个例子，即沙皇尼古拉二世（1868—1918）在 1917 年倒台。他把最忠诚的军队部署到前线，把首都交到政治上不知是否可靠的军队手上。

43　在南北战争中，南军在奇卡莫加（1863）获胜后，美国人被迫将大量军队从东部转移到西部。在另外两次战役中，毛奇命令普鲁士军队按照一定的战略方向机动，但即使是他也无法阻止指挥官们"向着枪炮声响起的地方前进"，这往往导致代价高昂的正面迎击。

44　Connelly, 1987, p. 3; Uffindel, 2003, p. xxxi.

45　Connelly, 1987, pp. 1, 221; Neillands, 2003, p. 99; Roberts, 2001, p. 151; Connelly, 1987, p. 48; Uffindel, 2003, p. 172.

46　Connelly, 1987, p. 21.

47　Liddell Hart, 1967, p. 127.

48　Liddell Hart, 1967, 1967, p. 117; Marc Raeff, in his introduction to Walter, 1993, p. xv.

49　Keegan, 1976, pp. 121, 122; Roberts, 2001, p. 150（提及威灵顿的观点）。

50　Napoleon Bonaparte, Quoted from Chaliand, 1994, pp. 647–48; Wasson, 1998, p. 22; Connelly, 1987, p. 8.

51　Carl von Clausewitz, Quoted from Chaliand, 1994, p. 715; Antoine Henri de Jomini, Quoted from Chaliand, 1994, p. 739; Connelly, 1987, p. 31.

52　Keegan, 1987, pp. 145, 152, 154; Paget, 1990, p. 97; Neillands, 2003, p. 146. Roskolenko, 1974, p. 86. 从 1813 年至 1814 年沿比利牛斯山脉进攻法国边境可以看出他善于算计的本性。他这样做只是为了迫使法国留下 200,000 人用于防御；这是另一个边际收益，考虑的是整个战役的收益，而不仅仅是他自己那一部分。参见 Adrian Liddell Hart，摘自 Chaliand, 1994, p. 644。

第五章　革命时代（1789—1914）

1　我们不会再次探究"信息"和"情报"字面意思的区别。

2　在涉及威慑时，所需的分析略有不同，因为避免战斗（"交易"），而非在战场上取胜，才是双方的实际目标。

3　可参见灵长类专家 Frans B. M. de Waal, 1982, 1989。

4　Mahan, 1853; Feis, 2002, p. 3 ；引自 Chaliand, 1994, p. 741 ；United States Army, 2001。

5　Quoted in Feis, 2002, p. 4; Sutherland, 1998, pp. 69, 183; Randall, 1918, pp. 311–12; Bartholomees, 1998, pp. 120, 255.

6　Lynn and Jay, 1985, p. 9; Long, 1952, pp. 391ff. 罗伯特·E. 李将军的大部分

战斗命令都是口头的，他在 1864—1865 年的许多战斗报告都被烧毁了。参见 Dowdey, 1961, p. xii。

7　参见 Fishel, 1964; Bartholomees, 1998, p. 248 ："南方邦联的情报机构像是 18 世纪的，不适应它所参加的半现代战争。"它的情报机构功能十分有限。相反的意见参见 Gaddy, 1975, pp. 20–27。

8　Bartholomees, 1998, pp. 4–8, 12, 248–249, 252; Markle, 2000, pp. xvii, 2.

9　Tidwell, 1991, pp. 219–31; Bartholomees, 1998, p. 251. 美元 —— 林肯绿钞——本身是有价值的，因为它们本来可以用于其他目的，尤其是在叛军货币逐渐失灵的情况下。这些隐藏行动的真实记录几乎没有留存下来 ；参见 Canan, 1964, pp. 34–51。

10　Bartholomees, 1998, p. 256; Trudeau, 1989, p. 26.

11　约瑟夫·胡克在钱塞勒斯维尔之前就建立了调查局。参见 Sutherland, 1998, p. 101。虽然我们事后知道军事情报局卓有成效，但它的许多活动都没有记录下来。参见 Elley, 1992, p. 9。

12　Feis, 2002, pp. 11–15, 196–99, 264; Feis, 2002, pp. 196–98. Markle, 2000, p. 5; Markle (pp. 11–15) 称误差仅为 0.25%。根据《军事百科全书》，李将军在钱塞勒斯维尔部署了 60,000 人。0.25% 的误差相当于 150 人。

13　Bartholomees, 1998, p. 252. Discontinuance: Markle, 2000, p. 33. 又见 Truby, 1971, pp. 64–71; Robinson, 1986, pp. 5–17。 Elley, 1992, p. 12. 似乎是可飘动的（而不是系住的）气球在着陆后传递信息。

14　Morgan, 1959–60, pp. 209–12; Elley, 1992, p. 13; Bartholomees, 1998, pp. 116–18, 250. 例如，参见 Hancock to Butterfield, 25 June 1853, Scott, 1880, series I, vol. 45, p. 309。

15　例如，参见 Dyer, 1999; 参见 Baggett, 2003; Marten, 2003; Cashin, 2002; Leisch, 1994; Berkey, 2003; Stith, 2004; Mangus, 1994; Axelrod, 1992; Leonard, 1999; McDevitt, 2003。

16　McWhiney, 1998, p. 43; Elley, 1992, pp. 17–18. 关于间谍的信息，参见 Davis, 1994; Stuart, 1981; Bakeless, 1971, 1975; Sabine, 1973; and Weinert, 1965。鲁思的职业生涯在 Johnston, 1955, and Stuart, 1963 中有进一步描述。哈利克的评论可见于 Halleck to Sheridan, 23 April 1865, Scott, 1880, vol. 97, p. 307。

17　Long, 1952, p. 373; Bartholomees, 1998, p. 249; Guback, 1959, pp. 171–76; Markle, 2000, pp. 7–11; Randall, 1918, pp. 303, 309.

18　如果不熟悉美国南北战争的话，这场冲突被阿巴拉契亚山脉划分为两个截然不同的战场。两个战区之间的兵力调动相对来说并不常见。为了便于处理，我们选择将研究限制在东部战场，在那里，两个国家的首都——北方联邦的首都华盛顿特区和南方邦联的首都里士满——近在咫尺，使得大规模战争密集发生。

19 麦克道尔认为博勒加德大约有 35,000 人，而实际上，在援军到来之前，博勒加德只有 20,000 人。同样，根据报纸的报道，博勒加德认为麦克道尔有大约 55,000 人，而实际上他面向的只有 38,000 人，其中只有 28,500 人投入了战斗。参见 McDowell to Army HQ, 24 June 1861, in Scott, 1880, series I, vol. 2, p. 720; and Beauregard to CSA HQ, 14 October 1861, in Scott, 1880, series I, vol. 2, p. 486; McDowell to Army HQ, 24 June 1861, in Scott, 1880, series I, vol. 2, p. 720。

20 McDowell to Army HQ, 24 June 1861, in Scott, 1880, series I, vol. 2, p. 720; McDowell to Army HQ, 20 July 1861, in Scott, 1880, series I, vol. 2, p. 308. 如果麦克道尔知道约翰斯顿的做法，他自己的行动无疑会有所不同。McDowell to Army HQ, 21 July 1861, in Scott, 1880, series I, vol. 2, p. 316. 两位将军都无法改变计划，以利用变幻莫测的情报：麦克道尔无法改变计划，因为他在确定约翰斯顿的援军到达之前就已参战，而博勒加德也无法改变计划，因为麦克道尔已经到达，并先发起了进攻（参见 McDonald, 2000, pp. 17–19）。

21 McDonald, 2000, pp. 43–44, 84–85; Bartholomees, 1998, pp. 113–16. 顺便一说，正是这场战役让南方军官托马斯·J. 杰克逊获得了"石墙"杰克逊的外号。

22 Keegan, 2003, p. 83.

23 Sears, 1992, pp. 38, 61, 96, 98–100, 162; McClellan to Lincoln, 20 July 1862, in Scott, 1880, series I, vol. 11, part 3 (1884), p. 328.

24 McClellan to Lincoln, 5 and 6 April 1862; McClellan to Stanton, 26 and 27 June 1862, in Scott, 1880, series I, vol. 11, part 3, pp. 71, 73–74, 257, 264, 266; and McClellan to Stanton, 1 and 2 June 1862, in Scott, 1880, series I, vol. 11, part 1 (1884), pp. 749–50.

25 Sears, 1992, pp. 33, 37–45, 47, 57, 153–54, 182–83, 195; McClellan to Stanton, 27 May and 5 June 1862, in Scott, 1880, series I, vol. 11, part 3, pp. 194, 214; Markle, 2000, pp. 5, 6；又见 Fishel, 1988. 幸运的是，对于麦克莱伦的个人声誉来说，这些言论在他有生之年从未公开过。至于李，他早就知道麦克莱伦优柔寡断，并利用了这一点。

26 Randall, 1918, p. 306; Long, 1952, p. 187.

27   Pope to McClellan, 19 and 20 July, in Scott, 1880, series I, vol. 11, part 3, pp.
      327, 329; and Stith, 2004, pp. iii, viii–ix; Lee to D. H. Hill, 13 August 1862;
      reply, 14 August 1862; Lee to Davis, 25 July 1862, in Dowdey, 1961, pp. 227,
      237, 251–52; Lee to CSA HQ, 18 April and 8 June, 1863, in Scott, 1880, series
      I, vol. 12, part 2 (1885), pp. 176, 555; Hennessy, 1993, pp. 30–31.

28   Hennessy, 1993, pp 60, 108, 311, 322, 469, 470; Pope to McClellan, 17 July
      1862, in Scott, 1880, series I, vol. 11, part 3, p. 325; Pope to Halleck, 22, 24,
      and 30 August 1862; Pope to Army HQ, 3 September 1862, in Scott, 1880,
      series I, vol. 12, part 2, pp. 17, 59, 64, 78; Pope to McDowell, 28 August 1862,
      in Scott, 1880, series I, vol. 12, part 1 (1885), p. 196.

29   Jones, 1966; Bridges, 1958; Dowdey, 1961, p. 289. 这场战役和麦克莱伦未能
      采取更积极的行动吸引了许多人，此后多年，西点军校还模拟了类似的情况。
      有趣的是，学生们也都倾向于谨慎行事；参见 Reardon, 1999, pp. 290–91,
      294。

30   McClellan to Governor Curtin, 8 and 10 September 1862; McClellan to
      Halleck, 9 September 1862 (twice); McClellan to FitzJohn Porter, 9 September
      1862; McClellan to Lincoln, 10 and 12 September 1862, in Scott, 1880, series
      I, vol. 19, part 2 (1887), pp. 24, 216, 218–19, 221, 233, 272; McClellan to
      Halleck, 13 September 1862 (twice), in Scott, 1880, series I, vol. 19, part 2, p.
      282.

31   McClellan to Halleck, 15 October 1862, in Scott, 1880, series I, vol. 19, part 1
      (1887), p. 26; Lee to Davis, 16 and 20 September 1862, in Scott, 1880, series I,
      vol. 19, part 1, pp. 140, 142.

32   Reardon, 1999, pp. 302, 305; Quotes in this paragraph from Lee to CSA HQ,
      10 April 1863; Lee to Davis, 19 November 1862; Lee to Jackson, 23 and 26
      November 1862; all in Scott, 1880, series I, vol. 21 (1888), pp. 550, 556, 1020,
      1027, 1033; Lee to George W. Randolph, 17 November 1862; Lee to Davis, 20
      November 1862, in Dowdey, 1961, pp. 337–38, 341。

33   Sutherland, 1998, pp. 38, 46, 72–73; Burnside to Halleck, 17 December 1862,
      in Scott, 1880, series I, vol. 21, p. 66; Lee to James A. Seddon, 16 December
      1862 (twice); Lee to CSA HQ, 19 December 1862; in Scott, 1880, series I, vol.
      21, pp. 548, 1064, 1068.

34   Hooker to Stanton, 25 February and 2 April 1863; Hooker to Army HQ, 25
      February 1863; Hooker to Lincoln, 11 April 1863; Hooker to John J. Peck and

reply, 13 April 1863; all in Scott, 1880, series I, vol. 25, part 2 (1889), pp. 99–100, 187, 199–200, 207.

35 参见 Dowdey, 1961, pp. 421–45; Markle, 2000, p. 3; Sutherland, 1998, pp. 125, 129, 133; Luvaas, 1990。

36 Hooker to Lincoln, 27 April 1863, in Scott, 1880, series I, vol. 25, part 2, p. 263; Hooker to Stanton, 27 April 1863, in Scott, 1880, series I, vol. 25, part 2, pp. 269–70.

37 Sutherland, 1998, pp. 147, 165–67; Lee's report on Chancellorsville, 21 September 1863, in Scott, 1880, series I, vol. 25, part 1 (1889), p. 800.

38 随着李向北进入联邦领土，胡克被迫尾随他，而不是按计划进攻里士满。胡克于 1863 年 6 月 28 日辞去联邦波托马克军团指挥官的职务，由乔治·G. 米德接替。

39 Dowdey, 1961, p. 478；又见 Luvaas, 1990; Bartholomees, 1998, p. 256; Nolan, 1999, pp. 13–14, 17, 18; Lee to Davis, 4 and 31 July, in Scott, 1880, series I, vol. 27, part 2 (1889), pp. 298, 306 –7; Gallagher, 1999a, p. 32; Gallagher, 1999b, p. 114。

40 Esposito, 1972, page facing map 99; 葛底斯堡战役报告见 Dowdey, 1961, pp. 574, 580。

41 Dowdey, 1961, p. 478; Long, 1952, p. 274; Gallagher, 1999b, p. 119; Bicheno, 2001, p. 37.

42 Bicheno, 2001, pp. 36, 192; Meade to Halleck, 28 June 1863; Meade to Couch, 30 June 1863, in Scott, 1880, series I, vol. 27, part 1, pp. 61–62, 68; Sauers, 1999, pp. 235, 238. Markle, 2000, pp. 11–15.

43 Meade to Halleck, 1 July 1863, first message, in Scott, 1880, series I, vol. 27, part 1, p. 71; Meade to Halleck, 28 and 29 June and 1 July (twice) 1863; 米德对葛底斯堡战役的最终报告，1 October 1863, in Scott, 1880, series I, vol. 27, part 1, pp. 65, 67, 70–72, 113; Gallagher, 1999b, p. 118; 例如，参见 Lee to Davis, 31 July 1863, in Scott, 1880, series I, vol. 27, part 2, p. 305。根据 Nolan, 1999 的看法，李在第一天就动摇了；他经历了"保守的本能"（p. 22），并告诉他的当地指挥官，他不希望全面交战。但几个小时后，李改变了主意，允许进攻继续（p. 23）。诺兰（Nolan，1999, p. 13）在别处指责李多少夸大了他的不知情。

44 Long, 1952, pp. 391ff.; Elley, 1992, p. 28.

45 Trudeau, 1989, p. 113.

46　Trudeau, 1989, pp. 26, 42, 45, 49; Grant to Halleck, 7 May 1864, in Scott, 1880, series I, vol. 36, part 1 (1891), p. 2. 事实上，格兰特损失了 18,400 名士兵，而李损失了 11,400 名士兵；Grant to Halleck, 11 May 1864, in Scott, 1880, series I, vol. 36, part 1, p. 3; McWhiney, 1998, p. 45.

47　Elley, 1992, p. 5; Grant to Halleck, 8 May 1864, in Scott, 1880, series I, vol. 36, part 1, p. 2.

48　Elley, 1992, p. 29.

49　Elley, 1992, p. 29; Trudeau, 1989, pp. 120, 130; Matter, 1998, pp. 33, 37 (prior quotes also taken fromMatter); Henderson, 1987, p. 13.

50　Matter, 1998, p. 48; Long, 1952, pp. 418–19; Trudeau, 1989, p. 197; Gallagher, 1998, p. 7.

51　Grant to Halleck, 26 May 1864, in Scott, 1880, vol. 36, part 1, p. 9; Long, 1952, pp. 429–30; Grant to Halleck, 24 May 1864, in Scott, 1880, vol. 36, part 1, p. 9.

52　Trudeau, 1989, p. 245.

53　Grant to Army HQ, 22 July 1865, in Scott, 1880, vol. 36, part 1, p. 22.

54　Trudeau, 1989, p. 298.

55　李可能以为这只是一次突袭。Trudeau, 1989, pp. 309, 311; Elley, 1992, pp. 10–11; Horn, 1993, p. 56; Greene, 2000, pp. 7–8.

56　Grant to Army HQ, 22 July 1865, in Scott, 1880, series I, vol. 36, p. 12; Feis, 2002, pp. 254, 260–61. 1862 年，联邦政府的计划被托马斯·"石墙"杰克逊在谢南多厄河谷领导的一场绝妙战役打乱了。

57　Feis, 2002, pp. 221–25, 232, 242–49 ；又见 Feis, 1993。

58　例如，参见 Greene, 2000, p. 266; Horn, 1993, pp. 108–19。安布罗斯·E. 伯恩赛德在 1863 年弗雷德里克斯堡战役后，已经被解除了波托马克军团的指挥权。但他保留了一个兵团的指挥权，造成了火山口之战的惨祸。战争结束后，他成为罗得岛州州长。

59　Horn, 1993, pp. 79, 189–95; Greene, 2000, pp. 156–61, 179.

60　Feis, 2002, pp. 10, 205, 209, 267, 268; McWhiney, 1998, p. 23.

61　Elley, 1992, pp. 12, 18–19.

62　Feis, 2002, p. 211.

63　Reardon, 1999, p. 295; Feis, 2002, pp. 200, 235.

64　Feis, 1997, p. ii; Elley, 1992, p. 35; Long, 1952, p. 539; Horn, 1993, p. 246.

65　Trudeau, 1989, pp. 26, 166; Greene, 2000, pp. 149–50, 153.

66　麦克莱伦的师长们并没有完全被这些诡计所骗，但他本人却被骗了！

67　由于内战未能早日结束，志愿军的设想很快就沉寂了。志愿军人数枯竭。1862 年的《民兵法》迫使各州向联邦提供军队。这种做法很快被证明无效，入伍奖金（"赏金"）从战争开始时的 50 美元涨到了战争结束时的 1,000 美元（当时年平均收入约为 500 美元）。即使是奖金也无法招来足够的人数，国会于是在 1863 年夏季、1864 年春季和秋季以及 1865 年春季通过了四次征兵草案。超过 750,000 人（77,7000）的征兵号码被通知抽中，但只征到了 46,000 人，另外 160,000 人充当后备，或通过支付"交换费"来减免兵役。其余 571,000 人中，有未申报的（161,000 名）、申报后被遣散的（94,000名）、申报后被免除兵役的（316,000 名）。（显然，这些数字都只是大概。）征兵草案的立法包括法律上避免服役的规定（例如通过支付减免费）。这引来了赏金捐客，撮合有手段的被征召者和没有手段的未被征召者。征兵保险协会也出现了，有可能被征兵者会向共同基金支付保费；如果后续被征兵，基金将支付减免费。关于这一点，可参见 http://www.academy.umd.edu/publications/NationalService/citizen_soldier.htm[accessed 28 October 2003]。关于征兵的已出版文献，可参见 Shannon, 1965, Murdock, 1980, Geary, 1991, and Phisterer, 1996。

68　有些士兵会入伍，拿到赏金（即签到奖金）后立即失踪，又在其他地方再次入伍，因此被称为"赏金逃票者"。这些人通常都是代替别人参军的（在那个年代，人们可以雇人代替）。有趣的是，那些接受赏金的人，即使他们没有"逃走"，也不会被认为是最好的士兵。

69　例如，参见 Rotte and Schmidt, 2003。

第六章　世界大战时代（1914—1945）

1　Quoted in Budiansky, 2004, p. 330. 对第一次世界大战中堑壕战的可怕描述可见于 Keegan, 1999。第二次世界大战中空战的悲剧性讽刺之一是它本身的血腥，美国战略空军将损失 8,000 余架轰炸机，近 4,000 架战斗机，29,000 人死亡，44,000 人负伤。英国王家空军也损失了 8,000 余架轰炸机，伤亡 64,000 人，其中 47,000 人死亡。参见 Budiansky, 2004, p. 330; Werrell, 1986, p. 708 及其资料来源。

2　United States Strategic Bombing Survey (USSBS), February 1947, Chart 6, pp. 49–91. 虚假战争指的是从 1939 年 9 月到 1940 年 5 月的一段战事相对较少的时期，也就是德国人侵波兰和欧洲各国之间开始严重敌对的时期。德国人称之为"静坐战"（与"闪电战"相对），英国人称之为"沉闷战争"（Bore War，与"布尔战争"相对）。

3   Murray and Millett, 2000, p. 310.

4   Rhodes, 1988, p. 474 提到"至少 45,000 人……其中大多数是老人、妇女和儿童"。

5   Budiansky, 2004, pp. 316–17; Murray and Millett, 2000, pp. 320–21；引自 Budiansky, 2004, p. 317; Murray and Millett, 2000, p. 321; Schaffer, 1980, p. 331。加拿大王家空军的官方历史将哈里斯"对柏林的执着"描述为"他傲慢地不服从命令"; Greenhous et al., 1994, vol. III, p. 770。

6   Budiansky, 2004, p. 316; Werrell, 1986, p. 705.

7   USSBS, January 1947, p. 5.

8   USSBS, January 1947, p. 2, pt. 2.

9   Levine, 1992, p. 1.

10   无数资料表明，一种在理想情况下执行的战略轰炸可以全凭自己击败敌人。一部关于空中力量的有益通史是 Budiansky, 2004。该书第 176—180 页描述了美国人发展战略轰炸理论，最初包含有战略轰炸可能不像宣传的那样起作用的警告。

11   Werrell, 1986, p. 704；可参见 Levine, 1992, p. 192; Smith, 1976，散见各处（在一篇比较第二次世界大战和美国对越轰炸的辩解文章中）。为详细了解珍珠港事件之前美国战略轰炸的历史，可参见 Clodfelter, 1994。像许多其他人一样，这部著作也提到了朱利奥·杜埃（1869—1930），意大利最早的空中力量理论家。需要明确的是：声称空中力量的拥护者不相信仅靠战略轰炸就能赢得战争的说法是不正确的。他们肯定相信，但也错误地相信了这一点。符合史实的是，尽管乔治·马歇尔将军和其他第二次世界大战中的盟军领导人本身并不反对使用战略轰炸，但就像第一次世界大战中的潘兴将军一样，他们不接受空中力量倡导者的说法，即战略轰炸可以脱离陆军和海军"独立地"（一个常用的说法）赢得战争（可参见 Clodfelter, 1994, pp. 90,95）。或者，正如英国的基奇纳勋爵所言："我们一定要按照我们必须而非想要的方式进行战争"（引自 Webster and Frankland, 1961, vol. 1, p. 17）。同样符合史实的是，美国在珍珠港事件前的主要计划——彩虹 5 号——"将一切战略空中行动都作为入侵的初步行动，而不是其替代品"（Jacobs, 1986, p. 133）。因此，空中力量的拥护者在战略轰炸理论有效性的理想主义信念和其上级设定的实际限制之间不断挣扎。

12   So, e.g., Fuller, 1961, p. 286, and Murray and Millett, 2000, p. 332. 直到 1944

年年中，人们才认识到明显的失败，Werrell, 1986, p. 707 认为"当我们讨论战略轰炸的成就时，我们谈论的是在战争最后几个月里发生的事"。即使限定在这段时间，他仍得出结论："战略轰炸没有达到一些人所寻求的目标……战争证明战前的空中预言是错误的。"（p. 712）。Biddle, 2002 在一项基于认知心理学概念的分析中指出，英国和美国的飞行员都非常相信战略轰炸会带来政治投降，即使他们都忘记问这一目标应如何实现。比德尔还对战略轰炸的成功表示怀疑。关于美国海军和美国陆军航空兵的代表就美军太平洋战区有关报告的撰写问题进行的斗争，可参见 Gentile, 2000。双方都正确地预见到最终报告将对未来美军结构产生巨大的影响。类似的还有 Budiansky, 2004, pp. 340–41，试图确保美国公众和政客将核武器视为美国战略力量的一部分。Schaffer, 1980, and Jacobs, 1986 亦然。

13 Budiansky, 2004, pp. 325–26. 沃雷尔恰当地指出，P-51（"野马"）远程轰炸护航战斗机在历史记载中有些被高估了。它只在 1943 年 12 月 5 日执行了第一次飞行任务（Werrell, 1986, p. 706），而在 1944 年 1 月至 4 月的关键空战月份，P-47（"雷霆"）在盟军的武库中占主导地位。P-47 被设计为拦截机，并开始作为短程护航战斗机服役。飞行员们"偶然"发现了它作为一架战斗机最有价值的，也被证明是决定性的作用。由于速度快，机动性好，它能有效地与防空战斗机交战，躲避地面防空火力；它的气冷发动机比其他飞机更能够承受损坏；它 2,430 匹马力的发动机也足够强大，可以携带 2,500 吨炸弹（关于这个故事，参见 Budiansky, 2004, p. 297）。

14 第七章关于法国的核武打击力，其中讨论了一个相关的问题：第二颗原子弹的破坏性贡献是什么？

15 虽然 z 在作战意义上可能被认为是一个随机项，但在统计意义上它不是一个误差项。

16 Murray and Millett, 2000, p. 307. 实际上，他的参谋人员叫他"布奇"（Butch），是"屠夫"（Butcher）的缩写；Rhodes, 1988, p. 470。作为例外的例子，哈里斯承认，对柏林的空袭代价高昂，损失了数百架飞机和数千名机组人员，但收效甚微，"似乎没有取得压倒性的成功"（引自 Budiansky, 2004, p. 317；又见 Murray and Millett, 2000, p. 322）。

17 美国战略轰炸调查（USSBS, 1947 年 2 月）是一项涉及千余人的大规模事业，其目的是评估战略轰炸的效果。发布有关欧洲战争的报告超过 200 份，另外还有关于太平洋战争的报告 109 份。美国人员跟随美军进入解放区，然后进入德国，以便获得原始文件，并采访被捕的工厂经理、官员和纳粹领导人。英国也制作了一份报告，即英国轰炸调查（BBSU, 1998），于 1947 年首次出版，规模要小得多，经常使用出自 USSBS 的数据。从 1939 年 12 月到 1945 年 5 月可获取到逐月的轰炸数据。本章的附录 B 提供了一个示例。这些数据按投下的炸弹吨数、投下炸弹的国家或地区（德国；法国；意大利和西西里岛；奥地利、匈牙利、巴尔干半岛和"所有其他国家"）、炸弹的投掷者（英国王家空军或美国陆军航空队）以及目标类别进行归类。十个目标类别是：（1）飞机制造厂；（2）机场 / 停机坪；（3）燃油、橡胶、化学制品、炸弹；（4）陆路运输 (主要是铁路车辆、铁路车场和桥梁)；（5）复仇武器发射场；（6）海上和水路运输（如运河、桥梁）;（7）其他各种制造业（军备、坦克、机动车、机械设备、轴承、电气产品、光学精密仪器、钢铁、轻金属、无线电、雷达和"未识别的制造业"）;（8）工业区（即城镇）;（9）军事目标；还有（10）所有其他目标。另一个类别是"未识别的英国王家空军"，指英国王家空军在已知地点（例如，德国、法国、意大利等）投放的炸弹吨数，但目标类别未知（这总计约有 241,000 吨炸弹）。

18   关于德国高射炮研究的图书，可参见 Westermann, 2001。Murray and Millett, 2000, pp. 314–15 中有对卡姆胡伯防空线的探照灯、雷达和夜间战斗机的简要介绍。

19   材料引自 Murray and Millett, 2000, p. 311; Hewitt, 1983, p. 272。这也许就是为什么哈里斯除了不断地重创德国城市外，似乎对其他事情都漠不关心。他本可以做得更好，考虑如何、在哪里、何时轰炸，就像盟军敦促的那样，而不仅仅是在意出拳多少次。

20   Budiansky, 2004, pp. 171, 177. 我们将在下面的一节中讨论士气轰炸的问题。关于美军道德和士气轰炸的具体话题，参见 Schaffer, 1980。他的论点是，美国人实践的是实用主义的道德主义。另一种解释是，空战领导人都是在美国独特的道德主义和实用主义文化中成长起来的：他们更喜欢依照道德行事，并拖延精确轰炸——即使它显然不起作用——以维护他们的道德主义。真正的问题是，为什么他们直到 1944 年才接受士气轰炸的诱惑，而那时胜利基本上已成定局。

21   Budiansky, 2004, pp. 175, 282, 286 (cartoon reproduction). 另有例如 Fuller, 1961, p. 281："尽管这（战略轰炸带来的迅速结束）是假设性的，但它完全是战略意义。"

22   British Bombing Survey Unit (BBSU), 1998, table 25, p. 91.

23   British Bombing Survey Unit (BBSU), 1998, p. 69.

24   USSBS, 30 September 1945, p. 31. Milward, 1965 也写到过，特别是第一章。理查德·奥弗里（例如，1994 年）最为突出地对德国误解了赢得战争所需的条件的观点提出了异议。USSBS 认为闪电战的军事战略伴随着一种闪电战经济，但当闪电战变成持久战时，这种经济便疲于应对。奥弗里则认为，希特勒计划让德国经济支撑在 20 世纪 40 年代中期开始的一场大规模的持久战，但战争提早开始，他就措手不及。奥弗里的证据很有力，但并不影响我们关于轰炸边际收益递减的论点。

25 Pape, 1996, p. 279. 加拿大和其他英联邦成员国一样，为英国提供了大量人手，但在加拿大王家空军的官方历史中，它采取了一种中间的、几乎是愧疚的立场，然而得出了同样的结论："轰炸机司令部对德国战争造成的损害的影响……无疑是相当可观的，特别是在战略轰炸机攻势在诺曼底登陆之前，在美国人大量参与之前，实际上已经成为了第二战场。然而，在前核时代，仅靠空中力量无法造成决定性打击，战后分析清楚地表明，对德国战时经济造成的损害从未像当时人们希望（和相信）的那样大。"(Greenhous et al., 1994, p. 527)

26 可通过计算 USSBS, February 1947, pp. 49–91 得出。

27 我们也有 1945 年 1 月至 5 月轰炸炸弹吨数的数据，但没有相应的飞机生产数据。表中的数字是指英国王家空军和美国陆军航空队对飞机制造厂的联合轰炸。投掷炸弹的总吨数为 57,041 吨，其中英国王家空军贡献了 6,024 吨，美国陆军航空队贡献了剩下的 51,017 吨。

28 Werrell, 1986, p. 712. 公平地说，我们当然必须承认，USSBS 在战后进行的大量数据收集工作，才使得我们能够得出这一结论。在战争期间，关于破坏的准确情报是出了名的难以获得。

29 引文出自 "AWPD- 1: Munitions Requirements of the Army Air Forces"，Clodfelter, 1994, p. 90 转引。阿诺德将军新近组建的空战计划部的成员有师长哈罗德·李·乔治，以及海伍德·S. 汉塞尔、劳伦斯·S. 库特和肯尼思·N. 沃克。这些人都是 20 世纪 30 年代阿拉巴马空军战术学校的教官，在那里，库特从第一次世界大战的前身中"复活"了战略轰炸（Clodfelter, 1994, p. 83）。阿诺德本人在 6 月成为陆军航空队司令，从前的空军部队当时也被重新命名。

30 参见 Clodfelter, 1994, pp. 91, 94, 97 (Barry Watts)。很少有作家把战略轰炸放在整体战略背景下讨论。Jacobs, 1986 对这一缺陷进行了有益的修正。

31 George: Clodfelter, 1994, p. 92; Kuter: Budiansky, 2004, pp. 179–80.

32 细节出自 Clodfelter, 1994, pp. 91–94。最终，事实证明，AWPD-1 非常有先见之明，即使是出于错误的原因。例如，攻击发电站的计划从来没有实现过，因为为工业提供动力的是煤而不是电力本身，但巧合的是，设想的数字并非遥远的目标：80,000 台机器，2,400,000 人，而对德国来说，从 1944 年 9 月到 1945 年 4 月，空袭持续了 8 个月。参见 Mierzejewski, 1988; Clodfelter, 1994, p. 99。

33　Quoted in Clodfelter, 1994, p. 96. Milward, 1977 的第一章对闪电战的概念进行了很好的讨论，避免了充分调动经济资源的需要。"（闪电战）太常被单从战略意义上使用，即从优势位置对敌军进行快速打击。但这个概念既是战略上的，也是战术上的"（第 7 页），因为它使希特勒可以不把德国变成一个总体战的经济体，从而能够在为军队提供枪支的同时为人民提供黄油。米尔沃德列举了一长串这种战略所带来的其他优势，包括进行短期的、有限的、客观的战争，使旷日持久的长期战争没有必要进行经济规划。如前所述，Overy, 1994 反驳了这一点，认为希特勒确实计划了一场长期战争，只是这场战争在德国经济做好准备支撑它之前就提早开始了。

34　这阻碍了精确轰炸，但也阻碍了德国的拦截努力，这一点在 Greenhous et al., 1994 中反复提到。

35　这个缺点直到最近才由 Westermann, 2001 纠正。他估计，1942 年 7 月至 1945 年 4 月间，轰炸机司令部在夜间飞行中损失了大约 3,600 架飞机，其中高射炮摧毁了 40% 以上，其余则被纳粹德国空军摧毁。在整个欧洲战争期间，美国陆军航空队因高射炮损失了 5,400 架飞机，而因纳粹德国空军损失的飞机只有 4,300 架（第 286 页）。飞得更远的飞机受损，无法修复。许多受损的飞机成了"掉队的飞机"，很容易成为纳粹德国空军的目标（这又要归功于战斗机而不是高射炮）。此外，高射炮迫使飞机飞到更高的高度，大大增加了轰炸的不准确性（第 289 页）。韦斯特曼的书是有关这个话题的重要读物。即便如此，就纳粹关于战争的意识形态而言，早期将重点放在防空上几乎是不可想象的（尽管也有反例——托特组织、大西洋墙等）。然而，直到 1945 年，卡尔·斯帕茨还在抱怨他无法完全压制纳粹德国空军。

36　作为一种欺骗性措施，"坚忍"行动包括对远离诺曼底预定登陆点的铁路系统进行空袭，因此对德国发动了袭击；Greenhous et al., 1994, p. 793。关于德国防空责任，参见 Greenhous et al., 1994, pp. 796–808，关于资源分配和成就，参见 p. 803, table 8。

37　引自 Greenhous et al., 1994, pp. 795, 805–6。

38　Greenhous et al., 1994, pp. 790–91.

39　Werrell, 1986, p. 707.

40　Clodfelter, 1994, p. 99. 克洛德菲尔特是少数几个注意到梅热耶夫斯基关于 1944 年 9 月轰炸帝国铁路的讨论的人之一（Mierzejewski, 1988）。Budiansky,

2004, p. 302 补充道："战后，美国的战略轰炸调查将运输计划列为战略轰炸机攻势的成就之一。对军事成功进行褒扬总是一件棘手的事情，但是，把胜利归功于一个不仅没有完成任务，而且实际上是在阻碍它（因为它是由错误的部队用错误的战略和战术，针对错误的目标，实现了错误的目标）的指挥部——这是把功劳推过了头。"

41　Cox, 1998; Overy, 1994.

42　Overy, 1994; USSBS, 31 October 1945, p. 10（南斯拉夫的两种拼法）。当然，我们不应该假设本地劳动力和奴隶劳动力的生产率能够一一对应。

43　BBSU, 1998, table 27, p. 96.

44　陆地入侵是必要的，因为单靠战略轰炸并不能完成任务。许多历史学家指出，鉴于苏联在东部的压力，西方同盟国的陆地入侵可能并非击败德国的必要条件，不过它同样是为了阻止苏联在中欧和西欧的行动。

45　Quoted in Koch, 1991, pp. 119, 134, and Fuller, 1961, p. 281; Koch, 1991, p. 120. 丘吉尔似乎并没有因为发布恐怖言论而受到道德感的困扰。1919 年，他写道："我不理解这种对使用毒气的神经质般的忧虑。我们在和平会议上明确采取了赞成保留毒气作为永久战争手段的立场。用爆炸炮弹的有毒碎片割伤一个人，并用催泪气体使他流泪，这完全是矫揉造作。我强烈赞成使用毒气对付未开化的部落。道德上的效果应该很好，以至于能将人员伤亡降至最低限度。没有必要只使用最致命的毒气：各种毒气可以造成极大的不便，传播生动的恐怖，但不会对大多数受影响的人造成严重的永久性影响。"War Office Departmental Minute, 12 May 1919, Churchill Papers 16 / 16, Churchill Archives Centre, Cambridge. 参见 http://en.wikipedia.org/wiki/Winston_Churchill_Quotes [accessed 22 July 2004]。显然，丘吉尔的观点最终演变为接受恐怖轰炸带来的严重影响。

46　Koch, 1991, p. 141; Terraine, 1985, p. 677; Clodfelter, 1994, pp. 84, 91；参见 e.g., Schaffer, 1980, p. 318. 科赫接着承认，"考虑到当时的情况，期望他们采取其他行动可能是不合理的"。冯内古特是在火风暴袭击德累斯顿期间被关押在当地屠宰场的战俘；Rhodes, 1988, p. 593。

47　Schaffer, 1980, p. 323. 斯帕茨甚至直接说："我不同意轰炸市区并不是出于宗教或道德原因。"(p. 325)

48　Budiansky, 2004, pp. 282, as quoted 283, 285. 分别是汉堡（1943 年 7 月）、卡塞尔（1943 年 10 月）、达姆施塔特（1944 年 9 月）和德累斯顿（1945 年 2 月）。参见 Hewitt, 1983, pp. 263, 265。

49　Schaffer, 1980, p. 330. 这虽是我们的表述，但显然也是谢弗的意图。关于德国人对轰炸的独特看法，参见 Friedrich, 2002，这本书在国外并不完全受欢迎，引起了国际社会的谴责：德国人杀人毫不内疚，凭什么对被杀感到厌恶？这太虚伪。所有受害者都有说话的权利，同样，由英语作家所写的描写恐怖的书籍也不应该因为是由战争最终胜利者所写而被视为在道德上更优越。

50   Hewitt, 1983. 在 1940 年的"不列颠之战"中，情况并非如此（参见 Budiansky, 2004, pp. 221, 242），但到了 1944 年，又千真万确了。参见 Koch, 1991, pp. 139–40。

51   Quoted in Budiansky, 2004, p. 206. 这一评论的重要性可以追溯到英国首相斯坦利·鲍德温的评论，他在 1932 年 11 月 10 日说"轰炸机总是能通过"（引自 Terraine, 1985, p. 13）。1935 年，波音公司刚刚开发出 B-17，由于其巨大的尺寸，被称为"飞行堡垒"，陆军在 1936 年 1 月订购了第一批；关于 B-17 的故事，可参见 Budiansky, 2004, pp. 180–83。但当目睹了在西班牙上空打响的空战，仅仅一年后，也就是 1937 年 2 月，这位武官写道："飞行堡垒葬身西班牙。"

52   Koch, 1991, p. 122; Budiansky, 2004, p. 211. 关于西班牙内战，巴塞罗那和格尔尼卡，参见 Budiansky, 2004, pp. 200–214。

53   Koch, 1991；quoted from p. 133.

54   Budiansky, 2004, p. 284; BBSU, 1998, p. 79.

55   Budiansky, 2004, p. 244；引自 Hewitt, 1983, p. 279。士气的影响常常相反：轰炸机机组人员的士气受到了相当大的削弱，实际上是精神病方面的影响；关于细节，可参见 Greenhous et al., 1994, and Westermann, 2001。

56   USSBS, 30 September 1945, pp. 95, 97.

57   USSBS, May 1947, p. 1.

58   USSBS, 30 September 1945, p. 96.

59   图 6.6 的数据如下。表现出"高昂士气"的人数在遭受严重轰炸（30,000 吨）的城镇中占比为 44%；在遭受中等轰炸（6,100 吨）的城镇占 42%；在遭受轻微轰炸（500 吨）的城镇占 51%；在未被轰炸的城镇占 59%。"信任领导人"的民众在被严重轰炸的城镇占比 48%；在遭受中等轰炸的城镇占 48%；在遭受轻微轰炸的城镇占 52%；在未被轰炸的城镇占 62%；"愿意投降"的人在遭受严重轰炸的城镇占比 59%；在遭受中度轰炸的城镇占 59%；在遭受轻微轰炸的城镇占 54%；在未被轰炸的城镇占 51%。资料来源：USSBS, 30 September 1945, p. 96。

60   Pape, 1996, p. 272, n. 48 持相同观点。

61   Craven and Cate, 1983 [1948], vol. 2, pp. viii–ix："在本卷所述期间，在（欧

洲战场），陆军航空队专门从事战略轰炸，因为按照惯例，这一术语在美国的学说中就是如此定义。他们的目标不是立即援助地面部队；西欧的土地上没有盟军部队，而轰炸机攻势作为缓解红军压力的第二战线的概念只是事后的争论，而非最初的行动。美国第八航空队的真正任务是通过直接打击德国的战争潜力——工业的、军事的和道德的——以削弱德国，尽管这要求事先摧毁德国的空中力量。"这段话出自美国空军的官方历史。

62　Craven and Cate, 1983 [1948], vol. 2, p. ix, 1983 [1951], vol. 3, pp. xi–xii, xvi, 1983 [1947], vol. 1, p. xix.

63　Hewitt, 1983, p. 279；根据 USSBS, February 1947, chart 6 计算。佩普认为，比起西方同盟国的入侵，德国人更担心苏联的入侵，因此战斗以"争取时间，让士兵和平民远离正在前进的红军"（1996, p. 302）。这并不完全令人信服，因为如果真是这样，德国本可以在西线投降，同时保持东线，直到西方同盟国侵入波兰边境。

64　Levine, 1992, pp. 189, 190, 192; USSBS, January 1947, p. 2, pt. 3.

65　Levine, 1992, p. 193.

66　Levine, 1992, p. 193; USSBS, January 1947, p. 7, pt. 10.

67　Overy, 1994 (a collection of 11 of his essays).

68　参见 Milward, 1977，尤其是"战争、技术与经济变革"这一章。他认为，军事事业对所有大国的战后民用经济的主要"附带效应"很可能不在于已经成功商业化了的产品，而在于在胁迫下的管理诀窍。

69　顺便说一句，在今天的高科技战争环境中，军事资产往往极具特殊性，以至于不容易被调换给其他任务。艾森豪威尔如果活跃在当今，他可能会遇到阻碍，尽管他可能会找到其他方法来绕过眼前的限制。

70　关于细节，参见 Budiansky, 2004, pp. 242–51。

71　USSBS, January 1947, p. 5.

第七章　核武时代（1945—1991）

1　Kohl, 1971, pp. 45–46; Anthérieu et al., 1963, pp. 252–53; Larkin, 1996, p. 27, n. 17.

2　关于原子弹和氢弹的历史，参见 Rhodes, 1988 [1986], 1995，这些著作无与伦比。

3　Aron, 1965, p. 106.

4　其他条件不变条款至关重要，因为它规定了替代原理的适用条件（参见第一章）。该原则指出，如果影响决策的所有其他因素保持不变，存在给定的、效益可比较的替代方案时，用户将倾向于选择相对代价最小的替代方案。当然，事情不是一成不变的，在世界军事政治中肯定不是这样，这使分析变得复杂。

5   参见 Baer, 1993, chap. 1。

6   Beaufre, 1966, p. 30; Cimbala, 1989, pp. 33–34; Enthoven and Smith, 1971, pp. 211–12, 216.

7   Scheinman, 1965, p. 109; Cimbala, 1989, pp. 43, 46. 也可见 Sandler and Hartley, 1999。开玩笑地说，美国人的"枪子儿换钱币"（bang for the buck）对苏联人、英国人和法国人来说分别变成了"瓦砾换卢布"（rubble for the ruble）、"重击换英镑"（pounding for the pound）和"打击换法郎"（frappe for the franc）。

8   Hitch, 1966a, p. 116; Hitch, 1966b, p. 126; Hitch and McKean, 1967, p. 3.

9   Beaufre, 1966, p. 32.

10 参见 Chaliand, 1994, p. 992; Theleri, 1997, p. 9。

11 Nussio, 1996, p. 8.

12 Browder, 1964, p. 134; Scheinman, 1965, p. 216.

13 第四共和国：1946—1958。当时法国正处于第四部共和宪法之下，议会政府相对薄弱。相反，导致第五共和国诞生的宪法改革在法国创造了强大的总统职位。

14 Howorth and Chilton, 1984, p. 4; Waites, 1984, p. 38.

15 Holmquist, 1969, p. 12; Scheinman, 1965, p. 94.

16 Scheinman, 1965, p. 95.

17 Wohlstetter et al., 1976, pp. 44–45.

18 Ailleret, 1962, pp. 11, 35, 57–59, 65.

19 Nussio, 1996, pp. 10–11; Buchan, 1966, p. 9; Rynning, 2002, p. 36; Scheinman, 1965, pp. 112–20, 124; Ailleret, 1962, p. 9; Browder, 1964, pp. 35–36.

20 Scheinman, 1965, p. 168; Kohl, 1971, p. 44; foreword by Pierre Gallois in Rynning, 2002, p. xv; Scheinman, 1965, pp. 166, 168–69, 173, 182; Regnault, 2003, p. 1226.

21 Scheinman, 1965, pp. 116–17, 186–87; Regnault, 2003, p. 1229.

22 Waites, 1984, p. 39.

23 Scheinman, 1965, p. 219; Holmquist, 1969, p. 20; Nussio, 1996, pp. 11–12.

24 Rynning, 2002, p. 44; Kohl, 1971, p. 46.

25　Ailleret, 1962, pp. 36–37, 60–63, 198.

26　Cerny, 1984, p. 49; Browder, 1964, pp. 6, 108; Holmquist, 1996, p. 7; Scheinman, 1965, pp. 96–97, 100–101; Hecht, 1996, pp. 490–91; Nussio, 1996, p. 11.

27　Holmquist, 1996, p. 11; Scheinman, 1965, pp. 97–99, 106, 218; Browder, 1964, pp. 6, 103.

28　Howorth and Chilton, 1984, pp. 7–8.

29　Menard, 1967, p. 228; Cimbala, 1998, pp. 186–87; Wohlstetter et al., 1976, p. 116. 具有讽刺意味的是，加卢瓦与戴高乐的会面受到盟军最高指挥官、美国将军劳里斯·诺斯塔德的鼓励；参见 Rynning, 2002, pp. 43–44。

30　Anthérieu et al., 1963, pp. 44, 116; Cimbala, 1988a, p. 127.

31　Kolodziej, 1967, pp. 417–20, 422–23, 426–27.

32　参见 Regnault, 2003, p. 1227; Kolodziej, 1967, p. 450; Browder, 1964, p. 71。目前尚不清楚勒尼奥引用的是戴高乐还是他追随者的说辞。

33　Martin, 1981, pp. 39–40, 45–46; Morse, 1973, pp. 154–55; Browder, 1964, p. 49; Regnault, 2003, pp. 1224–25; Cimbala, 1998, p. 187; ; Zoppo, 1964, p. 126.

34　Kolodziej, 1974, p. 102. 也可见 Ifestos, 1988, p. 276; Gordon, 1993, p. 57。

35　Martin, 1981, p. 42; Holmquist, 1969, p. 83; Yost, 1986, pp. 153–54.

36　Yost, 1986, pp. 133–34; Rynning, 2002, pp. 26–27, 34–34, 55; Kohl, 1971, pp. 158–59; Gordon, 1993, p. 63.

37　Beeton, 1966, pp. 32–33; Gordon, 1993, p. 40; Morse, 1973, pp. 155–56.

38　Anthérieu, 1963, pp. 27–33; Kolodziej, 1974, pp. 141–42, 147–48, 152; Kohl, 1971, p. 160; Morse, 1973, p. 156.

39　Kolodziej, 1971, p. 466; Wohlstetter, 1987, p. 11; Ifestos, 1988, p. 277; Gordon, 1993, pp. 66–68; Howorth and Chilton, 1984, pp. 10–11; Cimbala, 1988a, p. 250.

40　Gordon, 1993, pp. 84–85, 104; Howorth, 1996, p. 33; Ifestos, 1988, p. 279, 287–92; Gordon, 1993, pp. 92–93; Martin, 1981, pp. 25–27.

41　Yost, 1986, pp. 131–33, 135–36, 141–43, 152–53; Howorth and Chilton, 1984, p. 11; Gordon, 1993, p. 103; Gallois in Rynning, 2002, pp. xxii–xxiii.

42　Chilton, 1984, pp. 155–56; Waites, 1984, p. 42; Ifestos, 1988, pp. 292–93; Cimbala, 1987, p. 181; Gordon, 1993, p. 181.

43　Ifestos, 1988, pp. 275, 297–98; Gordon, 1993, pp. 137–38, 163; Howorth and

Chilton, 1984, p. 11; Wohlstetter, 1987, pp. 12–13; Larkin, 1996, pp. 27–28.

44   Nussio, 1996, pp. 46, 57; Larkin, 1996, p. 26; "四十年来，核武器首次在我们
的全套武器装备中失去了绝对特权"；Theleri, 1997, pp. 385–86; Gallois in
Rynning, 2002, pp. xv, xxv。

45   "必须认识到，法国不可能以常规部队单独对抗苏联常规部队。这就是为什
么法国决定发展军用核能"；Dollfus, 1960, pp. 70–71; Chaliand, 1994, pp.
995–96。

46   Scheinman, 1965, pp. 116, 191; Hecht, 1998, p. 201; Browder, 1964, pp. 15,
37.

47   Browder, 1964, pp. 17, 20, 25; Martin, 1981, p. 38; Chaliand, 1994, p. 1052;
Gordon, 1993, pp. 38–39; Scheinman, 1965, pp. 171, 188–90. 文中引用的是
Scheinman 的引文。

48   Kolodziej, 1974, pp. 96–97.

49   Scheinman, 1965, pp. 192–95; Gordon, 1993, pp. 4–5; Kohl, 1971, p. 47;
Martin, 1981, p. 23.

50   Browder, 1964, pp. ii–iii; Morse, 1973, p. 17; Gallois in Rynning, 2002, p. xiv;
Kohl, 1971, p. 157; Hecht, 1998, p. 209; Howorth and Chilton, 1984, p. 12;
Kohl, 1971, p. 150.

51   Browder, 1964, p. 47; Scheinman, 1965, pp. 192–95; Morse, 1973, pp. 149–51;
Kolodziej, 1971, p. 457; Zoppo, 1964, p. 114; Kolodziej, 1974, p. 45; Waites,
1984, p. 40; Morse, 1973, pp. 92–95; de Carmoy, 1969, p. 433.

52   Ifestos, 1988, p. 276; Browder, 1964, pp. 65–66; Haftendorn, 1996, p. 5;
Howorth and Chilton, 1984, p. 8; Gallois, 1961, p. 169.

53   Gordon, 1993, p. 58; Aron, 1965, p. 122; Gordon, 1993, p. 58; Kohl, 1971, pp.
152–53.

54   Gordon, 1993, p. 62; Chaliand, 1994, pp. 1025–26; Kohl, 1971, pp. 155–57.

55   Morse, 1973, p. 153; Howorth and Chilton, 1984, p. 5; Gordon, 1993, pp.
42–43; Kolodziej, 1974, pp. 104–5; Anthérieu et al., 1963, pp. 9–10; Menard,
1967, pp. 229–32.

56   Morse, 1973, p. 33; Dollfus, 1960, pp. 27–29, 35, 55; Anthérieu et al., 1963,
pp. 21–23, 34–39; Gordon, 1993, p. 40; Moch, 1963, p. 41.

57   Wohlstetter et al., 1976, pp. 116–42 散见各处, 149；Aron, 1965, p. 106; Holmquist,
1969, p. 1。

58   Wohlstetter, 1959, pp. 213, 217, 228–29, n. 9; Halperin, 1966 [1963], p. 120;

Morse, 1973, p. 194; Aron, 1965, pp. 114–19; Club Jean Moulin, 1963, p. 60. 又见 Aron, 1965, pp. 119, 257。

59 Chaliand, 1994, pp. 1065–66; Ifestos, 1988, pp. 284–86; Cimbala, 1988a, p. 126; Cimbala, 1988b, p. 46; Yost, 1987, p. 144; Martin, 1987, p. 47; Wohlstetter et al., 1976, pp. 39, 118.

60 Moch, 1963, p. 264; Aron, 1965, p. 108; Freedman, 1986, p. 778; Hecht, 1998, pp. 243–44; Ifestos, 1988, pp. 281–84; Morse, 1973, p. 195.

61 Chilton, 1984, p. 135; Doran, 1973, pp. 257, 261–63; Chaliand, 1994, p. 1045.

62 Schelling, 1966, p. 34.

63 引自 Nussio, 1996, p. 24; Wolfe, 1965, pp. v–vii。

64 Dollfus, 1960, pp. 100–101; Gordon, 1993, p. 38; d'Abzac- Epezy, 1990, pp. 250–51; Chaliand, 1994, p. 1046.

65 Aron, 1965, pp. 115, 116, n. 12; Martin, 1981, pp. 68–69; Cerny, 1984, p. 56, 59; Dollfus, 1960, p. 70; Gordon, 1993, p. 36. 新法郎（NF）于 1960 年 1 月 1 日问世，并在法国加入欧元体系时被废除。五年计划预算不包括所有资本开支。前者占资本支出的 38%，后者约占 69%。参见 Martin, 1981, p. 67。

66 Rynning, 2002, p. 52; Martin, 1981, pp. 72, 75–78, 366–67; Chicken, 1996, p. 94; Fysh, 1996, p. 184; Gordon, 1993, pp. 180, 194; Gallois in Rynning, 2002, p. xxiv.

67 参见 Gallois in Rynning, 2002, p. xvii; Aron, 1965, p. 114。

68 "这个宣言清楚地表明，第三点被故意省略，常规军队的现代化已被牺牲和放弃，或至少遭到忽视和不得不妥协"；"我们的常规军队源自不同的时代"；引言皆出自 Dollfus, 1960, pp. 69, 71, 83–84。

69 Gordon, 1993, pp. 37–38; Morse, 1973, p. 183; Browder, 1964, p. 54. 目前尚不清楚为什么法国下定决心必须开发自己的主战坦克 AMX-30。美国、英国和德国已经研制出了优秀的机械。如果核武器如此重要，预算又如此紧张，那么 AMX-30 的开发成本根本没有给法国军队带来任何好处——这些成本本可以用于从国外购买（或根据许可建造）更多坦克或其他常规装备。

70 Ailleret, 1962, p. 199–202; Anthérieu et al., 1963, pp. 253–58; Chilton, 1984, p. 154; Martin, 1981, pp. 5–6; Chicken, 1996, p. 96.

71 Moch, 1963, p. 33; Kolodziej, 1967, p. 432; Carver, 1986, p. 782.

72 Freedman, 1986, p. 747; Browder, 1964, pp. 100–101.

73 Nussio, 1996, pp. 22–23; de Carmoy, 1969, p. 426; Martin, 1981, pp. 41, 46–48.

74 Beaufre, 1974, pp. 18, 68–69; Chaliand, 1994, pp. 1051, 1062, quoting General Lucien Poirier ; Holmquist, 1969, pp. 62–63; Martin, 1981, pp. 42–43; Kohl, 1971, pp. 160–62.

75 Ailleret, 1962, pp. 200–201; 参见 Yost, 1987, p. 127; Kolodziej, 1967, p. 432; Chilton, 1984, p. 137; Halperin, 1966, pp. 58–59; Rynning, 2002, p. 56。

76 Morse, 1973, pp. 180–83; 这种方法的效率受到质疑。参见 Aron, 1965, pp. 112–13。

77 Beaufre, 1966, pp. 125–26; Holmquist, 1969, p. 30.

78 Gordon, 1993, p. 3; 参见 Beaufre, 1966, pp. 127–28, 138; Browder, 1964, pp. 97–98; Schelling, 1966, chap. 1。

79 Rynning, 2002, pp. 17, 26; Larkin, 1996, pp. 28–29; Anthérieu et al., 1963, pp. 51–53; Beaufre, 1974, pp. 17–18; Cimbala, 1988b, p. 76; Betts, 1985, p. 154; Carver, 1986, p. 781; Dollfus, 1960, pp. 13, 51; Gallois, 1961, p. 168; Beaufre, 1966, pp. 128, 130; Holmquist, 1969, p. 28.

80 Freedman, 1986, p. 740; Carver, 1986, p. 783.

81 Aron, 1965, p. 2; Chaliand, 1994, pp. 996, 999, 1005; 参见 the scenario in Browder, 1964, p. 130; Beaufre, 1974, pp. 44, 70; Browder, 1964, p. 91。

82 Aron, 1965, pp. 113–14.

83 Dollfus, 1960, p. 21; Ifestos, 1988, p. 278; Gordon, 1993, pp. 59–61; Haftendorn, 1996, p. 3; Kolodziej, 1974, pp. 76–82.

84 Anthérieu et al., 1963, pp. 16–17; Gallois in Rynning, 2002, p. xvi; Howorth and Chilton, 1984, p. 6; Waites, 1984, p. 42; Martin, 1981, pp. 24–25; Holmquist, 1969, p.48; 参见 Browder, 1964, p. 139; Anthérieu et al., 1963, pp. 15–16; Cimbala, 1998, p. 13; Doran, 1973, p. 258; Aron, 1965, p. 110。

85 Haftendorn, 1996, 3; Anthérieu et al., 1963, pp. 48, 61–63; Holmquist, 1969, p. 40; Holmquist, 1969, p. 40; Kissinger, 1969, p. 202.

86 Browder, 1964, pp. 41–43; Kolodziej, 1974, pp. 84–85; Gordon, 1993, pp. 23–29; Zoppo, 1964, p. 122; Rynning, 2002, p. 55.

87 Larkin, 1996, p. 304; Browder, 1964, p. 101; Chaliand, 1994, p. 997. 第四共和国曾提议建立欧洲国防共同体，但最终被法国国民议会否决。

88 Dollfus, 1960, p. 41; Gallois, 1961, p. 205; Gordon, 1993, pp. 44–45, 78; Ifestos, 1988, p. 277; Kolodziej, 1967, p. 21. 无论如何，戴高乐的批评者指责的不是联盟体系行不通，而是法国可以为自己的国防提供资金的想法行不通。

89 这是所有商品和服务共有的一个根本问题。经济学家将这些称为公共商品，即同时为多名用户带来利益的商品，一旦提供，任何用户都不可能被排除在其收益外。以法国为例，它很清楚，一旦遭到袭击，北约不会袖手旁观。法属领土不仅对法国有价值，对北约也有价值。因此，法国可以采取"强硬态度"，退出北约的军事指挥机构，以少量外交政策或军事成本追求"伟大"。法国能取得让步争取更大程度的独立，而不用冒北约崩溃的风险，因为它认为挪威等其他北约成员国永远不会像法国那样敢于冒险。对这些国家来说，北约是一条生命线，波兰等国的命运是一种警告，预示着如果没有北约，将会发生什么。从公共商品的角度来看待法国的核武器决策将可以写出另一个有趣的章节，但我们将把它留待下一次。

90 Olson and Zeckhauser, 1966, pp. 268–70, 272.

91 Olson and Zeckhauser, 1966, pp. 273, 278.

92 Olson and Zeckhauser, 1966, p. 279.

93 Sandler and Hartley, 1999, pp. 18, 29–30; Sandler and Hartley, 1999, pp. 30–31; Sandler and Harltey, 1999, pp. 33–37.

94 Enthoven, 1966, p. 135.

95 Hitch, 1966b, p. 124.

96 Enthoven and Smith, 1971, p. 175; Hitch, 1966b, pp. 125–26.

97 Chaliand, 1994, p. 1067.

第八章　经济学与 21 世纪的军事史

1 关于博弈论的独创性著作是 von Neumann and Morgenstern, 1944。

2 最初的公共商品研究是 Samuelson, 1954, 1955。我们将在本章后面继续讨论这个话题。关于联盟的经典著作是 Olson and Zeckhauser, 1966。关于灵长类，可参见 de Waal, 1982。关于对北约的应用的研究，参见 Sandler and Hartley, 1999 等。

3 关于这个话题的经济学文献很多。例如，Frey, 2004, Frey, Luechinger, and Stutzer, 2004, Sandler and Enders, 2004, Enders and Sandler, 2006, Brück, 2007, and Llussa and Tavares, 2007 提供了便利的概述。尽管跨国恐怖主义占据了世界媒体的头条，但不应忽视的是，国内恐怖主义的受害者比跨国恐怖主义的受害者多出好几个数量级。

4 这一部分是基于合著者 J. 布劳尔于 2004 年 10 月在意大利罗马的北约国防学院以及 2006 年 4 月在阿什维尔的北卡罗来纳大学的演讲。它们部分基于注 3 中的资料来源。

5 正如著名军事历史学家约翰·基根在他的《战争史》一书中所说，"即使是海盗也需要资金来做买卖"（John keegan, 1994, p. 64）。如果恐怖分子向市场供应伤害，人们可能会问，谁是需求者？这未必是一个难题，因为这种情况可以与在家里种植和照料菜园相比，生产者同时也是消费者。一个人不是为了满足他人而生产，而是为了满足自己的需要而生产。无论恐怖生产是面向一外部市场还是一内部市场，我们都会设想存在一个"恐怖市场"，其中，政府行为者的目标是破坏市场的贸易，就像我们希望破坏国际麻醉毒品、卖淫、轻武器和其他犯罪活动的贸易一样。

6 令人不安的是，一种廉价的措施是与恐怖组织"勾结"，这是一种暗中的协定，只要袭击发生在其他地方，就不会在国内追捕恐怖组织。参见 Lee, 1988, and Brauer, 2002。

7 Enders and Sandler, 1993. 威胁会造成严重损失，因此必须采取预防措施。此外，仅仅是受到攻击的威胁就能导致旅游业和外国直接投资大量外移。

8 例如，参见 Center for International Security Policy, 2003。

9 Enders and Sandler, 2006, fig. 3.2, p. 61 and fig. 3.6, p. 66.

10 两个组织随后都承诺放弃恐怖主义，尽管埃塔在此期间似乎食言了。

11 参见 Sandler and Hartley, 1995, 1999; Enders and Sandler, 1993, 2000, 2006。

12 美国及其西方盟友致力于训练发展中国家的反恐人员，提高了在发展中国家发动袭击的相对成本，这可能导致在提供援助的发达国家发生更多袭击。

13 Frey, 2004 特别有力地证明了这一点。

14 这一段和下一段利用了 John Warner and Beth Asch, 1995 的一篇优秀的评论文章，他们本身就是我们对军事人力经济学知识的主要编著者。

15 以下几页很大程度上仰仗 Poutvaara and Wagener, 2007, Simon and Warner, 2007, and Asch, Hosek, and Warner, 2007 写就的优秀评论文章。

16 关于土耳其征兵的一些情况，参见 Yildirim and Erdinc, 2007。

17 另一种情况似乎是，将应征士兵派上战场，可能会比派遣所有志愿兵更激怒派兵国家的民众。法国在阿尔及利亚和美国在越南就是这样的例子。

18 Poutvaara and Wagener, 2007, p. 11.

19 具体数字来自 Asch, Hosek, and Warner, 2007。有人提出了一个相关的主张，即官僚机构规模越大的国家，征兵的平均成本就越低。比如说，如果建立一个征兵制度需要花费 1 亿美元，那么一个每年征召 10 万人的国家的平均成本将低于一个每年征召 1 万名年轻人的国家。随之而来的预测是，在其他条件相同的情况下，大国比小国更有可能实行征兵制。同样，如果一个国家的官僚机构相对高效，它就更有可能征兵，因为征兵的人均成本较低。例如，如果一个国家征召 10 万人需要花费 1 亿美元，而另一个国家征召同样数量的人需要花费 2 亿美元，那么前者比后者更有可能实施征兵制。这种推理的经验证据是混杂的。

20　新兵平均素质的下降因兵种而异——陆军、海军、空军和海军陆战队——2006 年已降至 20 世纪 80 年代中期的普遍水平。人们不应该感到奇怪：所需的部队规模越小，它的选择性就越强，反之亦然。

21　最近出版的两卷论文依次回顾了之前的文献，分别是 Bryden and Caparini, 2006 和 Alexandra, Caparini, and Baker 即将出版的作品。

22　由于所有士兵都有报酬（无偿志愿兵的时代早已过去），所以所有士兵都是雇佣兵。因此，问题不在于这件事显露的经济学，甚至不在于雇员是不是外国人。美国目前从 200 多个国家雇用了大约 30,000 名现役军人和 11,000 名挑选出来的 "绿卡" 预备役军人（*Economist*, 3 February 2007, p. 34）。相反，不安的根源在于私人还有公共对军队合法性、透明度和问责制的担忧。问题的关键在于，国家是否正在将其对武力的垄断让渡给私人行为者。这就是本节要讨论的问题。

23　这一讨论借鉴自 Brauer, 1999, and Brauer and Roux, 1999。

24　我们所说的不是传统意义上的竞争，如巴西的 "相互竞争的" 贩毒团伙或阿富汗或索马里的 "相互竞争的" 军阀集团。我们说的是经济学意义上的含义：如果一个群体足够大，可以为 100 个人中的 10 个人提供保护，那么这 100 个人之间就会存在竞争，以决定谁将是受保护的 10 个人。好人越是不竞争，100 个人中就会有越多的人被保护伞覆盖。

25　为了说明这一点，这里有另一组例子。电视机是私人商品（高竞争性，高排他性）。电视机通常由私营企业生产，当然也可以在一些国营工厂生产。然而，无线广播信号是一种公共商品（低竞争性——许多人可以同时接收到信号——任何有电视机的人都不能被排除在外而收不到信号）。信号可以由公共或私营供应商产生（发送）。因此，商业电视台是公共产品的私营供应商，但英国著名的 BBC 是公共商品的公共供应商。有线电视是俱乐部商品的一个例子：只有那些向有线电视公司支付接入费的人才能观看这些频道（高排他性，但一旦进入 "俱乐部"，就不存在竞争性）。最后，无线电视（或无线电或手机）信号发送所经过的电磁频谱是公共资源池商品。没有人可以被排除在使用频谱之外（低排他性），但如果几个提供商在同一频率上这样做，可能会产生干扰（高竞争性）。

26　布劳尔即将出版的作品。

27　例如，参见 Shearer, 1998。

28 例如，参见 Wulf, 2005，以及其中引用的文献。

29 以上讨论借用自 Fredland, 2004。又见 Fredland and Kendry, 1999。Brauer, 2007 将经济效率从部队的组织剥离。再次，跟随 Williamson, 1999, p. 321，我们将后者纳入前者，扩展了"效率分析"的领域。

30 Williamson, 1999; Fredland, 2004. 关于交易成本经济学的文献和论述，参见 Williamson, 1985。

31 Williamson, 1999, pp. 307–8.

32 Williamson, 1999, pp. 318, 322, 325.

33 Williamson, 1999, pp. 321, 340.

34 Fredland, 2004, p. 211 对两则引言都有述说。

35 Giustozzi, 2007, p. 31.

36 风险并不全在国家一方。在巴布亚新几内亚和桑德莱恩公司的案例中，毁约的是国家；参见 Fredland, 2004, p. 213。

37 海湾战争的努力得到了大量补偿，主要是沙特阿拉伯的补偿，因此美国的贸易平衡转为正值。而在 1991 年之前和之后，美国的贸易差额均为负数。

38 一次性交易比重复交易更有风险。因此，深夜电视"特别节目"更有可能导致顾客不满，因为卖方只想与买方完成一次性交易，而可口可乐公司则希望继续销售软饮料。与同一顾客进行未来交易的前景让可口可乐公司担心自己的声誉和品牌质量。

39 参见 http://www.fas.org/irp/world/para/excutive_outcomes.htm (accessed 17 June 2007)。

40 Novick, 1988, pp. 593, 594.

41 Thompson, 2004, p. 1; Fischer, 2002, p. xiii. 一个时间上更近的例子是加州大学洛杉矶分校的外交历史学家马克·特拉亨伯格与多位国际关系教授就国际关系理论在外交史上的作用和性质进行的交流，可以在 *Historically Speaking*, vol. 8, no. 2 (November / December 2006), pp. 11–21 找到。与几乎所有学科一样，经济学也会发生内部争论。举例来说，成立于 2000 年、拥有自己的在线期刊（参见 www.paecon.net）的"后自闭症经济学网络"（Post-Autistic Economics Network，这个名字或许并不恰当）对新古典主义经济学派的主导地位做出了回应，它在经济学家中引起了一些共鸣，尽管这可能更多地反映了对现状的不满，而不是对另一个选项的认可。

42 关于欧洲和美国模式下的军事史以及新军事史的有益论著，参见 Paret, 1992。

43 Goldin, 1995, p. 206.

44　例如，参见 Conybeare, Murdoch, and Sandler, 1994; Redlich, 1964 / 65; Steiner, 1942; Hitch and McKean, 1967; Bonney, 1999; Ferguson, 2001; Olson, 1982; Kennedy, 1987。

45　在过去的 200 多年里，这些精英经济学家写过有关冲突、战争与和平的文章：肯尼思·阿罗、肯尼思·博尔丁、F. Y. 埃奇沃思、约翰·肯尼思·加尔布雷思、杰克·赫舒拉发、迈克尔·英特里利盖托、劳伦斯·克莱因、瓦西里·列昂惕夫、列宁、弗里德里希·李斯特、卡尔·马克思、奥斯卡·摩根斯特恩、曼瑟尔·奥尔森、维尔弗雷多·帕雷托、A. C. 庇古、大卫·李嘉图、莱昂内尔·罗宾斯、约瑟夫·熊彼特、维尔纳·桑巴特、托马斯·谢林、亚当·斯密、扬·廷贝亨、索尔斯坦·维布伦和克努特·维克塞尔。关于对此的评论，参见 Coulomb, 2004。

46　Keegan, 2003, pp. 3–4.

47　Keegan, 2003, pp. 87–91 有一个关于绘制地图的有趣讨论，更确切地说是绘制地图的缺失，因为它与美国内战有关。"（谢南多厄）河谷的糟糕地图会误导北方敌人犯下严重错误"（ p. 91)。

参考文献

Ailleret, Charles. 1962. *L'Aventure atomique française*. Paris: Grasset.

Akerlof, George A. 1984 [1970]. "The Market for 'Lemons': Quality Uncertainty and the Market Mechanism." *Quarterly Journal of Economics*, vol. 84 (August), pp. 488–500. Reprinted in George A. Akerlof, *An Economic Theorist's Book of Tales* (Cambridge: Cambridge University Press, 1984).

Alexandra, Andrew, Marina Caparini, and Deane-Peter Baker, eds. Forthcoming. *Private Military Companies: Ethics, Theory, and Practice*. London: Routledge.

Anderson, Donna M., and Michael J. Haupert. 1999. "Employment and Statistical Discrimination: A Hands-on Experiment." *Journal of Economics* (MVEA), vol. 25, no. 1, pp. 85–102.

Angellotti, Marion Polk. 1911. *Sir John Hawkwood*. New York: R. F. Fenno and Co.

Anthérieu, Étienne, et al., eds. 1963. *Pour ou contre la force de frappe?* Paris: John Didier.

Aron, Raymond. 1965. *The Great Debate: Theories of Nuclear Strategy*. Translated by Ernst Pawel. Garden City, NY: Doubleday.

Asch, Beth J., James R. Hosek, and John T. Warner. 2007. "New Economics of Manpower in the Post–Cold War Era," in Todd Sandler and Keith Hartley, eds., *Handbook of Defense Economics*, vol. 2. Amsterdam: Elsevier.

Axelrod, Alan. 1992. *The War Between the Spies: A History of Espionage during the American Civil War*. New York: Atlantic Monthly Press, 1992.

Bachrach, Bernard S. 1994. "Medieval Siege Warfare: A Reconnaissance." *Journal of Military History*, vol. 58 (January), pp. 119–133.

———. 2002. *Warfare and Military Organization in Pre-Crusade Europe*. Aldershot, UK: Ashgate.

Baer, George W. 1993. *One Hundred Years of Sea Power: The U.S. Navy, 1890–1990*. Stanford, CA: Stanford University Press.

Baggett, James Alex. 2003. *The Scalawags: Southern Dissenters in the Civil War and Reconstruction*. Baton Rouge: Louisiana State University Press.

Bakeless, John. 1975. "Lincoln's Private Eye." *Civil War Times Illustrated*, vol. 14, no. 6, pp. 22–30.

———. 1971. "Catching Harry Gilmor." *Civil War Times Illustrated*, vol. 10, no. 1, pp. 34–40.

Baron, Hans. 1953a. "A Struggle for Liberty in the Renaissance: Florence, Venice, and Milan in the Early Quattrocento: Part One." *American Historical Review*, vol. 58, no. 2 (January), pp. 265–289.

———. 1953b. "A Struggle for Liberty in the Renaissance: Florence, Venice, and Milan in the Early Quattrocento: Part Two." *American Historical Review,* vol. 58, no. 3 (April), pp. 544–570.

Bartholomees, J. Boone. 1998. *Buff Facings and Gilt Buttons: Staff and Headquarters Operations in the Army of Northern Virginia, 1861–1865.* Columbia, SC: University of South Carolina Press.

Baumgartner, Frederic J. 1991. *From Spear to Flintlock: A History of War in Europe and the Middle East to the French Revolution.* New York: Praeger.

Bayley, C. C. 1961. *War and Society in Renaissance Florence: The* De Militia *of Leonardo Bruni.* Toronto: University of Toronto Press.

Beaufre, André. 1966. *Deterrence and Strategy.* Translated by R. H. Barry. New York: Praeger.

———. 1974. *Strategy for Tomorrow.* New York: Crane Russak and Stanford Research Institute.

Becker, Gary. 1976. *The Economic Approach to Human Behavior.* Chicago: University of Chicago Press.

Becker, Marvin B. 1966. "Economic Change and the Emerging Florentine Territorial State." *Studies in the Renaissance,* vol. 13, pp. 7–39.

Beeton, Leonard. 1966. "Capabilities of Non-Nuclear Powers," pp. 13–38, in A. Buchan, ed., *A World of Nuclear Powers?* Englewood Cliffs, NJ: Prentice-Hall.

Berkey, Jonathan M. 2003. "War in the Borderland: The Civilians' Civil War in Virginia's Lower Shenandoah Valley." Ph.D. diss., Pennsylvania State University.

Besanko, David, David Dranove, and Mark Shanley. 1996. *Economics of Strategy.* New York: John Wiley.

Betts, Richard K. 1985. "Conventional Deterrence: Predictive Uncertainty and Policy Confidence." *World Politics,* vol. 37, no. 2 (January), pp. 153–179.

Bicheno, Hugh. 2001. *Gettysburg.* London: Cassell.

Biddick, Kathleen. 1990. "People and Things: Power in Early English Development." *Comparative Studies in Society and History,* vol. 32 (January), pp. 3–23.

Biddle, Tami Davis. 2002. *Rhetoric and Reality in Air Warfare: The Evolution of British and American Ideas about Strategic Bombing, 1914–1945.* Princeton, NJ: Princeton University Press.

Black, C. F. 1970. "The Baglioni as Tyrants of Perugia, 1488–1540." *English Historical Review,* vol. 85, no. 335 (April), pp. 245–281.

Black, Jeremy. 1996. *The Cambridge Illustrated Atlas of Warfare: Renaissance to Revolution, 1492–1792.* Cambridge: Cambridge University Press.

Blanshei, Sarah R. 1979. "Population, Wealth, and Patronage in Medieval and Renaissance Perugia." *Journal of Interdisciplinary History,* vol. 9, no. 4 (Spring), pp. 597–619.

Blastenbrei, Peter. 1987. *Die Sforza und ihr Heer: Studien zur Struktur-, Wirtschafts- und Sozialgeschichte des Söldnerwesens in der italienischen Frührenaissance.* Heidelberg: Carl Winter Universitätsverlag.

Bonney, Richard, ed. 1999. *The Rise of the Fiscal State in Europe, c. 1200–1815.* Oxford: Oxford University Press.

Bradbury, Jim. 1992. *The Medieval Siege.* Woodbridge, UK: Boydell Press.

Brauer, Jurgen. 1999. "An Economic Perspective on Mercenaries, Military Companies, and the Privatisation of Force." *Cambridge Review of International Affairs,* vol. 13, no. 1 (Autumn/Winter), pp. 130–146.

——. 2002. "On the Economics of Terrorism." *Phi Kappa Phi Forum,* vol. 82, no. 2, pp. 38–41.

——. 2007. "Arms Industries, Arms Trade, and Developing Countries," in Todd Sandler and Keith Hartley, eds., *Handbook of Defense Economics,* vol. 2. Amsterdam: Elsevier.

——. Forthcoming. "Private Military Companies: Markets, Ethics, Economics," in Andrew Alexandra, Marina Caparini, and Deane-Peter Baker, eds., *Private Military Companies: Ethics, Theory, and Practice.* London: Routledge.

—— and André Roux. 1999. "La paix comme bien public international: Une application préliminaire à Afrique australe." *Pax Economica: Revue economique de la paix,* vol. 1, no. 2 (Automne), pp. 3–24. Reprinted in *Annuaire français de relations internationales,* vol. 4 (2003), pp. 742–756.

Bridges, Hal. 1958. "A Lee Letter on the 'Lost Dispatch' and Maryland Campaign of 1862." *Virginia Magazine of History and Biography,* no. 2, pp. 161–168.

British Bombing Survey Unit. 1998. *The Strategic Air War against Germany, 1939–1945: Report of the British Bombing Survey Unit.* With forewords by Michael Beetham and John W. Huston and introductory material by Sebastian Cox. London: Frank Cass Publishers.

Broadberry, Stephen, and Mark Harrison, eds. 2005. *The Economics of World War I.* Cambridge: Cambridge University Press.

Browder, John Morgan. 1964. "The *Force de Frappe:* Its Evolution and Objectives." M.A. thesis, University of Virginia.

Browning, Reed. 1995 [1993]. *The War of the Austrian Succession.* New York: St Martin's Griffin.

Brück, Tilman, ed. 2007. *The Economic Analysis of Terrorism.* London: Routledge.

Bryden, Alan, and Marina Caparini, eds. 2006. *Private Actors and Security Governance.* Vienna and Berlin: LitVerlag.

Bryson, Bill. 2003. *A Short History of Nearly Everything.* New York: Broadway Books.

Buchan, Alastair. 1966. "Introduction," pp. 1–11, in A. Buchan, ed., *A World of Nuclear Powers?* Englewood Cliffs, NJ: Prentice-Hall.

Buchholz, Todd G. 1989. *New Ideas from Dead Economists: An Introduction to Modern Economic Thought.* New York: New American Library.

Buck, Mark. 1983. *Politics, Finance, and the Church in the Reign of Edward II: Walter Stapeldon, Treasurer of England.* Cambridge: Cambridge University Press.

Budiansky, Stephen. 2004. *Air Power: The Men, Machines, and Ideas That Revolutionized War, from Kitty Hawk and Gulf War II.* New York: Viking.

Bueno de Mesquita, D. M. 1946. "Some Condottieri of the Trecento and Their Relations with Political Authority." *Proceedings of the British Academy,* vol. 32, pp. 219–241.

Caferro, William. 1994. "Mercenaries and Military Expenditure: The Costs of Undeclared Warfare in Fourteenth Century Siena." *Journal of European Economic History,* vol. 23, pp. 219–247.

——. 1996. "Italy and the Companies of Adventure in the Fourteenth Century." *Historian,* vol. 58, no. 4 (Summer), pp. 794–801. [Internet version, accessed 10 January 2002.]

——. 1998. *Mercenary Companies and the Decline of Siena.* Baltimore, MD: Johns Hopkins University Press.

Cameron, Rondo, and Larry Neal. 2003. *A Concise Economic History of the World: From Paleolithic Times to the Present.* 4th ed. New York: Oxford University Press.

Canan, Howard V. 1964. "Confederate Military Intelligence." *Maryland Historical Magazine,* vol. 59, no. 10, pp. 34–51.

Canestrini, Giuseppe. 1851. "Documenti per servire alla storia milizia italiana dal xiii secolo al xvi raccolti negli archivj della toscana e preceduti da un discorso di Giuseppe Canestrini." *Archivio Storico Italiano,* ser. 1, vol. 15 (the entire volume).

Cantor, Norman F. 2002 [2001]. *In the Wake of the Plague: The Black Death and the World It Made.* New York: HarperCollins Perennial.

Capra, Carlo. 1999. "The Italian States in the Early Modern Period," pp. 417–442, in Richard Bonney, ed., *The Rise of the Fiscal State in Europe, c. 1200–1815.* Oxford: Oxford University Press.

Carver, Michael. 1986. "Conventional Warfare in the Nuclear Age," pp. 779–814, in Peter Paret, ed., *Makers of Modern Strategy: From Machiavelli to the Nuclear Age.* Princeton, NJ: Princeton University Press.

Cashin, Joan E. 2002. *The War Was You and Me: Civilians in the American Civil War.* Princeton, NJ: Princeton University Press,

Center for International Security Policy. 2003. *Proceedings: Swiss EAPC/PfP Workshop on Combating the Financing of Terrorism.* Swiss Federal Department of Foreign Affairs, Centre for International Security Policy: Geneva, 27–28 November 2003.

Cerny, Philip G. 1984. "Gaullism, Nuclear Weapons and the State," pp. 46–74, in J. Howorth and P. Chilton, eds., *Defence and Dissent in Contemporary France.* New York: St. Martin's.

Chaliand, Gerard, ed. 1994. *The Art of War in World History: From Antiquity to the Nuclear Age.* Berkeley and Los Angeles, CA: University of California Press.

Chandler, David. 1973. *Marlborough as Military Commander.* New York: Scribner's.

Chappat, Richard. 2003. *La dimension budgetaire: Les resources consacrées à la défense européenne.* Paris: Ecole des hautes études en sciences sociales.

Chicken, Paule. 1996. "Conscription Revisited," pp. 93–103, in Tony Chafer and Brian Jenkins, eds., *France: From the Cold War to the New World Order.* New York: St. Martin's.

Chilton, Patricia. 1984. "French Nuclear Weapons," pp. 135–169, in J. Howorth and P. Chilton, eds., *Defence and Dissent in Contemporary France.* New York: St. Martin's.

Cimbala, Stephen J. 1987. *Nuclear War and Nuclear Strategy: Unfinished Business.* Westport, CT: Greenwood.

———. 1988a. *Nuclear Strategizing: Deterrence and Reality.* Westport, CT: Praeger.

———. 1988b. *Rethinking Nuclear Strategy.* Wilmington, DE: Scholarly Resources.

———. 1989. *Strategic Impasse: Offense, Defense, and Deterrence Theory and Practice.* Westport, CT: Greenwood.

———. 1998. *The Past and Future of Nuclear Deterrence.* Westport, CT: Praeger.

Clodfelter, Mark. 1994. "Pinpointing Devastation: American Air Campaign Planning before Pearl Habor." *Journal of Military History,* vol. 58, no. 1 (January), pp. 75–101.

Club Jean Moulin. 1963. *La Force de Frappe et le citoyen.* Paris: Editions du Seuil.

Coase, Ronald H. 1994. "The Institutional Structure of Production," pp. 3–14, in Ronald H. Coase, *Essays on Economics and Economists.* Chicago: University of Chicago Press.

Cohen, Eliot, and John Gooch. 1990. *Military Misfortunes: The Anatomy of Failure in War.* New York: Free Press.

Connelly, Owen. 1987. *Blundering to Glory: Napoleon's Military Campaigns.* Wilmington, DE: Scholarly Resources.

Connor, James A. 2004. *Kepler's Witch.* New York: HarperCollins.

Contamine, Philippe. 1984. *War in the Middle Ages.* Oxford, U.K.: Blackwell.

Conybeare, John A. C., James C. Murdoch, and Todd Sandler. 1994. "Alternative

Collective-Goods Models of Military Alliances: Theory and Empirics." *Economic Inquiry,* vol. 32, no. 4 (October), pp. 525–542.

Corfis, Ivy A., and Michael Wolfe, eds. 1995. *The Medieval City under Siege.* Woodbridge, UK: Boydell, 1995.

Coulomb, Fanny. 2004. *Economic Theories of Peace and War.* London: Routledge.

Cox, Sebastian. 1998. "The Overall *Report* in Retrospect," pp. xxiii–xli, in British Bombing Survey Unit, *The Strategic Air War against Germany, 1939–1945: Report of the British Bombing Survey Unit.* With forewords by Michael Beetham and John W. Huston and introductory material by Sebastian Cox. London: Frank Cass Publishers.

Crafts, N. F. R. 1987. "Cliometrics, 1971–1986: A Survey." *Journal of Applied Econometrics,* vol. 2, pp. 171–192.

Craven, Wesley Frank, and James Lea Cate, eds. 1983 [1947–1958]. *The Army Air Forces in World War II.* 7 vols., 1947–1958. New imprint by the Office of Air Force History. Washington, DC: U.S. Government Printing Office.

Curry, Anne. 1998. "Medieval Warfare: England and Her Continental Neighbors, Eleventh to the Fourteenth Century (Review Article)." *Journal of Medieval History,* vol. 24 (March), pp. 81–102.

D'Abzac-Epezy, Claude. 1990. "La société militaire, de l'ingérence a l'ignorance," pp. 245–256, in Jean-Pierre Rioux, ed., *La Guerre d'Algerie et les Français.* Paris: Fayard.

Davis, Robert Scott, Jr. 1994. "The Curious Civil War Career of James George Brown, Spy." *Prologue,* vol. 26, no. 1, pp. 7–31.

De Carmoy, Guy. 1969. "The Last Year of De Gaulle's Foreign Policy." *International Affairs,* vol. 45 (July), pp. 424–435.

Deiss, Joseph Jay. 1967. *Captains of Fortune: Profiles of Six Italian Condottieri.* New York: Thomas Y. Crowell Co.

De Meulemeester, Johnny, and André Matthys. 2001. "Castles at War: Some Reflections Based on Excavations of Motte and Bailey Castles in Belgium," pp. 44–50, in Witold Swietoslawski, ed., *Warfare in the Middle Ages.* Lodz: Institute for Archaeology and Ethnology of the Polish Academy of Sciences.

De Roover, Raymond. 1968. "Labour Conditions in Florence around 1400: Theory, Policy and Reality," pp. 277–313, in Nicolai Rubinstein, ed., *Florentine Studies: Politics and Society in Renaissance Florence.* London: Faber and Faber.

De Tocqueville, Alexis. 1984 [1956]. *Democracy in America.* New York: Mentor.

De Waal, Frans B. M. 1982. *Chimpanzee Politics: Power and Sex among Apes.* New York: Harper and Row.

———. 1989. *Peacemaking among Primates.* Cambridge, MA: Harvard University Press.

Diamond, Jared. 1997. *Guns, Germs, and Steel: The Fates of Human Societies.* New York: Norton.

———. 2005. *Collapse: How Societies Choose to Fail or Succeed.* New York: Viking.

Dixon, Norman. 1976. *On the Psychology of Military Incompetence.* New York: Basic Books.

Dolan, R. J. 2002. "Emotion, Cognition, and Behavior." *Science,* vol. 298, no. 5596 (8 November 2002), pp. 1191–1194.

Dollfus, Daniel. 1960. *La force de frappe.* Paris: René Julliard.

Donnelly, Mark P., and Daniel Diehl. 1998. *Siege: Castles at War.* Dallas: Taylor.

Doran, Charles F. 1973. "A Theory of Bounded Deterrence." *Journal of Conflict Resolution,* vol. 17 (June), pp. 243–269.

Dowdey, Clifford, ed. 1961. *The Wartime Papers of R. E. Lee.* Boston: Little, Brown.

Drees, Clayton J. 2001. "Introduction," pp. vii–xiv, in Clayton J. Drees, ed., *The Late Medieval Age of Crisis and Renewal, 1300–1500: A Biographical Dictionary.* Westport, CT: Greenwood Press.

Druzhinin, V. V., D. S. Kontorov, and S. M. Shtemenko. 1973 [1972]. *Concept, Algorithm, Decision.* Washington, DC: Joint Publications Research Service and Moscow: Voenizdat.

Duffy, Christopher. 2000. *Instrument of War.* Rosemont, IL: Emperor's Press.

Dupuy, R. Ernest, and Trevor N. Dupuy. 1970. *The Harper Encyclopedia of Military History: From 3500 BC to the Present.* Rev. ed. New York: Harper and Row.

———. 1993. *The Harper Encyclopedia of Military History: From 3500 BC to the Present.* 4th ed. New York: HarperCollins Publishers.

Dupuy, T. N. 1979. *Numbers, Predictions, and War: Using History to Evaluate Combat Factors and Predict the Outcome of Battles.* Indianapolis: Bobbs-Merrill.

Dyer, Thomas G. 1999. *Secret Yankees: The Union Circle in Confederate Atlanta.* Baltimore: Johns Hopkins University Press.

Edwards, J. Goronwy. 1946. "Edward I's Castle-Building in Wales." *Proceedings of the British Academy,* vol. 32, pp. 15–81.

Elley, Ben L. 1992. *Grant's Final Campaign: Intelligence and Communications Support.* Fort Leavenworth, KY: School of Advanced Military Studies.

Enders, Walter, and Todd Sandler. 1993. "The Effectiveness of Antiterrorism Policies: A Vector-Autoregression-Intervention Analysis." *American Political Science Review,* vol. 87, no. 4, pp. 829–844.

———. 2000. "Is Transnational Terrorism Becoming More Threatening?" *Journal of Conflict Resolution,* vol. 44, no. 3, pp. 307–332.

———. 2006. *The Political Economy of Terrorism.* Cambridge, UK: Cambridge University Press.

Enthoven, Alain C. 1966. "Choosing Strategies and Selecting Weapon Systems," pp. 133–148, in Samuel A. Tucker, ed., *A Modern Design for Defense Decision: A McNamara-Hitch-Enthoven Anthology.* Washington, DC: Industrial College of the Armed Forces.

——— and K. Wayne Smith. 1971. *How Much Is Enough? Shaping the Defense Program, 1961–1969.* New York: Harper and Row.

Epstein, S. R. 1993. "Town and Country: Economy and Institutions in Late Medieval Italy." *Economic History Review,* n.s., vol. 46, no. 3 (August), pp. 453–477.

Esposito, Vincent J., ed. 1972 [1959]. *West Point Atlas of American Wars,* vol. 1, 1689–1900. New York: Praeger.

Feis, William B. 1993. "Neutralizing the Valley: The Role of Military Intelligence in the Defeat of Jubal Early's Army of the Valley, 1864–1865." *Civil War History,* vol. 39, no. 3, pp. 199–215.

———. 1997. "Finding the Enemy: The Role of Military Intelligence in the Campaigns of Ulysses S. Grant, 1861–1865." Ph.D. diss., Ohio State University.

———. 2002. *Grant's Secret Service: The Intelligence War from Belmont to Appomattox.* Lincoln, NE: University of Nebraska Press.

Ferguson, Niall. 2001. *The Cash Nexus: Money and Power in the Modern World, 1700–2000.* New York: Basic Books.

Fischer, David Hacker. 2002. "Editor's Note," pp. xiii–xiv, in James M. McPherson, *Crossroads of Freedom: Antietam.* New York: Oxford University Press.

Fishel, Edwin C. 1964. "The Mythology of Civil War Intelligence." *Civil War History,* vol. 10, no. 4, pp. 344–367.

——. 1988. "Pinkerton and McClellan: Who Deceived Whom?" *Civil War History,* vol. 34, no. 2, pp. 115–142.

FitzNigel, Richard. 1983. *Dialogus de Scaccario — The Course of the Exchequer.* Translated and edited by Charles Johnson. Oxford: Clarendon Press.

Fowler, Kenneth A. 2001. *Medieval Mercenaries,* vol. 1: *The Great Companies.* Oxford, UK: Blackwell.

France, John. 1999. *Western Warfare in the Age of the Crusades, 1000–1300.* Ithaca, NY: Cornell University Press.

——. 2001. "Recent Writing on Medieval Warfare: From the Fall of Rome to c. 1300." *Journal of Military History,* vol. 65 (April), pp. 441–473.

Fredland, Eric. 2004. "Outsourcing Military Force: A Transactions Cost Perspective on the Role of Military Companies." *Defense and Peace Economics,* vol. 15, no. 3, pp. 205–219.

—— and Adrian Kendry. 1999. "The Privatisation of Military Force: Economic Virtues, Vices, and Government Responsibility." *Cambridge Review of International Affairs,* vol. 13, no. 1 (Autumn–Winter), pp. 147–164.

Freedman, Lawrence. 1986. "The First Two Generations of Nuclear Strategists," pp. 735–778, in Peter Paret, ed., *Makers of Modern Strategy: From Machiavelli to the Nuclear Age.* Princeton, NJ: Princeton University Press.

Frey, Bruno S. 2004. *Dealing with Terrorism: Stick or Carrot?* Cheltenham, UK: Elgar.

——, Simon Luechinger, and Alois Stutzer. 2004. "Calculating Tragedy: Assessing the Costs of Terrorism." Working paper. University of Zurich.

Friedrich, Jörg. 2002. *Der Brand: Deutschland im Bombenkrieg 1940–1945.* München: Propyläen Verlag, Ullstein Heyne List GmbH.

Fuchs, Victor. 1975. *Who Shall Live? Health, Economics, and Social Choice.* New York: Basic Books.

Fuller, J. F. C. 1961. *The Conduct of War: 1789–1961.* New Brunswick, NJ: Rutgers University Press.

——. 1970. *The Decisive Battles of the Western World.* 2 vols. Edited by John Terraine. London: Paladin.

Fysh, Peter. 1996. "Gaullism and the New World Order," pp. 181–192, in Tony Chafer and Brian Jenkins, eds., *France: From the Cold War to the New World Order.* New York: St. Martin's.

Gaddy, David W. 1975. "Gray Cloaks and Daggers." *Civil War Times,* vol. 4, pp. 20–27.

Galbraith, John K. 1958. *The Affluent Society.* Boston: Houghton Mifflin.

Gallagher, Gary W. 1998. "I Have to Make the Best of What I Have: Robert E. Lee at Spotsylvania," pp. 5–28, in Gary W. Gallagher, ed., *The Spotsylvania Campaign.* Chapel Hill, NC: University of North Carolina Press.

——. 1999a. "Confederate Corps Leadership on the First Day at Gettysburg: Hill and Ewell in a Difficult Debut," pp. 25–43, in Gary W. Gallagher, ed., *Three Days at Gettysburg: Essays on Confederate and Union Leadership.* Kent, OH: Kent State University Press.

——. 1999b. "'If the Enemy Is There, We Must Attack Him': R. E. Lee and the Second Day at Gettysburg," pp. 109–129, in Gary W. Gallagher, ed., *Three Days at Gettysburg: Essays on Confederate and Union Leadership.* Kent, OH: Kent State University Press.

Gallois, Pierre. 1961. *The Balance of Terror: Strategy for the Nuclear Age.* Translated by Richard Howard. Boston: Houghton Mifflin.

Geary, James W. 1991. *We Need Men: The Union Draft in the Civil War.* DeKalb, IL: Northern Illinois University Press.

Gentile, Gian P. 2000. "Shaping the Past Battlefield, 'For the Future': The United States Strategic Bombing Survey's Evaluation of the American Air War against Japan." *Journal of Military History,* vol. 64 (October), pp. 1085–1112.

Gillingham, John. 1984. "Richard I and the Science of War in the Middle Ages," pp. 78–91, in John Gillingham and J. C. Holt, eds., *War and Government in the Middle Ages: Essays in Honour of J. O. Prestwich.* Woodbridge, Suffolk, UK: Boydell Press.

———. 1999. "An Age of Expansion, c. 1020–1204," pp. 59–88, in Maurice Keen, ed., *Medieval Warfare: A History.* Oxford: Oxford University Press.

Giustozzi, Antonio. 2007. "The Privatizing of War and Security in Afghanistan: Future or Dead End?" *Economics of Peace and Security Journal,* vol. 2, no. 1, pp. 30–34.

Goldin, Claudia. 1995. "Cliometrics and the Nobel." *Journal of Economic Perspectives,* vol. 9, no. 2 (Spring), pp. 191–208.

Gordon, Philip H. 1993. *A Certain Idea of France: French Security Policy and the Gaullist Legacy.* Princeton, NJ: Princeton University Press.

Gravett, Richard. 1990. *Medieval Siege Warfare.* London: Osprey.

Green, Louis. 1986. *Castruccio Castracani: A Study on the Origins and Character of a Fourteenth-Century Italian Despotism.* Oxford: Clarendon Press.

Greene, A. Wilson. 2000. *Breaking the Backbone of the Rebellion: The Final Battles of the Petersburg Campaign.* Mason City, IA: Savas.

Greenhous, Brereton, Stephen J. Harris, William C. Johnston, and William G. P. Rawling. 1994. *The Crucible of War, 1939–1945: The Official History of the Royal Canadian Air Force,* vol. 3. Toronto: University of Toronto Press.

Greif, Avner. 2000. "The Fundamental Problem of Exchange: A Research Agenda in Historical Institutional Analysis." *European Review of Economic History,* vol. 4, no. 3, pp. 251–284.

———. 2006. "The Birth of Impersonal Exchange: The Community Responsibility System and Impartial Justice." *Journal of Economic Perspectives,* vol. 20, no. 2, pp. 221–236.

Guback. Thomas H. 1959. "General Sherman's War on the Press." *Journalism Quarterly,* vol. 36, no. 2, pp. 171–176.

Haftendorn, Helga. 1996. *NATO and the Nuclear Revolution: A Crisis of Credibility, 1966–1967.* Oxford: Clarendon Press.

Haidt, Jonathan. 2007. "The New Synthesis in Moral Psychology." *Science,* vol. 316 (18 May), pp. 998–1002.

Halperin, Morton H. 1966 [1963]. *Limited War in the Nuclear Age.* New York: John Wiley and Sons.

Harari, Yuval Noah. 2000. "Strategy and Supply in Fourteenth-Century Western European Invasion Campaigns." *Journal of Military History,* vol. 64 (April), pp. 297–333.

Harrison, Mark, ed. 1998. *The Economics of World War II: Six Great Powers in International Comparison.* Cambridge: Cambridge University Press.

Harriss, G. L. 1975. *King, Parliament, and Public Finance in Medieval England to 1369.* London: Clarendon Press.

Hecht, Gabrielle. 1996. "Rebels and Pioneers: Technocratic Ideologies and Social Identities in the French Nuclear Workplace, 1955–69." *Social Studies of Science,* vol. 26 (August), pp. 483–530.

———. 1998. *The Radiance of France: Nuclear Power and National Identity after World War II.* Cambridge, MA: Massachusetts Institute of Technology Press.

Heilbroner, Robert L. 1999 [1953]. *The Worldly Philosophers.* 7th ed. New York: Touchstone.

Helmbold, Robert L. 1971. *Decision in Battle: Breakpoint Hypotheses and Engagement Termination Data.* Santa Monica, CA: RAND.

Henderson, William D. 1987. *The Road to Bristoe Station: Campaigning with Lee and Meade, August 1–October 20, 1863.* Lynchburg, VA: H. E. Howard.

Henneman, John Bell, Jr. 1999. "France in the Middle Ages," pp. 101–122, in Richard Bonney, ed., *The Rise of the Fiscal State in Europe, c. 1200–1815.* Oxford: Oxford University Press.

Hennessy, John. 1993. *Return to Bull Run: The Campaign and Battle of Second Manassas.* New York: Simon and Schuster.

Hewitt, Kenneth. 1983. "Place Annihilation: Area Bombing and the Fate of Urban Places." *Annals of the Association of American Geographers,* vol. 73, no. 2 (June), pp. 257–284.

Heyne, Paul, Peter Boettke, and David Prychitko. 2003. *The Economic Way of Thinking.* 10th ed. Upper Saddle River, NJ: Prentice Hall.

Hitch, Charles J. 1966a. "Prospect and Retrospect," pp. 106–117, in Samuel A. Tucker, ed., *A Modern Design for Defense Decision: A McNamara-Hitch-Enthoven Anthology.* Washington, DC: Industrial College of the Armed Forces.

———. 1966b. "Cost Effectiveness," pp. 121–132, in Samuel A. Tucker, ed., *A Modern Design for Defense Decision: A McNamara-Hitch-Enthoven Anthology.* Washington, DC: Industrial College of the Armed Forces.

——— and Roland N. McKean. 1967. *The Economics of Defense in the Nuclear Age.* Cambridge, MA: Harvard University Press.

Hocquet, Jean-Claude. 1999. "Venice," pp. 381–415, in Richard Bonney, ed., *The Rise of the Fiscal State in Europe, c. 1200–1815.* Oxford: Oxford University Press.

Holmquist, Richard C. 1969. "A Political and Strategic Evaluation of the French 'Force de Frappe.'" M.A. thesis, George Washington University.

Hooper, Nicholas, and Matthew Bennett. 1996. *The Cambridge Atlas of Warfare: The Middle Ages, 786–1487.* Cambridge: Cambridge University Press.

Horn, John. 1993. *The Petersburg Campaign: June 1864–April 1865.* Conshocken, PA: Combined Books.

Housley, Norman. 1982. "The Mercenary Companies, the Papacy, and the Crusades, 1356–1378." *Traditio* [New York], vol. 38, pp. 253–280. Reprinted as chapter 15 in Norman Housley, *Crusading and Warfare in Medieval and Renaissance Europe* (Burlington, VT: Ashgate, 2001).

———. 1999. "European Warfare, c. 1200–1320," pp. 113–135, in Maurice Keen, ed., *Medieval Warfare: A History.* Oxford: Oxford University Press.

Howorth, Jolyon. 1996. "France and European Security 1944–94: Re-reading the Gaullist 'Consensus,'" pp. 17–38, in Tony Chafer and Brian Jenkins, eds., *France: From the Cold War to the New World Order.* New York: St. Martin's.

——— and Patricia Chilton. 1984. "Introduction: Defence, Dissent, and French Political Culture," pp. 1–23, in J. Howorth and P. Chilton, eds., *Defence and Dissent in Contemporary France.* New York: St. Martin's.

Ifestos, Panayotis. 1988. *Nuclear Strategy and European Security Dilemmas: Towards an Autonomous European Defence System?* Aldershot, UK: Avebury.

Ilardi, Vincent. 1959. "The Italian League, Francesco Sforza, and Charles VII (1454–1461)." *Studies in the Renaissance,* vol. 6, pp. 129–166.

Isenman, Eberhard. 1999. "The Holy Roman Empire in the Middle Ages," pp. 243–280, in Richard Bonney, ed., *The Rise of the Fiscal State in Europe, c. 1200–1815.* Oxford: Oxford University Press.

Jacobs, W. A. 1986. "Strategic Bombing and American National Strategy, 1941–1943." *Military Affairs,* vol. 50, no. 3 (July), pp. 133–139.

Jeffreys, Steven. 1973. *A Medieval Siege.* Hove, UK: Wayland.

Johnston II, Angus J. 1955. "Disloyalty on Confederate Railroads in Virginia." *Virginia Magazine of History and Biography,* vol. 63 (October), pp. 410–426.

Jones, Richard L. C. 1999. "Fortifications and Sieges in Western Europe, c. 800–1450," pp. 163–185, in Maurice Keen, ed., *Medieval Warfare: A History.* Oxford: Oxford University Press.

Jones, Wilbur D., Jr. 1966. "Who Lost the Lost Orders? Stonewall Jackson, His Courier, and Special Orders No. 191." *Civil War Regiments,* vol. 5, no. 3, pp. 1–26.

Kamen, Henry. 1968. "The Economic and Social Consequences of the Thirty Years' War." *Past and Present,* vol. 39 (April), pp. 44–61.

Katz, Michael L., and Harvey S. Rosen. 1991. *Microeconomics.* Homewood, IL: Irwin.

Kaufman, Richard F., ed. 2003. *The Full Costs of Ballistic Missile Defense.* Economists Allied for Arms Reduction (ECAAR) and Center for Arms Control and Non-Proliferation (CACNP). Pearl River, NY and Washington, DC: ECAAR/CACNP.

Keegan, John. 1976. *The Face of Battle.* New York: Viking.

———. 1987. *The Mask of Command.* Harmondsworth, UK: Penguin.

———. 1994 [1993]. *A History of Warfare.* New York: Vintage Books.

———. 1999. *The First World War.* New York: Knopf.

———. 2003. *Intelligence in War: Knowledge of the Enemy from Napoleon to Al-Qaeda.* London: Hutchinson.

Kennedy, Paul. 1987. *The Rise and Fall of the Great Powers: Economic Change and Military Conflict from 1500 to 2000.* New York: Random House.

Keuper, Richard W. 1994. "The Welsh Wars," pp. 142–176, in Larry Neal, ed., *War Finance,* vol. 1, *From Antiquity to Artillery.* Aldershot, UK, and Brookfield, VT: Elgar.

Kissinger, Henry A. 1969. *Nuclear Weapons and Foreign Policy.* New York: Norton.

Koch, H. W. 1991. "The Strategic Air Offensive against Germany: The Early Phase, May–September 1940." *Historical Journal,* vol. 34, no. 1 (March), pp. 117–141.

Kohl, Wilfrid L. 1971. *French Nuclear Diplomacy.* Princeton, NJ: Princeton University Press.

Kolodziej, Edward A. 1967. "French Strategy Emergent: General André Beaufre: A Critique." *World Politics,* vol. 19 (April), pp. 417–442.

———. 1971. "Revolt and Revisionism in the Gaullist Global Vision: An Analysis of French Strategic Policy." *Journal of Politics,* vol. 33 (May), pp. 448–477.

———. 1974. *French International Policy under de Gaulle and Pompidou.* Ithaca, NY: Cornell University Press.

Kuhn, Thomas S. 1962. *The Structure of Scientific Revolutions.* Chicago: University of Chicago Press.

Ladero Quesada, Miguel Angel. 1999. "Castile in the Middle Ages," pp. 177–199, in Richard Bonney, ed., *The Rise of the Fiscal State in Europe, c. 1200–1815.* Oxford: Oxford University Press.

Laffin, John. 1995 [1966]. *High Command: The Genius of Generalship from Antiquity to Alamein.* New York: Barnes and Noble.

Lane, Steven G. 1999. "Rural Populations and the Experience of Warfare in Medieval Lombardy: The Case of Pavia," pp. 127–134, in Donald J. Kagay and L. J. Andrew Villalon, eds., *The Circle of War in the Middle Ages: Essays on Medieval Military and Naval History.* Woodbridge, Suffolk, UK: Boydell Press.

Larkin, Bruce D. 1996. *Nuclear Designs: Great Britain, France, and China in the Global Governance of Nuclear Arms.* New Brunswick, NJ: Transaction.

Lauts, Jan, and Irmlind Luise Herzner. 2001. *Federico de Montefeltro, Herzog von Urbino: Kriegsherr, Friedensfürst und Förderer der Künste.* München: Deutscher Kunstverlag.

Lazear, Edward. 1999. "Economic Imperialism." NBER Working Paper #7300. Cambridge, MA: National Bureau of Economic Research (NBER).

Lee, Dwight R. 1988. "Free Riding and Paid Riding in the Fight against Terrorism." *American Economic Review,* vol. 78, no. 2, pp. 22–26.

Leisch, Juanita. 1994. *An Introduction to Civil War Civilians.* Gettysburg: Thomas Publications.

Leonard, Elizabeth D. 1999. *All the Daring of the Soldier: Women of the Civil War Armies.* New York: W. W. Norton.

Levine, Alan J. 1992. *The Strategic Bombing of Germany, 1940–1945.* Westport, CT: Praeger.

———. 1967. *Strategy.* 2nd rev. ed. New York: Praeger.

Liddell Hart, B. H. 1976 [1934]. *History of the First World War.* London: Pan Books.

Llussa, Fernanda, and Jose Tavares. 2007. "The Economics of Terrorism: A Synopsis." *Economics of Peace and Security Journal,* vol. 2, no. 1, pp. 62–70.

Long, E. B., ed. 1952. *Personal Memoirs of U. S. Grant.* Cleveland and New York: World Publishing Company.

Luvaas, Jay. 1990. "The Role of Intelligence in the Chancellorsville Campaign, April–May, 1863." *Intelligence and National Security,* vol. 5, no. 2, pp. 99–115.

———, ed. 1966. *Frederick the Great on the Art of War.* New York: Free Press.

Lynn, John A. 1999. *The Wars of Louis XIV, 1667–1714.* New York: Addison Wesley Longman.

Lynn, Jonathan, and Antony Jay, eds. 1985 [1981]. *The Complete Yes Minister: The Diaries of a Cabinet Minister by The Right Hon. James Hacker MP.* London: British Broadcasting Corporation.

Machiavelli, Niccolò. 1980. *The Prince.* Based on revised translation by Luigi Ricci, 1935. Introduction by Christian Gauss. New York: Mentor Edition, New American Library.

Mahan, Dennis Hart. 1853. *An Elementary Treatise on Advanced-guard, Out-post, and Detachment Service of Troops, and the Manner of Posting and Handling Them in Presence of an Enemy.* New York: J. Wiley.

Mallett, Michael. 1968. "Pisa and Florence in the Fifteenth Century: Aspects of the Period of the First Florentine Domination," pp. 403–441, in Nicolai Rubeinstein, ed., *Florentine Studies: Politics and Society in Renaissance Florence.* London: Faber and Faber.

———. 1974. *Mercenaries and Their Masters: Warfare in Renaissance Italy.* Totowa, NJ: Rowman and Littlefield.

———. 1999. "Mercenaries," pp. 209–229, in Maurice Keen, ed., *Medieval Warfare: A History.* Oxford, UK: Oxford University Press.

———. 2003. "Condottieri and Captains in Renaissance Italy," pp. 67–88, in D. J. B. Trim, ed., *The Chivalric Ethos and the Development of Military Professionalism.* Leiden: Brill.

——— and J. R. Hale. 1984. *The Military Organization of a Renaissance State: Venice c. 1400 to 1617.* Cambridge: Cambridge University Press.

Mangus, Michael Stuart. 1994. "'The Debatable Land': Soldiers and Civilians in Civil War Virginia." M.A. thesis, Ohio State University.

Markle, Donald E. 2000 [1994]. *Spies and Spymasters of the Civil War.* New York: Hippocrene Books.

Marshall, Alfred. 1961 [1890, 1920]. *Principles of Economics.* 9th (variorum) edition with annotation by C. W. Guillebaud. 2 vols. London: Macmillan. (The 1890 edition is the first, the 1920 the eighth; the 9th [variorum] edition is an annotated edition of Marshall's 8th.)

Marten, James Alan. 2003. *Civil War America: Voices from the Home Front.* Santa Barbara, CA: ABC-CLIO.

Martin, Lawrence. 1987. "European Perspectives on Strategic Defense: Then and Now," pp. 37–50, in Fred S. Hoffman, Albert Wohlstetter, and David S. Yost, eds., *Swords and Shields: NATO, the USSR, and New Choices for Long-Range Offense and Defense.* Lexington, MA: Lexington Books.

Martin, Michel L. 1981. *Warriors to Managers: The French Military Establishment since 1945.* Chapel Hill, NC: University of North Carolina Press.

Marvin, Laurence W. 2001. "War in the South: A First Look at Siege Warfare in the Albigensian Crusade, 1209–1218." *War in History,* vol. 8 (November), pp. 373–395.

Matter, William D. 1998. "The Federal High Command at Spotsylvania," pp. 29–60, in Gary W. Gallagher, ed., *The Spotsylvania Campaign.* Chapel Hill, NC: University of North Carolina Press.

Mayr, Ernst. 1997. *This Is Biology.* Cambridge, MA: Belknap Press.

Mazlish, Bruce. 2003. "Empiricism and History." *Historically Speaking,* vol. 4 (February), pp. 12–14.

McDevitt, Theresa. 2003. "African American Women and Espionage in the Civil War." *Social Education,* vol. 67 (no. 5), pp. 254–260.

McDonald, JoAnna. 2000. *"We Shall Meet Again": The First Battle of Manassas (Bull Run), July 18–21, 1861.* Athens, NY: Oxford University Press, 2000 (also Shippensburg, PA: White Mane, 1999).

McGlynn, Sean. 1994. "The Myths of Medieval Warfare." *History Today,* vol. 44 (January), pp. 28–34.

McGuire, Martin C., and Mancur Olson. 1996. "The Economics of Autocracy and Majority Rule: The Invisible Hand and the Use of Force." *Journal of Economic Literature,* vol. 34, no. 1 (March), pp. 72–96.

McNeill, William H. 1982. *The Pursuit of Power: Technology, Armed Force, and Society since A.D. 1000.* Chicago: University of Chicago Press.

McWhiney, Grady. 1998. *Battle in the Wilderness: Grant Meets Lee.* Abilene, TX: McWhiney Foundation Press.

Menard, Orville D. 1967. *The Army and the Fifth Republic.* Lincoln, NE: University of Nebraska Press.

Mierzejewski, Alfred C. 1988. *The Collapse of the German War Economy, 1944–1945: Allied Air Power and the German National Railway.* Chapel Hill, NC: University of North Carolina Press.

Milward, Alan S. 1965. *The German Economy at War.* London: Athlone Press.

———. 1977. *War, Economy and Society, 1939–1945.* Berkeley, CA: University of California Press.

Moch, Jules. 1963. *Non à la force de frappe.* Paris: Robert Laffont.

Molho, Anthony. 1968. "The Florentine Oligarchy and the Balìe of the Late Trecento." *Speculum,* vol. 43, no. 1 (January), pp. 23–51.

———. 1995. "The State and Public Finance: A Hypothesis Based on the History of Late Medieval Florence." *Journal of Modern History,* vol. 67/Supplement (December), pp. 97–135.

Montgomery, Bernard L. 1968. *A History of Warfare.* Cleveland: World.

Morgan, Prentice G . 1959–60. "The Forward Observer." *Military Affairs,* vol. 23, no. 4 (Winter), pp. 209–212.

Morillo, Stephen. 1999. "The 'Age of Cavalry' Revisited," pp. 45–58, in Donald J. Kagay and L. J. Andrew Villalon, eds., *The Circle of War in the Middle Ages: Essays on Medieval Military and Naval History.* Woodbridge, Suffolk, and Rochester, NY: Boydell and Brewer.

Morris, Marc. 2003. *Castle: A History of the Buildings That Shaped Medieval Britain.* London: Macmillan.

Morse, Edward L. 1973. *Foreign Policy and Interdependence in Gaullist France.* Princeton, NJ: Princeton University Press.

Murdock, Eugene C. 1980 [1971]. *One Million Men: The Civil War Draft in the North.* Westport, CT: Greenwood Press.

Murray, Williamson, and Allan R. Millett. 2000. *A War to Be Won: Fighting the Second World War.* Cambridge, MA: Belknap Press.

Neillands, Robin. 2003 [1994]. *Wellington and Napoleon: Clash of Arms, 1807–1815.* Barnsley, UK: Pen and Sword.

Neufeldt, Victoria. 1997. *Webster's New World College Dictionary,* 3rd ed. New York: Macmillan.

Nicolle, David. 1983. *Italian Medieval Armies, 1300–1500.* London: Osprey.

———. 1999. "Medieval Warfare: The Unfriendly Interface." *Journal of Military History,* vol. 63 (July), pp. 579–599.

Niedenthal, Paula. 2007. "Embodying Emotion." *Science,* vol. 316 (18 May), pp. 1002–5.

Nolan. Alan T. 1999. "R. E. Lee and July 1 at Gettysburg," pp. 3–24, in Gary W. Gallagher, ed., *Three Days at Gettysburg: Essays on Confederate and Union Leadership.* Kent, OH: Kent State University Press.

Norris, Robert S., and William M. Arkin. 1997. "Global Nuclear Stockpiles, 1945–1997." *Bulletin of the Atomic Scientists* 53 (November/December).

North, Douglass. 1990. *Institutions, Institutional Change, and Economic Performance.* New York: Cambridge University Press.

Novick, Peter. 1988. *That Noble Dream: The 'Objectivity Question' and the American Historical Profession.* Cambridge: Cambridge University Press.

Nussio, Ricky J. 1996. "A New *Force de Frappe:* Changing French Nuclear Policy." MA thesis, Troy State University at Fort Bragg.

Offer, Avner. 1995. "Going to War in 1914: A Matter of Honor?" *Politics and Society,* vol. 23 (June), pp. 213–241.

Olson, Mancur. 1982. *The Rise and Decline of Nations: Economic Growth, Stagflation, and Social Rigidities.* New Haven: Yale University Press.

———. 1993. "Dictatorship, Democracy, and Development." *American Political Science Review,* vol. 87, no. 3 (September), pp. 567–576.

——— and Richard Zeckhauser. 1966. "An Economic Theory of Alliances." *Review of Economics and Statistics,* vol. 48, no. 3, pp. 266–279.

Ormrod, W. M. 1999a. "Finance and Trade under Richard II," pp. 155–186, in Anthony Goodman and James Gillespie, eds., *Richard II: The Art of Kingship.* Oxford: Clarendon Press.

———. 1999b. "England in the Middle Ages," pp. 19–52, in Richard Bonney, ed., *The Rise of the Fiscal State in Europe, c. 1200–1815.* Oxford: Oxford University Press.

Overy, Richard J. 1994. *War and Economy in the Third Reich.* Oxford: Oxford University Press. Reprinted by Clarendon Press, Oxford, 2002.

Paget, Julian. 1990. *Wellington's Peninsular War: Battles and Battlefields*. London: Leo Cooper.

Pape, Robert A. 1996. *Bombing to Win: Airpower and Coercion in War*. Ithaca, NY: Cornell University Press.

Paret, Peter. 1992. "The History of War and the New Military History," pp. 209–226, in Peter Paret, *Understanding War: Essays on Clausewitz and the History of Military Power*. Princeton, NJ: Princeton University Press.

Parker, Geoffrey. 1976. "The 'Military Revolution,' 1560–1660—a Myth?" *Journal of Modern History*, vol. 48 (June), pp. 195–214.

Partner, Peter. 1999. "The Papacy and the Papal States," pp. 359–380, in Richard Bonney, ed., *The Rise of the Fiscal State in Europe, c. 1200–1815*. Oxford: Oxford University Press.

Pepper, Simon, and Nicholas Adams. 1986. *Firearms and Fortifications: Military Architecture and Siege Warfare in Sixteenth-Century Siena*. Chicago: University of Chicago Press.

Phisterer, Frederick. 1996 [1883]. *Campaigns of the Civil War*. Supplementary Volume. *Statistical Record of the Armies of the United States*. Carlisle, PA: John Kallmann Publishers.

Pois, Robert, and Philip Langer. 2004. *Command Failure in War: Psychology and Leadership*. Bloomington, IN: Indiana University Press.

Posner, Richard, and Francesco Parisi, eds. 1997. *Law and Economics*. 3 vols. International Library of Critical Writings in Economics. Cheltenham, UK: Elgar Reference Collection.

Postan, M. M. 1964. "The Costs of the Hundred Years' War." *Past and Present,* vol. 27 (April), pp. 34–53.

Poutvaara, P., and A. Wagener. 2007. "Conscription: Economic Costs and Political Allure." *Economics of Peace and Security Journal*, vol. 2, no. 1, pp. 6–15.

Prestwich, Michael. 1972. *War, Politics and Finance under Edward I*. Totowa, NJ: Rowman and Littlefield.

———. 1996a. *Armies and Warfare in the Middle Ages: The English Experience*. New Haven, CT: Yale University Press.

———. 1996b. "Money and Mercenaries in English Medieval Armies," pp. 129–150, in Alfred Haverkamp and Hanna Vollrath, eds., *England and Germany in the High Middle Ages*. Oxford: Oxford University Press.

Radnitzky, Gerard, and Peter Bernholz, eds. 1987. *Economic Imperialism: The Economic Approach Applied Outside the Field of Economics*. New York: Paragon House Publishers.

Ramsay, James H. 1925. *A History of the Revenues of the Kings of England 1066–1399*. 2 vols. Oxford: Clarendon Press.

Randall, James G. 1918. "The Newspaper Problem in Its Bearing upon Military Secrecy during the Civil War." *American Historical Review*, vol. 23 (January), pp. 303–323.

Reardon, Carol. 1999. "From Antietam to the Argonne: The Maryland Campaign's Lessons for Future Leaders of the American Expeditionary Force," pp. 289–312, in Gary W. Gallagher, ed., *The Antietam Campaign*. Chapel Hill, NC: University of North Carolina Press.

Redlich, Fritz. 1964, 1965. *The German Military Enterpriser and His Work Force: A Study in European Economic and Social History*. Vierteljahreszeitschrift für Sozial- und Wirtschaftsgeschichte. 2 vols. Beiheft 47 (1964) and Beiheft 48 (1965). Wiesbaden: Steiner Verlag.

Regnault, Jean-Marc. 2003. "France's Search for Nuclear Test Sites, 1957–1963." *Journal of Military History*, vol. 67 (October), pp. 1223–1248.

Rhodes, Richard. 1988 [1986]. *The Making of the Atomic Bomb*. New York: Touchstone.

———. 1995. *Dark Sun: The Making of the Hydrogen Bomb*. New York: Simon and Schuster.

Ricotti, Ercole. 1844. *Storia delle compagnie di ventura in Italia.* 4 vols. Turin.

Roberts, Andrew. 2001. *Napoleon and Wellington.* London: Weidenfeld and Nicolson.

Robinson, June. 1986. "The United States Balloon Corps in Action in Northern Virginia during the Civil War." *Arlington Historical Magazine,* vol. 8, no. 2, pp. 5–17.

Rogers, R. 1997 [1992]. *Latin Siege Warfare in the Twelfth Century.* Oxford: Clarendon Press.

Roskolenko, Harry, ed., 1974. *Great Battles and Their Great Generals.* Chicago: Playboy Press.

Rotte, Ralph, and Christoph M. Schmidt. 2003. "On the Production of Victory: Empirical Determinants of Battlefield Success in Modern War." *Defence and Peace Economics,* vol. 14, no. 3 (June), pp. 175–192.

Rynning, Sten. 2002. *Changing Military Doctrine: Presidents and Military Power in Fifth Republic France, 1958–2000.* Westport, CT: Praeger.

Sabine, David B. 1973. "Pinkerton's 'Operative': Timothy Webster." *Civil War Times Illustrated,* vol. 12, no. 5, pp. 32–38.

Samuelson, Paul A. 1947. *Foundations of Economic Analysis.* Cambridge, MA: Harvard University Press.

——. 1954. "The Pure Theory of Public Expenditure." *Review of Economics and Statistics,* vol. 36, pp. 387–389.

——. 1955. "A Diagrammatic Exposition of a Theory of Public Expenditure." *Review of Economics and Statistics,* vol. 37, pp. 350–356.

Sandler, Todd. 2001. *Economic Concepts for the Social Sciences.* Cambridge: Cambridge University Press.

—— and Walter Enders. 2004. "An Economic Perspective on Transnational Terrorism." *European Journal of Political Economy,* vol. 20, pp. 301–316.

—— and Keith Hartley. 1995. *The Economics of Defense.* Cambridge: Cambridge University Press.

——. 1999. *The Political Economy of NATO.* Cambridge: Cambridge University Press.

Sauers, Richard A. 1999. "'Rarely Has More Skill, Vigor or Wisdom Been Shown': George B. Meade on July 3 at Gettysburg," pp. 231–244, in Gary W. Gallagher, ed., *Three Days at Gettysburg: Essays on Confederate and Union Leadership.* Kent, OH: Kent State University Press.

Schaffer, Ronald. 1980. "American Military Ethics in World War II: The Bombing of German Civilians." *Journal of American History,* vol. 67, no. 2 (September), pp. 318–334.

Scheinman, Lawrence. 1965. *Atomic Energy Policy in France under the Fourth Republic.* Princeton, NJ: Princeton University Press.

Schelling, Thomas. 1960. *The Strategy of Conflict.* Cambridge, MA: Harvard University Press.

——. 1966. *Arms and Influence.* New Haven, CT: Yale University Press.

——. 1978. *Micromotives and Macrobehavior.* New York: W. W. Norton.

Scott, Robert N., ed. 1880. *The War of the Rebellion: A Compilation of the Official Records of the Union and Confederate Armies.* United States War Department. Washington, DC: Government Printing Office. [CD-ROM version. Zionsville, IN: Guild Press of Indiana, 1997–2000.]

Sears, Stephen W. 1992. *To the Gates of Richmond: The Peninsula Campaign.* New York: Ticknor and Fields.

Selzer, Stephan. 2001. *Deutsche Söldner im Italien des Trecento.* Tübingen: Max Niemeyer Verlag.

Shannon, Fred Albert. 1965. *The Organization and Administration of the Union Army, 1861–1865.* Glouchester, MA: Peter Smith.

Shearer, D. 1998. *Private Armies and Military Intervention.* Adelphi Paper 316. International Institute for Strategic Studies. Oxford: Oxford University Press.

Showalter, Dennis E. 1993. "Caste, Skill, and Training: The Evolution of Cohesion in European Armies from the Middle Ages to the Sixteenth Century." *Journal of Military History,* vol. 57, no. 3 (July), pp. 407–430.

Simon, Curtis J., and John T. Warner. 2007. "Managing the All-Volunteer Force in a Time of War." *Economics of Peace and Security Journal,* vol. 2, no. 1, pp. 20–29.

Simon, Herbert A. 1997. *Models of Bounded Rationality,* vol. 3. Cambridge, MA: MIT Press. Vol. 1 was published in 1982; vol. 2 in 1984; both also from MIT Press.

Singer, Peter W. 2003. *Corporate Warriors: The Rise of the Privatized Military Industry.* Ithaca, NY: Cornell University Press.

Smith, Adam. 1976. [1776]. *An Inquiry into the Nature and Causes of the Wealth of Nations.* Edited by Edwin Cannan. Chicago: University of Chicago Press.

Smith, Melden E. 1977. "The Strategic Bombing Debate: The Second World War and Vietnam." *Journal of Contemporary History,* vol. 12, no. 1 (January), pp. 175–191.

Steiner, George A., ed. 1942. *Economic Problems of War.* New York: John Wiley and Sons.

Stigler, George, and Gary Becker. 1977. "De Gustibus Non Est Disputandem." *American Economic Review,* vol. 67, no. 2 (March), pp. 76–90.

Stith, Shawn. 2004. "Foundation for Victory: Operations and Intelligence Harmoniously Combine in Jackson's Shenandoah Campaign." MA thesis, Naval Postgraduate School.

Stockholm International Peace Research Institute (SIPRI). Various years. *Yearbook.* Oxford: Oxford University Press.

Stonier, Tom. 1990. *Information and the Internal Structure of the Universe: An Exploration into Information Physics.* New York: Springer-Verlag.

Stuart, Meriwether. 1963. "Samuel Ruth and General R. E. Lee: Disloyalty and the Line of Supply to Fredericksburg, 1862–1863." *Virginia Magazine of History and Biography,* vol. 71 (January), pp. 35–109.

———. 1981. "Of Spies and Borrowed Name: The Identity of Union Operatives in Richmond Known as 'The Phillipses' Discovered." *Virginia Magazine of History and Biography,* vol. 89, no. 3, pp. 308–327.

Sutherland, Daniel E. 1998. *Fredericksburg and Chancellorsville: The Dare Mark Campaign.* Lincoln, NE: University of Nebraska Press.

Temin, Peter. 2006. "The Economy of the Early Roman Empire." *Journal of Economic Perspectives,* vol. 20, no. 1, pp. 133–151.

Temple-Leader, John, and Guiseppe Marcotti. 1889. *Sir John Hawkwood (D'Acuto): Story of a Condottiere.* Translated from the Italian by Leader Scott. London: T. Fisher Unwin.

Terraine, John. 1985. *The Right of the Line: The Royal Air Force in the European War 1939–1945.* London: Hodder and Stoughton.

Theleri, Marc. 1997. *Initiation à la force de frappe française: 1945–2010.* Paris: Éditions Stock.

Thompson, Willie. 2004. *Postmodernism and History.* New York: Palgrave Macmillan.

Thomson, Janice E. 2002. *Mercenaries, Pirates, and Sovereigns: State-Building and Extraterritorial Violence in Early Modern Europe.* Princeton, NJ: Princeton University Press.

Thunholm, Peter. 2005. "Planning under Time Pressure: An Attempt Toward a Prescriptive Model of Military Tactical Decision Making," pp. 43–56, in Henry Montgomery,

Raanan Lipshitz, and Berndt Brehmer, eds., *How Professionals Make Decisions.* Mahwah, NJ: Lawrence Erlbaum.

Tidwell, William A. 1991. "Confederate Expenditures for the Secret Service." *Civil War History,* vol. 37, no. 3, pp. 219–231.

Tilly, Charles. 1990. *Coercion, Capital, and European States, AD 990–1990.* Cambridge, MA: Blackwell.

Trease, Geoffrey. 1971. *The Condottieri: Soldiers of Fortune.* New York: Holt, Rinehart, and Winston.

Trexler, Richard C. 1967. "Rome on the Eve of the Great Schism." *Speculum,* vol. 42, no. 3 (July), pp. 489–509.

Truby, David J. 1971. "War in the Clouds: Balloons in the Civil War." *Mankind,* vol. 2, no. 11, pp. 64–71.

Trudeau, Noah Andre. 1989. *Bloody Roads South: The Wilderness to Cold Harbor, May–June 1864.* Boston: Little, Brown.

Tuchman, Barbara W. 1962. *The Guns of August.* New York: Macmillan.

———. 1981. *Practicing History: Selected Essays.* New York: Knopf.

Uffindel, Andrew. 2003. *Great Generals of the Napoleonic Wars and Their Battles, 1805–1815.* Staplehurst, Kent, UK: Spellmount.

United States Army. 2001. "Army Field Manual FM 3-0, Military Operations." Washington, DC: Department of the Army.

United States Strategic Bombing Survey (USSBS). 30 September 1945. *Over-all Report (European War).* Washington, DC: USSBS.

———. 31 October 1945. *The Effects of Strategic Bombing on the German War Economy.* Washington, DC: USSBS.

———. January 1947. *Aircraft Division Industry Report.* 2nd ed. Washington, DC: USSBS.

———. February 1947. *Statistical Appendix to Over-all Report (European War).* Washington, DC: USSBS.

———. May 1947. *The Effects of Strategic Bombing on German Morale,* vol. 1. Washington, DC: USSBS.

Van Creveld, Martin. 2004 [1977]. *Supplying War: Logistics from Wallenstein to Patton.* Cambridge: Cambridge University Press.

Van der Vat, Dan. 2001. *Standard of Power: The Royal Navy in the Twentieth Century.* London: Pimlico.

Verbruggen, J. F. 1997 [1954]. *The Art of Warfare in Western Europe during the Middle Ages: From the Eighth Century to 1340.* Woodbridge, Suffolk, UK, and Rochester, NY: Boydell and Brewer.

Vermeij, Geerat. 2004. *Nature: An Economic History.* Princeton, NJ: Princeton University Press.

Villalon, L. J. Andrew. 2003. "'Seeking Castles in Spain': Sir Hugh Calveley and the Free Companies' Intervention in Iberian Warfare (1366–1369)," pp. 305–328, in Donald J. Kagay and L. J. Andrew Villalon, eds., *Crusaders, Condottieri, and Cannon: Medieval Warfare in Societies around the Mediterrean.* Leiden, Netherlands: Brill.

Volckart, Oliver. 2004. "The Economics of Feuding in Late Medieval Germany." *Explorations in Economic History,* vol. 41, no. 3, pp. 282–300.

Von Clausewitz, Carl. 1908. *On War.* London: Kegan Paul.

Von Neumann, John, and Oskar Morgenstern. 1944. *Theory of Games and Economic Behavior.* Princeton, NJ: Princeton University Press.

Waites, Neville. 1984. "Defence Policy: The Historical Context," pp. 27–45, in J. Howorth and P. Chilton, eds., *Defence and Dissent in Contemporary France.* New York: St. Martin's.

Waley, Daniel. 1968. "The Army of the Florentine Republic from the Twelfth to the Fourteenth Century," pp. 70–108, in Nicolai Rubinstein, ed., *Florentine Studies: Politics and Society in Renaissance Florence.* London: Faber and Faber.

——. 1975. *Condotte and Condottieri in the Thirteenth Century.* Italian Lecture. London: British Academy.

——. 1988. *The Italian City-Republics.* 3rd ed. London: Longman.

Walter, Jakob. 1993 [1991]. *The Diary of a Napoleonic Foot Soldier.* Edited by Marc Raeff. New York: Penguin.

Warner, John T., and Beth J. Asch. 1995. "The Economics of Military Manpower," pp. 347–397, in Keith Hartley and Todd Sandler, eds., *Handbook of Defense Economics,* vol. 1. Amsterdam: Elsevier.

Warner, Philip. 1968. *Sieges in the Middle Ages.* London: G. Bell and Sons.

Wasson, James N. 1998. *Innovator or Imitator: Napoleon's Operational Concepts and the Legacies of Bourcet and Guibert.* Ft. Leavenworth, KS: Command and General Staff College.

Webber, Carolyn, and Aaron Wildavsky. 1986. *A History of Taxation and Expenditure in the Western World.* New York: Simon and Schuster.

Webster, Sir Charles, and Noble Frankland. 1961. *The Strategic Air Offensive against Germany, 1939–1945.* 5 vols. London: Her Majesty's Stationary Office (HMSO).

Weigley, Russell F. 2004 [1991]. *The Age of Battles: The Quest for Decisive Warfare from Breitenfeld to Waterloo.* Bloomington, IN: Indiana University Press.

Weinert, Richard P. 1965. "Federal Spies in Richmond." *Civil War Times Illustrated,* vol. 3, no. 10, pp. 28–34.

Weir, William. 1993. *Fatal Victories.* Hamden, CT: Archon.

Werrell, Kenneth P. 1986. "The Strategic Bombing of Germany in World War II: Costs and Accomplishments." *Journal of American History,* vol. 73, no. 3 (December), pp. 702–713.

Westcott, Jan. 1962. *Condottiere.* New York: Random House.

Westermann, Edward B. 2001. *Flak: German Anti-aircraft Defenses, 1914–1945.* Lawrence, KS: University Press of Kansas.

White, Lynn. 1967 [1962]. *Medieval Technology and Social Change.* London: Oxford University Press.

Williamson, Oliver E. 1985. *The Economic Institutions of Capitalism.* New York: Free Press.

——. 1999. "Public and Private Bureaucracies: A Transaction Cost Economics Perspective." *Journal of Law, Economics, and Organization,* vol. 15, no. 1, pp. 306–342.

Windrow, Martin, and Francis K. Mason. 1991 [1975]. *A Concise Dictionary of Military Biography.* New York: John Wiley.

Wintrobe, Ronald. 1998. *The Political Economy of Dictatorship.* Cambridge, UK: Cambridge University Press, 1998.

Wise, Terence. 1976. *Medieval Warfare.* New York: Hastings House.

Wohlstetter, Albert. 1959. "The Delicate Balance of Terror." *Foreign Affairs,* vol. 37 (January), pp. 211–234.

——. 1987. "The Political and Military Aims of Offense and Defense Innovation," pp. 3–36, in Fred S. Hoffman, Albert Wohlstetter, and David S. Yost, eds., *Swords and Shields:*

NATO, the USSR, and New Choices for Long-Range Offense and Defense. Lexington, MA: Lexington Books.

—— et al. 1976. *Moving Toward Life in a Nuclear Armed Crowd?* Los Angeles, CA: Pan Heuristics.

Wolfe, Thomas W. 1965. "Soviet Commentary on the French 'Force de Frappe.'" Memorandum prepared for the Assistant Secretary of Defense for International Security Affairs. Santa Monica, CA: RAND.

Wulf, Herbert. 2005. *Internationalizing and Privatizing War and Peace.* New York: Palgrave Macmillan.

Yildirim, J., and B. Erdinc. 2007. "Conscription in Turkey." *Economics of Peace and Security Journal,* vol. 2, no. 1, pp. 16–19.

Yost, David S. 1986. "French Nuclear Targeting," pp. 127–56, in Desmond Ball and Jeffrey Richardson, eds., *Strategic Nuclear Targeting.* Ithaca, NY: Cornell University Press.

——. 1987. "Strategic Defense in Soviet Doctrine and Force Posture," pp. 123–157, in Fred S. Hoffman, Albert Wohlstetter, and David S. Yost, eds., *Swords and Shields: NATO, the USSR, and New Choices for Long-Range Offense and Defense.* Lexington, MA: Lexington Books.

Zelizer, Viviana. 2005. *The Purchase of Intimacy.* Princeton, NJ: Princeton University Press.

Zoppo, Ciro. 1964. "France as a Nuclear Power," pp. 113–156, in R. N. Rosecrance, ed., *The Dispersion of Nuclear Weapons: Strategy and Politics.* New York and London: Columbia University Press.

望 MOUNTAIN
登自己的山

主　　编 | 谭宇墨凡
责任编辑 | 谭宇墨凡　李　珂

营销编辑 | 狄洋意　许芸茹

版权联络 | rights@chihpub.com.cn
品牌合作 | tanyumofan@chihpub.com.cn

野望 SPRING MOUNTAIN

Room 216, 2nd Floor, Building 1, Yard 31,
Guangqu Road, Chaoyang, Beijing, China